CW01661858

Kronik

YAKIN TARİHİN GERÇEKLERİ

—

İLBER ORTAYLI

KRONİK KİTAP: 198
Türkiye Tarihi Dizisi: 30

YAYIN YÖNETMENİ
Adem Koçal

EDİTÖR
Can Uyar
Erhan Çifci

KAPAK TASARIMI
Kutan Ural

MİZANPAJ
Kronik Kitap

1. Baskı, Mart 2021, İstanbul
17. Baskı, Aralık 2023, İstanbul

ISBN
978-605-7635-98-3

KRONİK KİTAP
Şakayıklı Sk. N°8, Levent
İstanbul - 34330 - Türkiye
Telefon: (0212) 243 13 23
Faks: (0212) 243 13 28
kronik@kronikkitap.com

Kültür Bakanlığı Yayıncılık
Sertifika No: 49639

www.kronikkitap.com
kronikkitap

BASKI VE CİLT
Optimum Basım
Tevfikbey Mah. Dr. Ali Demir Cad. No: 51/1
34295 K. Çekmece / İstanbul
Telefon: (0212) 463 71 25
Matbaa Sertifika No: 41707

İLBER ORTAYLI

YAKIN TARİHİN GERÇEKLERİ

Kronik

İLBER ORTAYLI

1947 yılında doğdu. İlk ve orta öğrenimini İstanbul ve Ankara'da tamamladı. 1965'te Ankara Atatürk Lisesi'nden mezun oldu. Ankara Üniversitesi Siyasal Bilgiler Fakültesi (1969) ile Ankara Üniversitesi Dil ve Tarih-Coğrafya Fakültesi Tarih Bölümü'nü bitirdi. Viyana Üniversitesi'nde Slavistik ve Orientalistik okudu. Chicago Üniversitesi'nde yüksek lisans çalışmasını Prof. Dr. Halil İnalcık ile yaptı. "Tanzimat Sonrası Mahalli İdareler" ile doktora derecesi, 1979'da "Osmanlı İmparatorluğu'nda Alman Nüfuzu" çalışmasıyla da doçent unvanı aldı. 1983'te istifa etti. Viyana, Cambridge, Kudüs, Oxford, Berlin ve Moskova üniversitelerinde misafir öğretim üyeliğiyle birlikte seminerler ve konferanslar verdi. Yerli ve yabancı bilimsel dergilerde Osmanlı tarihinin 16.-19. yüzyıl ve Rusya tarihiyle ilgili makaleler yayımladı. 1989'da Ankara Üniversitesi Siyasal Bilgiler Fakültesi İdare Tarihi bilim dalı başkanı olarak göreve başladı. Bilkent Üniversitesi'nde öğretim üyeliği yaptı ve hâlen MEF Üniversitesi'nde ders vermektedir. Ortaylı, 2005-2012 yılları arasında Topkapı Sarayı Müzesi Başkanlığı görevini sürdürmüştür. 2002-2014 yılları arasında Galatasaray Üniversitesi Hukuk Fakültesi'nde Hukuk Tarihi bilim dalı başkanlığı yapan Ortaylı, hâlen bu üniversitede öğretim üyesi olarak ders vermeye devam etmektedir. Kendisiyle Almanca, İngilizce, Fransızca, Rusça ve Fars dillerinde yazışmak mümkündür. Ortaylı ayrıca Uluslararası Osmanlı Etüdleri ve Avrupa İranoloji Cemiyeti üyesi, Rusya Federasyonu Bilimler Akademisi Şarkiyat Şubesi onursal profesörü ve Bosna Hersek, Makedonya ve Karadağ Bilim ve Sanat akademileri üyesidir.

Yayınevimizdeki diğer kitapları:

Osmanlı Devleti'nde Kadı
İlber Ortaylı Seyahatnamesi
Cumhuriyet'in İlk Yüzyılı
Türklerin Altın Çağı
Türkiye'nin Yakın Tarihi
İmparatorluğun En Uzun Yüzyılı
Osmanlı İmparatorluğu'nda Alman Nüfuzu
Osmanlı Toplumunda Aile
Gazi Mustafa Kemal Atatürk
Defterimden Portreler
Bir Ömür Nasıl Yaşanır?
Ottoman Studies
İstanbul'dan Sayfalar
Discovering the Ottomans
Eski Dünya Seyahatnamesi
Türkiye Teşkilat ve İdare Tarihi
The Empire's Longest Century
İnsan Geleceğini Nasıl Kurar?
Türklerin Tarihi 1
Türklerin Tarihi 2
Zaman Kaybolmaz
Atatürk ve Dünyası
Dakikalar İçinde Atatürk ve Dünyası
Cumhuriyet'in Doğuşu

İÇİNDEKİLER

II
OSMANLI'DAN GÜNÜMÜZE ORTA DOĞU

ÖNSÖZ

Yakın tarih değişiyor, yargılarımız da, değerlendirmelerimiz de... Birkaç yıl evvel görmemiz ve ulaşmamız mümkün olmayan, tahayyül edemeyeceğimiz bilgilere ulaştık. Diplomatların dışında herkesin ulaşılabileceği dışişleri arşivi bile düzenlenmekte ve böylece Türkiye'nin diplomasi tarihi de daha başka türlü ele alınacaktır.

İmparatorluktan cumhuriyete geçiş dönemi Türk siyasi hayatında en az tarihyazıcılık kadar büyük bir problem. Bir toplumun devrim yapması, bin yıl süren geleneği değiştirmesi kolay değil. Monarşilerden cumhuriyete geçiş diğer ülkelerde olduğu gibi ülkemizde de oldukça sarsıcı olmuştur. Üstelik tarihyazıcılık ve toplumsal düşünce yaşamına da bitmeyen bir tartışma getirmiştir.

Aradan geçen bunca yıldan sonra takdir ederseniz ki hem olayların yönlendirmesi hem de olayların analizini yapıp değerlendireceğimiz kaynaklar çok değişti, Türkiye'de yeni arşivler açıldı. Daha evvel görmemiz mümkün olmayan koleksiyonların hiç değilse bir kısmını görebildik. Basının arşivleri son derece sınırlıydı; bugün dijital sistemle çok rahat faydalanabiliniyor. Yabancı kaynaklar kadar yerli kaynaklar da arttı. Bilhassa arşivlerin açılması dünyada bir eğilim haline geldi. Yakın çağımız için gerekli olan devletlerin yeni arşivlerini ve modern tarihlerini de incelememiz mümkün oluyor. Hatta bunlara Sovyetler Birliği'ndeki Komünist Parti arşivleri de dahil, adı da değişti; Sosyal Bilimler Arşivi oldu. Tabii bazı arşivlerin açılması kadar bazılarının okuyucuya ayıklanarak malzeme vermesi de sorun olabilir.

Birinci Dünya Savaşı'ndan çıkan Türkiye bir asır sonra bambaşka bir manzara arz ediyor. Birtakım kurumlarımızda çöküntü görebilirsiniz ama temelde birtakım kurumlarımızda da çok büyük güçlenme var ve Türkiye dünyada rolü olan, tartışılan bir memleket haline geldi.

19. yüzyıldan itibaren nüfus kayıtlarımız ortaya çıkmaya başladı. Sandıktan çıkan demokrasi deyişi, bir küçümseme olmaktan çıkıyor. Türk demokrasinin tarihi de yıllanıyor. Birinci Dünya Savaşı'ndan sonraki dönemi alan kaynakların sayısı arttı; bazıları çok iyi sentezler. Bunlara metinde ayrıca işaret ediyoruz ki okuyucular bundan sonraki kaynakları da değerlendirebilsinler.

Dış ülkelerde, dış bakanlıklarda İran'ın arşivi dahil Türkiye dosyaları açılmaya başladı. Bunlar tetkik edildikçe bizim ülkemizin arşivlerinin de ortaya konması gerekiyor. Aksi takdirde yakın çağ tetkikleri tehlikeli bir meçhul haline dönüşür.

Şunu açıkça ifade edilmelidir; Türkiye'de saltanat ideoloji, geleceğe yönelik bir hedef değil. Türkler saltanatı değil, bazı padişahları sever ve iftihar eder, Cumhuriyet oturmuştur. Türklerin İmparatorluğu, Türklerin Cumhuriyetine dönüştü. Bu kitapta devamlı bir tarih yazmaya gayret ettik. Şunu belirtmek gerekiyor; evvelce aksak olan iktisat tarihi tetkikleri daha kuvvetlenmiş, fakat diplomasi tarihinde hâlâ büyük boşluklar var.

Kitabın ilk bölümünde yakın tarihe dair önemli, sürekli gündemde olan konular var. Osmanlı'nın çöküşünün nedenlerini, milliyetçilik akımlarını, Trablusgarb Harbi'ni, Balkan Harbi'ni, Birinci Dünya Savaşı'nı ve nihayetinde küllerinden doğan bir cumhuriyet kuran Mustafa Kemal Atatürk ve arkadaşlarını ele alıyoruz. Ayrıca 1945'ten sonra Türk siyasal hayatında demokrasiye geçiş çabalarını, Demokrat Parti'nin iktidarda olduğu yıllar ve sonrasında 1965 yılına giden süreçteki gelişmeler de ikinci bölümde incelenmektedir. Kitabın ele aldığı bu dönem tetkik edilirken özellikle iktisat tarihi konusunda gerekli eklemeler yapıldı. İkinci bölümde Orta Doğu ve yakın tarihin en derin meselelerinden biri olan Filistin'i de tetkik ediyoruz.

Yakın tarihe içte ve dışta politika ve düzeysiz yorum ile polemikler konu olmaya başladı. Galiba daha çok araştırmak ve soğukkanlı olmak zorundayız.

Kitabı meydana getirirken bana yardımcı olan dostlarıma, en başta Adem Koçal'a ve Can Uyar'a çok teşekkür ediyorum. Okuyucuların ilgilerine teşekkür ediyor ve tenkitlerini bekliyorum.

İlber Ortaylı
Levent, 2021

I

OSMANLI'DAN CUMHURİYET'E YAKIN TARİHİMİZ

OSMANLI İMPARATORLUĞU'NDA MİLLİYETÇİLİK

EN KALICI MİRAS

Osmanlı İmparatorluğu, milliyetçi akımlar sayesinde dağılan tek imparatorluk değildi; fakat ne Rusya ne de Avusturya-Macaristan'da ulusalcı akımlar bu derecede aktif ve silahlı eyleme dönüşmüştü. 1804 Sırp Ayaklanması ve özerkliği, ardından bilhassa 1821-29 Yunan Ayaklanması ve bağımsızlığı, bu yönde etkilerde bulundu. Yunan bağımsızlığı, o tarihe kadar, denilebilir ki kültürel bir milliyetçilik halindeki Ermeniliğin de eyleme geçmesi için örnek teşkil etmiştir. Diğer çok uluslu imparatorluklardan farklı olarak Osmanlı uluslarında, Ermeni ve Bulgar örneğinde olduğu gibi, "revolutionnaire diaspora"lar ve dâhilî ihtilal komiteleri teşkili gibi tipik gelişmeler vardır.

Bunun dışında Siyonizm gibi dışarıdan gelen Yahudilerin yurt kurma çabası, son güne kadar siyasi varlığı zayıf olan Kürt ve Arab milliyetçiliği (bu sonuncusu kültürel planda güçlüydü) gibi örnekler vardır. En ilginci de Arnavut milliyetçiliğidir. Şemseddin Sami; Arnavutluk'un Fraşeri hanedanının bu parlak üyesi hem Arnavut hem Türk milliyetçiliğine hizmet etmiştir. Türk imlâsı, lügat ve ansiklopedisi ve pek başarısız Türk roman denemesi *Taaşşuk-ı Talat ve Fitnat*'ın yanında Latin karakterli Arnavut alfabesi, grameri, ilk Arnavut tiyatro eseri *Besa*, bu dual milliyetçiliği yansıtır. Ansiklopedisinin maddelerinde Arnavut ve Türk milliyetçilikleri abartılı örneklerle görülür ki bir imparatorluğun yapısı ve İslam kimliği içinde anlaşılır bir tutumdur. Arnavut milliyetçiliğinin içtimaî bir ayaklanmaya dönüşümü ve bu ayaklanmanın gerçek bir ulusçuluktan uzak oluşu, Sultan V. Mehmed Reşad'ın II. Meşrutiyet'in üçüncü yılında yapılan Rumeli gezisinde görüldü. Bu gezide Sultan Reşad'ın kaynaşma kabiliyeti Arnavut milliyetçiliğini bertaraf etmeye yetmiştir. Bununla beraber 1912-13 Balkan bozgunundan sonra Arnavut ulusu var olmak için bağımsızlığını ilan etmek zorundaydı ve bağımsız Arnavutluk'un ulusalcı kültürel temellerinin 19. asırda atılmış olması yaşamasına yardımcı olmuştur.

Hiç kuşkusuz, Türk milliyetçiliği en geç safhada ortaya çıkmıştır. Bunun siyasi doğuşu imparatorluğun ana unsurunun siyasi sorumluluğu dolayısıyla gecikmiştir. Namık Kemal'in "vatan"ı, bugünkü vatan olmaktan çok, bir Osmanlı-İslam vatanıdır. Millet de öyledir. Siyasi Türkçülüğün ve milliyetçiliğin yıkımla birlikte ortaya çıkması kadar doğal bir olay olamaz. Gene Türklerin imparatorluğunun Yahudi unsuru da Siyonizm'le bütünleşmemiş, Osmanlılığı geç terk etmiştir. Osmanlı İmparatorluğu içinde Ermeniler ve Helenler dışında Balkan Slavlarının milliyetçiliği örgütlü ve silahlıdır. Arabların ve diğer unsurlarınkini kültürel bir ayrımcılık olarak kabul etmek gerekir. Gerek imparatorluk ve gerekse bugünkü dünya için en sorumlu ve mirası yüklü olan oluşum ise Balkan milliyetçiliğidir.

BALKAN MİLLİYETÇİLİĞİ

Balkan milliyetçiliği; siyasi literatürde Yeni Çağ Avrupa'sının bir yan ürünü gibi tarif ve takdim edilir; bu ise pek ezbere ve toptancı bir tariftir. Birçok tarihçi bu milliyetçiliğin kaynaklarını aramak için, çoğu zaman Rönesans'a bile uzanamaz. Fransa büyük devrimi ve Napolyon istilası Balkanlarda ulusçuluğu ortaya çıkartan hadiseler olarak gösterilir: Oysa Balkanlar ulusçuluk ve etnik münaferet için biçilmiş bir kıtadır. Balkan halklarının kabilevî yapısı vardır ve etnik bağlar canlıdır. Batı'dan kopuktur ve aynı zamanda Batı'nın içindedir. *Imperium* olgusuna Kuzeybatı Avrupa'dan daha önce girmiş ve Roma-Bizans devirlerinde etnik oluşumun uzun süren sancılarını yaşamış ve bu nedenle de tarihin bilincine sahip olmuşlardır.

Balkanlarda tarih menkıbe ile iç içedir. Menkıbenin renkleri ve motifleri tarih yazımıyla birebir örtüşür ve tarihyazıcılık menkıbeyi izler; menkıbe tarih yazımını besler ve ikisinin de doğduğu ortam birbirine benzer. Daha da önemlisi modern tarihin insanları, kendilerini menkibevî devirlerin nesnesi olan toplumla aynîleştirir ve büyük ölçüde de menkibevî devir modern devrin insanı için zihinlerde tashih edilir. Bu asırda modern devrin toplumu da bütüncül (entegrist) bir yorumla birtakım nitelikler edinmeye zorlanır. Dünya tarihinde saptırılmış tarihyazıcılığının Balkanlar kadar yıkıcı etkilerinin görüldüğü bir dünya parçası yoktur, denilebilir. Hegelci teleolojik (gai) tarih felsefesi ve misyonu Balkan aydınlanmasını yönlendirmiştir.

Sonra Balkanlıların bazı yönleriyle Batı Avrupalı toplumlardan bile daha çok birbirine benzediği, müşterek altyapının folkloru ve günlük hayatı kapsadığı bilinir; yani kendiliğinden var olan bir durum sözkonusudur (en soi-an sich). Ne var ki bunların dış dünyada, yani Batı Avrupa'daki algılama ve sınıflandırmaları da birbirinden farklıdır. Niçin Yunan, Bulgardan ayrı ve imtiyazlı bir yere sahiptir? Menkıbe ruhu sade Balkanlılar arasında değil; Balkanlılar söz konusu olunca, başka kavimler ve gruplar arasında da öne çıkıyor. Rusya için Bulgarlar ve Sırplar önemlidir. Avusturya-Almanya'ya Sloven ve Hırvat; Türklere Arnavut ve Boşnak her zaman daha yakındır. Bunların içinde Rusya ve Türkiye'nin yaptığı tasnifin kendilerine göre bir nedeni var ve bir ölçüde gerçeğe dayanıyor. Balkanların önemli bir kısmının dindaşı ve ırkdaşı Rusya'dır; bir kısmının dindaşı da Türkler. Burada dinin geliştirdiği beraberlikten çok, tarihin bu gerçek etrafında oluşturduğu kültürel ve ideolojik yapı da sözkonusudur. Bu gerçek Balkanlıların bazılarının baskıya uğradıklarında ve beynelmilel sorunların altında kaldıklarında yönelecekleri adresin kimler olduğunu belirliyor ve Türkiye ile Rusya da bu nedenle hiçbir zaman Balkan çekişmelerinin dışında kalamıyor.

Balkan milliyetçilikleri, milliyetçiliğin kendisi kadar eskidir; içlerinde tarih bilincine geç ulaşma dolayısıyla, yanlış oluşan kimliği tashih eden kavimler vardır. Ama Balkan milliyetçilikleri (Türkler ve Arnavutlar hariç) Balkan milletlerinin kendi içlerinde oluştuğu kadar dışarıda da geliştirilip desteklenmişlerdir. Slav kavimlerin ulusçuluğunu, Çekler ve Ruslar besledi. Balkan Slavlarının bilimsel kimliğinin araştırılması Çeklere, siyasi destek ise Ruslara aittir. Yunanları ise bütün Avrupa bilimsel, mali, siyasi hatta askerî yönden destekledi.

Tarihte Batı Avrupalı gönüllülerin ölmeye gittiği savaş Yunan ayaklanması diye bildiğimiz uzun savaştı. Bu tip bir romantik kitle desteğini, Avrupa bir daha ancak İspanya İç Savaşı'nda gördü (bu arada bir istisna 1848 Macar Ayaklanması'nı destekleyen Polonyalı ve İtalyan gönüllülerdi). O günden bugüne *Philhelenism* bir Avrupalı icadıdır diye değerlendirilir, oysa çok geniş Avrupalı çevrelerde bundan söz edemiyoruz; hatta belirli kompartımanlarda bir anti-Helen tutum bile vardır. İşin garibi Yunanistan Avrupa Birliği'ne kabul edilince ve Avrupa platformlarının üyesi olarak söz hakkı artıp, gördüğü mali destek de yükselince, Batı Avrupa'nın çeşitli çevrelerinde bu anti-Helen söz ve davranış daha da arttı.

Balkan Hıristiyanları arasında bir tür ortak kimlik olan, Helenizm ve Helen kimliği vardı. Bu saf bir Helenlik değil, Ortodoks-Rum inancı etrafında biçimlenen bir Helenlikti. 18. yüzyılda birtakım Avrupalıların Bulgar'la Helen'i ayıramadığı söylenir. Bulgarların önemli bir kısmı, hem de okumuş yazmış ve tacir takımı da böyle bir kimlik ayrımı yapamıyordu. Mesela en tipik örnek, haklı olarak Bulgar eğitim hareketinin babası sayılan *Aprilov*'dur. Aprilov hayatının bir döneminde Slav ve Bulgar kimliğinden çok Helen eğitimi almış bir Hıristiyan Ortodoks'tu ve Helen kimliğine yakındı. Bu tüccar okumuş adam, Ukraynalı tarihçi *Venelin*'in etkisiyle Slav ve Bulgar kimliğini benimsedi, servetini ve vaktini Bulgar halkının eğitimine adadı. Rum-Ortodoks kimlik, Helen temeline oturan ve onu aşan bir kimlikti. Bütün Hıristiyan Ortodokslar, Helenliği etnik ve tarihî olarak fazla benimsemeden Helen dilini, Hıristiyanlığı öğreten İncil'in ve liturjinin, Hıristiyan akîde ve felsefesinin dili olarak benimserdi. Ana dilin yanında bizatihi din Helen etnik kimlikte bağdaştırılır. Çoğu zaman kendini Grek olarak tanıtan kimse o dili iyi bilmezdi. Helenlik gururunu da benimsemiş değildi; Ortodoks Hıristiyandı ve tabii Helenliğe tapınmazdı ama mesela kendi Bulgarlığını da önemsemez, saygı duymaz ve fazla benimsemezdi. Helenizm ve Yunanca, Ortodoks Hıristiyanlığın ifadesiydi. Okumuşlar kadar, az okumuşlar da Yunanlık ve Yunancanın ortak dil ve kültür dili, ortak kök olduğuna inanırdı. *Pope Mihail*'in (bir Vlah, yani Eflâklı) halka Yunancayı öğretmek (bu iyi Hıristiyanlık için gerekli görülürdü) için kaleme aldığı basit gramer ve lügatin önsözünde bu ifade açıkça yer alır. Bu dili öğrenmeliyiz, demektedir. İlk defadır ki 17. asırda Katolik Bulgar papazları, yani Katolisizm'i Bulgarlar arasında yaymak isteyenler; Bulgarlığın tarihî bilincini yaratmaya çalışıyorlar. Sofya'nın Katolik piskoposu *Peter Boğdan Buşkev* "Bulgar Çarlığı'nın Tasviri-*Opisanie na bolgarska Tsartsvo*" adlı eserini kaleme alıyor. Başkaları da var; Petar Parçeviç gibi. Ama Bulgarların çoğunluğuna hitap etmeyen bir akîdenin, yani Roma Katolisizminin hizmetindeki bu adamların mesajı kimsede pek derin etki yapmamış. İlk defa bir din adamının milliyetçi mesajı Yunanistan'ın kalbindeki bir manastırdan geliyordu; Aynaroz'da Hillander Manastırı keşişlerinden *Paissiy*, "Ey Bulgar, dilini ve tarihini tanı! Çarlarını ve şanlı tarihini öğren" girişiyle bir Slavyan-Bulgar tarihi yazıyor. Paissiy yanı başındaki Helenlere aksülamel olarak mı bu tarihi yazmış? Orası hiç önemli değil; Bulgarlar artık Helen olmadıklarının daha çok bilincindeler.

1844'te İzmir'de *Konstantin Fotinov*, "*Lyuboslovye*" diye bir gazete çıkarıyor; İzmir'de gene birtakım Levanten ve Helen unsurun yanında, Bulgar unsur kimliğini daha çok benimsiyor. Demek Helen milliyetçiliği öbürleri için gerçekten bir model oluyor. Belirttiğimiz gibi Bulgar okullarının ve eğitimin kurucusu Aprilov; Bulgarlık bilincini Ukraynalı Venelin'in Slav tarihinden edinmiş; o vakte kadar kendini Helen dünyasının içinde sanıyormuş. 1826 Mora Ayaklanması'na kalabalık bir birlik teşkil eden Bulgar gönüllüler Helenlerin yanında çarpışmak için bölük bölük katılmıştır; Yunan *Filik-i Eterya* örgütünün üyesi olan Bulgarların sayısı kalabalıktı ama Mora'daki kan ve can desteği iki kavmin münaferetinin tarihinde de önemli bir kilometre taşıdır. Nihayet 19. asırda Fener Patrikhanesi; Balkanlı milliyetçilerin Bab-ı Âli, Bulgar halkı ve din adamlarının Rum metropolitler aleyhindeki faaliyeti, gene Rum ruhbanın Bulgarları Rus casusu diye ihbarları ve şikâyetleriyle meşguldü.

Tabii Bulgar halkı çareyi Ortodoks Kilisesi'nden kaçmakta buldu. Roma'daki Papa onlara kendi dillerinde ibadet edecekleri bir özerk kilise vadetmişti. Tıpkı Ermeni-Katolik, Süryan-Katolik, Kobt-Katolikler gibi. 1860'lı yılların başında her yerde Katolik-Bulgar kiliseleri inşası için izin istenmeye başlandı. Rusya ilk anda ne yapacağını bilemedi. Rum Patrikhanesi'ne mi sahip çıksın, yoksa artık İstanbul sokaklarına dökülen Katolik Bulgarların milliyetçi taleplerine mi? Bab-ı Âli doğrusu biraz keyifle manzarayı seyretti, asayişin ucunun kaçacağını anlayınca da Bulgar kilisesini tanıdı ama Fener'deki patrikhane İkinci Dünya Savaşı sonuna kadar bu özerk Ortodoks Bulgar kilisesini tanımadı.

Balkan toplumlarının tarihî gelişimi genelde Batı Avrupa'nınkine benzemez. Osmanlı öncesi tarihin çözülmekte olan bir geç feodal düzen olduğu ve ufuktaki Rönesans'ın Osmanlı istilası ve feodal restorasyonla(!) kesildiği; yani ilerleyen tarih çarkının durduğu, 1945 sonrası Milliyetçi-Marksist tarih yazımında mesela Bulgaristan'da Dimiter Angelov tarafından ileri sürüldü. Gerçi bu gibi yorumlar ülkelerin kendi akademileri dışında kimseden kabul görmedi. Ama akademi güçlü bir organ; bu Milliyetçi-Marksist tezler, bazı Marksist yorumcuların bile tepkisini çekerken, okul ve üniversite sistemiyle bütün kavmin ezberlediği mütearifeler haline geldi. Mesela Yunanlılar akademisiz amatör gayretkeş tarihçiler aracılığıyla okul kitaplarına ayıklanması zor mütearifeler yerleştirdiler.

Balkan ülkeleri için feodal magnatlardan, burjuvazinin doğuşundan söz etmek abes; Osmanlı'nın hâkimiyeti eski toprak lordlarını yavaş yavaş emmişti. Çiftlik sahibi, esnaf ve Orta Avrupa ile ticaret sayesinde 18. ve 19. yüzyılda zenginleşen bir grup dışında bu ülkelerde öyle öncü ticari burjuvazi de yok. 19. yüzyıl başında Yunanistan'ın zenginleşen armatörleri öncü olmaktan çok artçıydı; ihtilale ayaklanan gemici vesairenin ardından katılıyorlar.

Peki, kimdir Balkan milliyetçisi? Balkan milliyetçisini Osmanlı meydana getirmiştir, denebilir. Kalıplaşmış sınıfların ve sınıf kültürünün olmadığı yerde; köyden çıkma kabiliyetli genç, şehirli esnafın çocuğu, cevval ve hatib bir din adamı (Papaz Mihail, Sofroni Vraçanski, Paissiy Hilanderski vs.), 18-19. yüzyıllarda doğan millî aydın sınıfların üyeleridir. Balkan aydınının Avrupa'daki diasporadan beslenme şansı da var. Venedik, Viyana, Berlin, Londra, Paris'teki kolonileriyle Yunanistan bu alanda bir bakıma daha talihlidir. Ama hem Sırpların hem Bulgarların Orta Avrupa'da tüccar kolonileri var. Bunlar Balkan ülkelerine Alman dili ve Alman kültürünü taşımışlar; dolayısıyla Balkanlar bir yanıyla Fransız ve Anglo-Sakson, bir yanıyla Germen kültürünün serpintilerine açık olmuş. Rusça İkinci Dünya Savaşı'na kadar, Slav bölgesinde Balkan Slavlarının büyük egzotik ülkede konuşulan kardeş dilidir. Rusya, yüz yüze geldiklerinde, iç içe girdiklerinde Balkanlı kardeşlerin gözündeki büyüsü kaybolan bir büyük kardeştir.

Friedrich Engels; Rusya'yı Balkanlardaki ahalinin beşte birinin dini ve diliyle yakınlığı olan, başarılı bir kuvvet diye tarif eder (Alman Joseph Hammer dışında Batı Avrupa için ise bu dünyada gezinen bilgisizler; bu dünyayı tanımayan dandy diplomatlarla temsil ediliyor, der). Engels Rusya'nın Balkanlara nüfuz etmesinden hiç de hoşlanmıyordu. Balkanlı ve Sovyet Marksist tarihçiler bu gerçeğe ve yazılara hiç değinmedikleri gibi, kendi ulusçu özentisi yorumlarında da nasılsa Marx ve Engels'e müracaat edebiliyorlardı. Rus tarihçi Aleksey Leonteviç Naroçnitskiy akademik bir tebliğinde "Türk-Rus Savaşı ve Rusya'daki ilerici çevreler" başlığı altında Rusya'nın Balkan politikasına sözde ilericilerin göstermediği destekten söz ediyordu.[1] Marx ve Engels'in Rusya'nın Balkan politikasına karşı yazılarından hiç bahsetmedi.

Tabii Rusya ve Balkanlar zıt akımlar ve temalardan oluşan bir romanstır. Rusya'nın asilleri ve münevveri, "zavallı Bulgarlar"a acıyordu; Karadağ ve Sırbistan'daki kardeşleri için ölüme koşuyorlardı, deniyor; kimler koşuyordu acaba? Lev Tolstoy ünlü romanı *Anna Karenina*'sının sonunda iğneyi batırıyor. Anna'nın intiharından sonra adamakıllı işe yaramaz hale gelen Vronski gönüllüler alayındadır. Tolstoy'un deyişiyle okuyucusuz gazetelerin yazarları ve üyesiz partilerin liderlerinin kışkırttığı kalabalık, Slavları kurtarmaya koşuyordu. Bir zabit evine mektup yazıyordu Bulgaristan'dan; "Bulgarları kurtardık; peki bizim zavallı mujikleri kim kurtaracak?"

Balkanlı Slav gençlerden Slav anavatanına okumaya gidenler, bir müddet sonra Rusya'nın çelişkilerini gördüler; yüksek düzeyde dar bir aydın tabaka, çok zengin müsrif toprak sahipleri, irtikâbla çalarak yükselen bir burjuvazi, gaddar bürokrasi ve kalabalık mujiklerden oluşan bir tebaa... Balkanlının yurdundaki uyanık ve bilmiş köylüyle mukayese edilemezdi; bu henüz *emancipation*unu tamamlamamış, sefil insanlardan oluşan tebaa. Kendi Balkan köylüleri onlardan daha iyi durumdaydı; sırtlarını Rusya'ya döndüler, yüzlerini Batı'ya; yükselen Prusya Balkanlara daha cazip göründü.

Balkan milliyetçileri için Türk farklıdır. *Karavelov* "Türk'ü ne Tanrı ne de şeytan insan haline getirebilir" derken, "Çorbacı,

1 Aleksey Leonteviç Naroçnitskiy 1972-89 arasında SSCB Bilim Akademesi üyesi.

metropolit (Helen asıllı) ve Türk yönetici üçlüsü ağaçlara asılmadıkça Bulgaristan kurtulamaz" der. *Vasil Levsky* ise bir Balkan Konfederasyonu'nda Türk'e de yer verir. Çok önce Helen *R. Pharaios* muhayyel konfederasyonundan Türkleri dışlamıştı. Balkanlarda federasyon ve birlik; o günden bugüne zaman zaman ortaya çıkan bir özlemdir. İki adet Balkan Paktı (ilki 1930'larda Atatürk'ün önderlik ettiği) ve İkinci Dünya Savaşı'ndan sonra da Türkiye ve Tito Yugoslavya'sının başı çektiği paktlar bile, arada büyük devletler olmadığı için yaşayamadılar.

Atatürk Yugoslav Kralı Aleksandr ile İtalya'ya karşı Balkan paktını güçlendirirken, o paktın sacayağından biri olan Venizelos çoktan ittifak için Roma'nın yolunu tutmuştu. Balkanlının ittifak anlayışı, büyük bir Avrupa devletiyle beraber olmaktır. Kan ve barutla bağımsızlık alan Cumhuriyetçiler; işsiz Alman prenslerini hükümdar olarak kabul edip önlerinde âdeta bin yıllık millî hanedanın varisleri gibi eğilmişlerdir. Tek istisna, Sırbistan'ın iki millî hanedanıydı; onların da birbirleriyle devamlı kavgası ve tertipledikleri karşılıklı darbeler ülkeye pahalıya mal oldu. Ülkelerin içinde Alman partisi, Anglo-Fransız partileri iktidar kavgası yaptılar. Rus taraftarları Slav devletlerde bile aslında zayıftı. Balkanlarda Rusya ciddi bir akit yapılmayan ve Batı devletleri lehine unutulan bir kardeşti. Bulgaristan prensliğinin akîl başbakanı *Stambulov*'un ilk işi Rusya'ya sırtını dönmek, Batı'ya yanaşmak ve Osmanlı Devleti ile sözde var olan vassal-süzeren ilişkilerini Rusya'ya karşı vurgulamak oldu. Böyle bir görünüm işine geliyordu. Diğer taraftan da bağımsızlık desteğini Batı Avrupa'da arıyordu. Balkanlarda Rusya bu nedenle İkinci Dünya Savaşı sonrası, Bulgaristan hariç hiçbir zaman hâkimiyet kuramadı.

Balkan milliyetçisi 16. yüzyılın Slav irredantistleri olan *Ivan Gunduliç* ve 17. yüzyılın *Juraj Krijaniç*'inden beri şair ve din adamlarıdır. Hiçbir sınıfı tahlile girmeyelim; milliyetçiler şairler ve papazlardır. Bunlar yani Gunduliç gibi 16. yüzyılda İtalya'dan ilim ve fikri öğrenip Polonya'dan siyasi destek bekliyorlardı. 17. yüzyılda Polonya ümit verici görünümünü kaybetti. Bu yüzden Krijaniç Rusya'dan umut bekliyordu. Ama birtakım kilise papazı ve zenginleşen köylüler başka bir dünyadaydı. Osmanlı ile iyi geçinen ve Fener'le kavga edenler ve Fener'in yüzünden etnik milliyetçiliği kuvvetlenenler vardı. Çetecilik Balkan tarihinin temel kurumudur. Komita siyasi partinin zayıf olduğu dünyada siyasi örgütlenme biçimidir. Merhum Tarık Zafer Tunaya haklı olarak işaret etmiştir; "İttihat Terakki'nin kozası ve örgüt modelini Paris, Londra, Brüksel'de değil; Balkan komitalarında arayınız" diye. Komitacılık temeli bağımsızlıktan sonra, hürriyet ve demokrasi değil; kavga, kin ve diktatörlük gelirdi. Skupçina'da Hırvat milletvekili tabanca ile vuruldu. Sırbistan gizli polisi Hırvat ve Slovenlere güvenmediğinden gizli polis içinde başka bir gizli polis (Karael) kuruyor, buraya sırf Sırp kökenli memur alıyordu.

Hem halkın gelişmesini hem de diktatörlüğü besleyen; hem milliyetçiliği hem de dış dünyaya yamanmayı kolaylaştıran iki kurum vardır: Eğitim ve basın. Prenslik ve krallık idaresi Bulgarların eğitimine Rusya Çarlığı ve Osmanlı'ya göre çok daha fazla para ayırıyordu. Gazete bir haber organı olmaktan çok, tıpkı bizdeki gibi hatta daha fazla olarak, tarih, coğrafya, edebiyat ve hatta tabiî ilimleri öğreten bir organdı. Gazete güvenilen bir organdı ve gazeteciyle öğretmen; Bulgar, Sırp, Yunan, Romen toplumlarında Delphoi kâhini gibi etkiliydiler. Diktatör rejimler de doğrusu bu iki organdan iyi istifade ettiler. Politikaya giren veya partilere çekilen öğretmen ve profesör Balkan toplumlarının tipik adamıdır ve bu iki zümrenin slogan ve yorumları kadar mudhike (grotesk olay) de az bulunur.

19. ve 20. yüzyıllarda Balkanları inşa eden ve yıkan zümre; bilgisizlik ve tecrübesizliklerine karşın cüretkâr ve örgütçüydüler.

Aydın gibi zor tarif edilen kavram bu ülkelerde kısa sloganla tanımlanır; "halkına inen sorumlu adam... vs." ve Batı'da az kullanılan bu kavram burada ağza sakızdır. Son asır Türk münevver veya aydını da bu zihniyete göre tarif edilmiştir. Batı'da kimse "aydın" lafını kartvizit olarak kullanmaz; buralarda bu bir kimliktir. Mesela 1980 yılında Sofya Üniversitesi'nde dekan, mezunlara; "Birazdan diplomalarınızı alacak ve millî aydın sınıfımıza katılacaksınız" diyordu. Budapeşte çeper endüstri tesislerinde Karl Marx'ın *Kapital*'ini okuyarak umutlanan ve aydınlanmış çehreli bir işçi heykeli vardır. Balkan ve Orta Doğu aydınlarının hepsi bu heykel gibiler. Bir iki roman çevirisi, yanlı ve basit üslûblu bir iki tarih kitabı, vülgarize bir felsefe risalesi (çeviri) tabii bolca şiir, aydın olmaya yeter. Batı Avrupalının aksine, nesirle eğitilen ve nesirle eğiten biri değildir; şiirin büyüsüne, etkileyen kolaylığına sığınır; şiirle öğrenir, şiirle düşünür. Ulusçuluk, demokrasi, sosyalizm hepsi şiirle birbirine karışır ve hayatta trajikomik uygulamalar bu rüşdüne ermemiş heyecanı ve sözde fikrî temel üzerinde inşa edilir. Şairlerin şairin ötesinde mütefekkir ve önder olarak tanınma çocukluğu, Balkan ve Orta Doğu ülkelerinde yaygın ve ortak bir tutumdur. Duygusal yoğunluk ve bilgisel sığlıkla bazı gruplar sevk-i tabi-i kader ile iktidara ulaşır, ülkeyi ve dünyayı kurtarmaya kalkar ve tamiri olmayan hatalarla yurtlarını sarsıntılı bir tarih yolculuğuna çıkarırlar. Köylünü kasidelerle översin, ama itimat etmezsin, tabii büyük hayaller için cepheye sürersin; sonra mersiye yazarsın.

Osmanlı'dan kurtulduktan sonra Balkan savaşları, Birinci ve İkinci Dünya savaşları Balkan ülkeleri için böyle acılı ve entegrist (bütünlükçü) milliyetçilik olaylarıyla doludur. Acaba bu çocukluk arazı kayboldu mu? Buna dair pek kuvvetli deliller ve göstergeler yok ortada. Değişen dünyanın yarattığı yeni şartlar ve gelişen olaylar Balkan sözünü tekrar ürkütücü hale getiriyor. Balkan milliyetçiliklerinin en problemli yanı şudur; özellikle 18-19. yüzyıllarda bu ülkelerde yaşam Batı ve Orta Avrupa'yı Avusturya-Alman tarzına yöneltmiş. Milliyetçilik kendi özgün geleneksel yaşam biçimini ve kültürünü savunmak derdinde değil. Bu anlamda bir geleneksel muhafazakârlıktan çok değişimci ve modernist bir saldırgan grup söz konusudur. Milliyetçiliğin en hızlıları, daha çok hangi blokun adamı ve mukallidi olmanın kavgasındadır. Buralarda milliyetçilik komşunun toprağını kendine kırpmak ve bölgede nüfuz kurmak kavgası anlamına geliyor. Maalesef bu asrın iyimser değerlendirme ve düşünce sahipleri bu nedenle Balkan coğrafyasında sukût-ı hayale uğramaktadırlar.

BALKANLAR VE OSMANLI MİRASI
OSMANLI İMPARATORLUĞU'NDAKİ TEBAADAN ETNİK KİMLİKLERE DÖNÜŞÜM

Osmanlı İmparatorluğu'nda etnik kimliğin biçimlenmesi her şeyden önce modern Balkan dünyasının oluşumu tarihidir. Balkanlarda milliyetçilik; Hıristiyan halklar yani Helenler ve Slavlar arasında oluşmuş ve Slav milletler Helgelyen teleolojik (gai yorum) tarih anlayışıyla, 19. yüzyıl milliyetçi tarih anlayışının en renkli örneklerini vermişlerdir, denilebilir. Buna karşılık Türk, Arnavut gibi Müslüman halkların ulusçuluğu ve Orta Doğu'da modern milliyetçilik olan Siyonizm'in Osmanlı toprağında yerleşmesi geç olmuştur. Hatta Arab milliyetçiliği de esas itibariyle 19. yüzyıla özgüdür; örgütlenme ve etnik dava bakımından Birinci Dünya Savaşı'nda imparatorluk yıkılana kadar pek önemli bir olay sayılamaz. 19. yüzyıl boyu modern milliyetçilik Osmanlılık ideolojisi tarafından önlenmiştir. Osmanlıcılık klasik imparatorluğun tarihî bir *residue*'si (tortu) değildir; tamamıyla 19. yüzyılın şartları içinde modern bürokrasinin yarattığı ve her dinî ve etnik gruptan Osmanlı'nın mensup olduğu seçkin sınıfın bir ideolojisidir. Mesela Avusturya'da; *Kaiserreichs-nationalismus* vardı, ama Osmanlılık kadar işlevsel olamadı.

Osmanlı İmparatorluğu'ndaki halkların milliyetçiliği ve bu emperyal ideoloji iki zıt akımdı, mesela Yunan ayaklanması sırasında Helenlerin milliyetçiliği ile Helen unsurun elinde ve yönetiminde olan Fener Patrikhanesi arasındaki zıtlık, hatta gerilim bunun örneğidir. Milliyetçilik Helen-Türk çatışmasını Osmanlı elit çevrelerine kadar sürükleyemedi, ama Helen elitiyle Yunan adaları ve anakarası arasındaki gerilim başladı.

Alexandra Sfini 17. asırdan 19. asra kadar Fener Patrikhanesi tarihinin bir özelliğinden; kilisenin ama daha çok Fenerli efendilerin Türklere ehven-i şer diye baktıklarından bahseder.[2] Yunan dilini, Klasik Yunancayı ve Batı dillerinden bir ikisini bilen bu efendiler; Türk dilini de bilirler, öğrenirlerdi ve bir yerde Osmanlılık kimlik ve duygusunu taşıyan seçkin grubu oluştururlardı. Fenerli beylerin bu Osmanlılık duygusunun müteaddid örneklerini verebiliriz. Mesela Londra sefirimiz *Kostaki Musurus Paşa* Yunan milliyetçilerinin başlıca hedefiydi. Atina'daki orta elçiliği sırasında Yunan milliyetçilerin suikastına uğradı ve sol kolu sakat kaldı.[3] Ama kuşkusuz Fenerliler arasında İpsilantiler gibi Yunan milliyetçiliğine meyledenler de vardı. Fenerliler jeneolojik nitelikleri itibariyle ilginçtir ki; ciddi tetkiklere ve toplu bir eser yazımına konu olmamıştır. Oysa Osmanlı tarihçiliğinde bunlar kadar yerli ve yabancı kalemde sözü edilen grup az bulunur. Ahmed Vefik Paşa ki, aslen Helenize olmuş eski bir Bulgar ailenin ihtida etmesiyle onların torunu olarak tarih sahnesine çıkmış bir dâhimizdir; Yunan diline (eski ve yenisine) vukufuyla tanınır ve daha da çok bilinen yönü, şedid Helen düşmanlığıdır. Aslında klasik Osmanlı İmparatorluğu'na göz attığımızda göze batan iki renkli unsur *Helenler* ve *Türkler*dir. 18. yüzyıl Avusturya Şitirya (Steiermarkt) bölgesine ait bir halk resmi; Avrupa milletlerini allegorize eder ve özelliklerini mukayeseli olarak tasvir eder. Bu milliyetler tablosunda en seçkin ve makbul karakter İspanyol'dur (Avusturya'nın Katolisizmi ve Habsburg geleneği bunda etkili olmalı). En geri ve ahmak tip "Moskovit" denen Rus'tur. İsveçli, Polonez ve Macar sıralamayı menfi olarak izler. Alman, orta vasıflıdır ("Avusturyalı" diye bir kimlik yoktur). 18. asrın halkı bugününden farklı bir kimlikler dünyasındadır. Fakat asıl ilginci;

2 Alexandra Sfini, "Fenerlilerin Günlüklerinde Değerler Sistemi ve Milletler (17. Yüzyıl Sonundan 19. Yüzyıl Başına)," *Osmanlı'dan Cumhuriyete Problemler, Araştırmalar, Tartışmalar*, I. Uluslararası Tarih Kongresi, Ankara, 24-26 Mayıs 1993.

3 Sinan Kuneralp, "Bir Osmanlı Diplomatı: Kostaki Musurus Paşa (1807-1891)", *Belleten*, Cilt XXXIV, Sayı 135, 1970, s. 421-435.

sarıklı ve cübbeli tipin "Tirck oder Greick" Türk yahut Yunan diye birlikte betimlenmesidir. Şeytani dinli ama zeki, memleketi güzel, hükümdarı *tiran* olan bir tiptir bu. Avrupa halkının büyük çoğunluğu o dönemde eğitimsiz değil fakat düşük eğitimli olmaları nedeniyle "aydınlanma ve philhelenism" denen devirde dahi Türk ve Helen unsuru birbirinden ayırmaktan acizdir. Aslında sadece kaba gözlemle Osmanlı Helen'i kendini Rum diye gösterir ve öbür gruptan da bağımsızlaştırırdı.

Osmanlı cemiyetinde Fransız aydınlanması ve milliyetçiliğinin etkisinden önce de Helenler ve Slavlar arasında ulusçuluk fikirleri vardı. Bu Fransız ekolünün asıl etkilediği unsur Türklerdir. Özellikle Trablusgarb Savaşı, Balkan faciası, Türk unsura milliyetçiliğin etkisinden önce de nazari değil, tecrübi olaylarla ve silinmez izlerle Türk kimliğini öğretmiştir. Bu nedenle bugünkü milliyetçilik ve temelde Türk milliyetçiliğini okul tarih eğitiminin eseri olarak gösteren yazarların gerçekle pek bağı yoktur. Türkiye'de okul tarih eğitimi, kitlelere herhangi bir şeyi aşılayamayacak kadar zavallı durumdadır ve hep öyleydi (Cumhuriyetin ilk yılları hariç). Şüphesiz Türklük, dile ve Müslümanlığa dayanıyor. Türk olduğu halde Müslüman olmayan Karamanlı, Gagavuz gibi unsurların Türk kavramından hatalı olarak dışlanmaları bunu gösterir, çok sonra bu hatalarını kamufle ettiler. Maalesef bu mirasın etkisiyle yeni Türkiye Cumhuriyeti "Karamanlı Rum" dediği Hıristiyan Türkleri mübadeleye tabi tutmuş değildir; Yunanistan'da mutsuz bir mübadeleye uğramış Karamanlı zümrenin varlığının vebali daha çok Yunanistan ve Birinci Dünya Savaşı'ndaki galip devletler grubunun sorumluluğundadır. Mübadelede daha çok Venizelos ve onu izleyen Batılı devletlerin telkin ve zorlamalarının payı olduğu da açıktır.

Buna karşılık Girit halkı, Balkanlardaki Pomaklar da Müslümanlıkları dolayısıyla Osmanlı-Türk kimliğini benimsemiş ve bu kimliğin bedelini kanla ve ıztıraplarıyla ödemiştir. Osmanlılık, Türklük için bir ön aşamadır ve 19. yüzyılda dini, dili farklı insanlar bir Osmanlı eliti oluşturuyordu. Nihayet Müslümanlığa dönen Polonya-Macar milliyetçi mültecilerini ele alalım: Bunlar "Türk" olmuş, bunu benimsemişlerdir ve bu ilginç grup ve çocukları da gelecekte Türkiye'nin içtimai ve kültürel hayatını etkilemeye devam etmişlerdir.

Buna rağmen bu süreç Anglo-Sakson bir terim olan "nation-building" (ulus inşası) kavramıyla ifade edilemez. Bu kavimler mazide kendi devletleri, yazılı edebiyatları, hatta bağımsız kiliseleri olan toplumlardı. Bulgar, Sırp kiliseleri Rum-Ortodoks ritüelde olmalarına rağmen kendi bağımsız ve millî karakterleri vardı. İtiraf etmek gerekir ki; Fener'deki Patrikhane'nin bu konudaki baskısına rağmen bu toplulukların kiliselerinde millî dildeki liturji ve ibadet devam etmiştir. Osmanlı idaresi zamanında Fener Patrikhanesi bu halkların etnik niteliğini ve rengini ne silebildi ne de belki böyle bir amacı vardı.

Balkanlarda Rum-Ortodoks inanç kendini etnik bir kimlik şeklinde de ifade etmiştir. İyi eğitim görmüş bir Bulgar, bir Ortodoks Arnavut kendini Helenlikle aynileştirir. İşte bu safhada Rusya'nın Balkanlardaki etkisi durumu çok değiştirmiştir ve denebilir ki Bizans Hıristiyanlığının getirdiği bir tür Helen bilinci yerini Slavlığa bırakmışsa, bunda Rusya kilisesinin, maarifinin ve Çar'ın dış bakanlığının faaliyeti etkili olmuştur.

Yunanca, Balkanların ticari *lingua francası* idi. Fakat daha önemlisi Fener'deki Patrik'in, kilisenin ve okulun diliydi. Helenlikle Hıristiyanlık o derece özdeşleşmişti ki; daha önce zikrettiğimiz gibi, 19. yüzyılın başında *Moschopolis* (Voskopoj) bu bir Eflaklı papaz olan Pope Dantel, *Izagogi Didaskalia* adlı popüler gramer ve lügat kitabında herkesi Ortodoks dininin dilini öğrenmeye ve bu dili konuşmaya çağırıyordu (yani Yunancayı). Diğer taraftan Türk kimliği de Balkanlardaki Müslümanlar arasında aynı rolü oynuyordu. Din dolayısıyla Türklere yakınlık duyanlar, onların dilini de benimsedi. Hiç değilse kullandıkları yazıyı Bosna'da Arab harfleri, Yunanistan'ın kuzeyinde "camiya edebiyatı" denilen Müslüman Helenlerin Arab harfli metinleri zikredilmelidir.[4]

4 Bu alanda Londra'da SOAS öğretim üyelerinden Yorgos Dedes'in "Lugat-i Rumiye: A Turkish-Greek Versified Glossary from the Late Ottoman Period:

Gerek Türk tarih yazımında, gerek bazı Avrupalı yazarların arasında; Rusya'nın Balkan Slavları arasındaki etkisini abartanlar olmuştur. Gerçi Rus dili ve Panslavizm'i Balkan Slavlarını etkiledi, hatta dillerinde "Russisme"ler yer aldı.[5] Ama Balkan Slavlarını çağdaş dünyaya açan asıl dil, Almanca olmuştur. Avusturya ile olan ticaret Sırplar arasında da, Bulgaristan'da da yeni bir sınıf yarattı; Avusturya'ya yerleşen Slavlar o ülkenin dinî inancını değilse de, edebiyatını ve kültürel anlayışını aldılar.

Balkan Slavları kadar Helenler arasında Türk dilinin üstünlüğünü artırma ve Türkçeyi bir *lingua franca* konumuna getirme konusunda 19. yüzyılın Osmanlı idaresi çok çabalar gösterdi. Okullara Türkçe dersi, Türk tarih ve edebiyatı konuyor ve gayrimüslim okulların programı ve faaliyeti teftiş ediliyordu. Öte yandan Helen okullarında devlet aleyhine konular öğretildiği ihbarları da yayılıyordu. Böyle ihbarlar bazı zaman o cemaatin üyeleri tarafından yapılırdı. 1860 yılında böyle bir olay görülüyor; *Halki*'deki (Heybeliada) seminerin Filipaki adlı öğretmeni Bab-ı Âli'ye seminer hocalarının zararlı fikirler telkin ettiğini ihbar etti.[6] Bu basit bir hıyanet olayı değil; Byzantin-Osmanlı bir tutumla, taze Helen milliyetçiliğinin çatışmasının sayısız örneklerinden biridir. Osmanlı resmî ideolojisi 19. asırda yeni kurduğu okullarda gayrimüslim milletlere yüzde 33'lük (üçte bir) bir kontenjan tanıdı. Böylece Osmanlılık ideolojisi, her etnik-dinî gruptan elit sınıfı yaratacak bir yöntem bulmuştu ve bu yöntem işledi de (Evvela gayrimüslim milletler bu imtiyaz için aralarında çatıştı. Mesela, 1857 yılında Tıbbiye Mektebi'ndeki Ermeni talebenin sayısının 50'den

---

Serious Learning or a Bit of Fun on the Side?", (*Journal of Turkish Studies*, Cilt 31, Sayı 1, s. 237-280) adlı çalışmasına bakılabilir.

5 Bab-ı Âli'ye, padişaha (rikab-ı humayuna) takdim edilen Sırpça ve Bulgarca arzuhallerindeki bariz Russizm kullanımı için bkz.: İlber Ortaylı, "Osmanlı Arşivlerindeki Dilekçelerin Bazı Örnekleri," *Osmanlı-Türk Diplomatiği Seminerleri*, İstanbul Üniversitesi, 1995.

6 İlber Ortaylı, "The Greek and Ottoman administration during the Tazminat period," *Perceptions Journal of International Affairs*, C. 2, S. 2, Haziran-Ağustos, 1997, s. 49-56.

55'e çıkarılması için, Ermenilerin Rumların kontenjanları aleyhinde Bab-ı Âli'ye müracaat ettikleri görüldü ve neticede muvaffak oldular. Bürokraside Rum-Fenerli beyler yerlerini kaybetmeye başladı. Onların yerini Ermeni, Türk, Bulgar, Yahudi gibi unsurlar aldı). Osmanlı Hariciye Nezareti'nde ve 19. asır sonunda taşra idaresindeki memurlar arasında bu kozmopolit gelişmeyi görmek mümkündür.

Federalizm: Ulusalcı programlarda "Federalist" tutum ilk safhadır. Rhigas Velestinis'ten (Pharaios) beri Osmanlı İmparatorluğu'nda ulusalcı ihtilalci unsurların önerdiği yeni rejim, yani anayasa projeleri federalisttir. Bulgar gizli ihtilal komitesi de 1860'larda önerdiği anayasa tasarısında; Sultan Abdülaziz'i "Osmanlı Hakanı ve Bulgar Çarı" olarak nitelemek istiyor. İki meclisli ve Bulgar Kilisesi'nin bağımsız olduğu bir imparatorluk modeli öneriyordu. *Pitzipios Bey* gibi Fenerli-Helen bazı aydınlar, 19. yüzyılda dahi bir yeni Bizans, yani Helen-Türk bir imparatorluk öneriyorlardı. Arab aydınları bu dönemde Butrus el-Bustani, Corci Zeydan, Abdurrahman Kevakibî gibileri; hilafetin Türklerin uhdesinde bulunmasına karşı olduklarını belirtiyorlardı. Bununla beraber Arablar henüz bağımsızlık için hazırlıksızdı ve devlet ile sultan aleyhine bir girişimleri yoktu. Bizans sözü Rönesans'a özgü bir deyim (16. asırda *Hieronymus Wolff* kullanmıştır). Bizanslılar kendilerine *Romanioi* (Romalı) derdi; Türkler de bu ülkeyi İklim-i Rum (Roma ülkesi), Saltanat-ı Rum (Empire Romania) gibi tabirlerle adlandırır, kendilerine Rumî (Romalı) derlerdi. Helenizm ve Türkizm Balkanlarda Hıristiyanlık ve Müslümanlık etrafında biçimlenen iki kimlik iken (Carlo Ginzburg'un *Il formaggio e i vermi* adlı kitabında *Turco* deyimi Müslüman ile eştir), 19. asır boyunca millî kimlikler tarafından erimiştir...[7] Bu önemli belgesel kültür tarihinde engizisyon, Protestan fikirli ve söylemli bir değirmenciyi Türkleşmek, Türk olmakla itham ediyor. Fener'deki Patrikhane, ökümenik bir kurum olarak bu milliyetçi parçalanma ile erimiştir

7 Carlo Ginzburg, *Il formaggio e i vermi*, Adelphi, 2019.

ve ilk darbeyi de Yunan bağımsızlığı ile yemiştir. Türkler ona Rum-Ortodoks Patrikliği derler. Bu, "Oecumenic Patriarchat"-dan farklı bir deyim değil; çünkü Oecumenon insanların yaşadığı dünya parçası, yani Roma'nın hâkimiyet alanı demektir. İmparatorluğun bu parçalarının erimesi ile Helenizm, Slav milliyetçilikleri, ardından Türkçülük çıktı; öyle ki 19. asırda Şemseddin Sami Fraşeri hem Arnavut hem Türk milliyetçiliğini birlikte götürüyordu ve Sadrazam Said Paşa'nın Panislamizm'i ise temel unsuru Türk olan bir Panislamizm idi.

Daha açık Türkçüler de vardı: Ahmed Vefik Paşa, büyükelçi, başvekil, yazar ve Moliere mütercimi; ihtida eden Bulgarzadeler ailesinden geliyor. Sözünü yukarıda ettiğimiz bu ünlü Türkolog, eski ve yeni Yunancaya hâkim ve lâkin anti-Helendi. İlk parlamentoda 1877'de seçim kanunu tartışılırken, riyaset kürsüsünden Arab mebuslara hitaben "Gelecek seçime kadar aklınız varsa dört yıl içinde Türkçeyi öğrenirsiniz" demişti. 1849'da imparatorluğa sığınan Macar, Polonyalı subaylar ihtida ettiler ve Türk milliyetçisi oldular. İçlerinden Konstantin Borzecki 1869 yılında (diğer adıyla Mustafa Celaleddin Paşa, Nazım Hikmet'in ana tarafından büyük dedesidir) Türk etnik milliyetçiliğinin düsturu olan "*Les Turcs anciens et modernes*" (Eski ve Yeni Türkler) adlı bir kitap yazdı.[8] Buna Türk etnik milliyetçiliğinin ilk teorik denemesi denilebilir.

Öbür yanda Küçük Asya kıyılarında yer alan Chidonia'da (Ayvalık) kurulan Helen Akademisi sadece Helenleri değil, başka Hıristiyanları da eğitiyordu, ama Helenize ederek. Buna rağmen aksi gelişme de başladı. Yetişirken Helenlikle bağdaşan Bulgarlardan Konstantin Photinov gibi biri ise İzmir'de ilk Bulgar gazetesini "*Lyuboslovje*"yi çıkardı. Odesa'da ticaretle uğraşan bir Bulgar aydını olan Aprilov, Ukraynalı tarihçi Venelin'in tesiriyle Helen değil, Bulgar olduğunun bilincine vardı ve millî Bulgar maarif hareketini başlattı. Balkanlarda Pax Ottomana sona eriyordu.

8 İlber Ortaylı, "Osmanlı İmparatorluğu`nda Askeri Reformlar ve Polonyalı Mülteci Subaylar," *Askeri Tarih Bülteni*, S. 27, Ankara, 1989, s. 15-21.

Bulgar komitelerini model alan bir Türk komitesi İttihat ve Terakki Cemiyeti Türkiye'nin ilk önemli siyasi partisi olarak hayata atıldı. Bu anayasacı devrimci komiteyi İstanbul Tıp Fakültesi'nden bazı talebeler kurmuştu ama kuruluşun şubeleri Balkanlara yayıldığında; asker, sivil, memur, tüccar üyeleriyle tanınmaz hale gelmişti. Artık tam manasıyla bir Balkan komitesiydi. Osmanlı ordusu etnik Türk kültürüne ve diline her zaman dikkat etmiştir. Mesela Arabistan ordusunun askerleri arasında Arab sayısının artması üzerine derhal Anadolu'dan gençler buraya gönderiliyordu. İttihat ve Terakki bu nedenle az zamanda Türklüğün yeşerdiği bir parti oldu ve kozmopolit Selanik şehrinde Türk dili tarihiyle uğraşan memurlar ve aydınlar II. Abdülhamid'in sansürüden bunaldıklarından sığınacakları bir melce-i iltica buldular.

Balkanlar uzun bir tarih içinde Roma-Helen-Slav unsurları barındırır. Hıristiyanlık Bizans mirasıdır. Osmanlılık Balkan tarihinin son beş asrını kapsar. Bugün Balkanlara "Güneydoğu Avrupa" deniyor. Bu anlamsız bir adlandırmadır. Türk Balkan deyimi yerine Romalı Haemus tabiri de kullanılabilir ama niçin bir yerine iki kelime kullanıyoruz. Üstelik bu bölge neye göre güneydoğudur? G.B. Tiepolo'nun Würzburg Sarayı'ndaki Avrupa allegoriası veya Piscator'un haritalarındaki Batı Avrupa merkezcilik, şimdi tekrar böyle bir adlandırmayla diriliyor. Balkanlardan ne Roma-Bizans ne de Osmanlı mirası silinebilir. Balkanların tarihini kendi inancımıza göre tekrar yazamayız, inşa edemeyiz. Ünlü Roma hukukçusu Arangio Ruiz'in Roma hukuk mirası için söylediği bir deyimi Osmanlı mirası için kullanmak mümkündür:

Volendo e non volendo, sapendo e non sapendo; siamo tutti Osmanisti (Romanisti)...

Yani istesek de istemesek de, bilsek de bilmesek de hepimiz Osmanlıcıyız.

Balkan yarımadasının kültürü, toplumsal kurumları ve problemlerini anlamak için Osmanlı tetkikleri kaçınılmazdır; o dönem bilindiği ölçüde Balkanlar anlaşılabilir.

İMPARATORLUĞU MODERN ÇAĞA TAŞIYAN BEYİNLER

Tanzimat döneminin iki büyük devlet adamı ve diplomatı vardır. Defalarca sadrazamlık, hariciye nazırlığı yapmışlardır. Büyükelçilikleri ve diplomatik yetenekleri konuşulan, unutulmaz şahsiyetleridir. Maalesef siyasi tarihimizde Mustafa Reşid Paşa ve Mehmed Emin Âli Paşa evvelce çok yüzeysel çizgilerle tasvir edilirdi. Bir dönem geldi (1970'ler) tarihin yeniden yorumu diye ikisi de sefaret paşaları(!) olarak adlandırıldılar.

Dünyanın hızlı dönüşüm sürecinde eski bir imparatorluğun yeni şartlara intibakının sağlandığı bu dönem için çok kolaycı bir yaklaşım ve tasvirdir. Şurası bir gerçektir: 19. yüzyıl dünyası Osmanlı İmparatorluğu'na tahammül edemiyordu. Çar I. Nikola, Kırım Savaşı'ndan evvel Hasta Adam'ı paylaşmayı Britanya sefirine teklif etti. Bu erken boşboğazlık Kırım Savaşı'nı getirdi. Savaşın sonunda Paris Anlaşması'nda ortaya çıkan, Rusya tarihinin dâhi diplomatı Gorçakov ihtiyatlı diplomasiyi Rusya'nın tarihine soktu. Tuhaftır, Osmanlı'nın ölümünden bahseden imparatorlukların hepsi ondan birkaç sene evvel öldüler. Almanya ve Avusturya-Macaristan 1918'de, Rusya 1917'de tükendi ve yeni bir kuvvete çevrildi. Almanya çevrilme gayretiyle yeni krizlere sebep oldu. Avusturya-Macaristan ise Orta Avrupa'nın küçük devletlerine taksim edildi. Bu, bir kültürel imparatorluktu, bir endüstri devletiydi. O kuvvet de üçe, dörde ayrıldı.

Batı Benimseyemiyordu

Tanzimat döneminin Osmanlı İmparatorluğu, Batı'nın hiç benimsemediği bir medeniyetti. Buna rağmen idareyi ıslah edebildi ki bu süreç uzun sürmüştür, lâkin ordusunu daha çabuk modernleştirebildi ve Türkiye ayakta kaldı. Üstelik askerî reformlarıyla 21. yüzyıla geçecek bir medeni değişimi de sağlayabildi. Mustafa Reşid Paşa bir memur çocuğudur. Babası hatırı sayılır bir evkaf görevlisiydi. Mahalle Mektebi ve kendi kendini yetiştirme, daha doğrusu kalemdeki bürokratların yanında çırak olarak yetişme dönemine girdi. Şu var ki akrabaları mevki sahibiydi. Dolayısıyla yarışa daha önden girdi. Onun çağdaşı ve rakibi Mehmed Emin Âli Paşa ise düpedüz fakir sınıftan geliyordu. Mısır Çarşısı kapıcısının oğluydu. Mahalle mektebinden sonra küçük yaşta tamamen bürokrasinin kalıpları içinde kalem çırağı dediğimiz zorlu, çileli yetişmeyle ve olağanüstü kabiliyetiyle Osmanlı Devleti'nin beynelmilel şöhrette bir diplomatı oldu.

Rapora 'Ahmak' Notu

Mustafa Reşid Paşa 1800 tarihinde 13 Mart'ta doğdu. 1858'de 7 Ocak'ta vefat etti. 1834'te fevkalade orta elçi rütbesiyle Paris'te başladığı elçilik görevi sırasında Viyana'da Prens Metternich ile görüştü. Metternich, Osmanlı Tanzimatı'nı tutuyordu. Türkiye'nin parçalanması Avusturya için de kötü bir örnek olurdu. Rus diplomatların aksine kozmopolit yapının ne olduğunu anlayan bir dâhiydi.

İngiltere ve Avusturya, Osmanlı Devleti'nin askeri reformlarını gerekli görüyorlardı ama bu reformlara müdahaleye ve içişlerine karıştırmaya ilk anda taraftar değillerdi, hatta reformların durgunluğundan şikâyet eden Avusturya elçisi Edouard Klezl'in raporunun kenarına Metternich, "Trottel" (ahmak) diye not düşmüştü. Bununla birlikte Mustafa Reşid Paşa 1830'da Mısır olayları sırasında Mehmed Ali Paşa'yla başlayan görüşmelerde heyetin ikinci kâtibi olarak diplomasiye girdi, Amedî vekili denen dış yazışmaları yöneten ofisin etkin görevlisi oldu. Ömrünün ilerleyen safhalarında birkaç kere Londra sefareti, Paris büyükelçiliği ve altı defa sadrazamlık yaptı. İngiliz hükûmetini ve bilhassa Stratford Canning'i kazandı. Bu süreci Dr. Turgut Subaşı'nın makalesinde görmek mümkündür.[9] Uzun süre Osmanlı başkentinde kalan Stratford Canning'in aşırı müdahaleci tavırlarını ise kendinden sonra gelen Mehmed Emin Âli Paşa törpüledi, yani Stratford Canning'in geri çağrılmasını sağladı. Hiç şüphesiz ki Rusya heyulası Tanzimat adamları için çok önemli bir sorundu, bunu Kırım Savaşı ve Paris Barışı'yla çözdüler.

III. Napolyon'un Nefreti

Mustafa Reşid Paşa Fransa'yı bu ağır savaşa teşvik ettiği için III. Napolyon kendisini aldatılmış hisseder ve paşadan nefret ederdi. Demek ki pek sefaret paşası değilmiş. Mehmed Emin Âli Paşa ise Islahat Fermanı'nı getiren biri olarak Mustafa Reşid Paşa tarafından çok tenkit edilirdi. Ne var ki Kırım Savaşı'nda Batılıların gösterdiği destek, bu destek için ödedikleri bedel (Kırım Savaşı olağanüstü sayıda asker kaybı demekti) bir yumuşama olarak Osmanlı İmparatorluğu'nda arazi rejiminin ve daha evvelden de serbestliği ayarlanan ticaretin daha da yayılmasını sağladı. Bu kaçınılmaz bir gelişmeydi.

9 Turgut Subaşı, "İngiltere Büyükelçisi Stratford Canning'in Bab-ı Ali İle İlişkiler", *VIII. Milletlerarası Türkoloji Kongresi Bildiri Kitabı*, Cilt 4, İstanbul Üniversitesi Edebiyat Fakültesi Yayınları, 2014, s. 805-815; "Stratford Canning'in Raporlarına göre Sultan Abdülmecid ve Ona İngiltere Tarafından Verilen Dizbağı Nişanı", *Belleten*, Cilt: LXXX, Sayı, 287, Nisan 2016, s. 154-176.

Onların Dünyası Değildi

Bir devri yargılarken yöneticilerin neleri yapıp neleri yapamayacaklarını ve mevcut imkânları ne kadar iyi kullanabildiklerini gözlemek lazımdır. Mehmed Emin Âli Paşa herkesin hayranlığını kazanmıştı. Şüphesiz ki Metternich ve Talleyrand kadar yetenekliydi ama kendi imparatorluğu ve bulunduğu dünya, onların dünyası gibi değildi. O nedenle bulduğunun daha da fazlasını yapmış ve yapmak zorunda olan bir devlet adamıydı.

Her Şeyi 40 Yılda Yaptılar

Mustafa Reşid Paşa devlet bürokrasisini, bürokratik dili, eğitim reformlarını, asıl önemlisi askeri reformları tamamlayan bir sadrazamdır. Her ikisi de 60 yıl bile sürmeyen ömürlerinde bu süreci tamamlamışlardı. Türkiye devletinin daha büyük dâhileri gördüğü açıktır, ama hiçbir zaman bu kadar seçkin insanın yani Ahmed Cevdet Paşa'dan Midhat Paşa'ya, Keçecizade Fuad Paşa'dan Ahmed Vefik Paşa'ya, Mehmed Emin Âli Paşa'dan Mustafa Reşid Paşa'ya kadar güçlü ve dirayetli beynin bir araya gelip iş yaptıkları ve bir imparatorluğu değiştirip modern çağa sürükleyebildikleri görülmemiştir. Tanzimat boyunca bu imparatorluğun yükünü birlikte omuzlayan bu insanlar, sonraki dönemde birbirlerinin kan düşmanı oldu. Galiba atasözü hükmünü icra etmişti: "At sahibine göre kişner."

‘KISKAÇ’TAKİ FERMAN

ISLAHAT FERMANI (1856)

---

164 yıl önce bugün Osmanlı İmparatorluğu’nun çehresini değiştiren ve niteliği o günden bugüne halen tartışılan Islahat Fermanı ilan edildi. Osmanlı Devleti bu fermanı ilan edene kadar çetin bir Kırım Savaşı geçirmiştir.

1826’da Yeniçerilik lağvedildikten sonra modern orduyu kurmak hayli zaman aldı. Arada Kütahya’ya kadar ilerleyen Mısır’ın diktatör valisi Mehmed Ali Paşa’nın oğlu İbrahim Paşa neredeyse tahtı gasp edecek diye bakılırken Rusya’nın yardımı istendi. İngiltere, Fransa’nın desteklediği Mısır’a karşı gereken tedbiri aldı. 19. asırda büyük devlet istemediğini yaptırmayandır. Hele hele İngiltere istemediği hiçbir şeyi yaptırmamıştır.

Erkân-ı Harb Sınıfı

1833 Hünkâr İskelesi Antlaşması’yla Boğaz’a yerleşen Rusya geri çekildi. Fransa, Mısır’ı desteklemekten vazgeçirildi. Mısır, bir kral naibliği gibi özerk bir “hıdivlik” halinde düzenlendi ama bazı tarihçilerin kolayca söyledikleri gibi “Mısır, Osmanlı İmparatorluğu’ndan fiiliyatta tamamen bağımsız olmuştu” ibaresi çok da geçerli değildir. En azından Mısırlıların girdiği Suriye-Filistin toprakları yeniden Bab-ı Âli’nin idaresine bırakıldı. Mısır’ın yaptığı tipteki reformlar şiddetle hatta daha da öne geçerek takip edildi ama asıl önemlisi ordunun ıslah edilerek kurulmasıydı. Bu meyanda 1840'larda modern ordunun esası olan kurmaylık, erkân-ı harb sınıfı da kuruldu.

Yumuşama Etkisi

Feroze A. K. Yasamee, okunmasını tavsiye ettiğimiz "Abdülhamid'in Dış Politikası" adlı kitabında "teknolojik yönden Batılı büyük devletlerin gerisinde kalsa ve dış mali itibarı azalsa da Osmanlı ordusunun komutanlık düzeyi ve teknik bilgi bakımından etrafıyla baş edecek durumda olduğunu" haklı olarak belirtiyor.[10] Evvela Kudüs'teki kutsal yerlerin idaresi yüzünden Rusya ile çekişmemiz, ardından Avusturya ve Rusya'ya karşı ayaklanan Polonyalı ve Macar vatanseverler ordusunun Rus General İvan Paskieviç karşısında yenilgiye uğramasıyla Macar Lajos Kossuth ve Polonyalı General Jozef Bem (sonraki Murad Paşa) kuvvetlerinin imparatorluğumuza sığınması ve asla Avusturya ve Rusya'ya iade edilmemesi gibi sebeplerle Rusya ile savaşa sürüklendik. Doğrusu İngiltere ve Fransa bu meydan okumayı hem desteklediler hem de savaş çıktığında müttefik olarak genç İtalya'nın yakın gelecekteki kurucusu Piemonte Krallığı'nın katılımıyla Türklerle ittifaka koştular.

Kırım Savaşı İngiltere ve Fransa kuvvetlerine çok pahalıya da mal oldu. Orduların can kaybı yüksekti, İstanbul halkı ilk defa pek iyi gözle bakmadıkları İngiliz ve Fransızların kendileriyle birlikte savaştıklarını, öldüklerini veya yaralıların Selimiye Kışlası'na gelişini gördüler. Artık yürekler yumuşamıştı. 1856 Paris Barışı'ndan önce durumdan istifade eden Avusturya, Batılı devletleri Osmanlı İmparatorluğu'nun ıslahatı için Viyana'da topladı. Viyana Antlaşması gayrimüslim tebaa için ıslahat tedbirlerini öneriyor ve 1839 Tanzimat Fermanı'nın vadettiklerini yetersiz görüyor ve tebaanın eşitliği konusunda da yeterli tedbirlerin alınmadığını ileri sürüyordu.

10 Feroze A. K. Yasemee, *Abdülhamid'in Dış Politikası*, Kronik Kitap, İstanbul, 2018.

Tartışmalar Osmanlı hâkimiyetinin bu gibi taleplerle zedeleneceği noktasında ilerliyordu. Bab-ı Âli haklıydı. Hiç kuşkusuz 19. asrın dünyasında layıkıyla diplomasinin ustası sayılan Mehmed Emin Âli Paşa ve Keçecizâde Fuad Paşa antlaşma metninde devletlerin bu gibi müdahalelerinin kurumlaşarak ve senede bağlanarak yer almasını engellemeye çalıştılar, bunda büyük ölçüde de başarılı oldular. Ama istenenlerin de bir ölçüde yerine getirilmesi gerekiyordu. Bazı hükümlerde, mesela yabancıların serbestçe arazi alması hatta vakıf sisteminin değiştirilmesi gibi müdahaleler kısmen gerçekleşti. 1860'ların sonunda imparatorluğun her yerinde arazi alan yabancıların yanı başında vakıfların satışı esası da kabul edildi fakat ilginç olan bu son hükmün çok geniş ölçüde tatbik edilmemiş olmasıdır. Bazen inançlar kanunların önünde yürür.

Batılı devletler asıl Hıristiyanlardan alınan cizyenin kaldırılması ve herkesin eşit şekilde askerlik ve devlet hizmetinde bulunabilmesini istiyordu. Aslında Osmanlı Devleti'nde Fenerli Rumlar her zaman görevdeydiler. Tanzimat'tan itibaren gayrimüslimlerin görevlere tayini daha çok tatbik edildi. Ne Mehmed Emin Âli Paşa ne de Keçecizâde Fuad Paşa gayrimüslim nazır tayin etmişlerdir ama buna karşılık Kostaki Musurus Paşa gibi büyükelçiler vardı. Ve Kostaki Musurus Paşa birçok kez Osmanlı vatanseveri olduğunu göstermiştir. 1861'den sonra Cebel-i Lübnan'a Hıristiyan mutasarrıf (David Paşa ve sonra Fenerliler), daha 1830'da özerklik verilen Sisam Adası'na Fenerli bir Rum prens (Miltiadis Bey) tayin edilmiştir. Memuriyette gayrimüslim oranı diğer imparatorluklarla mukayese edilmeyecek kadar hem sayıca hem de nitelikçe yüksekti.

Askerliği İstemediler

Türkiye bugün de bu konuda Batı dünyası ile çekişme içinde. Zaman ve zemin değişik ve de amaç. Avrupa'nın zorlamaları

Türkiye'nin Avrupa üyeliği talebine dayanıyor. Geçen asırda bu bir tehdit halindeydi. İşin garibi, Islahat Fermanı'ndaki gayrimüslimlerin eşitliği talebine ilk önce Rum Patrikhanesi isyan etti. Rumlar diğer gayrimüslimlerle eşit olmayı hiç istemiyorlardı. O tarihlerde Fransız sefaretinde elçi müsteşarı olan Edouard-Philippe Engelhardt'ın "Tanzimat ve Türkiye" adlı eseri bu tezatlı durumu bildiriyor.[11] Osmanlı gayrimüslimleri hiç asker olmak istemediler ve hatta sınır vilayetlerinde isyan çıktı. Devlet askere alım projesini geniş ölçüde uygulayamadı ve ta Birinci Dünya Savaşı'na tehir etmek zorunda kaldı.

Sonuç: Paris Antlaşması

Islahat Fermanı'nın neticesi diyeceğimiz Paris Antlaşması için Osmanlı maliyesinin kontrolü de öngörülmüştü. Devlet bunu kendi kurduğu bir komisyonla önlemeye çalıştı ama muvaffak olmadı. Dikkat edelim, sarayların inşasından değil düpedüz bu modern savaşların masraflarından dolayı ilk ciddi borçlanmaları yaptık. Altından kalkılacak gibi değildi. 1877-78 Rus Savaşı maliyeye nihai darbeyi vurdu ve Batılıların istediği gibi mali kontrolü sağlayacak Düyûn-ı Umûmiye de (Administration de la Dette Publique Ottomane) 1881'de kuruldu. Islahat Fermanı ilk safhada Mehmed Emin Âli Paşa ve Reşid Paşa grupları arasında bir münakaşa yarattı. Bugüne kadar da tarih yazımında devam eden "kaçınılmazlık" veya "gaflet" eseri diye tartışılan ama mutlaka Türkiye'nin çağdaş tarihi için de etkili bir metin olduğu gerçektir.

---

11 Edouard-Philippe Engelhardt, *Tanzimat ve Türkiye*, Çev. Ali Reşad, Kaknüs Yayınları, 2017.

II. ABDÜLHAMİD'İ VE DEVRİNİ GERÇEKTEN TANIYOR MUYUZ?

II. Abdülhamid'in dönemi az araştırılmış, az bilinen ama üstüne çok konuşulan bir dönem. Çok daha fazla araştırma yapılması şart. Ancak bu şekilde onun hem uzun bir barış dönemi sayılabilecek hem sansür gibi meseleler yüzünden özellikle sosyal/siyasî düşünce ve felsefe ile dış dünyanın araştırılması alanında yerinde saydığımız saltanat dönemi anlaşılabilir.

22 Eylül 2016 Perşembe günü Sultan II. Abdülhamid'in 174. doğum yıldönümüydü. TBMM Başkanlığı'nın kararıyla geniş katılımlı bir sempozyum tertiplendi. Organizasyonla Millî Saraylar Bilim Kurulu görevliydi. Bu sempozyumu bir padişah sarayının tarihi araştırmaları için gerekli görüyorum. Çünkü II. Abdülhamid'in hükümdarlığıyla geçen 1876-1909 tarihimizin az araştırılmış, az bilinse de çok konuşulan bir dönemidir. Sempozyumla ilgili dört adet kitap çıktı.[12] Serginin kataloğu ise çıkacak. Aktüel bir konu haline gelen Sultan Abdülhamid ve döneminin tarih bilimi tarafından değerlendirilmesi gerekiyor. Onun zamanında Osmanlı İmparatorluğu, bugünkü Balkanlarda Arnavutluk, Kosova, Makedonya, Bulgaristan ve Yunanistan'ın kuzey kısmını, Ege adalarını, Orta Doğu'da bütün Maşrık (Doğu) Arab dünyasını, sadece sözde değil, bir ölçüde dominyon

12 Bunlardan biri *Osmanlı Arşivlerinde Sultan II. Abdülhamid Han*, Milli Saraylar, TBMM Basımevi, 2016.

statüsünde bağlı Mısır ve iki sancak halinde bugünkü Libya'yı kapsıyordu.

'Persona Non Grata' Osmanlı Diplomatlarının Dönemi

Dışarıda önemli bir konsolosluk ağımız vardı. Bu konsoloslukların hemen hepsi siyasi cinstendi. Sadece vize, noter muameleleriyle ilgilenmezlerdi; o ülkelerdeki Müslüman gruplarla da İstanbul'un ilgisini kurar, takip ederlerdi. Nitekim bir yığın konsolosun kolonyalist devlet tarafından '*persona non grata*' olarak dışarı atılması bu tip bir teşkilatı gösterir ve aslında yüz ağartan bir durumdur. Zira bu uzak ülkedeki konsolosların sahip olduğu dirayet büyük başkentlerdeki birçok sefirde yoktur. Peki Panislam hareketin gerçek kudreti neydi? Bu, bugün dahi tartışılır ama büyük devletler nezdinde Osmanlı Türkiye'sinin bir silahı gibi görünüyordu. Lâkin başka sorunlar da vardı. Kırım Savaşı ile girdiğimiz Avrupa '*concert*'i (uyumu) ve Berlin Kongresi'nden sonra Sultan Abdülhamid, Avrupa'ya karşı iç idarede de sorumluluklar yüklenmişti ve bu nedenle imparatorluğun başında azınlıklar meselesi bir heyulaya dönüştü.[13]

Suikastlar Çağında Yaşadı

II. Abdülhamid, iflasını ilan eden bir imparatorluğun başına geçmişti. Lâkin dış borçların ödenmesinde elinden geldiğince ustalıklı davrandığı bir gerçektir. Avrupa hükümdarlarına karşı tertiplenen bireysel suikastlar dönemiydi. Kendisi de böyle bir bomba vakasına maruz kaldı. Suikast sırasında soğukkanlı davrandığı biliniyor ama beynelmilel teröre karşı hayatında bu

13 Taşra idaresi ile ilgili olarak bakınız: İlber Ortaylı, "II. Abdülhamid devrinde taşra bürokrasisinde gayrimüslimler," *Sultan II. Abdülhamid ve Devri Semineri*, 27-29 Mayıs 1992, İstanbul Üniversitesi Edebiyat Fakültesi Tarih Araştırma Merkezi, 1994.

kadar lakayt olmadığı çok açık. İşin garibi yeni doğan milliyetçilikler kendi içlerinde de mücadele veriyordu. Mesela Ermeni Taşnak komitesinin şiddet yönelttiği kişilerin başında Ermeni burjuvaları ve hatta patrikler bile vardı. Teröristler Avusturya'nın güzel imparatoriçesi (Elizabeth) Sissi'yi, Rusya'nın Çarı II. Alexander'ı katletti. Hepsinin kaynağı farklıydı. Suikastçiler değişik yapıdaydı. Nihilizm, anaşirzm, azınlık milliyetçiliği terörü başlamıştı.

Abdülhamid dönemine dair Türkiye aydınlarının en şikâyetçi olduğu nokta sansür ve hafiyelik sistemidir. Bu, hükümdarın talihsiz mirasıyla da ilgilidir. Bütün Makedonya, Bosna ve Bulgaristan'ın kaynadığı bir dönemde tahta geçmişti. Devletin Rusya'ya karşı istihbarat örgütü ise ilginçtir ki Tuna vilayeti valiliği zamanında Midhat Paşa tarafından kurulup geliştirilmişti. Maalesef bu örgütlenme Bulgar bölgesiyle ve Midhat Paşa'nın valilik dönemiyle sınırlı kaldı. Sultan bunu geliştirmedi; hafiyelik teşkilatı saltanat makamının aczinden ve tecrübesiz atılımından dolayı bir faciaya dönüştü.

Karagöz'e Bile Sansür

Bu dönemde çokça başka aksaklık da vardır. Örneğin sansürle ilişkili olanlar... Sansür komitesinin saçmalıkları bazı halde padişahı bile kızdıracak dereceye çıkmıştır.

Sansür, dışarıdaki ve içerideki Türk basınına karşı etkili biçimde uygulanıyordu. Doğa bilimleri, felsefe ve filolojide, coğrafyada atılım yapan Osmanlı biliminin, sosyal bilimlerde yerinde saymasında sansürün de payı vardı. İmparatorluğun genç nesli politik anlayış yönünden dünyanın gerisinde kalmıştı. İstanbul'da ortaoyunu hatta Karagöz'e kadar sansür ve hafiyeliğin etkisi vardı. Ama İstanbul dışına çıkıldığında bu tedbirler zayıflıyordu. Selanik'in aydınları İstanbul'dakinden daha çok nefes alıyordu ama İstanbul boğuluyordu.

Kara Ordusu Yükselirken, Denizciler Geriledi

Tezatlar bir mirastı. Renkli bir dış politikayla devleti ayakta tutma gayretleri, içteki bürokrasinin geri kalmışlığı yüzünden gelişmenin gölgelenmesine neden olmuştur. Memur maaşları düzenli değildi. Gümrük gibi bazı ofislerin maliyesi ise özerkti. 1. Ordu subayları düzgün maaş aldı ama taşrada durum farklıydı. Kara ordusu yükselirken, denizciler geriledi. Bunun sıkıntısı Balkan Savaşı'nda ortaya çıktı. Adaları bombardıman eden *Averoff* Zırhlısı'na karşı düzgün bir zırhlı çıkaramadık.

Şimdikiler Yetmez, Katbekat Arşiv Çalışması Gerekir

33 yılın çok iyi incelenmesi gerekir. Hem devlet kurumlarının hem üniversitelerin hem de çeşitli sivil kuruluşların bu gibi araştırmaları mümkün mertebe yapması ve yaptırması lazım. Sultan Abdülhamid dönemi üzerinde bugüne kadar yapılanların katbekat üstünde arşiv araştırması, gazete ve süreli yayın taraması yapmak gerekiyor. Dış dünya arşivleri halen az el sürdüğümüz zenginlikler. Bizzat dönemin dış politikası üzerine arşiv kaynakları dahi Sinan Kuneralp'in son yıllardaki derleme ve çeviri değerlendirme çalışmaları ('Ottoman Diplomatic Documents' serisi, ISIS Press) hariç pek el atılmış yerler değil.[14] Osmanlı hariciyesinin evrakı ön planda Arab harfleriyle yazılan Türkçe ve daha çok da Fransızca raporlara dayanıyor.

II. Abdülhamid saltanatı, her şeye rağmen uzun bir barış dönemi sayılır. Osmanlı eğitiminde, sağlık kuruluşlarında, Anadolu'da, Suriye'de tarımın kalkınmasında atılımcı bir dönem sayılmalıdır. Kuşkusuz ki sansürün; asıl önemlisi düzenli olarak kurulamayan istihbarat işleri ve düzensiz bir siyasi polis faaliyetinin de dönemidir. 19. asırda Metternich Avusturya'sısında

14 *Ottoman Diplomatic Documents on the Origins of World War One*, ed. Sinan Kuneralp, ISIS Press, İstanbul, 2011.

Çar I. Aleksandr ve ardından I. Nikola Rusya'sında "23. Departman" kurulmuştu. Bu iki dehşet verici siyasi polis ekibi dahi bu gibi faaliyeti düzensiz ve sorunsuz kitleye bırakmaktan daha kanunidir. Maalesef sansür ve hafiye örgütü değil, düzenli bir örgütün kurulması gerekirdi. Bu dönem için iyi bir sahife değildir. Barış dönemi maalesef Bahriye'de kalıcı hiçbir şeyin tamamlanamadan bırakılması için yeterli bir mazeret sayılamaz. Osmanlı Bahriyesinin teknik donanımının aksadığı ve atıllığı Hamidiye dönemi için diğer bir hazin sahifeydi.

FİZAN SÜRGÜNÜ'NDEN İTALYA İŞGALİNE DOĞRU

DEVLET-İ ÂLİYYE'NİN AFRİKA'DAKİ SON ZAMANLARI

2011 Trablusgarb Savaşı'nın 100. yılıydı. İtalya bugünkü Libya toprakları sayılan Trablusgarb vilayetine ve müstakil yani doğrudan merkeze bağlı Bingazi Sancağı'na saldırdı. 29 Eylül 1911'de verilen bir notayla bu savaşın başlayacağı bildirilir. Doğru dürüst cevap alınmadan ve müzakereye girişilmeden, 4 Ekim 1911'de İtalya, deniz kuvvetleri, harb kıtaları dâhil her sınıftan askerini Trablusgarb toprağına dökmüştür. Dökmüştür diyoruz, çünkü burada tarihçi açısından büyük bir problem var. Genellikle tarih yazarken Türk-Osmanlı tarafının yokluk ve problemleri ele alınır, bu doğru; ancak İtalya'nın gelişmiş bir kolonyalist ülke olamadığını, taarruzu ve harbi nasıl planlayamadığını pek dikkate almayız. Bu açığın giderileceğini ve Risorgimento arşivlerinde, İtalyan Deniz Kuvvetleri kaynaklarında Trablus Harbi'nin iki taraflı olarak incelemeye alınacağını ümit ediyoruz.

Avrupa'nın Anası İtalya

İtalya 1911'e gelene kadar Avrupa'nın en geri kalmış büyük devlet gücüdür. İtalya, medeniyeti, kültürü ve birtakım müesseseleri itibariyle Avrupa'nın anası demektir, İtalya'sız bir Avrupa düşünmek mümkün değildir. Buna rağmen İtalya bugün bile devam eden problemleri bariz bir şekilde yaşıyordu. Kuzey İtalya (Lombardiya, Venedik ve Toscana) endüstriyel, ticari, gelişmiş kültürüyle ve mağrur aristokrasisi ile hâkim bir bölgeydi; güney ise zirai, geri kalmış bir feodal yapı ve Sicilya'dan bildiğimiz gibi sadece mafya tipi ilişkiler ağıyla değil; kilisesi, toprak ağalığı gibi yerel örgütlenmeleriyle kendi içinde yaşayan, bütünleşememiş bir vatan parçasıydı. İtalyan birliği bir bakıma Almanya'nın birliğinden daha evvel oluştu ve burada şaşılacak şey İtalya'nın en gelişmiş bölgesi Piemonte Lombardiya'nın sanayici kuvvetleri ve başındaki mağrur monarşi (ki Kırım Savaşı'nda bizim müttefikimizdir) ile Güney İtalya'yı temsil eden Garibaldi ve onun kırmızı ceketlilerinin bir araya gelmesidir. Güneyin bu cumhuriyetçi kuvveti monarşiyle iş birliği halinde Papalığı bile ortadan kaldırıyor, yani Vatikan bunların getirdiği yeni düzene dayanamıyor ve papanın kendisi Vatikan arazisini terk ederek Roma içindeki St. Pietro di Laterani Kilisesi'ne çekiliyordu. 1929'daki Lateran Antlaşması ile Mussolini, Papalığı tekrardan küçük ama enternasyonal devlet olarak ihya edip tanıyana kadar, bu papalık mahkûmiyeti küskün yapısıyla devam edecekti.

Yeni İtalya'nın problemleri sayısızdı. Artan nüfusu ihraç edecek yer lazımdı ama uygun koloniler yoktu. İtalya'nın işsiz halkı Akdeniz adaları ve bilhassa Osmanlı Türkiye'sine ve Mısır'a göç değil âdeta hücum etmekteydi. İstanbul'un Pera muhiti apartmanlarının ve İzmir villalarının çoğunu İtalyan ustalar yapmıştır. İtalya modern Türkiye'nin hayatında önemli bir yer teşkil eder. 1849'da Macarlar ve Polonyalılarla birlikte Avusturya ve Rusya'ya karşı savaştıkları için kaçan İtalyan mülteciler bize sığınmışlardır. Sultan Abdülmecid tarafından himaye görmüşlerdir; bu tarihi bir bağdır. Tabii üstüne Kırım Savaşı'ndaki İtalya (Piemonte) söz konusudur. Bütün bunlara rağmen bu yeni İtalya, kolonyal iktidarını kurmak için Türk İmparatorluğunun Afrika topraklarına ani savaş ilanıyla saldırmaktadır. Çok ilginç bir olay; İtalya'nın Tunus'u ve Cezayir'i

Fransa'ya kaptırmasıdır. Cezayir'deki ilgi şimdi sadece "Cezayir'deki İtalyan Kadını" operası ile devam ediyordu. Mısır zaten İngiliz işgalinde olduğundan, İtalya'ya kala kala Tripoli (Trablusgarb) kalıyordu. İtalya'nın tasarladığı hücum uzun zamandan beri tartışılıyordu. Daha 1878 Berlin Kongresi'nde Fransa ve Britanya'nın Tunus ve Kıbrıs'ı işgalleri sorunu, kolonyalist devletlerin uzlaşması olarak görülürken; İtalya, bu işi tasdik edip etmeyeceğini belirsizce ima etmiştir. Ve bu arada Trablusgarb'ın İtalya'ya ait olduğunu İngiltere ve Fransa kabul etmiştir. Bu yerin anısını Eski Roma hâkimiyetine bağlı olarak tutuyorlar; bildiğiniz gibi Tripoli, Cyreneika Roma'nın Afrika kolonileriydi ve burada Roma imperiasının en önemli şehri, Leptis Magna'dır. Kumlar altında gömülüdür, bugün bile en canlı, en güzel Roma harabe şehri budur. Çok turist gitmediği için bizim Efes'e dönüşmemiştir. Bu bölgede tabii önemli bir sınıf da vardır. Nitekim Roma imparatorlarından Septimus Severus da Miladi 146 yılında burada doğdu, 193-211 tarihleri arasında imparatordu. Babası yerli zadegândan Kartaca asıllı; annesi Roma'dan gelip yerleşen bir patrici aileden olan Septimus Severus, Kartaca aksanıyla Latince konuşabiliyordu. İstanbul tarihinin yakından tanıdığı bir imparatordu, çünkü Büyük Konstantin'den evvel şehrimizde inşa ettiği eserler vardır.

Libya'nın Roma İmparatorluğu üzerindeki önemi her şeyden evvel stratejik konumuna dayanıyordu. Birincisi Afrika içlerine açılan bir kapıdır, bugün bile Çad ve Nijerya'ya açılıyor, yani Afrika'ya bir nevi insan ticaretini de içeren bir konumda. İkincisi burada Tuaregler gibi savaşçı kuvvetler vardı. Ne var ki bu zorlama gelenek İtalya'nın Kuzey Afrika macerası için geçerli neden değildi.

Bilhassa vaha şehirleri Kufra, Gadames gibi Afrika ile sahil arasındaki ticaretin, kervanların uğrak yerleri vardır. Bu yüzden Libya dediğimiz toprak -ki tarih boyu Arab dünyasında Trablusgarb diye geçiyor- 7. asırda ve Hz. Ömer devrindeki Mısır'ın fethinden sonra Arab fütuhatı çerçevesine girmiştir. Ukbe bin Nafi gibi bir Kuzey Afrika fatihinin eylemiyle İslamlaşmış ve fütuhat Libya, Tunus ve Cezayir ile devam etmiştir. Demek ki Arab fatihler artık 8. asrın başlarında İspanya'ya, Endülüs'e geçecekler. Bizim için bu önemli toprağın ne olduğunu kaydetmeye gerek yok. Arazi, Arab fethine kadar Roma'dır. Ve bütün tarih boyunca da Mısır'a hükmeden devletler Kuzey Afrika'ya da hükmetmiştir. Bu devletlerin bugünkü Libya topraklarında bir hâkimiyeti vardı, Trablusgarb diye müstakil devlet ise ortada yoktu.

Nitekim Osmanlı fütuhatı da Mısır'dan sonra Cezayir'in (yani Garp Cezayir'i) ilhakını getirdi. Bu bölgede mesela Cezayir'in otonom bir yapısı vardır, mahalli "Kuloğulları" buradan giden Türk asıllı yeniçeriler ve oradaki yerlilerin birleşimiyle oluşmuştu. Libya'da bu "kuloğlu" nüfuzu o kadar çok değildi, fakat gene de "Karamanlı" denen hanedan sayesinde hâkimdi. Daha fazla Osmanlı merkez hâkimiyeti vardır ve bir bakıma yine gevşek bir yönetimdir. Çünkü bu çok geniş bir araziyi ve nüfusu da çok fazla olmadığından stratejik kaynakları kontrol etmek kolay değildi. Aslında yeraltı zenginliklerinin istismarı bu dönemlerde sözkonusu değildi. Bu nedenle Trablusgarb vilayeti ve yanındaki müstakil Bingazi sancağı gevşeklik içindedir. Hiç şüphesiz ki pek dikkate alınmayan ikinci safhada ise Kuzey Afrika'nın tasavvufi tarikatı Senusiler vardır. Cezayir'de Ticanilik var ve Senusilik de burada. Senusiler Osmanlı Türkiye'sinin diğer merkezlerinde çok etkili olmadılar fakat Filibeli Şehbenderzâde Ahmet Hilmi, Senusileri çok tutar ve onların görüşüne göre "Kur'ân'ı okumak ve yorumlamak her Müslümanın vazifesidir ve ona göre içtihat yapmak da görevidir." Bu modernist bir yaklaşım... Senusilerin yakın çağda

İslam dünyasına bir katkısı da budur ve aslında çölden beklenmeyecek bir yaklaşımdır. Her halükarda bunların modernist İslam'da da bir yerleri vardır.

29 Eylül 1911'de İtalya bir yılı biraz aşkın süre devam edecek Trablusgarb Savaşı'na kendi tabirleriyle Libya Harbi'ne başladı. Resmi tarihlerde, İtalya'nın savaşı zaferle bitirdiği söyleniyor. Bu sadece Uşi Antlaşması'ndaki neticelerle böyle görünüyor. Genç İtalya'nın büyük devletler safında kolonyal isteklere sahip olmasına rağmen bu gibi savaşları yürütecek gücü olmadığı hem bu savaşta hem de Habeşistan Harbi'ndeki başarısızlığıyla görüldü.

Trablusgarb Savaşı, İtalyanların tam donanımla ve hiç şüphesiz ki Osmanlı Bahriyesiyle mukayese edilemeyecek bir deniz gücüyle saldırmalarına rağmen savaşcı olarak varlık gösterememelerine neden oldu. Osmanlı Bahriyesinin durumu çok hazindi. Uzun süre Haliç'e çekilen donanma, subayların yetiştirilmesi dışında, bir ölçekte bahriye neferlerine talim yaptırılmasına rağmen yeterli teknik sınıfların yetiştirilmesini sağlayamamıştır ve donanmanın teknik bakımı da sağlanamıyordu. Bu nedenle denizden Kuzey Afrika'daki bu son imparatorluk parçasının savunmasına destek mümkün olmadı. Osmanlı diplomasinin ağır bir atalet içine girdiği yıllardı. Bizzat sadrazamın, İtalya'yla ilişkilerin iyi olduğunu iddia ettiği bir nutuktan sonra ani hücum yaşanmıştı.

4 Ekim'de Trablus'a çıkan İtalyan kuvvetleri sahili gerçi kolay işgal ettiler; bir ay içinde hem batıdaki Trablusgarb hem güneydoğudaki Bingazi sahil bölümünü çabuk ele geçirdiler. Silah donanımları vardı ama bu donanımlar hiçbir zaman Fransa, Almanya ya da İngiltere ile mukayese edilemez. Bu nedenle talimsiz ve tecrübesiz komutanlar idaresindeki İtalya birlikleri iç kısımlara giremedi.

İttihatçı Subaylar Libya'da

Ekim ortalarında İtalyan birlikleri yoğun bombardıman altında Trablusgarb'a çıktılar. Bununla birlikte yerli Müslüman halkın, kendilerini pek hoş karşılamadığı; Derne, Humus ve Bingazi'nin daha uzun zaman dayandığı, Trablusgarb'ın ise İtalyan birliklerine 20 gün kadar direndiği anlaşılıyor. Türk birliklerinin asker ve subay sayısı çok düşüktü. Bir müddet evvel Yemen'deki isyanı bastırmak için nakledilmişlerdi. Üstelik Tunus ve Mısır üzerinden İngiliz-Fransız ittifakı dolayısıyla kuvvet sevk etmek mümkün değildi. Subaylar gönüllü olarak ve değişik kimliklerle oraya gittiler. Enver Bey, padişahın damat adayı olarak halifeyi temsil eden bir kişiliktir. Senusiler ile gayet kolay anlaşma sağlayabildi. Gidenlerin arasında Mustafa Kemal Bey, Ali Fethi Bey, Cami Bey gibi mutena genç komutanlar vardı. Birinci Dünya Savaşı ve İstiklal Savaşı'nın komuta kuvvetlerinin ilk büyük talim tecrübe yeri Trablusgarb olmuştur, denebilir.

Yerli Senusiler ve Libya halkıyla Türk subayların işbirliği muhteşemdi. Karşı tarafın donanımı yüksekti, o derecedir ki ilk keşif ve bombardıman uçağını dahi İtalyanlar kullandılar. Yüzbaşı Carlo Piazza, dünya tarihinde ilk savaş uçağını kullanan pilot sayılıyor. Bir başka teğmenin kullandığı Etrich Taube marka uçakla da birliklerimizin üzerine ilk bomba atıldı. Türk birliklerinin elinde hava savunması silahı tabii ki yoktu. Bildiğimiz makineli tüfeklerle bu uçaklar düşürüldü. Bu da ilk uçak düşürme olayıdır. İtalyanların birliklerinin haberleşme imkânları yüksekti. Hatta Guglielmo Marconi bizzat İtalyan birliklerinin başındaki mühendisleri örgütleyip bilgilendirmek işin Trablusgarb'a geçmiştir.

Bu bir yıl boyunca İtalyan birliklerinin Trablusgarb, Bingazi, Tobruk ve Derne'de şehirlere girmelerine rağmen iç kısımlara birkaç kilometreden fazla girip kontrol edemedikleri açıktır. Savaşın selameti bakımından İtalyan donanması başka bir yol denedi. Kıyıların ve limanların savunmasız olduğu bilindiği için önce Beyrut'u denizden bombaladılar ve ağır hasar yarattılar. Ardından Rodos'a hücum edildi. Rodos'taki küçük bir Türk kuvveti Kemal Beydilli'nin de ifade ettiği gibi "beklenenin çok üstünde savunma" göstermesine rağmen teslim olmak zorunda kalındı.[15]

On İki Adalar'a ve Beyrut'a saldırı netice vermiştir ama asıl ağır darbe Trablusgarb Savaşı'nın son anlarında Balkan milletleri arasındaki ittifakın açığa çıkmasıdır. Nitekim 8 Ekim 1912'de Balkanların en küçük devleti Karadağ Prensliği açıkça savaş ilan etti. Felaketin patlama noktası ortaya çıkmıştı. İstanbul bile tehlike altındaydı. Trablusgarb boşaltılma evresine girdi. Bundan sonra uzun bir barış anlaşması tartışması başladı.

Askerî olarak ciddiye alınacak değillerdi belki ama Osmanlı mülkü üzerinde emelleri ciddiydi. Hedefleri ve niyetleri açıktı. Doğu Afrika'da Somali'nin güneyini kısmen ele geçirdiler, Habeşistan Harbi ise bir skandal olarak bitti. Trablusgarb, İtalya'nın bilinen hedefiydi. Fakat burada bir harb ihtimali görülmediği için buradaki tümen bile çekilmiş ve Yemen'e sevk edilmişti. Yemen bizim beyaz filimizdi. İsyan sırasında Trablusgarb'taki birliklerin de Yemen'e sevk edilmesi nedeniyle, orada sadece jandarma kuvvetleri kaldı. Başlarındaki Neşet Bey'di (hem kumandan vekili hem vali vekili olarak kaldı). Direnmeye niyetli bu komutana Enver Bey, Ali Fethi Bey (Okyar) ve Mustafa Kemal Bey katıldılar ve bu desteğin arkası da geldi. Cami Bey, Nuri Bey (Conker), sonradan Şehzade Osman Fuad Efendi. Gizli olarak gönüllü statüsünde giden, resmen gönderilmeyen subaylarla Senusiler birleştiler.

15 Kemal Beydilli'nin Osmanlı toprak kayıpları üzerine yazdığı makalesine bakılabilir: "Şark Meselesi-Osmanlı Devleti'nin Tasfiyesi ve Topraklarının Paylaşımı Kavgası," *İslam Ansiklopedisi*, C. 38, s. 352-357.

Sonuçta İtalya ilerleyemedi, savaş çok uzun sürdü, Trablusgarb ahalisi büyük bir kahramanlık gösterdi. Bu genç subaylar müthiş bir tecrübe elde ettiler, ileride Edirne'nin istirdadını gerçekleştiren Enver Bey, Çanakkale ve İstiklâl Savaşı'nın komutanı Mustafa Kemal Bey burada komutanlık için ilk başarılı imtihanını verdi. Daha ilginci; İtalya, adalara saldırdıktan sonra 4 Mayıs 1912'de Rodos'u işgal etti, zırhlıları vardı, savunma mümkün değildi. Burada bu bildiğimiz gibi komutanlar derhal Balkan Harbi'ne gitti, bir kısmı kaldı.

Yerliler, "kuloğlu takımı" ve başçavuş rütbesiyle tecrübeli yerli askerler kaldı ve savaş bitmedi. Hatta Yılmaz Öztuna'ya göre bir süre sonra bizim Osmanlı hanedanından Şehzade Osman Fuad Efendi (ki ilginç bir şehzadedir; Türk Hava Kuvvetleri'nin kuruluşunda önemli rolü oldu. İleride Büyük Savaşta "Harb Mecmuası"nın kapağına resmi konulacaktı, Enver Paşa önlemiştir) burada general rütbesi ve karargâhıyla kalmaya devam etti. Direniş 20 yıl daha sürdü. Mussolini kanlı şekilde direnişçileri yok edene kadar...

Trablusgarb Savaşı ile Afrika'daki son imparatorluk vilayeti elden çıktı. Ancak tıpkı Mısır gibi sembolik bir hilafet hâkimiyeti kaldı. Ama Türk komutan grubunun etrafı şaşırtacak derecede etkin örgütçü, eğitimci ve her şart altında savaşçı olduğu anlaşıldı.

En ilginci, Libya'da 20 yıl boyunca savaş sürekli devam etti. Fakat bugün ülkemiz kamuoyu bu tarihi biraz unutur gibi oldu. Türk-Libya dayanışmasını tarihçi olarak abartmaya gerek yok lâkin silmeye de gerek yok. Libya kuşkusuz o gün iktisaden bu devletin merkezine kuvvetle bağlı değildi; Türkiye-Libya müspet ilişkileri 1911-12'nin bir devamıdır. Eğer bugünkü Libya muhalefeti bu dayanışmayı sürdürürse geleceğin Libya'sıyla iktisadi ve siyasi bağları dünya ve Türkiye ile sürdürebilir.

II. Abdülhamid döneminde Fizan sürgün yeriydi. Buraya giden sürgünler yani Jön Türk takımı bir yerden sonra üstlerinde büyük bir baskı olmadan geçiniyor orada. Merhum Yılmaz Öztuna değinmiştir; mesela Trablusgarb Mevki Komutanı Recep Paşa bunları koruyor ya da korur görünüyor, takip ediyor, bir süre sonra da bunların kaçmalarına göz yumuyor ya da affına aracılık ediyor. Onun için sevilirdi ve İttihatçılar Recep Paşa'yı II. Meşrutiyet'ten sonra Harbiye Nazırı yaptılar. Mesela Trablusgarb divan azasının eşi Zeynep Hanım,[16] kocası buraya sürgüne gönderildi diye Kraliçe Victoria ve Kayzer Wilhelm'e mektup yazıyor "serbest bırakılmasına yardımcı olunuz," diye. Zeynep Hanım, Nimet Arzık ile Vatikan büyükelçimiz Taha Carım'ın büyükannesiydi. Trablusgarb yani Fizan dediğimiz bölgeye bakın; Fizan bir yakıştırma çünkü Fizan güneydeki sancaktır. Fizan sürgünü, bizim hürriyet edebiyatında çok yer tutar. Âdeta Rusya'nın Sibirya'sı gibi...

Uşi Antlaşması: 90 Bin Altını Biz Alıyoruz

İlk gün, yani 4 Ekim 1911'de İtalya "Burayı alacağım, başka emelim yok" demişti. Fakat 20 yıl sonra bu iş böyle bitmiştir. Libyalılar direnmiştir, bu çok açıktır ve bugüne kadar devam etmiştir. On iki Adalar'ın istirdadından, alınmasından sonra Osmanlı bir mütareke yapmak zorunda kalmıştır. 360 yıllık hâkimiyet Uşi (Ouchy) Antlaşması ile İsviçre'de bitmiştir. Delegasyonda Gazi Ahmet Muhtar Paşa vardır, Lübnanlı ayan azasından Fauki Paşa vardır. İlginç bir antlaşma ortaya çıkmaktadır. Libya'yı tahliye ediyoruz fakat vezir rütbeli naib gönderiyoruz, padişah naibi; oradaki vakıfları

16 Alman Kayzeri ile İngiltere Kralına aracılık ve Sultan Abdülhamid'e baskı yapmaları için dilekçeler yazmıştır. İlber Ortaylı, *Osmanlı İmparatorluğu'nda Alman Nüfuzu*, Kronik Kitap, İstanbul, 2020.

ve dinî kuruluşları denetleyecek ve şer'î hâkim olarak İtalya'ya karşı hukuken savunacak. Daha ilginci, din adamlarının tayini; tıpkı Avusturya-Macaristan'ın Bosna Hersek'i ilhakından sonra İstanbul'daki büyükelçi Marki Johann von Pallavicini ile yapılan sözleşmede olduğu gibi buradan, yani Şeyhülislamlıktan tayin edilecek. Ayrıca 90 bin altın alıyoruz Libya'ya karşılık, yani harb tazminatı ödemiyoruz ve daha da ilginci kapitülasyonlar ilga ediliyor. Antlaşmada adalar bizde kalacaktı, İtalya geçici süre için orada olacaktı ama geri verilmedi, harb başladı. İtalya Birinci Harb'te başta bizim tarafta olacaktı ama olmadı.

Bir Asır Sonra Trablusgarb Savaşı'nın Kısa Bir Değerlendirmesi

1911'in Eylül ayı sonunda İtalya, Trablusgarb'a çıkmaya karar vermişti. Yani Osmanlı'nın Afrika'daki son vilayeti Trablusgarb ve müstakil Bingazi Sancağı'ndan oluşan, bugünkü Libya'ya. İtalya 29 Eylül 1911'de bir notayla savaş şartlarının oluştuğunu belirtti. Doğru dürüst cevabı beklemeden, müzakereye girişmeden, bütün büyük devletlere Trablus'tan başka yere çıkmaya niyeti olmadığını belirterek 4 Ekim 1911'de savaş ilan etti. Bütün İtalya ordusunun her sınıfı vilayete saldırmıştır. Bir ay içerisinde batıdaki Trablusgarb'tan doğudaki Bingazi'ye kadar bütün kıyıları işgal etmişlerdi. Fakat belirtildiği gibi nüfuz etmeleri mümkün olmadı. Açıktır ki İtalya, güçlü bir kolonyalist devlet değildi. Hazırlığı yoktu, daha evvel Eritre'de bir parça ele geçirmiş, fakat asıl hedefi Habeşistan'da ise fena yenilmişti.

Tarihçilerimiz İtalya'nın "gaflet içindeki Türkiye"ye saldırdığını belirtir. Afrika'daki son Osmanlı tümeni savaş olmaz diye düşünülerek Yemen'e gönderilmişti.

Geride Sadece Hilafet Kaldı

İtalya az sayıdaki başarılı genç komutan ve direnen yerli halka karşı etkili olamayınca Güney Ege adalarına çıktı. Bu arada Balkan Savaşı da başlayınca İtalya ile Uşi Antlaşması yapıldı. 360 yıllık hâkimiyet İsviçre'deki bu antlaşmayla bitmiştir. Trablusgarb'ı tahliye ettik. Fakat padişah naibi olarak vezir rütbeli bir memur gönderdik. Vakıflar ve halkın dinî hakları denetlenecek, din adamı tayini İstanbul'dan Şeyhülislamlık'tan yapılacaktı. İtalya 90 bin altın karşılık ödeyecek, İtalya'ya verilen kapitülasyonlar ilga edilecekti.

TANZİMAT DÖNEMİ TÜRKİYE'Sİ

TÜRKİYE, BRİTANYA VE FRANSA İLİŞKİLERİ (TARİHİ DOSTLUK EFSANELERİ VE DİPLOMASİNİN ETKİNLİĞİ)

Kırım Savaşı'nda İngiltere ile müttefiktik; bu ittifak Britanya İmparatorluğu'na asker kaybı, silah ve mühimmat bakımından pahalıya mal oldu. 1877'de Rusya ile harbe girmemizin nedenlerinden biri, Kırım Savaşı sonucunda taraflar arasında imzalanan 1856 Paris Kongresi'ndeki kazanımlarımızdı.

Her şeyden önce Osmanlı borçlarını ödeme konusundaki Mahmud Nedim Paşa moratoryumu büyük rol oynadı. 1877'de İngiliz politikası Türk desteklemek için harbe girecek durumda değildi. Zaten Gladstone ile Disraeli politikası akıl ve siyaset yönünden çok zıttı. Oysa ki Midhat Paşa ve Osmanlı yöneticileri 1876'da başlayan krizde İngilizlerin Rusya'ya karşı bizi destekleyeceğine candan inanıyordu; olmadı tabii. Fransa'da da herhalde III. Napolyon'u savaşa sürükleyecek Büyük Reşid Paşa gibi bir diplomatla karşılaşmadığından o da bu savaşta ve işin sonunda da ortada yoktu.

Lâkin Britanya İmparatorluğu Liberallerin başkanı Türk aleyhtarı Gladstone'un devrilmesi ve Liberallerin yerini alan Muhafazakârların lideri Disraeli sayesinde Berlin Kongresi'nde yeniden Türk tarafını desteklemeye başladı. Hiç şüphesiz ki kendi çıkarları doğrultusunda İngiltere Berlin Kongresi'nde birçok kazanıma sahip oldu (Kıbrıs'ın sözde geçici işgali gibi). Bir yandan da Türklerin Balkanlardan tamamen atılmasını önleyebildi.

Doğrusu İngiltere'nin dış politikadaki tercihleri Sultan Abdülhamid devrinin ana hatlarını oluşturur. Mısır'ın işgali ve Orta Doğu'daki etkin İngiliz nüfuzunun kurulması, bir müddet sonra İngiltere'nin Kuveyt'e sızmaya çalışması Hamidiye Dönemi boyunca haklı bir İngiliz endişesi yaratmıştır. İngiltere yavaş yavaş Türkiye'den uzaklaşmaya başlamıştı. Bu arada Rusya savaşlar boyunca Türkiye karşısında ne kadar lojistik sorunları ve komuta kademesinde umulmadık noksanları olduğunu ve yeni bir savaş olursa Türkiye karşısında ne kadar çok zorlanacağını görmüştü. III. Aleksandr (Çarın lakabı Mirotvoretz sulhseverdir) haklı olarak sulh politikası gütmeye başladı. Rusya kısa bir süre Almanya'ya yanaştı ise de çok çabuk bir biçimde Fransa'nın tarafı tutuldu. Bu gösterişçi bir yaklaşımdı. Tıpkı Abdülhamid Han'ın Almanya taraftarlığının gösterişçi olması gibi... Fransa ve İngiltere Türk-Alman yakınlaşmasını endişeyle izliyordu ama asıl dönüm noktası Balkan Savaşı'dır. Balkanlarda düştüğümüz durum; İngiltere ve Fransa'da Türk savaş gücü hakkında yanlış değerlendirmelere neden oldu. Daha Nisan 1897'de başlayan Yunan Savaşı'ndaki durumu unuttular ve sanıldı ki Türk İmparatorluğu modern harb tekniklerinden tamamen uzak ve iflas halinde. Bu yanılgıya Türkleri iyi tanıyan Almanya ve Avusturya kurmayları düşmedi. Birinci Dünya Savaşı'nın arifesinde İttihatçı politika tarihte pek olmayan ananevi bir Osmanlı-Alman dostluğundan söz eder oldu. Oysa Osmanlı'nın tarihten gelen en önemli politik dostları Fransa ve İngiltere'dir. Son 40 yılda Fransa ve Britanya'nın aleyhinde gelişen diplomatik manevralar böyle bir sloganı beslemiştir. Diğer taraftan Almanya-Avusturya gibi bir camia tarih boyunca Osmanlı İmparatorluğu'nun batıda karşı karşıya geldiği bir güçtü. Aksine bu dönemde Fransa, Avrupa'nın içinde politik manevraları ve stratejik savunması dolayısıyla Osmanlı İmparatorluğu'nu desteklemiştir. İngiltere ile de III. Elizabeth devrinden beri ta 20. yüzyıla kadar ciddi bir sürtüşme olmadığı herkesin malumudur. Bundan dolayı tarihte dostluk pek geçerli bir analiz yöntemi değilse de Türkiye-Fransa arasındaki uzun dostluğu ele almamızı gerektiren bazı önemli noktalar var. Bunların başında kapitülasyonlar gelir.

Fransa ile Türkiye tarihi ilişkilerinden söz ettiğimiz vakit aklımıza hemen kapitülasyonlar geliyor. Bu, pek isabetsiz bir çağrışım değildir. Ne var ki kapitülasyonlar dediğimiz vakit bunun iktisadi ve hukuki yönü üzerinde doğru noktalara da işaret edilememektedir. Saniyyen Fransa'nın Avrupa devletleri arasında nasıl bir dengeyi temsil ettiği ve Osmanlı İmparatorluğu ile kuracağı yakın ilişkilere neden muhtaç olduğu, aynı pozisyonun simetrik olarak Türklerin imparatorluğu için de geçerli olduğunu hesaba katmamaktayız. Hiç şüphesiz Fransa ile ilişkilerin Haçlı seferlerinden beri başladığı ve bir şekilde Doğu ile temellendirildiği açıktır (1207 ve 1210 yılları). Ama Doğu ile temas eden Batı, aslında çok uzun zamandır İtalyan şehir cumhuriyetleri olmuştur. Doğu'nun Müslüman imparatorlukları için "Batılı" demek Cenova ve Venedik'tir. Floransa (Toscana) bile bu ilişkilere onlardan biraz daha geç, daha dolaylı ve az yoğunlukla girmiştir. Dikkate almadığımız bir diğer güç de sadece iktisadi ve ticari bir güç olan Katalunya'dır. Bu tüccar halkın Doğu'nun her yerinde "Consulato del Mare" denilen kendi seçtikleri temsilciler vasıtasıyla hukuki işlerini yürüttükleri ve tüccarları organize ederek mahalli hükûmetlerle temasa geçtikleri açıktır. Özellikle İskenderiye ve Kahire gibi merkezlerde bu böyleydi. Memlûk İmparatorluğu 1517'de ortadan kaldırıldığı zaman Yavuz Sultan Selim'i karşılayıp biat edenlerin başında "Consulato del Mare" denilen Katalan bir tüccar yer almaktaydı. Mısır'ın, Suriye'nin, Filistin'in ve Hicaz'ın fatihi, hiç tereddüt etmeden mevcut Memlûk kapitülasyonlarını, yani onların verdikleri imtiyazları yeniledi. Çünkü dış ticaret, kapitülasyonlar rejimi ile yürür. Bunun hukuki temeli şuna dayanır: İslam fıkhına göre İslam ülkesinden olmayan biri "harbî" statüdedir. Bu, İslam topraklarındaki gayrimüslimlere şamil bir statü değildir. Onlara "zımmî" deniyor. Bir harbînin malını mülkünü yağmalamak, canını almak, hak değil hatta belki bir görevdir. Ama o "eman" dilerse yani eman dileyerek "müsta'min" statüsüne gelirse durum değişir. Bunu devlet değil, aslında cemaatin üyesi her Müslüman verebilir. Tabii ki bu teorik durumdur. Esasta harbî memleketlerden gelen tüccarlar mahalli görevlilerle ve nihayet emirle, o yerin hükümdarlığıyla temasa geçer ve eman alarak "müste'min" statüsüne gelirler, kendisine karada ve denizde ticaret imkânı vermek, yani "emn ü eman" vermek ve güvenlik vermek şartıyla vergilerini, haraçlarını öderler ve ilişkileri devam eder.

Venedik ve Cenova'nın hayatını nasıl karşıladığı bellidir. Katalanların da böyledir. Bir müddet sonra iktisadi ve ilişkiler bakımından onları geriden izleyen Fransa da bu rejime tabi olacaktır. Ve nihayet Fransa'nın rakipleri olan Hollandalılar ve İngilizler de bu kervana katılacaklardır. Bu kervanın sonu gelmez. 18. yüzyıldan itibaren birtakım seyrüsefain anlaşmaları ile Roma İmparatorluğu dediğimiz, aslında Avusturya'dan başka bir şey olmayan kuvvet de bunları takip edecektir.

Kapitülasyonlar üzerinden edebiyatımıza kadar giren bir görüş, bu sistemin sayesinde Avrupa'nın tek taraflı olarak İslam ülkelerinin hammaddelerini sömürdüğü, sanayinin hammadde ihtiyacını bu yüzden kestiği ve pahalılaştırdığı ve kendi mallarını da rahatça içeri sokarak mahalli rakip endüstriyi yok ettiği gibi değerlendirmelerdir ve kısmen doğrudur. Ama genel olarak doğrunun nedenleri üzerinde durulmuyor; rejimin nasıl olduğuna bakmamız gerekir.

İslam hukukçularına göre genel olarak Osmanlı Devleti'nde kapitülasyonları "ahidname" şeklinde, müftünün yani şeyhülislamın veya fetva makamı olan yardımcıları aracılığıyla fetva yoluyla verirler. Her ahidname, padişah değiştikçe yeniden tasdik edilir. Bununla tüccarlar işlerine devam ederler. Ticaret her sistemin ihtiyacı olan bir uğraştır. Memleket içindeki bazı mamulatın ve hammaddenin ihracı gerekir. Bunların içinde Osmanlı sanayisinin ihtiyacı olanlara ihraç yasağı konur. Bu rejim günümüzdeki kadar liberal değildir ama askerî sanayii ve kıtlık ekonomisinin gereği işlevseldir. Osmanlı'nın ihraç yasağı koyduğu maddelerin uzun bir liste teşkil ettiğine hiç şüphe yoktur. Mesela yelken bezi, gemi halatı, güherçile, gümüş, keçe, hatta pirinç. Ordunun ihtiyacı göz önüne alınarak tahıl, hububat, birtakım meyveler de yasaktır. Ancak 18. yüzyılda sanayi safhasına geçen ve kendi ürettikleri zirai ürünler kendilerine yetmeyen (aynı durum İtalyan devletlerinde Venedik, Cenova ve Floransa'da daha erken dönemde söz konusuydu) ülkeler bu ürünleri Türkiye'den istedi. Osmanlı İmparatorluğu'nun tüccarları, yerli makamlarının, kadılarının, beylerbeylerinin ve merkezin şiddetle yasaklamasına rağmen denizin ortasında gemiden gemiye kaçak mal devrediyorlar, tahıl, meyve ve zirai hammadde ihtiyacını karşılıyorlardı. 18. yüzyılda bu ihracatın hacmi dikkate değecek kadar arttı. Düşününüz ki Tuna mansabının, Avusturya ticaretinin ve endüstrisinin artan hammadde ve yan mamul ihtiyacı (kaytan, aba, keçe gibi) Doğu'dan karşılanıyordu. Bulgaristan'da kaytancılıktan zengin olanlar çıktı. 18. yüzyıl gelişmelerinin yorumu, Bulgar tarihçilerin biraz abartıyla 18. yüzyılda (bu dönem tarihlerine "Rönesans Devri" diyorlar) bir kapitalist sınıf ortaya çıktığını iddia etmelerine kadar gider. Ünlü tarihçi Nikolai Todorov, "Balkanskii Gorod"[17] adlı kitabında mahalli tüccarlardan olan "Gümüşgerdan" ailesinin ne kadar zenginleşen bir kapitalist olduğuna işaret etmektedir. Balkanlardaki Voskopoj şehrinde, artık şehrin idaresini ve bazı

17 Nikolai Todorov'un bu kitabı *The Balkan City, 1400-1900* adıyla İngilizceye çevrilmiştir.

müesseseleri sahiplenmeye kadar yükselen bir nevi şehir burjuvazisi denen tüccarlardan söz edilir. Balkanlı tarihçiler bunu da âdeta Batı'daki "Freie Reichsstadt" yani serbest şehirlerin yeni gelişen merkantil yönetici (patrici) sınıfı gibi yorumlarlar. Abartmalar bir yana, bazı değişikliklerin olduğunu görmek kaçınılmazdır. Ve kapitülasyonlar Yavuz Sultan Selim ve Kanuni Sultan Süleyman devrinde, memleketteki bazı ihtiyaç fazlası hammaddeyi ve bazı yan mamul maddenin dışarı ihracını kolaylaştıran, gelir getiren bir mekanizma parçası olduğu halde, sonraki devirlerde aleyhte çalışmış görünüyor.

Burada dikkatinize sunarız: Böyle bir mübadelede başka bazı unsurlar da var. Venedik'in kalyonuna ihtiyaç duyuyorsunuz. O zaman bahriye için gerekli keresteyi onlarla paylaşmakta bir beis yok, buna mecbursunuz. Batı'dan bazı mamulat alıyorsunuz ve ona karşı kendi lüks emtianızı sevk ediyorsunuz. Bugün hâlâ Batı'daki müzelerde birtakım kemha, kadife ve Ankara sofundan nefis mamulleri görüyorsak, karşılığında Venedik kumaşlarını Topkapı Sarayı'nın magazinlerinde görürsünüz. Dolayısıyla kapitülasyon rejimlerinin, yani imtiyazatın arkasında başka unsurlara ve ticari müdahalenin zaruri kaidelerine de dikkat etmek gerekir. Gelen tüccara teminat veriliyor. Bunların arasında bir itilaf vukua geldiğinde duruma sizin müdahaleniz gerekmez. Bir kapitülasyon mahkemesi gerekir ve bunu konsoloslar yapar. Sonraları tebaadan birtakım esnaf ve tüccarın yabancı tebaaya girerek bu haktan istifade etmeleri bir sapma sayılır. Ama benzer haklardan her iki taraf da istifade edebilirdi. Ve nitekim Osmanlılar da 1856'dan sonra Hindistan ve Cava (Endonezya) gibi koloni ülkelerde statükodan istifade etmiş, bazı tüccar ve okumuşlara (kanaat önderi) Osmanlı pasaportu vermişti. Konsoloslar, sefirlerin temsilcisi ve muavini olduklarından hususi bir koruma altına girecektir. Bu başlangıçta bir ahidname ile mümkündü. Karlofça ve Pasarofça antlaşmalarından sonra 1648 Vestfalya

Antlaşması'nın hükümleri arasında ve dolayısıyla beynelmilel bir statü haline geldi. 1699 Karlofça ve 1718 Pasarofça muahedeleriyle bu sistemin içine girdik.

Fransa sadece Doğu'ya yerleşen Fransızların değil başka Avrupalıların (Levanten) da devleti oldu, pasaport verdi. Fransa'nın Selanik, İzmir, Haleb, İskenderun, Lazkiye ve Kahire gibi yerlerdeki kolonileri bir Latin milleti meydana getirmiyor. Bu, yanlış bir bilgidir. Millet sisteminin içine girmiyorlar. Bunlar, ruhanileri yabancı tebaalı olduğu için daha çok bir avukat, bir hukuki temsilci vasıtasıyla devletle temasa geçerler. Onlara taife demek daha doğrudur, öyle de denirdi. Bilhassa 1569, 1570, 1572 yıllarında Venedik'le olan savaş dolayısıyla Fransa 16. asırdan itibaren Osmanlı iktisadına ve kapitülasyon sistemine daha rahat girmiştir. O kadar ki bir ara İngiliz, Hollandalı, Portekizli, İspanyol, Sicilyalı, Anconalı ve Raguzalı gemiciler ve tüccarlar Fransız bandırası altında, yani onlara vergi vererek bu protektoradan istifade ile Osmanlı İmparatorluğu'nda karada ve denizde ticaret yapmışlardır. Bunun gibi Avusturya, İtalya ve Karadeniz Rus limanlarında da 18. ve 19. yüzyılda Türkler vardı. Tabii tebaadan Rumlar ve bazı Bulgarlar da vardı. 19. asırda Cavalı ve Hintli Müslümanlara konsoloslarımız (şehbender) da Osmanlı pasaportu verdi.

Fransa ile asıl kapitülasyonların 1739'da Avusturya ve Rusya'ya karşı kaybettiklerimizi geri aldığımız kazançlı Balgrad Anlaşması dolayısıyla verildiği tekrarlanır, doğrudur; Fransa 18. yüzyıldaki ezelî ve ebedî rakip gibi görünen Rusya ve Avusturya ittifakına karşı Osmanlı Devleti'nin yanında diplomatik bakımdan ona müzahir olan bir kuvvetti. Ama mesele bu kadar da basit değildir. Fransız sanayisinin, daha doğrusu manifaktörün ve mühendisliğinin üstün dönemini yaşıyordu ve Akdeniz'in her yerinde Fransızlar vardı. İzmir nüfusunda Rum, İtalyan ve Fransızlara, Haleb ve Trablusşam'da, aynı kompozisyona İskenderun, Kahire ve İskenderiye'de rastlamak mümkündü. Fransa, İstanbul'un Pera'sındaki geleneksel Cenovalı, Floransalı ve Venedikli İtalyan sakinlerin yanında birdenbire büyümeye başlamıştır. Böyle bir ticari ağın yoğun bir diplomatik ilişki getirmemesi mümkün değildi. 18. yüzyılın Türkiye İmparatorluğu her köşesinde Fransız medeniyetinin etkilerine ve tüketime açıktı.

Fazlası var. Fransa 17. asır sonundan itibaren imparatorlukta bir yandan Cizvitlerin açtıkları kurumlar, müesseseler ve okullar, diğer taraftan "Jeux de langues" dediğimiz sonradan Avusturya'nın uyarlayıp tekrarladığı "Sprachknaben" yani Türkçe, Farsça, Arabça ile eğitilen değerli diplomatlar yetiştiriyordu. Bunlar Şark'ı biliyordu ve geniş bir tercüman ve konsolos ağını meydana getiriyorlardı.[18] Halil İnalcık ve Ali İhsan Gencer gibi araştırmacıların verdiği rakamlara göre bu Avrupa ülkelerinin bazıları 1500'e kadar tercüman kadrosu gösteriyordu. Tercümanlık yapan sözde kalabalığın içindeki gerçek ihtisas adamının sayısı ise ancak bir düzineyi bulur. Gerisi diplomatların ve sefaretlerin çeşitli menfaat sağladığı ve karşılığında yerli Levantenlere menfaat verdiği bir mekanizmaya dönüştü. İspanya göçünden beri ilk bir buçuk asırda bu gibi görevleri gören Musevi nüfus dışlanmıştı. 17. asır genellikle iktisadi yönden Osmanlı-Türk unsuru ile Museviliğin birlikte çöküntü yaşadığı dönem olarak adlandırılabilir. Tekrar kapitülasyon konusuna dönecek olursak; özellikle 18. asrın getirdiği devletlerarası hukukun güvencesiyle kapitülasyon bir hayat tarzı, bir iktisadi güvence yaratır. Hiç şüphesiz ki benzer haklar Osmanlı tüccarı için de geçerliydi. Ama galiba imparatorluğun üretim yapısı dolayısıyla Osmanlı tüccarı, Venedik'te "Fondaco dei Turchi"deki

18 İlber Ortaylı, "Osmanlı-Avusturya Ticari Diplomatik İlişkileri (1740-1770) ve Yapısal Değişimler," *İsmail Türk'e Armağan*, Serbest Piyasa Kurulu, Ankara, 1996; "1727 Osmanlı-Avusturya Seyr-ü Sefain Sözleşmesi", *Ankara Üniversitesi Siyasal Bilgiler Fakültesi Dergisi*, Ankara, S .3-4, 1973, s. 97-110.

(Türk Hanı) güzel günlerini bile devam ettirmekte zorlanmıştır. Bununla beraber Osmanlı tüccarının komşu ülkelerde iş görmediğini, kendi konsolos benzeri temsilcilerinin olmadığını düşünmeyelim. Fransa ile olan bu ilişkilerde diplomatların içinde Türkçe bilenler bile vardı. Büyükelçiler Girardin ve Guilleragues gibileri bunlara örnektir.

Fransa ile olan ilişkiler birçok Avrupa devletinin aksine Fransız Devrimi'nden sonra da canlı olarak devam etti. İhtilalci Fransa'nın üç renkli kokartını takarak gezinen ve yeni modayı takip eden diplomatlar bazı halde şikâyet konusu oluyordu. Avusturyalılar, Fransızları "propaganda yapıyorlar ve ananeyi yıkıyorlar" diye Bab-ı Âli'ye şikâyet ettiklerinde cevap; Bernard Lewis'in "The Impact of the French Revolution on Turkey, Some Notes on the Transmission of Ideas" makalesinde[19] de belirttiği gibi; "Sizin hepinizin kıyafeti acayiptir, isterseniz başınıza üzüm küfesi giyip gezin, bizi alakadar etmez" olmuştur. Osmanlı İmparatorluğu bütün 18. asır boyunca kendine kan kusturan Avusturyalıların ve Rusların ihtilal dolayısıyla kendi kabuklarına çekilmelerinden son derece memnundu. Nitekim Avusturya ile Zitvatorok, Rusya ile Yaş Antlaşmaları yapıldı, iki tehlike sahneden çekildi.

Doğrusu III. Selim'in Türkiye'si, şimdi Bonaparte'ın Fransa'sı ile yakın ilişki içindeydi. Fransa Sefiri General Sebastiani tutulan ve dinlenen biriydi. Ne var ki "konsül" devri yönetiminin Mısır'a saldırması, Mısır'ın Bonaparte tarafından işgali, üstünden Akka'da Cezzar Ahmet Paşa'nın zaferi, Abukir'deki İngiliz bahriyesinin galibiyetiyle tarih değişti. Olmayacak bir şey olmuş, Osmanlı Rusya ile ittifak içine girmişti. Rus Amiral Uchakov ve Amiral Kadir Bey'in müttefik filoları ve askerleri Adriyatik'teki Ion Adaları'nı birlikte işgal etti. Himaye altındaki

---

19 Bernard Lewis, "The Impact of the French Revolution on Turkey, Some Notes on the Transmission of Ideas", *Cahiers d'Histoire Mondiale I*, Paris, 1953, s. 105-125.

Cezayir-i Seba (Yedi Adalar) Cumhuriyeti'ni kurdu. Yunanistan'ın ilk bağımsızlığı ve talihin cilvesi olarak bir daha çok uzun zaman kavuşamadığı cumhuriyet idaresi bu iki monarşinin sayesinde mümkün olmuştur. 1815 Viyana Kongresi sonrası Metternich gibi makul ve çok uluslu imparatorluklara uygun politikaları takip eden ve bunu telkin eden bir devlet adamıyla olan ilişkiler Fransa ile olan yakınlığı bir yerde dondurmuş sayılır. Mehmed Ali Paşa'nın ayaklanması daha evvel Navarin'deki Yunan ayaklanmasını desteklemek gibi fiiller Fransa ile Osmanlı İmparatorluğu'nun arasını açmıştır. İngiltere Rusya'ya karşı (Hünkâr İskelesi Antlaşması'yla Rusya'nın Osmanlı İmparatorluğu üzerinde Mısır'a karşı koruyucu politikasını hatırlayalım) Osmanlı İmparatorluğu'nu himaye etme politikasını başlattı. Bu uzun bir dönemdir. Bu sayede Mısır sorununu da imparatorluk atlattı. Fransa, Akdeniz'de Mehmet Ali Mısır'ını destekleme imkânını kaybetmiştir. Mamafih Britanya İmparatorluğu ile aksamayan ilişkiler kurmaya çalışan Tanzimatçı imparatorluk yönetimi Fransa'yı da ihmal etmemiştir.

Burada bizim tarihyazıcılığımızdaki "sefaret paşalığı" gibi aşağılayıcı ve yanlış bir yaftayı terk etmemiz gerektiğini tekrar belirtelim. Tanzimatçılar iyi diplomatlardır. Nitekim Mustafa Reşid Paşa, III. Napolyon'u Kırım Savaşı'na katılmaya ikna etti. Fransa bu savaşta ödediği ağır bedel dolayısıyla Mustafa Reşid Paşa'ya son derece kızgındır. Hiddeti yüzünden III. Napolyon, Mustafa Reşid Paşa'nın Paris Konferansı'na delege olarak gelmesine bile karşıydı ve bu gelişi önledi. Meydan Mehmed Emin Âli Paşa ve Keçecizâde Fuad Paşa'ya kalmıştır. İmparatorluğun yeni bir döneme girdiği açıktır. Artık kapitülasyon rejiminin -ki tek taraflı bir çıkar sağladığı en başta Osmanlı yönetimi tarafından olmak üzere herkes tarafından görülmektedir- sona ermesi ve gerçek anlamda bir iktisadi gelişme sağlamak için mevcut liberalizmin tatbiki gerektiğine Osmanlılar da kâni olmuştur. Arazi Kanunnâmesi bir nevi denemeydi. Tarımsal yapıyı liberalleştirmeyi hedefliyordu. Âli Paşa ve Keçecizâde ikilisi tamamen liberal ticareti, modern bir miras sistemini getirmek için medeni kanunu "Code Civile" kabul etmeyi şart gördüler ve Fransız medeni kanunu gibi tamamen laik yapılı bir kanun metninin, kozmopolit yapıda bir imparatorlukta geçerli olabileceğini düşündüler. Bu vakıa, Cevdet Paşa'nın *Mecelle-i Ahkâm-ı Adliye* adlı mütefekkir hukuk eserinin ortaya çıkışıyla önlenen bir teşebbüs olmuştur. Cevdet Paşa'nın muhafazakârları galip gelmiş gibiydi. Ortaya konan metin tam bir medeni kanun sayılmaz ama eski hukukta bir kodifikasyon başlamıştı ve Osmanlı İmparatorluğu'nda hukuki bir Romanizasyon süreci, yeni bir uyarlama (adaptation) dönemi de başlamıştı.

19. yüzyılda kapitülasyonların genel yapısı şudur: Artık devletlerin iktisadi ilgileri bilhassa Batı'nın girişimleri ticaret ve seyrüsefaini aşmıştır. Yatırım çağına girildi. Demir yolu, kara yolu, posta ve telgraf, bankacılık gibi yatırım sektörlerine el atılıyordu. İtiraf etmek gerekir ki Türkiye bu konuda Rusya ve İran'a göre daha temkinli veyahut daha geride bile kalmıştır. Ama hiç şüphesiz gerek borçlanmalara karşı gerekse iktisadi hayatın canlanması için yatırım devrindeydik. Fransa bu dönemde tütün rejisinin yanında iç ulaşımda ve bilhassa demir yolculukta imparatorluğun son günlerine kadar en ciddi yatırımları yapan devletti. Anadolu'nun dışında hassaten 1918'den sonra elden çıkacak Suriye ve Filistin gibi bölgelerde bunun izlerini görmek mümkündür. Fransa ve kapitülasyon dediğimiz zaman, hem devleti idare edenlerin hem de yeni doğan aydın muhalefetin başlıca hedefi ve tenkidi göze çarpar. Birinci Dünya Savaşı'na girdiğimizde kapitülasyonları kaldırmıştık. Mütarekeden sonra İtilaf Devletlerince bunların yeniden ihdası yoluna gidildi ise de Lozan'da bu rejim hayatımızdan sökülmüştür.

Fransa ile tarih boyunca ciddi olarak karşı karşıya geldiğimiz bir savaş yoktur. Birinci Büyük Savaş'ta İngiltere'ye nazaran

Fransa tali bir unsurdu. Yaşananlar unutulacak gibiydi. Mütarekede Fransa, Britanya ile olan anlaşmazlığından dolayı çok aktif ve tahribkâr davranmamıştır. Bizzat İstanbul'da surların içindeki klasik İstanbul onların idaresindeydi. Burada milliyetçiler her türlü faaliyetlerinde İngilizlere göre daha lakâyd bir işgal yönetimiyle karşılaşmışlardır. Yeni Türkiye'nin Batı ile ilk anlaşması 1921 Ankara Musalahası'dır. Bunun sonunda Paris'te iki diplomatik temsilciliğimiz oldu. İstanbul'u Ahmed Muhtar Bey sefir olarak temsil ediyordu, Ankara'yı da Ferid (Tek) Bey. Lozan'dan sonra Fransa, Türk Batılılaşmasının eski modeli ve öncüsü olarak Türkiye Cumhuriyeti'nde konumunu uzun süre devam ettirmiştir. Bir yerde Fransız kültürünün 18. yüzyılda ve kısmen 19. yüzyıl başında sahip olduğu beynelmilel kültürel modellik, Türkiye'de daha uzun süre devam etmiştir. Ta ki İkinci Dünya Savaşı'ndan sonra hızlı bir Anglo-Sakson etkisi ve bir Amerikanizasyonla bu sürecin sona erdiği söylenebilir.

Fransa ile 1970'lerde başlayan ve o ülke nüfusunun yüzde birini teşkil eden Ermeni azınlığı dolayısıyla çıkan sürtüşmeler bugünkü sorunların tek nedeni gibi görünüyor. Acaba bu tek neden mi? Fransa politik elitini, idarecilerini değiştiriyor. Değişim, sınıfsal yapının değişmesi her ülkede yaşanan bir olay. Eski Fransa'nın sahneden çekilmesiyle bir nevi diplomatik ve siyasi bilgelik "sagesse" ortadan kalkmaktadır. Bu yeni elitin ve yeni sahneye çıkanların Türkiye'nin konumunu, tarihî yapıyı kavradığı söylenemez. Belki aynı şey bizler için de söz konusudur. Daha evvel belki haklı olarak çok pasif olarak nitelenen diplomatik ve idari reaksiyonumuz bu sefer aşırı derecede gürültüyle devam etmektedir.

Gelişmenin nereye gideceği belli olmaz. Kültürel ilişkiler ilk anda zarar görüyor ama hiç de fena konumda olmayan, son yıllarda hafif de olsa gelişme gösteren iktisadi ilişkilerin tehdit altında olduğu açıktır.

1918
İMPARATORLUKLARIN AKŞAMI

1918'de gelen sonbaharla imparatorlukların içinde kozmopolit yasalı olanlar sona erdi. Osmanlı ve Avusturya-Macaristan İmparatorluğu yıkıldı. Rusya Çarlığı parçalandı fakat Bolşevik Devrimi ile Baltık bölgesi hariç restore edildi.

O tarihte artık daha çok bir Müslüman kavimler birliği olan ama Hıristiyanları da içinde barındıran Osmanlı monarşisi kan ve ateş içinde acıyla dağıldı ve nihayet Rusya'nın mahkûm milletleri de Rusya'dan tek tek ayrılmaya başladı. Bolşevizm'in başarısı insanlığı kurtarmaktan çok, eski imparatorluğun birliğini yeniden kurmak olmuştur. Ama bu bir heyecandı ve iyi planlanamayan bir yeniden inşa ve geciktirilmiş bir tarih olarak er geç yeni bir dağılımı getirdi.

Osmanlı İmparatorluğu fütuhatla bir araya gelen bir alay kavmin, tarihî kaderlerine boyun eğmesidir. Bu boyun eğmede tek unsur Türklerin silahlı gücü değildir. 14 asırdan beri kendi aralarında ve bünyelerindeki karışıklık o gücün, yani Türklerin gelmesini kolaylaştırmıştır.

Herkes Birbirinden Nefret Ediyordu

Avusturya-Macaristan savaşçı hükümdarların değil, evlenen hükümdarların kontratla meydana getirdikleri bir tarihi birlikti: "*Bellum gerant alieni, tu felix Austria nube* / Bırak başkaları savaşsınlar, sen ey mesut Avusturya evlen." Avusturya büyük dükalarının en son kazançlı evliliği Macaristan tacına bağlı ülkelerdi. Ne var ki, 1526 yılı Temmuz ayında Mohaç'ta zafer kazanan Muhteşem Süleyman, Macar taç ülkelerini kendi hâkimiyetine alınca Avusturyalılar, Macaristan'a yerleşmek için 160 sene bekledi. 1686'dan sonraki Avusturya ve Macaristan tarihi de ayaklanmalarla geçen bir başka 170 yıl oldu. Macarlar 19. yüzyıl Avusturya'sını şiddetle sarstı.

Bu yorgun bünye sonunda ünlü hukukçu politikacı Ferenc Deak'in bir eşitleme modeline göre yeniden kuruldu. Viyana'daki Habsburglu imparator Franz Joseph aynı zamanda Budapeşte'de Macaristan Kralı olarak taç giydi. Dışişleri ve bir ölçüde ordu ve maliye dışında her şey ayrıydı. Meclisler, hükûmetler, hatta içişleri bakanlıkları... Maliye bugünkü Avrupa Birliği'ne benzeyen bir ortak emisyon ve vergi politikasıyla müşterekti. Orduda da İmparatorluk-Krallık kuvvetleri ve bahriye ile filolarda aynı ayrım gözlenebiliyordu. Hatta 1878 Berlin Kongresi'nden sonra işgal edilen ve 1908'den sonra da resmen ilhak edilen Bosna-Hersek dahi ne Avusturya İmparatorluğu'na ne de Macar Krallığı'na aitti, müştereken yönetiliyordu.

Daha doğrusu yönetilmiyordu, memurlar birbirleriyle rekabet içinde zıt politikalar güdüyorlardı.

Macarlar ve Avusturyalılar sanatta ve ilimde birbirleriyle yarışacak değerlere sahip iki kavimdi. Gene de iki taraf birbirini köylü olarak görüp küçümserdi. Macarları çok seven İmparatoriçe Elizabeth'i (Sisi) birtakım Avusturyalılar 'folklor düşkünü', birtakımı da Macar asıllı hariciye nazırı Kont Gabor Andrassy'e âşık olduğu için 'Macarcı' diye nitelerdi. Birbirlerini köylü diye küçümseyen bu imparatorluğun iki parçasındaki burjuvazi, aydın ve politikacılara göre asıl burjuvalar Çeklerdi. Endüstri ve bilimde güçlü unsur bu imparatorlukta kalsınlar mı yoksa ayrılsınlar mı karar veremiyorlardı. Macar subayın, sanatçının, kapitalistin Avusturyalı subaydan, siyasetçi, yönetici ve kapitalistten nefret ettiği bu imparatorlukta gelişme oranları bile farklıydı. Macar ziraat ve sanayii daha hızlı büyürken Avusturya durgunluğa düşmüştü. Çekler ise ağır sanayi ülkesi olmanın ve Slav dünyasındaki ilmi öncülüğün gururu içindeydi.

Tarihin en renkli federasyonu ne Sovyetler Birliği'nde ne de minyatür Tito Yugaslavya'sında kendini tekrarlayabildi. Renklilik hızlanan milliyetçiliği hiçbir dönemde dizginleyemedi. Bu ayın başından beri yürürlüğe giren yeni Macar anayasasında bunun izlerini görmek mümkün. Her yerde on binlerce kişi bu anayasaya karşı yürüyor, ama sessiz yüz binlerin bu tepki anayasasını desteklediği de açık. Bu bölümü tarihten bir yaprak olarak kaleme alıyoruz. Ama sağda solda her gruptan ideal rejim diye "federasyon"dan bahsedenlerin de bazı şeyleri iyi bilip yeniden mütalaa etmesi gerekir.

BİRİNCİ DÜNYA SAVAŞI VE OSMANLI DEVLETİ

Birinci Dünya Savaşı hiç şüphesiz ki çıkış nedenleri itibariyle bugün hâlâ tartışılan bir konudur. Beşeriyetin bu büyük felakete nasıl girdiği, ileri sürülen nedenlerin hiçbirisiyle izah edilememektedir. Hatta şunun üzerinde durmak gerekir; harbe girerken Genelkurmayların tahminlerinin ve savaş planlarının realite ile bağdaşmadığı bir yana, daha evvelki savaş tecrübelerinin şaşılacak derecede ordular tarafından bilinmediği gözlenmektedir.

Bizim açımızdan tatsız bir söz, Birinci Dünya Savaşı'nın bugün yeniden değerlendirilirken eksik kalmasıdır. Size bazı örnekler vermeme müsaade ediniz. Birinci Dünya Harbi ile ilgili İngilizce, Fransızca ve Almanca literatüre baktığınızda (Osmanlı İmparatorluğu'nun) cepheleri hakkında büyük eksiklikler olduğunu görürsünüz. Mesela Osmanlı İmparatorluğu, ordularının faaliyetleri ve savaştığı cepheler itibariyle hemen hemen hiç ele alınmamaktadır. Son zamanlarda Avusturya'da çıkan bir resimli tarih kitabında, Osmanlı ordusundaki Türk asker ve subaylar ile Avusturyalıların, her ikisinin de oryantal karakterli olması nedeniyle Almanlara nazaran daha iyi kaynaştıkları belirtilmektedir. Ne var ki bu kitapta, ne Galiçya'da savaşan iki kolordudan, ne Süveyş cephesinden, ne de Suriye'deki Avusturyalı subaylardan bahsedilmemektedir. Bu savaşın sonucunda Avusturya bilim dünyasının en azından üç tane ünlü arkeolog ve tarihçi kazandığı bile zikredilmemektedir. Ünlü Osmanlı tarihçisi Paul Wittek şayet batı cephesinde başarısız rapor verilen bir yedek subay olarak Suriye'ye gönderilmeseydi, Türk dünyası bir Türkolog kazanamayacaktı. Yine aynı şekilde Avusturya-Macaristan ordusunun yedek subaylarından Çek Profesör Bedrich Hrozny şayet bu cephelere gelmeseydi, Boğazköy değil ama Kültepe'deki kazıları yapamayacak ve Hititoloji kurucusu bir profesörün isminden mahrum kalınacaktı.

Literatürde çok belirgin bir şekilde bu savaşın Germen ırkının bir harbi olduğu ısrarla belirtilmektedir. İsveç'in ünlü seyyahı ve bilinmeyen ülkelerin kâşifi ve tarifçisi diye anlatılan Sven Hedin savaş boyunca barış içindeki İsveç'ten nedense büyük bir aşkla sık sık Almanya'ya geliyordu ve orada kaleme aldığı ve ifade ettiği şu söz hatırlardadır: "Bu savaş, Germenlerin savaşıdır."[20] Yani kocaman bir Rusya, kocaman bir Türkiye İmparatorluğu, Bulgaristan, Sırbistan ve Romanya gibi küçük ülkeler ve savaşa son zamanda katılan Yunanistan, hatta belki İtalya bile bu zihniyetin dışında kalmaktadır. Bu savaş aslında bizim savaşımız değildir. Bunu Türkiye'de ve imparatorluğun içinde savaş sırasında bile sık sık tekrarlamışlardır.

Birinci Dünya Savaşı'na girilirken, o zaman çok büyük bir nüfusa sahip olan İngiltere İmparatorluğu 450 milyonluk bir nüfusla savaşa girmiştir. İlk defa bu savaşta küçümsenen, hatta 1853-56 Sipahi Ayaklanması'ndan beri saf dışı tutulan Hindistan alt kıtasının askerleri muhtelif cephelerde görülmektedir. Vakıa, bunların sayısını abartmak doğru değildir. Milli tarihçiliğimizde kendisini sık sık hayranlıkla andığımız Profesör Hikmet Bayur, Atatürk'ün sevdiği milli eğitim bakanlarından biri olarak, yazdığı tarihte hilafetin ilan ettiği cihadın hiçbir işe

20 Sven Hedin, *Ein Volk in Waffen*, Leipzig, 1915.

yaramadığını ve karşımızda Müslüman askerleri gördüğümüze dair verdiği rakamlar doğru değildir. Hiç şüphesiz ki cihad ilanının Almanların beklediği ve bizde de bazılarının umduğu gibi pek fazla işe yaradığını söyleyemeyiz. Bunu maalesef sabık Sultan II. Abdülhamid dahi belirtir; "Cihad öyle bir silahtır ki kullanılmaması, kullanılmasından evlâdır." Ama Osmanlı İmparatorluğu ordularının karşısında Müslüman askerlerin de büyük bir gayretle savaşmadığı, cepheyi terk ettikleri sık sık görülmektedir. Kût'ül-Amâre örneğini unutmayalım. Kalenin halkı, Britanya ordusundaki Hindli askerler dışarıda kuşatma yapan Türk kolordusuyla işbirliği halindeydiler.

Birinci Dünya Savaşı'nın en büyük özelliği o vakte kadar imparatorlukların kozmopolit yapısı içinde hayatlarını sürdüren etnik grupların aslına dönmeleridir. Her gün Avusturya-Macaristan ordusundan birtakım Slovakların, Çeklerin, Hırvatların Rus ordusuna iltihak ettikleri, Rus ordularındaki Müslümanların kitleler halinde teslim oldukları, bunların Türk ordularına katıldıkları, hatta ve hatta Avusturya'da bunlar için daha konforlu bir esir kampı bile ihdas edildiği bilinen gerçeklerdendir.

Harbin en ilginç safhası, cephe gerisinin bu savaşa katılmasıdır. Genelkurmaylar cephe gerisinin bu kadar geniş miktarda savaşa katılacağını, savaştan zarar göreceğini ve bütün siyasi ve içtimai yapıyı değiştireceğini fark edememişlerdir. Her zaman zikrettiğim gibi, Viyana'yı anlatan bir kartpostalda ayakkabısız delikanlılar görüyorsunuz. Birinci Dünya Savaşı'ndan evvel Avrupa'nın en zengin başkentlerinde bile ayakkabısız gezen delikanlılar, kılığı bozuk gençler ve "mietskaserne" veyahut slum dediğimiz büyük binaların içinde odalara yığılı yaşayan aileler, alışılmış bir manzaraydı. İstatistikler korkunçtur. Oda başına 2,8 kişi düşmektedir. Bu Avusturya İmparatorluğu ve

Rusya için geçerlidir. Bu insanların hepsinin birdenbire silah altına alınması, donatılması ve hiç şüphesiz ki milli ekonomilerin altını üstüne getirecektir.

Birinci Dünya Savaşı'ndan evvel stabil bir dünya mevcutken; harbten sonra bitmeyen enflasyonlar, darlıklar, iktisadi krizler birbirini izlemeye başlayacaktır. Kapitalist sistemin içine girdiği bu dağınıklık maalesef bugüne kadar devam etmektedir ve bu krizler dünyasının nasıl düzeleceğine dair elimizde veriler yoktur. Son zamanlarda ve Türkiye'de çok acele çevrilen Fransa'nın ilginç ekonomistlerinden Thomas Piketty'nin eserinde çok açıkça görülmektedir ki, Birinci Dünya Savaşı'na giren iki büyük kuvvet yani Rus İmparatorluğu ve Osmanlı İmparatorluğu konvertibl sistemin içinde değillerdir. Buralarda para dolaşımı, banknota sözde dayanmaktadır. Sınırların dışında bu banknot hiçbir kıymet ifade etmemektedir. Altına dayalı bu büyük iki nüfus kitlesinin savaşa girmesi ülkelerin altüst olacağına delildir. Nitekim Rusya İmparatorluğu savaşa girdiği zaman üç askere bir tüfek hesabıyla muharebe etmiştir. Şehirlerde yiyecek kıtlığı hat safhadadır. Yaşayan sınıfların, fakir sınıfların, sıkıntı çeken insanların, monarşiye karşı olan ananevi bağlılığı sona ermiş ve bir düşmanlık başlamıştır.

Burada yapılacak iş şundan ibarettir. İnsanlar ne 1860-64 Amerikan iç harbinin şartlarını ne de Silezya Savaşı'nda yeni tüfeklerle ve silahlarla yapılan piyade savaşını etüt etmişlerdir. Savaşın zaferle ve çok kısa zamanda biteceğini inanmak, düpedüz askeri kurmaylık açısından gayriciddi bir tutumdur, cehalet yanında bir büyük intihardır. Savaşa çekince ile sokulan devletler vardır; galiba bir ölçüde Rusya ve büyük ölçüde Osmanlı İmparatorluğu bunlardandır. Askerî reformlarının çok büyük ölçüde ilerlemesine, ordunun gençleşmesine rağmen maalesef Türk ordusu ve Türkiye'yi yönetenler savaştan çekinmektedir ve sonuç şudur: "Bunlar bizi parçalayacak". Bu teori son zamanlarda yine ortaya çıkmıştır. Doğrudan doğruya İstanbul'un Rusya'ya bırakılacağı, ordularımızın bunu karşılayamayacağı, dolayısıyla bu savaşa girmenin kaçınılmaz olacağını historiografimiz yeniden tekrarlıyor. İsabetli görüşler vardır; mesela Büyükelçi Altay Cengizer'in tezi bu görüştedir.[21]

Hiçbir şekilde, savaşa karşı olan askerlerin, yani Mustafa Kemal Bey'in, İsmet Bey'in, Kazım Kârabekir Bey'in, Fevzi Paşa'nın ve Esat Paşa'nın notları, mülakatı ve hatıratı değerlendirilmiyor. Savaşa girmeye karşı olan bu kişiler tecrübeli askerlerdir. Her birinin defterinde Trablusgarb Savaşı, Balkan Savaşı, Yemen'deki isyanları bastırmak ve Suriye'de Bedeviler ile savaşmak gibi muasır ordulardaki kurmayların yaşamadığı tecrübeler vardır. Bunlar, 19. yüzyılda büyük devletlerle birlikte ordusunu kurarken kurmay eğitimini getiren bir memleketin bilgili kurmaylarıdır. Türk ordusu da bu döneme ancak 1950'lerden hatta 1960'lardan sonra dönebilmiştir. Bugün tekrar dünyada, eğitim verebilen, seçkin komuta heyeti olan ordulardan birine dönüşmüştür.

Bunların söylediklerine çok dikkat edilmesi gerekir. Ekim'de İsmet İnönü Genelkurmay İkinci Başkanı'dır ve amiri olan Fritz Bronsart von Schellendorf Paşa'yı aşarak Enver Paşa'ya, Başkomutan Vekiline doğrudan bir rapor vermektedir. "Bu vakte kadar kuvve-i askeriyesinden ve fennî askeriyesinden çok emin olduğumuz Alman ordularının Marne cephesindeki duraklaması ve Mareşal Joffre'nin karşısındaki askerî başarısızlığından sonra bu Almanya ile ittifak halinde savaşa girmemiz çok sorunludur. Sorulabilecek, tahkik edilebilecek bir konudur"

21 Altay Cengizer, *Adil Hafızanın Işığında Osmanlı'nın Son Savaşı*, Ötüken Neşriyat, 2018.

diyerek "savaşa girmemeliyiz" diye rapor yazıyor. İsmet Paşa'nın bu raporu tek başına düşünüp kaleme almadığı da çok açıktır. İsmet Paşa'nın bu raporu yakın temasta olduğu bütün subaylarla, en başta Esat Paşa, Kâzım Karabekir Bey ve Mustafa Kemal Bey ile yakın istişarede bulunarak kaleme aldığı ve üstünü atlayarak başkomutana takdim ettiği çok açıktır.

Ordularımız tarihte görülmeyecek bir sayıya ulaşmıştır. Bu bütün dünya için bir gerçektir. Avusturya-Macaristan 59 milyon nüfusu olmasına rağmen bir milyon kadar bir asker toplanmıştır. Bu ordunun silah ve donanımı fevkaladedir, üniforma ve teçhizatı da mükemmeldir. Mükemmel olmayan şey, ortak bir ruhtur. Monarşinin milletleri, küçük subayları ve neferleri birbiriyle gırtlaklaşmaktadır.

Az önce örneğini verdiğim Paul Wittek'in, yani topçu gözcüsü olan genç subayın bile, Macar meslektaşları tarafından "Pis Avusturyalı! Sen bizi mahv mı edecektin? Böyle mi gözlem yapılır?" diye Arşidük Joseph'e şikâyet edilerek Şam'a sürdürülmesi bir örnektir. Savaşın bu gibi örneklerinin incelenmesiyle ve geniş hatırat taraması ile gerçekleştirileceği açıktır. Genel kanaat, Birinci Dünya Savaşı'ndaki komutanlarımızın başarısız olduğudur. Ancak Filistin cephesinde Cemal Paşa'ya bakarak böyle bir kanaat edinemeyiz. Genç zabitlerin çok önemli komutanlar olarak büyük başarılar sağladığı görülmektedir. Nihayet bir Noel'de âdeta müttefiklerimizle anlaşarak erkenden terk ettiğimiz Kudüs'e rağmen civar tepelerde savaş üç ay daha devam etmiştir.

Nihayet Birinci Büyük Harb'in üç safhası üzerinde ısrarla durmamız gerekir. Bunların ilki Gelibolu diye bilinen Çanakkale Savaşı'dır. Buradaki durdurma, müttefiklerin İstanbul'a geçişini durdurma en önemli olaydır. Bir toplantıda çok sonraları Churchill'in Enver Paşa'nın oğlu Ali Enver Bey'e,

"Sizin yüzünüzden siyasi hayatım 20 yıl geriye gitti" demesi çok manidardır. Amirallik Birinci Lordu, yani Bahriye Nazırı olan Churchill'in kariyeri bu savaşla ve başarısız Çanakkale çıkarması ile bitmiştir. Aslında Avustralya ve Yeni Zelanda'nın ortaya çıkışı da Britanya İmparatorluğu'nun içinde İngilizlere yani Londra'ya duyulan nefret bu harbte ortaya çıkmıştır. İkinci safha, Kût'ül-Amâre'dir. Maalesef çok iyi yazmadığımız bu savaşı ve zaferi doğrudan doğruya son bir haftada buraya komutan olan Halil Paşa'ya mal etmemiz aceleciliktir. Ama Halil Paşa'nın Nureddin Paşa'nın (her ikisi o dönem albaydı) hareket planını izlemesi akl-ı selim sahibi komutanlar olduğunu gösterir.

Son zamanlarda Doğu kaynaklarını ve Türk kaynaklarını etüt etmedikleri için Osmanlı cephesini ve savaşın Orta Doğu, Balkan ve Kafkasya cephesini çok iyi yazamayan Batı tarihçiliği içinde bazı istisnalar ortaya çıkmaktadır. Bu istisnalar bugün bizim aramızda bulunuyor. Profesör Edward J. Erickson ve Profesör George Gawrych bunlardan ikisidir. Profesör Erickson, Kût'ül-Amâre zaferinde evvelki komutan Nurettin Paşa'nın rolünü gayet etraflı bir şekilde anlatmıştır. Halil Paşa'nın üstünlüğü ise kendinden evvelki üstadın ve meslektaşının reçetesini yani harekât planını harfi harfine değiştirmeden tatbik etmesidir. Bu yüzden Britanya kara ordularına karşı, kolorduya karşı ikinci büyük zafer kazanılmış, Londra hükümet çevrelerinde ve halk arasındaki intiba değişmiştir.

Üçüncü önemli safha doğrudan doğruya gönüllülerden ve sözde gönüllülerden oluşan Kafkas İslâm Ordusu'nun hem de savaşın son anında Kafkasya'da kazandığı zaferdir. Bunun raporu için yazılanlarda maalesef Şevket Süreyya'nın hatıratını bile görmedim. Hâlbuki ordunun içinde o bir yedek subaydı ve yazdıklarının öneme alınması gerekirdi. Son zamanlarda Türk yayın hayatında Birinci Dünya Savaşı'na ait nefer, çavuş, kurmay subay ve genç subayların raporlarının yayınlanmaya başladığını görüyoruz. Bunların okunmasıyla dünyanın ve dünyamızın asıl değişimi ortaya çıkmaktadır. Savaşı Noel'de bitirecek adamların işi bitiremedikleri görülmektedir. Hakikaten Rus İmparatorluğu bitmiş; Bolşevizm ortaya çıkmıştır. Bu ittifak ve bölüşme anlaşmalarının gereğinden çok fazla bir kâbus haline getirildiği görülmektedir. Son zamanlarda yapılan bir anlaşma var ancak size tam künyeyi veremeyeceğim. Sazanov'un daha 1915 Çanakkale Savaşı sırasında İngilizlerle Churchill'le çok fena atıştığı görülüyor. Rusya Britanya'yı harbten çekilmekle tehdit ediyor. Britanyalılar boğazı geçecekler ve İstanbul'u alacaklardı. Sazanov "Hani İstanbul bize bırakılacaktı?" diyor. Burada bir aldatmacayla Sazanov yatıştırılıyor ve harbe devam ediliyor. Besbelli ki dünyayı paylaşma konusunda harbten sonra da, çok iyi anlaşıldığı gibi, İtilaf Devletleri arasında kesin bir bağlantı olamayacaktır. Rusya aslında kendinin olmayan bir harbe çar, genelkurmay ve dış işlerinin (Sazanov) etkisiyle girmiştir. Yaratılan bu halüsinasyona, daha doğrusu bu illüzyona Türkiye'yi yöneten komutanların ve hükümetin çok erkenden şiddetle kapıldığı açıktır.

Donanmalar zayıftır. Birinci Dünya Savaşı'nda donanması kuvvetli olan tek devlet Britanya'dı. Karşısında bu güçle savaşacak donanma yoktu. Alman donanması, donanımına rağmen ehliyetsizdi ve Almanya denizci bir devlet değildi. Hatta kara ülkesi olan Avusturya'nın sadece Trieste ve Rjeka limanlarına güvenerek Arşidük Franz Ferdinand'ın girişimiyle üç adet zırhlı yapmaları, bazı denizaltıları almalarına rağmen bu donanmanın da büyük bir varlık gösteremeyeceği açıktır. Vakıa, Avusturya-Macaristan donanması birkaç başarı kazanmıştır. Ama bunların dışında bu donanmadan duyulan şey Amiral

Horti'nin komünist Bela Kun hükümetini devirmesi -harbten sonra- ve Macaristan'ı diktatör olarak bir müddet idare etmesidir. Kendisine donanmasız amiral ve kralsız naib deniyordu.

Burada bir olayın üzerinde durmak gerekir. Savaşlarda ordular içinde çözülmeler başlamıştır. İlk defadır ki psikolojik hastalıklar ve çözümlerinden bahsedilmektedir.

Birinci Dünya Savaşı maalesef Türkiye'de yeterince ele alınmamaktadır. Yazılanların çok sınırlı kaynaklara dayandığı bir gerçektir. Bunların dışında bir de kasti olarak karartma ve yanlış tarih yazıldığı görülmektedir. Britanya ordularının Genelkurmay Başkanı olan Marshall-Cornwall'in hatıratıyla bağdaşmayan saçma iddialar, Filistin Cephesi ve Çanakkale üzerine popüler dergilerde ileri sürülebilmektedir. Türkiye'de bunlarla mücadele için hiç şüphesiz ki mahkemelere değil, doğrudan doğruya ilmin kalemine müracaat etmek gerekir.

Savaş içinde dikkati çeken iki tip asker vardır ve bunun üzerinde durulmalıdır. Bunlar Rus orduları ve Türk ordularıdır. Bu orduların askerlerinin bütün imkânsızlıklara ve zorluklara rağmen çok iyi direndiği görülmektedir. Eğer bunların başında iyi komutanlar olursa, Galiçya cephesinde General Brusilov veya bizde Kut'ül Amare'de, Gelibolu'da ve Kafkasya'da olduğu gibi, önemli komutanlar ortaya çıkarsa, asker çok iyi savaşır ama bunun dışında da dirençlidir, dayanıklıdır.

1912'den beri 30 yıl kadar Türkiye'de Robert'de hoca olarak kalan Amerikalı Profesör Lynn Adolphus Scipio savaş içinde tıbbi yardım için gönüllü olmuşlardır. Bu sırada birtakım ameliyatları görmüş, Türk ordusundaki kötü sıhhi şartları, doktor hemşire yetersizliğini ve maalesef çok az kullanılan veya hiç kullanılamayan anestezik materyalin kıtlığı dolayısıyla askerin şaşılacak kadar dirençli olduğunu ifade etmektedirler.

Siviller kadar müttefik orduların askerî personelinin ve gelen giden gazetecilerin raporları da bunu doğrulamaktadır. Bu ordunun direncini -yenilgiye rağmen- İstiklal Savaşı'nda da sürdürdüğü görülüyor. 10 yıl boyunca zaferler yanında, imkânsızlıklar dolayısıyla zaman zaman yenilgilere rağmen arada önemli zaferlere imza atan nihayet de Cumhuriyeti'ni kuran bir ordunun bu yönü çok önemlidir.

11 KASIM 1918
BİRİNCİ DÜNYA SAVAŞI'NIN SONU

---

11 Kasım 1918 tarihinde saatler 11.00'ı gösterirken, Fransa en başta kendisinin harap olduğu savaşın galibi olarak Compiegne Ormanı'nda Almanya ile bir mütareke imzalamış ve Birinci Dünya Savaşı'nı fiilen bitirmişti. Bilahare barış antlaşmaları arasında Versailles'da mağlup Almanya'dan 1870 Savaşı'nın intikamı alınmaya çalışılacak ve bu, İkinci Dünya Savaşı'nı hazırlayan nedenlerden biri olacaktır. Compiegne Ormanı'ndaki vagonunda Alman askerî erkânını ateşkes şartlarını dikte etmek için bekleyen Fransız Mareşal Foche, meslektaşı Petain gibi bu sonsuz savaşta mareşalliğe yükselenlerdendi. Savaşın galipleri de mağluplar kadar bitkindi. Milliyetçilik ve millî kin doruklardaydı. Bütün günahların sorumlusu Almanya, Avusturya ve Osmanlı İmparatorluğu olarak görülüyordu.

Antlaşmanın imzalandığı tarihten 12 gün evvel, 30 Ekim'de, Osmanlı İmparatorluğu Haleb ve Musul sınırına çekilmişken barış talep etti. Avrupa'daki müttefiklerinden Avusturya-Macaristan'ın gücü çoktan tükenmişti. Türk cephelerinin Avusturya-Alman bloku ile bağlantısı da Bulgaristan'ın savaştan çekilmesiyle zaten kesilmişti. Bir hazin durum; uzun cihan harbi boyunca, kendi imkânlarıyla en geniş ve uzak cephelerde çarpışan kuvvet olan Türklerin orduları için söz konusuydu. Cihan savaşına giriş çözülmez hataların başlangıcıydı; bu çözümsüzlük sonunda çöküntüyü getirdi; bu çöküntüden kurtulmak için ise Türk toplumu kaosu ve yeni bir dünya savaşını değil, millî mücadeleyi tercih edecektir. Mütarekeden bir sene sonra aslında Türkiye toprakları, İtilaf devletlerinden Fransa'nın Maraş bölgesindeki işgalini sarsmaya başlamıştı. Ordunun direnen komutanları, siyasi ve idari direnişin örgütlenme ağını oluşturmaktaydılar.

Alman Toplumu Altüst Oldu

11 Kasım'da Almanya'nın yenilgisi artık kesinleşmişti. Buna rağmen daha mütareke gününden başlayarak Almanya'da muhafazakâr çevreler "ordunun gerçekte yenilmediği, yenilginin Berlin'deki politikacıların beceriksizliğinden ileri geldiği" düşüncesini yaydılar. Bu gürültüye bir müddet sonra faciayı "komünistlerin ve Yahudilerin hazırladığını" haykıranlar da katıldı. Alman orduları, Rusların donanım ve eğitim bakımından yetersiz ordularına karşı daha başlangıçta kazandıkları Tannenberg Zaferi'nin sarhoşuydular. Marne ve Verdun'daki Fransa'yı ve Britanya İmparatorluğu'nun üstünlüğünü kabul etmek istemiyorlardı. Yakın gelecekte İkinci Dünya Savaşı'nı patlatacak yeni Alman politikacılar, önemli olanın "her şeyden önce içerideki temizlik" olduğunu vurgulayarak tehlikeli bir maceraya bütün halkı sürüklediler.

Savaşın son günlerinde Alman toplumu altüst olmuştu. Zaten hiçbir zaman İngiltere ve hatta Avusturya'daki kadar benimsenmeyen monarşi ve Hohenzollern hanedanına karşı herkesin nefreti artmıştı. Almanlar muhalefeti uç noktaya kadar götürdü; Alman işçi sınıfı, Kautsky'nin savaşı destekleyen tutumunu izleyen ve bu nedenle Leninci Rus Bolşevikleri ve

Alman Komünist Partisi tarafından "büyük ihanet" diye nitelenen tutumuyla yurt savunmasına hâkim rejimin siyasetini onaylamıştı. İmparatorluk Şansölyesi (Başbakan) Bethmann Hollweg ile işçi liderleri arasında bu sırada tarihi bir uzlaşma da imzalandı. Şimdi ise Berlin, Hamburg ve Ruhr havzası şehirlerinde "Raete", yani Sovyetler teşkil edilmiş; tıpkı Rusya'daki Kızıl Donanma gibi Alman donanması da Kiel'de isyan bayrağını çekmişti. Sokaklar Karl Liebknecht ve Rosa Luxemburg'un nutukları, beyannameleri ve ayaklanmalarla sarsılıyordu. Fransa Cephesi'nde yenilen ordu bu sefer aslan kesildi, iç komünist (Spartakist) ayaklanmalar bastırıldı. Alman tarihi uzlaşması da kendisini ortaya koydu. Avusturya sosyalistlerinden daha ılımlı sayılan Alman sosyal demokratları Weimar'da cumhuriyeti ilan etti. İktisadi kriz, görülmemiş bir enflasyon, güçlenen komünizm ve olağanüstü gelişen Naziler arasındaki sokak kavgalarıyla 1933'e kadar yaşayan bir cumhuriyetti bu.

Avusturya-Macaristan ayrıldı ve onlara bağlı ülkelerden de Polonya, Çekoslovakya ve mahiyet değiştiren Yugoslavya ortaya çıktı. Bu ülkelerin hiçbiri tam anlamıyla kalkınma ve idari gelişme rayına oturamadı. İç ve dış huzursuzluklar devam etti. İyi niyetli Çekya'yı ise içindeki Alman azınlığın Nazi Almanya'sı ile yaptığı iş birlik yıkıma sürükleyecektir.

Biz Hâlâ Savaşın Etkileri ile Boğuşuyoruz

2018 yılında, Ekim-Kasım aylarında Birinci Dünya Savaşı'nı bitiren mütarekenin 100. yılı anıldı. Dünyada ilgili kurumlar araştırmalar, yayınlar ve toplantılar yaptı. Birinci Dünya Savaşı'nı en yoğun biçimde yaşayan, devlet ve millet hayatında en önemli değişikliği geçiren biziz. Hatırlamak ve itiraf etmek istemesek dahi; hâlâ bu uzun savaşın getirdiği kayıp ve değişikliklerin etkileri ile boğuşuyoruz. Biz bu uzun savaşa aslında 1912'de Balkanlarda başladık ve 1922'de Mudanya'da tamamladık. Tarihimiz ve talihimiz nedeniyle İkinci Dünya Savaşı'na katılmadık.

VI. MEHMED VAHİDEDDİN

SON PADİŞAH VE OSMANLI'NIN SON GÜNLERİ

Son padişah VI. Mehmed Vahideddin bir kaçışı tercih ediyor. "Atıldım, tahtım gasb edildi, hak benimdi" gibisinden hiçbir beyanname yayınlamadığı gibi, istifa ettiği yönünde herhangi bir şey de duyurmuyor. Mesela son Çar, "Rusya'nın hayrına çekiliyorum, Tanrı Rusya'yı korusun!" diyerek bir çekilme (tahttan feragat) beyannamesi ilan veya Karl bir beyanname ile Avusturya imparatorluk tacından feragat etmişken (Macar tarafından değil) Vahideddin halka karşı böyle bir yayın yapmayı tercih etmiyor. Kendisi 11 Kasım'da İngilizlere yazdığı bir mektupta hayati tehlike altında olması dolayısıyla İngiltere'ye sığındığını bildiriyor. Bunu sözlü olarak yapmış, karşı taraf yazılı olarak istemiş; bu makul bir istekti. Yine de padişah bu başvuruyu yazılı olarak yapıp yapmamayı epey düşünmüş. Fakat yapabileceği başka bir şey, yazabileceği başka kimse de yoktu, ancak İngilizlere sığınabilirdi. O yüzden "İngiliz uşağıydı" gibi yorumlardan kaçınmak gerekir. Çünkü seçenekler arasındaki Fransa, Ankara Musalahası'nı yapmıştı ve artık donanmayı burada tutmuyor, sur içi İstanbul'da sınırlı bir işgal kuvveti bulunduruyordu. İtalya ise zaten Üsküdar'daydı ve Ankara Hükûmeti ile arası iyiydi. Bu yüzden o da seçenekler arasında değil gibi. Üstelik sebebi açık; son padişah San Remo'da sıkıntı içinde yaşarken dahi veliahtken birbirlerini tanıdıkları halde İtalya kralının yardım teklifini kibarca geri çevirmiştir. Padişahın tabii ki Yunanlara sığınması gibi bir durum da söz konusu değil. Geriye kala kala sadece İngiltere kalıyor. Dahası Boğazlar mıntıkasının denetimi de İngilizlerin elinde... Yani padişahın Karadeniz'e çıkıp oradan Romanya'ya geçecek bir durumu yok. Görüldüğü üzere her yol İngiltere'ye çıkıyordu. Neticede diğer taraftan İngilizler de bu işe razıydılar. Sözün özü Sultan Vahideddin ayın 17'sinde 11 kişiyle İstanbul'dan ayrılıyor. Doktoru Reşat Paşa, yaveri, yakın damatlardan biri, sekreteri, Harem ağalarından biri, oğlu Ertuğrul Efendi yanında olan isimlerden bazıları... Peki cebinde ne var padişahın? Hemen hemen hiçbir şey yok. Kendi altınları, yüzükleri, kasasındaki değerli eşyalar; eş ve kızlarından hiç kimseye de bir şey almıyor. İşin özü maalesef bir çanta dolusu eşyayla vatanını terk ediyor. Yanındaki bu küçük mal varlığı hiç de fazla bir meblağ olmamasına rağmen kendisi maalesef onu da doğru dürüst harcamayı bilmiyor. Mesela paranın bir kısmını maiyetindeki insanlardan bir tanesi alıyor ve istenen işleri yapmak yerine Monte Carlo'da kumar oynayarak kaybediyor.[22]

Özetle son padişah fakirliğin tam sınırında. Bundan sonra zaten bilindiği üzere beş sene kadar daha yaşayacaktır. Babadan kalma bir hastalığı vardır; verem. Anormal miktarda sigara içer. Verem olması hasebiyle zaten hasta olan ciğerine rağmen çok fazla sigara içmeye devam etmesinden de anlaşılacağı üzere çok uzun yaşamamıştır. Son torunu Necla Sultan'ın doğduğu kendisine tebşir edildiğinde vefat ediyor. Artık müjdeye de dayanacak hâli yoktu. Ardından alacaklılar hücum ediyor. 26 yaşında sürgün olarak babasının yanına gelen Sabiha Sultan küpelerini rehine yollayarak cenazeyi hacizden kurtarıyor. Bu sefer de nereye gömüleceği konusu dert oluyor. Damadı ve yeğeni Şehzade Ömer Faruk Efendi kurşun tabut içinde naaşı alarak Beyrut'a getiriyor. Padişahın cenazesi Beyrut'ta bir devlet reisi olarak ihtiramla karşılanıyor. Ardından Şam'da da aynı şekilde

22 Bu dönem için Murat Bardakçı'nın *Şahbaba* (Everest Yayınları, 2018) en önemli biyografidir.

bir tören vuku buluyor. Bu esnada Suriye cumhur reisi Ömer Nami Efendi'nin babası Sultan Abdülhamid'in damadı, esbak ve yaveri Ahmet Nami Bey idi. O gereken ihtiramı gösteriyor. Vahideddin, Şam'da Mimar Sinan'ın eseri olan Süleymaniye Camii'nde hazireye gömülüyor. Kendisinin mezarı hâlâ burada bulunmaktadır. Bu hazin hikâye de böyelece noktalanıyor.

Menfadaki yaşamı sırasında kendi hukukunu ve adını korumak için bir gazete çıkarma girişiminde bulunmuş. Çünkü zaman zaman şahsına yönelik hücumlar oluyordu. En önemlisi, bir kere dolandırılmıştı. Hâlbuki kendisi ne bir cemiyet ne de bir komite kurmuş, devlet hakkında mütecaviz ya da tahkirane bir şekilde konuşmamıştı. Hatta o kadar ki Hümeyra Hanım Sultan'ı -Padişah dedesinin yanında kalma şansı bir tek ona mahsustur, çünkü 'hanım sultan' demek artık sarayda olmayan torun demektir- çocuklarla birlikte cahil kalfalardan öğrendiği Mustafa Kemal Paşa hakkında tahkirane bir slogan ve şarkıyı tekrarladığı için "Bir daha duymayayım! O benim paşam, askerim!" diyerek adamakıllı azarlamıştı. Her hanedan üyesi gibi bir devlet terbiyesi vardı. Devletin aleyhinde, generaller hakkında, Mustafa Kemal Paşa hakkında alenan aleyhte konuşmama bütün hanedanda vardır. Evin içinde ne konuştukları konusu ise kimseyi ilgilendirmez. Bildiğimiz Şark senyörleri veya Polonya hazinesi soyarak yanında taşıyan Bourbonlu Henry gibi bir Osmanlı hükümdarının hazine soyması beklenebilir mi? Bir de o esnada bunu önleyecek Refet Paşa'nın İstanbul'da olduğu söyleniyor. Evet, Mudanya Mütarekesi gereği İstanbul'da Milli Hükümet adına muhafız olan Refet Paşa vardı ama bir zümrüt kutusundan bir avuç alınsa Refet Paşa ne bilecek, ne diyecek? Babasının saatini ödünç almıştı (Saray hazinesinin kaideleri kesindir), onu teslim edip gitmiştir.

Bir yandan bu konu hakkında samimi olarak konuşanlar da mevcuttur. Onlar da "Mustafa Kemal Paşa irticaya karşıdır" diyorlar. Evet, o dönemde mürteci diyebileceğimiz bazı takım ve hareket grupları vardır. Onları hanedan da sevmez; çünkü hanedanda tasavvufî bir yaklaşım vardır. Aşırı gösteriş, yıkıcı ve tahkirci yola sapan aşırı köktendinci diyebileceğimiz gruplarla pek uzlaşamadıkları açıktır. İkincisi bu Türk mareşalinin arkadaşlarının başarısı devleti ve vatanı kurtarmıştır. Bu, onlar için iftihar edilecek bir şeydir. Nitekim bunu her zaman belirtmişlerdir. Üçüncüsü ise "Bize yakışmaz" anlayışıdır. Yani mevcut Türk Devleti'ne dil uzatılmaz. Tenkit ayrı bir şeydir, toptan tahrip amaçlı saldırı çok başka bir şeydir. Türk Devleti mukaddes bir organdır. Herkesin bildiği üzere bizim için devlet sadece rastgele kurulmuş, asayişi ve sosyal kontratı sağlayan bir kuruluş değildir. Türk-Müslüman düşüncesinde sosyolojik olarak da Cevdet Paşa'nın ifade ettiği gibi "Devlet vahyin eseridir." Yani Müslümanlara, insanlara verilen ilahi aklın kabul ettiği bir organizasyondur. Onun için her zaman devleti mukaddes bilirler. O fakr u zarurette hazineye el sürmemeleri bunun göstergesidir. Bu çok önemli, üzerinde durulması gereken bir husustur. Siyasi amaç için devlet ve millet kurumlarını yıpratmak Osmanlı imparatorluk geleneğinde de, millet anlayışında da yoktur.

Son padişahın kusuru Damat Ferid'e aşırı güvenmesi ve liyakatsizliğini görememesi oldu. Bunun yanında vazgeçilmez ve iflah olmaz bir İttihatçı düşmanlığı vardı. Anadolu mücadelesini de bazı kişiler ve gösterilerle İttihat Terakki ile aynileştirdi. Bu hata, onun İttihat Terakki'yi de Anadolu hareketini de anlamayacak kadar zayıf görüşlü ve soğukkanlı olamadığı için maalesef sağlıklı bir mütaala yapamamasından ileri gelir. Taraftarlarının ne kadar olayların dışında kalan, zayıf mütaalalarda bulunan adamlar olduğunu kavrayamamıştır. İstanbul basınındaki Anadolu muhaliflerine fazla taviz verip itimat göstermesi de bir diğer kusurdur. Son padişahın iktidar ve etki alanı çok sınırlıydı. Britanya komiserinin görev ve faaliyetleri, Trakya'da bekleyen Yunan ordusuna bırakacağı endişesi; onun kâbusu olmuştu. Böyle bir Britanya projesini önleyen ise Fransız işgal komutanı, Anadolu'ya takdir ve sempatisini saklamayan Mareşal Louis Franchet d'Espèrey olmuştur.

ÇAĞDAŞLAŞMA VE İTTİHAT TERAKKİ CEMİYETİ

—

Enver Bey'in Siyasi Kişiliği ve Rolü

Enver Paşa'nın çok yetenekli bir genç olduğu şüphesiz... Fakat unutulmaması ve altı çizilmesi gerekir ki o dönemde hakikaten "genç"tir; öyle ki harb başladığında otuz küsur yaşında ve mareşal olmamasına rağmen "mareşal mesabesindeydi" demek yanlış olmayacaktır. Dönemin ordusu ise Osmanlı-Türk tarihinin en kalabalık ordusuydu. Herkes askere alınmıştı. Büyük bir devrim yapılmış, bir müddet evvel medreselerin dahi askerlikten muafiyeti kaldırılmıştı. Harbe girerken gayrimüslimlerin de muafiyeti kaldırıldı. Yani herkes asker oldu, görünüşte tam bir vatandaş ordusuydu. İçinde farklı etnik unsular olmasına rağmen Avusturya-Macaristan ordusundaki kargaşa yoktu. Osmanlı askeri yapısındaki Seraskerlik ve Harbiye Nazırlığındaki yazışmalarda "Anadolu askeri içinde Türklüğü hakim kılma gayreti vardır. Arabistan ordusunda Arab sayısının artması, Anadolu'dan asker yollanması" gibi taleplere rastlanır. Birinci Dünya Savaşı'nda askere alma yönetmeliği oldukça değiştirildi. II. Meşrutiyet'te medrese uleması ve talebelerinin de imtihana[23] tabii tutulup tahsilinde yeterince ciddiyetini ispatlamayanların da askere alınması söz konusuydu. Bu harbte bu geniş olarak uygulandı. Bu ordunun bir kısmını sevk

---

23 Şevket Süreyya Aydemir, *Makedonya'dan Orta Asya'ya-Enver Paşa*, I. Cilt, Remzi Kitabevi, İstanbul, 2019.

edemediler bile. Fakat mühim olan mesele bu kadar büyük bir ordunun komutanı, Genelkurmay Başkanı olan Enver Paşa'nın bilgili, hırslı ve cesur; ancak bir o kadar da genç ve tecrübesiz olması ve dahası böyle bir salahiyetle ordunun başına getirilmesinin olağan dışılığıydı.

Birinci Dünya Savaşı'na girilirken ordu gençleştirildi. Sultan Abdülhamid taraftarlarınca çok tenkit edilse de bu durum yersiz değildi. Nitekim ordu gençleşen bir kurumdur. Bu gençleştirme gerçekleşince erken terfi edenlerden rütbesi tenzil edilenler olmuştu. Onlar bir daha general veya paşa oldular. Mesela İşkodra müdafi olan Rıza Paşa, Balkan Savaşı'nda İşkodra'yı kahramanca müdafaa etti. Kendisine bir kez daha tuğgenerallik kılıcı geldi ama o kısa süre sonra şehit düşmüştü. Bu gibi örnekler de vardır.

Bu durumların yanında mutlak surette Alman hayranlığı da mevcuttu. Alman ordusunun durumu da Marne Cephesi'ndeki durgunluktan sonra anlaşılmıştı. Mustafa Kemal ve İsmet İnönü'nün de aralarında olduğu savaşa girmek istemeyen bir grup söz konusuydu. Bu kişiler "Marne'dan sonra Alman ordusuna güvenmek hatadır" diye özellikle belirtiyorlar. Çünkü onlar da Fransa'da takılmışlardı. Rus ordusunu yenmek kolaydı. Ruslar savaşa, üç askere bir tüfek düştüğü hâlde girmişlerdi. Dahası, Çar'ın ordusunda hiçbir kayda değer general yoktu. Rusya'nın tarihinde büyük generaller olmuş. Mesela Plevne'de karşımızdakiler, her ne kadar bazıları iyi asker olmasalar da iyi birer mühendistiler. Birinci Dünya Savaşı'nda ise artık eski nesil komutanlar bitmiş durumdaydılar.

Tabii tarih ihtimaller ile yazılmaz. Ama Sultan Abdülhamid'in özelliği şudur: Kendisi harbe girmezdi. Bunun için Sultan Abdülhamid olmak lazım değil. O zaman da aralarında Mustafa Kemal'in de bulunduğu kurmay grubu, "Savaşa biz girmeyelim" diye ısrar ediyorlardı.

"Sultan Abdülhamid toprak kaybetmedi" deniliyor ama onun zamanında da toprak kaybettik. Kıbrıs, Tunus gibi yerleri elden çıkardık ve hatta İran'a bile toprak verdik. Öyle bilindiği gibi İran ile bugünkü sınırımız Kasr-ı Şirin Antlaşması ile çizilmedi.

1293 (1877) Harbi başlarken hiçbir şekilde halkına güvenemeyeceğimiz bir yeri vermemek için Karadağ'a kahramanca girdik. Güvenemeyeceğiniz ve elinizde kalmayacak olan ufak bir parça için Rus Savaşı'na giriyorsunuz. Mesele sadece o da değil. Aslında biz Ayastefanos'u kabul etmiş olsaydık, sınırlarımız bugünkünden gene daha geniş olacaktı. Fakat o günün havası şüphesiz farklıdır ve tarihe bu minval üzere bakmak lâzımdır.

İttihatçıların harbe giriş sebepleri arasında çok milliyetperver ve büyük ideallere sahip oluşları, fakat aynı zamanda özgüvenleri olmayan ve kendilerini değerlendiremeyen bir takım olmaları yatmaktadır; yani savaşa girmezlerse birileri gelip onları parçalayacak korkusundaydılar. Hâlbuki kimsenin onlara saldıracak hâli yoktu. Bu durumda da Almanya'nın kurtarılıcılığına bilhassa Enver Paşa inanıyordu: Savaşa girmeyi geciktirme stratejilerini dahi düşünmedikleri anlaşılıyor. Bir müddet geçince kimsenin bu imparatorluğa saldıracak kudreti olmadığı anlaşıldı. Savaşan büyük devletlerin durumu aynı derece vahimdi. Hatta şöyle söylenebilir ki altıncı ayın sonunda bütün Avrupa bitmişti.

Bu dönemde savaşçı faaliyet ve kurulan teşkilatlara gelince: Etnik-i Eterya, Yunan Krallığı'nın Makedonya için diğer devletlere karşı kurduğu millî teşkilattır ve zaten devletindir. Filik-i Eterya 1821'de kurulan cemiyettir. Bizde yanlış olarak kullanılan "Etnik-i Eterya"nın aslı Philik-i Eterya'dır. Cemiyetin bağış defterleri dahi vardır. Bunlar müzelerde bile görülebilir. İttihatçıların ise böyle hesap defterleri yoktur. Teşkilat-ı

Mahsusa da devletin kurması gereken özel harb dairesi organını siyasi bir partinin çıkarmış olması bakımından ilginç bir yapıdır. Bu tip kuruluşların ikincisi Sovyetlerin ÇEKA'sıdır (Olağanüstü İşler Komisyonu). Ama İttihat Terakki hakikaten devletin kurmadığı, çok etkili, kalıcı, oldukça da önemli işler gören ve daha bilmediğimiz bir sürü yanı olan bir istihbarat örgütü çıkarmıştır. Jakobenlik diye ifade edilse de daha çok Balkan komite geleneğinden gelme bir ananeye tabi olmuştur. Tabii şurası da bir gerçekti ki Türkiye'de misyon sahibi (şiarcı) olan "Biz biliriz, biz yaparız; istikbali biz inşa ederiz, mazi de bizden sorulur" gibi militan ve enaniyetçi bir tutumun da menşeidirler. Diğer bir ifadeyle bu, müesseselere karşı bilgisizliğin de verdiği cüretle bilmeden yapılan bir küçümsemedir. Unutulmamalıdır ki Alman Kayzeri'nin yanında hazır olda duran bu zevat, kendi hükümdarlarından bu hürmeti esirgemişlerdi. Sık sık görülen bu durum, bir nevi direniş, ama arkası ananesiz bir başkaldırıydı. İyi tarafları ve kötü taraflarıyla da olsa gerçek şu ki İttihatçılık Türkiye'de kalıcı bir siyasi tutum oldu.

BİR DÖNEMİN PORTRESİ: DOĞRU VE YANLIŞIYLA ENVER PAŞA

1908 Temmuzu'nun sonunda "Hürriyet Kahramanı" olarak Resneli Niyazi Bey ve Enver Bey'in adı sahneye çıktı. O tarihlerde doğan çocuklara birçok aile "Enver" ve "Niyazi" adlarını koydular. Rumeli Ordusu Sultan Abdülhamid'in rejimine karşı ayaklanmıştı. İttihat ve Terakki Cemiyeti asker ve sivillerin kurduğu askeri kuralların hâkim olduğu bir siyasi partiden çok ihtilalci bir komitenin disiplin ve kurallarına sahipti.

27 Yaşındayken 'Hürriyet Kahramanı'

Enver Bey cemiyetin ilk mensuplarındandı. 23 Kasım 1881 doğumludur. "Hürriyet Kahramanı" olarak ismi vatanın dört köşesine yayıldığında sadece 27 yaşındaydı. Orduda mümtaz sınıftandı. 1903'te yüzbaşı oldu, 13 Eylül 1906'da mümtazen terfi ederek binbaşılığa yükseltildi. Rumeli'yi kaynatan Bulgar, Makedon, Arnavut ve Rum çetelerine karşı giriştiği askeri harekâtta daima başarı gösterdiğinden Mecidi ve Osmani nişanlar ve altın liyakat madalyasıyla ödüllendirilmişti. Bu dönemin içinde imparatorluk için hayatı pahasına kesin mücadele kararına ulaştığı ve bütün münakaşalara rağmen Türkçülük ile İslamcılık arasında gidip gelen bir milliyetçi düşünceye sahip olduğu anlaşılıyor.

Alman Ordusuna Hayran Oldu ve Zaafını Dikkate Almadı

5 Mart 1909'da seçkin bir subay olarak Berlin Ataşemiliterliği'ne tayin edildi. Yabancı askerî ataşeler ve Alman komutanlar kadar imparatorun çevresinde dahi tanındı. Farsça ve Rusça bilen, mükemmel resim yapan bu ataşenin Fransızcası da mükemmeldi, Almancasını çok çabuk ilerletmiştir. Hatta rivayete göre Kayzer Wilhelm'in ailesine mensup prensler ve kız kardeşlerinden bir prensesle yakın dostluğu da vardı. Her halükârda Alman İmparatoru'na da, ordusuna da, bürokrasisine de hayran oldu. Ne var ki Avrupa diplomasisinin kaynadığı bu bölgede dahi, ekserisi İttihatçılar gibi bu sanatın gereğini, gücünü ve önemini yeterince anlayamadı. Bu hayranlıkta bir haklılık var. Britanyalı askerler dahi Alman bahriyelileri hariç Alman kara ordusunun hayranıydılar. Lâkin bu hayranlığı bir meslek çerçevesi içinde değerlendirme olarak tutmak zor. Çok az asker bunu başarabilmiştir. Fransızların Mareşal Joseph Joffre'si ve gelecekteki Mareşal General Ferdinand Foch, Rusya'da son başkomutan olan General Aleksei Brusilov kategorisindekiler gibi Alman fenni askeriyesini takdir eden ama tenkit ve ondan uzak durmayı da bilenler çok azdır.

Enver Paşa'nın hayatındaki hata, üstün görünenin içindeki zaafı görüp tenkitçi gözle arayıp bulamamasıdır. O zamanki Osmanlı Türk ordusunun genç komuta grubu içinde Kâzım (Karabekir), Esad Paşa, Fevzi Paşa, Ali Fuat ve tabii Mustafa Kemal Bey gibi değerli kurmaylardaki bu tutum Enver Paşa'yla aralarında 1914'ten itibaren bir açıklık yaratacaktır. Trablusgarb savunmasında başarılı bir örgütçü olduğu görüldü. Trablusgarb'ın Sunîsileriyle gayet iyi anlaştı. Maalesef harb içinde Cemal Paşa da böyle bir vasıf olmadığından Arab ileri gelenlerini anlayamamıştır. Hâlbuki Kût'ül-Amâre komutanı olan

Nureddin Paşa (o tarihte albay) veya Yemen'deki isyanı bastırmakla görevli Ahmet İzzet Paşa yerli Arabları anlayıp onlarla anlaşabilme kabiliyetini gösterdiler.

Balkan Savaşı'ndan sonra, Balkan devletlerinin arasındaki nefreti görüp stratejik bir ustalık ve atılımla Bulgarların elindeki Edirne'yi kurtarmasıyla ünlenen, takdir edilen Enver Bey miralaylığa terfi etti. Henüz 32 yaşındaydı. İttihat ve Terakki idareye hâkim olmuştu. Bu arada Mahmud Şevket Paşa'nın katliyle boşalan Harbiye Nazırlığı'na Yemen'den başarıyla dönen Ahmet İzzet Paşa'nın tayin edilmesine rağmen parti Enver'i çok kısa bir zaman zarfında mirlivalığa (tuğgeneral) terfi ettirdi. Hak ettiği bu rütbenin üstüne çok fazla süratli bir terfi daha geldi; makamdan alınan Ahmet İzzet Paşa'nın yerine Harbiye Nazırı yapıldı.

Sarıkamış, Burukluğu Tepkiye Dönüştürdü

Bu partizan işlem orduda Enver'in aleyhinde ilk burukluğa neden oldu. Sarıkamış, Birinci Dünya Savaşı'nda ilk önemli harekâttır. Başarısızlık bu yüzden Enver'e karşı bu burukluğun tepkiye dönüşmesine neden oldu.

Cihan Harbi kapıdaydı. Ocak 1914'te Harbiye Nazırlığı'na ilave olarak birkaç gün içinde genelkurmay başkanlığını da üstlendi. Orduda da yenilenme ve dirilme harekâtını başardı. Muhtemelen bu reform Türkiye İmparatorluğu'nun Birinci Büyük Savaş'ta tarafsız olarak kalmasını, hiç değilse harbe geç katılım dolayısıyla İtilaf devletleri yanında yer almasını sağlayabilirdi. Cihan Harbi'nde Alman taraftarlarını ve ittifakını sadece Enver Paşa'nın Almancılığına bağlayamayız. İtilaf devletleri Türkiye'nin ittifak teklifini reddetmişlerdi. Churchill'in şahsında (o zaman Amirallik I. Lordu yani Bahriye Vekili) İngiltere'nin zırhlı gemilerin ve peşin ödenen paranın üstüne oturarak rastlanmadık bir dolandırıcılık sergilemesi kamuoyunun nefretini kazanmalarına sebep oldu. Britanya İmparatorluğu'nun tarihi politikasını değiştirerek Rusya'yı yanına alması Almanya'ya karşı duyduğu panikle ilgilidir. Ne var ki Enver Paşa Almanya ile ittifaka erken girmişti. Bize sığınan iki Alman zırhlısına (*Goeben* ve *Breslau*) *Yavuz* ve *Midilli* adı verildikten sonra Rusya Karadeniz sahillerini bombalamaları Alman oyunu değildir. Bu emri verenler Harbiye Nazırı Enver Paşa ve Bahriye Nazırı Cemal Paşa'dır.

Sakarya'dan Sonra Müdahaleye Kalkıştı

Osmanlı İmparatorluğu ve Rusya Çarlığı bu savaş için hiç hazırlıklı değildi. Zaten hiçbir devlet de hazırlıklı olduğunu iddia edemez. Savaş her ülkeyi belirli ölçüde yıktı, savaş kabinesinin ve Enver Paşa'nın Türkiye'nin çektiği sıkıntıdan tek başına sorumlu olamayacağı açık. Hatta bu arada Çanakkale Savaşı'nda iaşenin diğer cephelere göre düzgün olduğu gibi örnekler de var. Savaşın ilk yıllarında bilhassa Çanakkale savunması sırasında şehit ailelerinin sıkıntı çekmesi mümkün mertebe önlenmişti. Fakat Türkiye her şeye rağmen feci bir buhranın içine düştü. Eski dünyanın düzeni altüst olmuştu. Harbin sonunda İttihat ve Terakki'nin üyeleri yeni düzenden ve adil bir yargılamadan emin olmadıkları için ülkeyi terk ettiler. Enver Paşa yeni idealler ve ülküler peşindeydi. Anadolu mücadelesine Sakarya Zaferi'nden sonra müdahale edip, lider olmaya çalıştı. Oysa 13 Eylül 1921'den itibaren Türkiye'nin hem içte hem de dıştaki gücü arttı. Sakarya Meydan Muharebesi'ni kazanan Anadolu'nun Enver Paşa'ya muhtaç olmadığı açıktı. Sovyet Hükûmeti kendisini derhal eledi. İçerideki bazı taraftarları onu boşuna ümitlendirdiler veya bu mücadelenin devam ettirilmesi için cesaretlendirdiler. Oysa Anadolu hükûmeti artık son meydan savaşına ve taarruza hazırlıklarını gizlice tamamlamaktaydı.

Enver Paşa Batum'dan içeri sokulmadı. Artık Sovyetler için de istenmeyen bir kişilikti. Örgütlediği Basmacı Hareketi modern Orta Asya'nın tarihindeki en önemli olaydır. Sovyet Kızıl Ordusu'nun savaş tarihinde en önemli ve zorlukla bastırtılan hareketlerden biri olduğu resmen açıklanmıştır. Bugünkü Tacikistan'ın Belcivan bölgesinde Abıderya köyünde karargâhını kurmuştur ve 4 Ağustos 1922 günü maiyetindeki savaşçılarla bayramlaşırken başlayan ani Rus baskınına karşı âdeta ön safta atıldığı ve şehit düştüğü malum. Abıderya köyündeki Çegan Tepesi'ndeki mezarı Sovyet döneminde bile ziyaret edilen bir türbe gibiydi. Mezarın Türkiye'ye, Abide-i Hürriyet'e nakli ne derecede isabetli olmuştur bilemiyoruz. Ne de olsa yerinde bir tarihi dönemin ve bir savaşçı neslin anısı olarak bulunması daha isabetli olabilirdi.

Eşine Aşık Bir Dâmâd-ı Şehriyâri

Enver Paşa 1914'te Şehzade Süleyman Efendi'nin kızı ve Sultan Abdülmecid Han'ın torunu, tabii Sultan Reşad ve Vahideddin'in yeğeni Naciye Sultan'la evlendi. "Dâmâd-ı Şehriyâri", yani hükümdar damadı olmuştu. Hırslı bir subayın kariyer evliliği gibi gözükebilir ama doğrusu çocukluktan henüz çıkan sultanı bu genç subay çok sevdi. Hayatının sonuna kadar vatanından uzakta savaşırken dahi ona yazdığı mektuplar son zamanlarda Murat Bardakçı tarafından yayınlandı.[24] Bu aşk, paşanın idealleri ve bunları eşiyle paylaşması onun hayatının ilginç bir boyutudur.

24 Murat Bardakçı, *Naciyem, Ruhum, Efendim...*, Türkiye İş Bankası Kültür Yayınları, İstanbul, 2016.

OSMANLI'DA ÇÖKÜŞ TARTIŞMALARI

19. yüzyılda toplumun müesseseleri değişiyor. En başta merkezi ordu (kapıkulu askeri) 1826'da ortadan kaldırılmış; donanma ve orduda bir ıslahat söz konusu. Tabii o zaman bir ordunun modernleşmesi bugünkü kadar pahalı olmasa da, ateşli silahlar bölümlerinde merkezî orduların modernleşmesi eskiye göre çok pahalı. Bu keyfiyet endüstrileşmesi geri ülkeler kadar endüstriyel ülkeler için de böyleydi. Bilhassa bahriye gücü; üstün teknikle, yatırım ve insan eğitiminin pahalı olduğu bir daldı. Ayrıca beraberinde ıslahın sınırlarını aşan bir reform ve masraf silsilesi getiriyordu. 19. yüzyılda "saf akıllı" diyebileceğimiz Ahmed Cevdet Paşa, bu reformun ne olduğunu çok iyi açıklıyor: Büyük Petro'nun strelitzleri ortadan kaldırması, Rusya'nın sırtından bir uru kazımak gibidir. Hâlbuki yeniçeri Devlet-i Aliyye'nin yüreğinde bir seratan (akrep), yani kötü bir tümördü; onun kazınmasıyla çok şeyin değiştirilmesi gerekiyordu. Çünkü yeniçerilik asayiş demek, maliye demek, ordunun bütün dalları demek, eğitim demek...[25] Yeniçeriye bağlı idarî mekanizmalar var. Kadılık bile etkilenmiş... Devlet, yeniçeriliği kaldırdıktan sonra bir dizi ıslahata girişmek zorunda kaldı. Cevdet Paşa'nın bu dâhiyane ve edibane tasviri, Osmanlı askerî reformunun mülki idare ve maarife dahi

25 İlber Ortaylı, "Cevdet Paşa ve Avrupa Tarihi", *Ahmet Cevdet Paşa Semineri*, 27-28 Mayıs 1985, İstanbul Üniversitesi Edebiyat Fakültesi Basımevi.

yayıldığını göstermesi bakımından önemlidir.[26] Yani subay yetiştirmek için; okul, cerrah, veteriner gerekiyor. Bahsedilenlerin hepsi çok pahalı okullar. Dört duvarla, bir öğretmenle bitecek bir kurumlar değil; dahası bütün bunlar için yeni bir vergilendirme de şarttır; bir taraftan bu ordu kurulurken, diğer taraftan da hâlihazırda büyük devletlerden biri olması sebebiyle derdi de büyük olan bir devlet var karşımızda. Dış dünya ile diplomatik-barışçıl ilişkiler yoluyla birtakım manevraları götürdüğü gibi muharebelere de girmeye devam ediyor.

Nitekim Kırım Savaşı bardağı taşıran son damla olmuştur. Çünkü askerî masraflar çok pahalıdır. Bu sebeple devlet maalesef klasik yönetimi değiştirmek zorundaydı. Muhtemelen de üretimle karşılayamayacağı bir tüketim içinde. 17. yüzyıldan beri Avrupa'da devlet önce bir üretimde bulunur. Daha sonra ordusuna, maliyesine yoğunlaşır. Burada ise çağa ayak uydurabilmek için "iç yapısal modernleşme" denilen bir modernleşmeyi götürmesi lazım. Bunu o günkü üretim düzeyi ve niteliği karşılamıyor. Ortada bir fabrika üretimi söz konusu değil. Tarım bunu sağlayamıyor; sağlayamadığı için de devlet borçlanma durumunda kalıyor. Bu borçlanmadan sonra zirai reformlara, sınaî reformlara giderseniz ortada büyük bir mesele olduğu söylenemez. Galiba bugünkü Türkiye bunu başaracak durumda. Ama bütün bunlar yapılmazsa, sadece zaruri olan ilk aşamada yani askerî ve idari modernleşme safhasında kalınırsa, o borç artarak büyür ve bütün mesele böyle masrafların ve bu acil ve abartılı modernleşmenin olduğu bir cemiyette eski dünyaya ait bir mali sistemle yaşamak mümkün değildi. Osmanlı Devleti'nin en büyük sorunu vergi kaynaklarını iyi tespit edip bunları sağlıklı vergilendirememesiydi. Bu gerçekten çok önemli bir husustur. İnsanlık tarihinde de asıl problem budur. Firavunlar Mısır'ı niye büyük bir devletti? Çünkü Eski Mısır

26 *A.g.e.*, s. 163-172.

vergilendirme konusunda oldukça teknik bilgi, ölçüm kabiliyeti ve muhasebeye sahipti. Roma niye imparatorluk oldu? Mısır'ı aldığı zaman bu sistemi kavramıştı. Şimdi bir devletin bu kaynakları doğru tespit edip bunları vergilendirme, bu vergiyi doğru toplama ve bu asra uygun bir şekilde envanteri yapabilme hususiyeti yok ise ciddi problem var demektir. O düzenleme geçen asırlarda vardı. Önceki çağlarda Türk Devleti geleneğini; o devletin gelirlerini orduya ve dar bürokrasiye ayırmayı biliyordu. Ama 19. asrın Türk devleti artık o çerçevede kalamazdı; görevleri vardı. Yani eğitimle uğraşacak, düzenleyecek, sağlıkla uğraşacak, daimî bir ordu besleyecek ve dahası bu ordu artık modern tekniğe dayalı bir kurum olacaktı. Bunun için gerekli geniş bir bürokrat kadroya sahip olmak zorunlu yoldu; bunlar nasıl karşılanacak sorunu vardı. Kendi kaynaklarımız yetmiyor, üstelik bunları kontrol edip modern bir şekilde kayıt altına da alamıyoruz. Dolayısıyla 18. ve 19. asrın maliye ilmi ve teknikleri dâhilinde bütçe yapan, varidat ve mesarifatı önceden öngören ve ona göre harcama yapıp vergi toplayan devlet tekniğini ve mali usulünü alamadıklarında istikraz, borçlanma işlemi düzgün gitmedi. Bu durumda yaygın bir savaş, mali yıkım getirir. Peki bunu zamanla nasıl alıyor? Reform yapıyor. Mekteplerini kuruyor. Üstelik sırf idare okulu değil; bir süre sonra öbür modern devletler gibi kurmay akademisi (Erkân-ı Harbiye Mektebi) de kuruyor. İnsan yetiştiriyor. Fransız mali mevzuatını, harcamalarına kontrol sistemini getiriyor. Mesela, Divan-ı Muhasebat'ı kuruyor. Asıl önemlisi, devlet hiçbir şekilde birtakım mali işlemleri vergi tarh ve cibâyetini (vergi koyma ve toplama) yürütemediği için krizde bu görev (1881) Düyûn-ı Umûmiye'ye devrediliyor. Şunu açıkça söylemek gerekir ki bir nevi hacizci, alacaklarının idaresi demek olan Düyûn-ı Umûmiye'ye sayesinde Türkiye modern maliye sistemini kavramaya başladı. Modern vergilendirmenin gereği olan vergileri toplama, tespit gibi hususları öğrenmeye adım attı. Mesela iltizam sistemini ele alırsak; (iltizam da bir nevi mali bir kol) bir bölgeden öngördüğün geliri alıp ona göre masraf yapıyorsun ve bu işi bir müteahhite ihale ediyorsun. Bu sistemi en iyi XIII. ve XIV. Louis Fransa'sı yaptı (Kardinal Richelieu ve Kardinal Mazarin devirleri). Bu iltizam sistemi yürümediği takdirde Düyûn-ı Umûmiye görevi üstlendi ve o arada da maliyeci yetişiyor. Mesela Mehmet Cavit Bey'in Düyûn-ı Umûmiye'nin müdürlerinden olması tesadüf değildir. Dolayısıyla bu memlekette vergi toplama, kaydetme, tahsil etme, bunların alınıp mesarifata dönüştürülmesi maalesef bu yabancı kuruluşun öğretmenliği sayesinde olmuştur, demek yanlış olmayacaktır. Cavit Bey, ünlü maliye nazırımız meslekte ilerlemesini belki de Mülkiye Mektebi'nden çok, Düyûn-ı Umûmiye tecrübelerine borçludur.

Osmanlı'nın dinamik bir yapısı da var. Buna rağmen kendini modernize edememesinin nedenleri vardır. Bürokrasinin ve yöneticilerin yeterli entelektüel birikimleri yoktu. Gerçi bir açıdan; o gün de yoktu, maalesef bugün de yoktur. Çok uzun zaman Türkiye, çağdaş maliyenin, iktisadın teknik ve bilgilerine sahip insanları yetiştirememiştir. Hatta söylenebilir ki Türkiye'de devlet bu insanları yeni yeni çıkarmaya başlamıştır. Bu ilginç bir durum... Aldığımız bu memurlar yurt dışına gidip yetişiyor ve bir şekilde bu konuda kendini geliştiriyor. Daha da garibi bunlar özel sektöre geçiyor. Fakat özel sektör sanıldığı kadar bu konuda büyük rol sahibi değil. Bu iş yine devletten geliyor. Tabii bunun üzerinde durmak gerekiyor. Devlet aynı zamanda bir nevi anti-devletçi bir mali sistemin iktisadi dönüşüm boyunca yuvası oluyor. Sistem ve kadrolar orada yuvalanıyor. Bu bakımdan ısrarla üzerinde durmamız gereken husus; 19. yüzyılda Osmanlı İmparatorluğu'nun bu gerilemiş, mali kontrol kuramayan mali sistemi de kendisinin değiştirmiş olduğu gerçeğidir. Her ne kadar iç-dış şartlar bunu zorlasa da, bunun adına dinamizm demek, doğrudur.

Batı'nın Osmanlı Devleti'ne borç verme yaklaşımında Osmanlı'nın kendi içindeki birtakım hareketliliklere müdahale ettiği görülüyor. Örneğin demir yollarının yapılmasında bazı müdahaleler söz konusu. Osmanlı'nın Nafia Nezareti'nin ve merkezin genel anlamda Batı'yla borç ilişkisi nasıl gerçekleşiyor? Borç yükü, ödeme zorluğu ölçüsünde siyasi müdahaleye fırsat verir, zemin hazırlar; lâkin Doğu-Batı çatışmasının tarihi köklerinde din farkı da rol oynar. Nihayet Osmanlı milletleri Batı için önemlidir. Bir coğrafi ve kültürel platformdur; Akdeniz dünyasının hakimiyet kavgası için önemli unsurdur. Bu tarz borçlar, şuraya kullanacaksınız diye şartlı olarak verilir. Mesela Ankara Üniversitesi Kütüphanesi'ne Fransa Hükûmeti büyükelçiliği her sene yardımda bulunuyor. Karşılığında ancak Fransa'dan kitap ısmarlayabiliyoruz. Üstelik hemen de tedarik ediyorsunuz. Bu şartlar borç verilirken "Şunu yapacaksın, bunu yapacaksın, malzemeyi buradan alacaksın." şeklinde konuşulur. Almanya devlete borç verirken gidip de demir yollarını İngiltere'ye bırakmaya ve inşa ettirmeye izin vermez. Biri size borç verip de kendisine karşı kullanılacak zırhlının ithaline müsaade etmez. Tabiî ki borç bir siyasi ve diplomatik kontrolü gerektirir. Kaldı ki, demir yolları şirketleşme halinde. Ortada şöyle bir sorun var. Bu demir yolları birbirinin sahasına girmemiş. Mesela eskiden Afyon'da biri İngilizlerin, diğeri Almanların uzattığı iki istasyon vardı. İkisinin de birbiriyle bağlantısı yok. Budapeşte'de Macar Krallığının demir yollarından sorumlu Bakanı István Baroš'un demir yolu hattından tramvay hattına bağlantı kurması yeni bir teknikti. Yani istasyondan tramvay hattına katarları bağlayıp karşı tarafa geçirmek mümkün oluyordu. Böylelikle Peşte tren garından Avrupa tarafından gelen katarların yolculuğunu nehrin diğer tarafına geçirip Balkanlara uzatmak da mümkün olmaktadır.

Borç çok ağır bir edim ve yükümlülüktür. Ödemesi zordur. Hele hele bir de bunu ödeyecek mekanizmalarınız yeterince gelişmemişse. Osmanlı'nın aldığı borçlar çok yüksek meblağlar olmasa da krizden dolayı yüksek ödemeler yapmak zorunda kalınmıştır. O borçlar Cumhuriyet döneminde de ödenmeye devam etti. Genelde alınan borçların israfından söz etmek, mali tarihin yöntemlerini izlememekten ileri gelir.

Osmanlı'nın ciddi borçlar aldığı dönemde bir yandan sarayların inşa edildiği de görülüyor. Bunlar zor zamanda yapıldığı için birtakım tenkitlere de sebep oluyor. Yani devlet mekanizmasında bir çürümüşlük ve aşırı israf var mı gibi sorulara; hayır demek gerekir. Aslında saray inşaası mali sorun ve değişim ile çöküş açısından o kadar da mühim değil. Bu konuya tam vakıf olmadan, bazı detayları bilmeden konuşuluyor. 19. asırda devlet hayatı Topkapı Sarayı'nda yaşanamaz. Yani o çağlarda devletin evinin Topkapı Sarayı olması artık mümkün değil. O başka bir devrin kendine has, mütevazı estetiğidir. Hatta Topkapı'da çok hoş parçalar, bölümler var. Ama 19. asır devletinin evi Topkapı Sarayı olamaz derken, devlet evi olarak yapılan yeni saraylar da aslında mütevazı binalardır. Çarların yazlık sarayı ile ancak boy ölçüşürlerdi. Bugün Ermitaj Müzesi olan kışlık sarayla mukayese söz konusu değildir. Bu sebeple devletin maliyesi sarayla batmış demek isabetli olmaz. Fakat şurası da bir gerçek ki devletin toparlanması da çok zor. Mesela zanaatkârlar ve zanaatlar; ayrı grupların elinde toplanmış. Onların bir araya gelip bir iş çıkarması oldukça meşakkatli... Devlet ayrıca loncaların iflas etmesine, o insanların sefil olmasına göz yumamıyor. Onun için öyle vahşi bir kapitalist kalkınma götüremeyen, yani daha çok eski zanaatçılarla bir şeyler yapmak isteyen bir anlayış var. Bu da pek mümkün olmuyordu. Çünkü Türkiye'nin esnafı büyük yatırımlar yapmaya kabiliyetli insanlar değil. Aslında hiçbir ülkede böyle bir sınıfın yeterince dinamik olması mümkün değil. Nitekim 19. asır sanayileşmesi sırasında eski ahilik etik sisteminin yürümediği görülüyor. Yapacağımız en mühim iş, büyük sanayiye bir norm ve etik verebilmekti. Nasıl verilebilir cevap çok ve karışık ama bunun çok önemli bir husus olduğu su götürmüyordu.

Şekli ve muhtevası bozulmamış bir müesseseyi düzeltme değil de yıkıp yenisini yapma tarzında bir yol izlenmiş. Lonca teşkilatlarının akıbeti böyle oldu. Bir tenkit noktası var; yani modernize edilebilme ihtimali olabilirdi şeklinde görüşler de mevcut. Loncaları Osmanlı kaldırmadı. Bu kurum bir süre daha devam etti, ardından Cumhuriyet tarafından kaldırıldı. Mesela biri şikâyet edildiği zaman esnafın piri durumundaki adam, "Kazmasını getirsin" diye müeyyideler koyuyordu. Yani eski ahlâk ve zanaat ilkelerini takip ediyordu. Bu sistem 1930'lara kadar vardı. Ama piyasalar açıldıkça kazanç hiçbir hüküm dinlemedi.

İç gümrükler konusu esnafı zorluyordu. Bu fasıl devlet için önemli bir gelir kaynağıydı. Yabancılar için de gelir; aynı bir mal taşınırken iç gümrük ödeniyor. İlk limandan içeriye giren emtia dıştan gelen mal, saf endüstri mamulâtı... Düşük kaliteli, göz alıcı, ucuz ve dahası kitle üretiminden çıkmış. Bizimkilerin yaptığı manifaktür ürünü onunla baş edemiyor. Aslında yerli daha güzel ama o güzellik alıcıya görünmüyor. Mesela kumaşta, tekstilde Türk milleti kesinlikle zarif ve özgün Osmanlı işini bırakıp, Manchester dokumalarını desen olarak beğenme gibi bir duruma düşüyor. Tıpkı eski güzel sedirlerimizi atıp, yerine basit koltuklar koymak gibi. Bu değişiklik milletlerin masum isteğidir. Şüphesiz burada yeni bir pazarlama söz konusu değil. Türkiye'de müşteriye hitap diye bir şey yoktu, yeni başladı. Bu memleketin sanayicisi piyasadaki zevk araştırmasını, beğeniyi kabul ve tespit etmez, ona göre de bir şey değiştirmeyi düşünmezdi. Halen de böyledir. Şimdi mesela bir otomobil sanayimiz var. Bu sektörde araştırma diye bir durum söz konusu mu? Yeterli değil. Bu alışkanlık devam ediyordu, şimdi değişmeye başladı.

1870'lerde dahi zirai ürünün %12-15'i ihraç ediliyor, genel üretimin ise %6-8'lik bir bölümü ihracat konusudur. Bununla beraber Şevket Pamuk'un yaptığı hesaplara göre bu oranlar Asya ve Kuzey Amerika ülkelerinin çoğuna göre yüksektir.[27]

Düyûn-ı Umûmiye İdaresi'nin siyasal otoriteye müdahalesi kesin ve kaçınılmazdı. Herkes; her kuruluş ve her devlet mali alacağını ve menfaatini her zaman teminat altında tutmak ister. Bu önemli bir husustur. Mesela Birinci Dünya Savaşı'ndan sonra kurulan Sovyetler bu tip borçları İkinci Dünya Savaşı'na kadar inkâr etti; ödemedi. Bu savaştan sonra ise müttefiklerine ödemek zorunda kaldı. Bu yükümlülük açıktır.

Böyle bir analizi iktisat tarihinde yapamayız. Siyasi tarihte belki mümkün olabilir. Mesela Karlofça hakikaten bir dönüm noktası... Bu antlaşmayla büyük toprak kaybı yaşıyoruz. Ama iktisat tarihinde, kesin tarihler tespit etmek zordur. Asırlarla konuşmak daha doğru olur. Birinci Dünya Savaşı, komünist blokun ortaya çıkışı gibi olaylar gösterilebilir. Mesela bizim Karadeniz hinterlandsız kaldı. Ondan sonra çöküntü başladı ama tek kusur gene de bu değildi ve bunun ardında yatan sebepleri o kadar çabuk da göremeyiz.

Osmanlı, büyük bir coğrafyadır. Bu coğrafyanın değişimi etkili ve gürültülü oldu. Büyük bir imparatorluk, bir milletler mozaiğinin çöküşü. Bugünün Türk insanı maalesef bunu kabul etmekten uzak. Konuyu daha da açmak gerekirse iki açıdan aciz olduğu söylenebilir. Birincisi, maalesef bu tarihi anlamıyor, kavramıyor, öğrenemiyor. "Bunlar haydut, yağmacı, kardeşini öldürdü, yeniçeriliğin kaldırılması için ordusunu doğradı" şeklinde bimâna değerlendirmeler yapılıyor veya "Bu millet üretmemiş" deniliyor. Bunu diyenlerin en hafif derecede dahi iktisadi tarih bilgisi yok. Mesela "Osmanlıların kültürü yok" diyenlerin maalesef var olan kültürü de anlayabilecek donanımları

27 Şevket Pamuk, *The Ottoman Empire and European Capitalism, 1820-1913: Trade, Investment and Production*, Cambridge University Press, 2010.

yok. Bir ikinci takım daha var ki onlar da çok müthiş bir hayal dünyası içindeler. Mesela bu imparatorluğu çok daraltma veya abartma merakına ve derdine düşüyorlar. Bu yapılamaz, çünkü bu imparatorluğun içinde çok başka türlü renkler var. Dilimiz bu imparatorluğun resmî dili olabilir ama unutulmamalıdır ki burada başka hususiyetler de mevcuttur. Osmanlı tarihini bu yöntem şekillerinin hiçbiri inceleyemez. Birincisi zaten Türkçe bile bilmiyor. İkincisi de maalesef bu imparatorluğun kültürel yapısını kavrayacak bir anlayışa sahip değil.

İmparatorluk mirası, iktisadi, mali sorunlar yeni değil ama şu an bir yandan endüstriyel ülkelere dahi dış borcu var. "O nasıl halledilir?" sorusu açık. Diğer yandan müthiş bir iç borçlanma da mevcut. Yani bu borçları da gene iktisadi zaruretlerle, mesela doğudaki iç harb dolayısıyla hep almışız. Asayiş meselesi bu borçların kabarmasına sebebiyet vermiş. Türkiye'de geçen asırda olmayan müthiş bir yatırım, müthiş bir toplumsal dinamizm, işletme, etrafa açılma gibi öğeler de söz konusu. Ümit ediyoruz ki asayişle ilgili olaylar tekerrür etmeyecek. İkinci gelişme ise devam edecek. Bürokrasi hizaya gelecek, küçülecek ve bürokratik harcamaların arkası gelecek. Bu gelişmelerin sağlanması lazım.

Şu an Türkiye'deki iktisadi dinamizm ve hareketlilik konusunda söylenecek dört husus var: İstanbul burjuvazisi yaratıcılık olarak iflas etmiştir. Bu bize özgü bir durum değil, bütün milletlerin tarihinde görülebilir. Mesela İngiltere'nin de o parlak burjuvazisi iflas etmiştir. Yaşam ve geleneği yenilemezlerse o memleketten hayır yoktur. Keza Fransa için aynı şey söz konusudur. Bu mesele üzerinde durulması gerekir. İstanbul burjuvazisi iflas etmiştir derken vurgulanması gereken husus, yeni Türkiye'nin kültür-görgü olarak yetişememesi gerçeğidir.

Onun için Anadolu'nun öne geçmesi, dirilmesi lazım. Hem böyle açık gidiyor, son derece cesur, gözü pek... Tabii kendine göre protestan bir ahlakı var. Çünkü halktan burjuvazi tüketimini gizlemek zorundadır. Japonya'da bu durum söz konusudur.

Burjuvazi gösterişçi tüketimle ortalara çıktığı an büyük sınıf çatışmaları, büyük yabancılaşmalar, büyük ahlak bunalımları başlar. Alt sınıfların dünyalarını altüst edersin. Şimdilik alt sınıflar dindarlıkla ve ananeye kapanarak bunu örtüyorlar. İleride ne olacağı belli değildir. İleride o da yetmeyebilir. Kaldı ki biz bir yandan da kitleye lüzumsuz şeyler üretiyoruz.

İkinci unsur nüfustur. Nüfusu tükenen bir toplumun yaratıcı olması mümkün değildir. 1960'ların dinamik İtalya'sının hem sanayide, hem ticarette, hem de sosyal hayatta etkisi azalıyor. Türkiye'nin nüfusunda, batıda doğumlar azalır ve Orta Anadolu'da dururken, doğuda bir artış görülüyor. Bu kalifiye olmayan bir nüfustur. Fakat Türkiye nitelikli nüfusu yenileyebilir. Yani Balkanlardan, Asya'dan nüfus getirebilir. Nitekim özellikle tarım ve hayvancılığın gelişmesi için, bunu yapması da gerekiyor. O bölgelerde Türk nüfusu tutmanın artık bir manası yoktur. Hatta dağılan Sovyetlerin muayyen mıntıkalarından da nüfus getirilmelidir. Mesela artık Ahıska Türklerinin oralarda tutulması lüzumsuzdur. ABD'ye göç ediyorlar. Bu dinamik ve genç nüfusun Türkiye'ye getirilmesi gerekir.

Üçüncü husus tabii kültür meselesidir; maalesef Türkiye böyle Osmanlılıkmış, Türkiye Cumhuriyetçiliğiymiş gibi boş münakaşalardan vazgeçmelidir. Arada olamayan zıtlıklar icat ediliyor. Kasaba zihniyeti devletin, toplumun ve kültürel devamlılığın farkında değil. Cumhuriyetçilikle imparatorculuğun kültürel planda ayrımı söz konusu olamaz. Bu şekilde Türkiye'nin tarihi, kültürel müesseselerine dönmesi değil benimsemesi gerekir. Dine karşı daha soğukkanlı ve daha anlayışlı bakmak zorundadır. Fundamentalist hareketlerle din her zaman toplumsal kurum olarak birlikte değerlendirilemez. Çünkü bu din sadece onu tehdit eden dış kaynaklı miltanların dini değil, büyükannenin dinidir. Dahası büyükannen kadar sıcaktır, yakındır ve senindir. Birtakım dinî akımların arkasında dış mihraklar bulunabilir ama düşün ki

İslam bir doku, ecdadın bıraktığı mirastır. Böyle kendi başına Aguste Comte'cu bir cemiyet inşa edilemez; kimsenin buna muvaffak olamadığı açıktır. Din devleti olmaz: Din bir tarihi miras, bir kültürel dokudur.

Son safhada şunu belirtmek gerekir. Türkiye ittifaklar konusunda bir tarikat dervişi gibi düşünüp, zikredip, hareket edemez. Türkiye'de Dışişleri Bakanlığı kuvvetli bir bakanlıktır. Balkanlara ve Orta Doğu'ya göre bir ananesi vardır ve değerli insanlara sahiptir. Fakat maalesef bu bakanlık mensuplarını bir kısmı, herhangi bir tarikat üyesi kadar cezbe halindedir. Dün NATO'nun üyesiyiz diye cezbe içindeydiler, bugün Avrupa Birliği. Bunlar enikonu ittifaktır ve siz burada yabancı ve soğukkanlı olmak zorundasınız. Yani hiçbir yeri benimseyemezsiniz. Bunlar geçici, "Neresinden girdik, icabında neresinden kaçarız?" diye bakılması gereken hücrelerdir. Fazla bulaşılırsa sıkıntıya girilir. Uluslararası ilişkilerde hiçbir şeyin partizanı ve mümini olmamak gerekir. Türkiye, kendisine ittifaklar araması gereken bir ülkedir. Devamlı ittifaklar arayacak; onunla olacak, diğeriyle olacak, ötekiyle olacak. İslam Birliği'ne girmek şu bakımdan önemlidir: İslam Konferansı örgütünün en işe yarar bölümü IRCICA'nın Kültür bölümüdür. O da bizde mevcuttur zaten. Çünkü İslam ülkelerinin hiçbiri zaten hacim bakımından da, kabiliyet bakımından da bizim kadar tecrübeli ve yetkin değildir. Bu şekilde bütün dünya ile iş birliği içinde olmak gerekir. Avrupa Birliği'ne girilebiliyorsa girilmelidir ama bu bir cemaatın mümini gibi huşu ile olmamalıdır. Zaten AB'nin geleceği de pek parlak görünmüyor. Çek Cumhuriyeti küçük sanayileşmiş bir yer; Macaristan, Romanya, Yunanistan ise öyle duruyor. Biliyor muyuz biz bu ülkelerin ne olduğunu, kapasitelerini. Bunların nüfusu artmıyor. Hele o eski Sovyet Bloku artığı ülkelerden artık menajer yaratıcılığı da pek çıkmaz. Sonra her şeyden önce Avrupa'nın kendisine bakmak gerekir. Yani İsveç'le Portekiz aynı yerdeyse bu nereye kadar çıkar bir yoldur. Binaenaleyh bu tip partizanlıklardan Türkiye'nin uzak kalması, fakat bir yandan da devamlı bunları izlemesi, ihtiyatlı yanaşması, geçici birliktelikleri, ittifakları, iş birliklerini tercih edip yürütmesi gerekmektedir.

Herhalde biraz ittifak arayan bir karakterimiz var ve hemen her şeyde gökte düğün var dense merdiven arayan, yol ve güzergâhı şaşkın bir toplum olduk. Bu tavırlar 21. yüzyılın ciddiyetine yakışmıyor. Birtakım kabiliyetlerimizi, müesseselerimizi iyi kullanmamız lazım.

Mesela ordumuz; Türk ordusu bugün çok önemli bir müessesedir. Her şeyden önce dünyadaki sayılı ordulardan biri olmasıyla dikkatleri üzerine çekiyor. Bunu zayıflatan insanları baş tacı edemeyiz.

Bir de köylülük sorunu var; Türk köylüsü hem üretkendir hem de kendine göre sağlamlıkları vardır. Üstelik aynı zamanda da bir teminattır. Komünizm artığı ülkelerdeki çürümüş, herhangi bir şey üretemeyen köylü sınıfına bakınız. Kıyaslandığında bu çok mühim bir zenginliktir. Kaldı ki Sovyet tarımı dahi şimdi yeni dünyaya intibak eden bir girişimciliği benimsiyor. Ama kırsal nüfus ve yapı çok problemlidir. Yaşayışı bakımından da teminat altında olması gerekir. Yani desteklenen (subsidized) bir tarımdan söz ediyoruz. Binaenaleyh kafasındaki birtakım pazar mekanizmalarıyla, bu köylülüğü ortadan kaldırmaya çalışan sözde liberal iktisatçılara hiç taviz vermemek gerekir. Köylülüğü yok edersen çok şey kaybedersin. İktisadi sistemin çöker. Doğu Avrupa'da olduğu gibi, bu kurum çökmeye başladıkça milletin asıl değerlerini muhafaza eden Türkiye taşrası sarsılır. Bunlar halledilmesi gereken konulardır. Nüfus politikaları ne kadar geçerli ve gerçek, belli değildir. Ayrıca ben o nüfus kontrol mekanizmalarının da pek etkili olduğu kanaatinde değilim. Fakat nüfusu iyi tespit etmek lazım. Nüfusun çok büyük bir zenginliğimiz olduğu gözden kaçırılmamalıdır. "Hedef % 2 köylülük, çünkü İngiltere'de öyle" gibi garip laflardan vazgeçelim. Sanki bunlar şart olan rakamlar ve oranlar... Nüfusun % 30'u köylü olsa bu hangi modernleşmeye engel teşkil ediyordu ki köy ziraati ve nüfusunu dağıtıyoruz.

Türkiye'nin sorunu köy ve köylülük değil; kasabadır. Ülkemizin önemli bir kesimi bu yerleşkelerde yaşar. Nüfus büyüklüğü 15 bin-30 bin arasında değişen bu yerlerde (bazıları zaruretten daha az) bir kere beledî hizmetlerin müthiş ehliyetsiz ve verimsiz verildiğini görüyoruz. Sorun sadece nüfus ve bütçe değildir, Türk kasabası 17. yüzyılda Evliya Çelebi'nin lezzetle anlattığı çarşı, pazar ve zanaatlarını tasvir ettiği birimler değildir artık. İki asırdır, dışarıdan civar köylerin pazarlamasına ananelik yapan mamulât getirilip dağıtılan; kendisi hiçbir şey üretmeyen, sadece dedikodu ile gün geçiren, eğitimin niteliksiz olduğu, esnafın büyük şehir ürününün paylaştığı yerlerdir. Bu bölgelerdeki bürokrasi; kanun ve nizamdan saptırılır; politika dar mahalli halka, zümrevî menfaatlere göre yönlendirilir. Bu nedenle burada mahalli demokrasi de gelişemiyor. Çünkü üretemeyen yerde sağlıklı çıkar grupları oluşmaz; tartışma, uzlaşma ve denetim mekanizmasının gelişmesi zordur. Tek ümit kasaba gençliğinin kasaba dışında eğitim görmesidir. Oysa partilerin genel eğilimi bunun tersi yönde oldu ve kasaba gençliği kasabada kaldı.

Eğer üretimin artmasını istiyorsak bu ara yerleşme birimlerini ya sanayi alanında geliştirerek ya da aksine turizm ve tarımda yoğunlaşan yerleşme birimleri haline getirerek muhafaza etmeliyiz. Kasaba artık klasik muhafazakâr yapısıyla korunamıyor ve derhal göç tehdidine uğruyor. Her göç kasabanın genç ve dinamik nüfusunu alıp götürüyor ve onu durgunluğa mahkûm ediyor. Bilhassa Sivas'ın kazaları, Erzincan'ın Kemah, Kemaliye (Eğin), Malatya'nın Arapgir gibi kazalarının uğradığı nüfus aşınması buraları ihtiyar nüfusun çaresiz yerleşmelerine dönüştürmekte ve ilginçtir ki yaşlanan nüfusla birlikte kasabaların tarihî niteliği de korunamamaktadır.

İZMİR

İŞGALİN EN ÇARPICI ÖRNEĞİ

---

15 Mayıs 1919'da Yunanistan İtilaf Devletleri'nin ve özellikle ciddi bir iç muhalefete rağmen Lloyd George ve Venizeleos'un ittifakı sayesinde İngiltere'nin ittirmesiyle İzmir'e çıktı. Üç yıl üç ay sonra modern tarihinin en önemli faciasını yaşayarak şehri terk etti. Bu, gerçekle ilişkisi olmayan siyasi bir programın iflasıdır.

2 Eylül 1922'de İzmir'deki Yunan yüksek komiseri yani daha doğrusu İzmir ve civarına Venizeleos tarafından tayin edilen Vali Aristidis Stergiadis, memurlarına arşivleri toplamalarını, önemli kısmını imha etmelerini ve şehri boşaltmaya hazır olmaları emrini vermişti. 30 Ağustos bozgunundan beri Batı Anadolu, Yunan ordusundan ve yerli Rumlardan boşalıyordu. Şehirde görülmemiş şeydi, ama gerçekten kıtlık vardı. Güvenlik hiç kalmamıştı, üç yıl üç aylık bir işgalin sona ereceği belliydi.

Stergiadis hiç şüphesiz İzmir'in Helenleştirilmesi programının başındaydı. Ama bu tecrübeli memur süreci bir ölçü ve düzenle, Türkleri de fazla ezmeden yönetmek gerektiğini anlamıştı. Kuşkusuz herkesin bu gerçeği anladığını söylemek mümkün değildi. Sonuç hazindi, 1922'de ayrılırken Stergiadis'in en büyük düşmanları Rum-Ortodoks kilisesi ve İzmir'in Yunanlılarıydı; sinirleri bozulmuş olarak görevini bitiriyordu. Aristidis Stergiadis, Yunan cumhuriyetini kuran ve galip devletlerin gözdesi "Büyük Giritli" denen Elefterios Venizeleos'un yakın çevresindendi; İzmir'e tayin edilen memurların içinde hukukçuluğu dışında İslam hukuku üzerindeki bilgisiyle de tanınıyordu. Bunlar belki yeterli nitelikler değildi, Stergiadis Epir (yani Yanya) valiliği yapmıştı, orada azınlıkların hukukuna riayet eden bir memur olarak tanınmıştı. İzmir'de de doğrusu temel iktisadî prensiplerin dışında Türklerle Yunanlılar arasında ayrım yapmamaya çalıştı. Daha evvelki valilerden İttihatçı Rahmi Bey'in aksine şehrin Levanten aileleriyle de fazla yakınlık kurmadı. Onların gözünde seçkin bir centilmen ve uyumlu bir yönetici olarak görülmediği gibi, bölgenin Rumlarıyla da arası bozuldu. Çünkü ırkdaşlarının açıkçası bu işgalden çok büyük beklentileri vardı. Kiliseyi de memnun edemedi. Sonunda üç yıl boyu her hareketi ve girişimi sabote edilen vali olarak İzmir'i terk etti.

Yakın zamanda Türkçeye çevrilen Giles Milton'un "Kayıp Cennet"'inde biraz fazla abartıldığı gibi kozmopolit bir dünyadan bahsediliyor.[28] Ancak bu bir hoş abartıdır. Zira bu kozmopolit dünyanın içinde adamakıllı gerilimler vardı. Üç yıllık işgalde Yunanistan ve Ege'deki Yunan halkı çok fazla şey beklediler. Stergiadis gibileri de bu ölçüsüzlüğü önleyemedi ve beklenen son geldi.

Daha işgalin başında Rumeli, Bosna, Girit ve adalardan gelen göçmenlerle yerli Türklerin oluşturduğu Müslüman nüfusun Yunan işgaline güvenmediği belliydi. Bu olayla genç General Mustafa Kemal Paşa Anadolu'ya geçmek için fazla beklemedi. Türkiye yenikti, bitkindi ama herhangi bir Orta Doğu veya koloni ülkesinde olmayan özelliği vardı; eski bir devletin ve askeri bir toplumun yüksek ve hızla örgütlenme niteliği...

10 yıla varan Balkanlar, Trablusgarb ve Birinci Dünya Savaşı'nın bütün cephelerinde olgunlaşmış subay kadrosu,

28 Giles Milton, *Paradise Lost: Smyrna, 1922*, Basic Books, 2008.

Yunanistan'ın -Venizeleos karşıtı olsa da aklı başındalığı su götürmeyen- generallerinden Metaksas'ın açıkça ifade ettiği gibi; "Yunanistan küçük ama onurlu ve müreffeh bir memleket olmak durumundadır, maceraya lüzum yok, İzmir'e çıkılmamalıdır" düsturunun nedeniydi. General Metaksas anlaşılan zor zamanda bile karşısındaki ordunun komuta kademelerinin derlenip toparlanabileceğini anlamıştı. Nitekim daha sonra hiç değilse İzmir'de kalınmasını, daha fazla ilerlenilmemesini de ısrarla tekrarlamıştır.

15 Mayıs günü karaya çıkan Yunan kıtalarının karşısında, o gün o an ilk şehitler de adlarını tarihe yazdırdı. Bunların bazıları mevcut kolordunun subayları ve gazeteci Hasan Tahsin gibi görevlerinin sorumluluğu ve onuruyla hareket etmişti; bazıları da karaya çıkan kıtaatın askeri terbiyeden ve disiplinden yoksunluğu dolayısıyla katledilen asker ve sivillerdi.

Şehrin Yahudi nüfusu hiçbir zaman işgalcilere itibar etmedi. Uzun tarihin çileleri yanında 1912'de Selanik şehrinde Helen-Hıristiyan zihniyetin yaptığı katliam anılardaydı. Şehrin iktisaden hâkimi olan Avrupa kökenli Levantenler ise mazide Osmanlı idaresinin onlara verdiği güven ve imtiyazları yeni idarede bulamayacaklarını biliyorlardı. Yunanistan'ın gönderdiği vali Stergiadis onların nezdinde hiçbir zaman II. Meşrutiyet döneminin valisi Rahmi Beyin üstün görünüşüne sahip değildi.

İngiltere Yunanistan'ı hem manen hem maddeten destekliyordu, bütün harcamalar İngiliz sterliniyle yapılıyordu. Fransa dahi doğrusu Yunanistan'ı desteklemekte tereddüt etmemiştir. Ama İtilaf Devletleri'nin üçüncü unsuru İtalyanlar Yunanistan'a karşı hiç de onlar gibi bakmadı. İtalyanlar her yerde, her an Yunan görevlilerin şikâyet ettiği üzere, milliyetçi Türklerle birlikte hareket ediyor ve İngiliz-Yunan işbirliğine karşı düşmanlıklarını gösteriyorlardı.

14-15 Mayıs 1919'da Yunan birlikleri Amiral Calthorpe'un komutasında körfezde demirleyen Britanya donanmasının himayesinde şehre çıktılar. Maalesef şehir dönemin askeri geleneğe sahip güçlü ve düzenli ordularınınki gibi bir işgal yaşamadı. İzmir dağınık örgütlenmesi ve kuralları yetersiz bir Balkan devletinin ordu ve bürokrasisinin işgalde yarattığı sorunlarla üç yıl boğuşmak zorunda kaldı. 15 Mayıs ve sonrası Türkiye halkı direniş için İzmir'in bu durumundan ibret ve direniş gücü aldı.

Üç yıllık işgalin son aylarında Yunanistan, Ege'de kendine bağlı ve paralel bir İyonya Cumhuriyeti kurmaya çalıştı. Yunanistan milli bankası İzmir ve Ayvalık'ta şubeler açtı. İyonya cumhuriyeti bir de ordu kurdu. Yerli Helen nüfus tabii ki askere alındı; bu andan itibaren Helen nüfus artık harb hukukuna göre en ağır muameleye uğrayacak bir statüyü seçmişti; ricat ve ülkeyi terk, tek başvurulacak hareketti. İsyanın üniformalısı böyle tarif ediliyor.

Kozmopolit ve barışsever İzmir artık sona ermişti. 9 Eylül 1922 ise bu dönemin kapanışıdır.

CUMHURİYET OSMANLI İMPARATORLUĞU'NUN DEVAMI MI?

622 yıl süren hukuki varlığı, 1922'de Büyük Millet Meclisi'nin âli kararı ile sona erdirilen (ilga edilen) saltanat makamının kendisi başka, Osmanlı Devleti başkadır. Osmanlı Devleti, Türkiye'nin devlet hayatında uzun ve önemli bir safhadır. Yani Türk tarihi uzun bir dönemi kapsar, onun içinde Osmanlı Devleti ve ismi 622 yıl devam eden bir siyasi heyet olarak ayrı bir öneme sahiptir.

Dolayısıyla bizim kesintisiz süren devlet hayatımızın ve varlığımızın bir parçasıdır. Burada devletin şekli değişmiştir. Cumhuriyet'e inkılâb etmiştir. Kanun ve müesseselerdeki değişimle de bu değişikliğin icabındandır. Bunun gereğinden olmayan hususlar, değişmeden kalmıştır. Zaman içinde devam edegelmiştir. 1923'te Osmanlı Devleti'nin bütün mevzuatı, siyasi, ticari, iktisadi bütün müesseseleri toptan mı kaldırılmıştır? Yani gümrükler, umum müdürlüğü, birtakım okul ve hastaneler, bizzat ordunun kendisi, bunların hepsi kaldırılmış mıdır? Hayır, bu kurumlar bugün dahi devam etmektedir. Sadece rejim, yönetim şekli değişmiştir. Yani Osmanlı paşaları olan bir komuta heyetimiz vardı; İsmet Paşa miralaydı, Mustafa Kemal Paşa daha Osmanlı döneminde paşa (mirliva) olmuştu. Keza Fevzi Paşa da öyleydi. İkisi de Cumhuriyet'ten evvel müşir (mareşal) olmuşlardı. "Orada bir kesinti vardır" demek doğru olmaz, çünkü Ankara Hükûmeti, İstanbul hükûmeti'ni tanıyordu. Dolayısıyla devlet hayatında hiçbir kesinti söz konusu değildi, devam ediyordu.

Devlet hayatı devam ettiğine göre, bu devletin resmen kuruluşunun ilan edilişinin 700. yılını "Cumhuriyet olarak kutlayamayız. Bu gayri hukukidir, memnudur" demek biraz fazla gayretkeşliktir. Bu yorum aslında cumhuriyet ideolojisiyle de ilgili değildir. Garip hislerin tezahürüdür, ciddiye alınması mümkün değildir. Kaldı ki içtimai ve kültürel bakımdan bu milletin hayatında Osmanlı Devleti önemli bir parçayı teşkil eder. Rejimin şekil değiştirmesi, Cumhuriyet'in ilanı ve Cumhuriyet müesseseleriyle beraber eski müesseselerin de "Cumhuriyet" etiketi altında devam etmesi, bizim ecdatla olan bağımızı ve içtimai, kültürel hayatımızı hiçbir şekilde fazla ilgilendirmez. Biz bunun böyle olduğunu biliriz. Biz Cumhuriyetçiyizdir ama bu demek değil ki Osmanlı'yı görmemezlikten geleceğiz. Böyle bir metafizik üzerine tarihçi olarak konuşmak da zaten abestir.

Cumhuriyet'in "Biz Osmanlı'yı reddederiz" diye yorumlanması doğrudan doğruya siyasi ve içtimai bir görüştür. Osmanlılığı belirli bir dinle, mezheple, belirli bir etnisite ile aşırı derece aynileştirmeye bir tepkidir. Bu gibi duygunun kaale alınması da mümkün değildir. Çünkü Bolşevik Rusya'da dahi bu derece bir 'redd-i miras' hevesi görülmez. Zaten Cumhuriyet'te de böyle bir durum söz konusu değildir. Türkiye Cumhuriyeti'ni ilan eden zevat, bu derece Osmanlı düşmanı değildi. Reddedenin kindar olması şart değildir. Bu insanlar Osmanlı'nın hukuki varlığını Cumhuriyet'e inkılâb ettiren insanlardı ve kendilerinde böyle bir metafizik düşünce yoktu. Bu nedenle, sözü geçen tavrın gerçekle ilgisi olduğu söylenemez.

Bulgarlar 1981'de Bulgar Devleti'nin 1300. yılını törenlerle, kongrelerle kutladı. Ben de Sofya'da I. Bulgaristik Kongresi'ne katıldım. Orada o vakit Marksist-Leninist Bulgaristan konusu işleniyordu. "Bizim onunla ne alâkamız var?" gibi bir hava içerisinde değildiler. Her yerde bu söz konusudur. Dolayısıyla fazla bir bölünmeye gitmemiz mümkün değildir. Bu zihniyet buraya, bize özgü bazı garip milliyetçiliklerde yer alır.

Osmanlı'yı doğru anlamak için nasıl bir bakış tarzı geliştirmek gerek? Bu kısa sürede ulaşılacak bir irfan değildir. Tarih, sonsuz bir antrenmandır.[29] Yani sporcunun idman yapması, çalgıcının her gün çalması gibidir. Maria Callas, Arthur Rubinstein her gün temrin yapıyordu. Her gün çalışmasa Rubinstein eskisi gibi konser veremez, dahası bu noksanlık bir iki günde belki fark edilmez, ama zamanla kalitesi düşerdi. Nitekim kendisi "Piyanonun bir hafta kapağını açmazsam konsere çıkamam" diyordu. Maria Callas'ta teknik aksamalar başlardı. Belki de eskisi gibi aryaları söyleyemezdi. Her gün pentatlonda çalışmayan bir atletin form tutturması ve bunu devam ettirmesi şüphesiz mümkün değil.

Tarihçilikte de zaten tarih bilmesi gereken bir insanda böyle "ben okudum bildim havası" olmamalıdır. Devamlı okuyup tetkik etmelisin. Çünkü devamlı görüşlerin değişir, bazı sert hükümlerde yumuşamalar olur, bazı şeylerde de ters hükümler vermeye başlarsınız. İttihat Terakki'yi sevmezken, o zevatı anlamaya, bağışlamaya başlayabilirsiniz. Aksine İttihatçıları çok sevmen öğretilmiştir, zamanla "işe yaramaz" diye düşünmeye başlarsın.

Osmanlı tarihi dediğiniz zaman da nasıl bakılır? Her devri okunmalıdır. Tarihçinin ihtisası olmaz. "Ben 19. yüzyılı, 20. yüzyılı çalışıyorum" demekle zamanı da, mekânı da sınırlayamazsınız. "Biz Osmanlı tarihçisiyiz, bize ne Fransa'dan, Fransa ile ilgili hiçbir şey bilmesek olur" demek olmaz. Eski Yunan ve Roma tarihini bilmemek de fayda etmez. Onun içindir ki

---

29 Bu deyiş bana ait değildir. Ünlü Theodor Momnsen'in "Rektorat's Redes"sindeki deyimdir. Tarihyazımı süregiden bir araştırma (übung) gerektirir.

günümüzde Türk tarihi çok izole ve kolayına kaçan bir şekilde yorumlanarak yapılıyorsa, bunda dar görüşlülük veya tembelliğin bir payı var. Ne var ki Türklerin yaşadığı altı asırlık Osmanlı tarihi böyle izole ve dünyadan kopuk oluşum değildi.

Tarih okumayan ve bilmeyen, kendine göre bir çevre çiziyor. Mesela kolaylıkla "Osmanlı'nın bizimle ne alakası var?" der. Bu vahim, demek ki kendisinde tarihî disiplin yoktur. Tarihteki devamlılık olayını gözlemeye, anlamaya, ona anlam vermeye niyetli değildir. İşte bu sebeple abes bir sloganı tekrarlayıp durabilir.

Osmanlı kendisini nasıl tanımlardı? Onun da görüşleri çok muhtelif... Osmanlı kendini Müslüman ve Türk olarak görür. Ama Türk olmayan, Müslüman olmayan Osmanlı da vardır. Bir Ermeni tüccarı Osmanlı'yı nihayet bir imparatorluğun ananesi içinde güvenceli, düzgün, asayişin ve ilerlemenin mümkün olduğu bir toplum olarak görür. Bu çok önemli bir yöndür. "Bu devlet bize akit dışı yaptırımlar uygulamaz" diye düşünür. Kültürel bir yakınlık atmosferi doğduğu oldukça açıktır.

"Osmanlı'nın günümüze tesirleri nelerdi?" gibi bir soru da sorulabilir. Tabii mirasın yaşayan tarafları var, aynı milletiz. Bu arada Türkiye büyük kültürel değişim geçiriyor. Osmanlı mirasının direnişinden söz ediyorlar. Tartışılır. Osmanlı bu toplumun insanlarının, dedelerimizin, ananelerimizin rejimi. Bu gelişme ona ne kadar uygun, kendisi ne kadar o kurallarının dışına çıkmış, bu da malum değil.

Osmanlı demek, sadece elinde değnek, her şeye hükmeden totaliter bir rejim demek değil. Zaten devamlı reform yapıyor, kendisini değiştiriyor. Bu olgunun üzerinde durmak gerekiyor.

Türkiye Cumhuriyeti'ni Osmanlı'nın bir devamı ya da halefi olarak görmek sorunsalına gelecek olursak; Türkiye Cumhuriyeti'nin üzerine kurulduğu topraklar Osmanlı

Devleti'nin anavatanıdır. Bu nedenle cumhuriyetle beraber devlet devam ediyor; diliyle, diniyle, toprağıyla ve insanlarıyla elbette Osmanlı'nın halefi biziz. Türkiye böyle bir "redd-i miras" hakkına sahip değil. İnandırıcı değildir, Ermeni olayları tartışılırken de kimileri "Onu yapan Osmanlı'ydı, biz başka bir devletiz" dedi. Bu büyük bir saçmalıktır. Eğer bir Ermeni soykırımı olmuşsa bunu yapan bizim dedelerimizdi. Eğer masumsa da dedelerimiz masumdur. Olay böyle iki uçta değerlendirilecek kadar bizim zihni kurgumuza uygun değildir.

Bazıları saltanat ve hilafetin kaldırılmasıyla Cumhuriyet'in yeni bir devlet olarak Osmanlı'nın inkârı üzerine kurulduğunu iddia ediyor.

Bunların kalkmasıyla Osmanlı'nın kurumsal yapısının dağıldığı söylenemez. Evet, saltanat ve hilafetle birlikte devletin iktidar yapısında bir değişiklik oldu. Ancak devlet kurumlarının pek çoğu varlığını sürdürdü. Hilafet kurumu zaten 20. yüzyılla birlikte işlevini ve etkisini yitirmiş bir kurum olduğu için kaldırılması Cumhuriyet'in iç ve dış politikasını önemli bir şekilde etkilemedi. Kısa sürede Türkiye bir yurttaş toplumu olmayı becerdi. Bunda Osmanlı'da yaşanan gelişmelerin önemli bir payı var. Siyasi partiler, seçimli parlamento gibi siyasi ve idari kurumlar Osmanlı'da da vardı. Çok tatmin edici olmasa da Osmanlı'dan devralınan siyasi ve idari yapı belli bir gelişmişlik düzeyi yakaladı. Bugün Türkiye'nin sanayisinde ve idari yapısında sakatlıklar varsa bunun da köklerini Osmanlı'da aramak gerekir. Benim Türk aydınına sürekli söylediğim bir şey var; Osmanlı mirasını reddetmek ya da benimsememek gibi bir lüksümüz, dahası böyle bir tercih hakkımız yok. Yüzyıl öncesini okumamız, geçmişle diyalog halinde olmamız gerekir. Bugün bazıları "Resimli Osmanlı Tarihi" okuyarak fikren hüküm sürüyor. Tarih bilgisi bu düzeyde olan insanlar,

Türkiye'de Osmanlı mirasını tartışamaz. Tartışılırsa da bugün içinde bulunduğumuz düşünsel hercümerce düşeriz.[30]

Bu konuya son padişahın kızı ve halifenin gelini; Yahya Kemal'in deyimiyle Türkçesi İstanbul'un en iyi on kişisinden biri olan ve Fransız kültürü de ondan aşağıya kalmayan Sabiha Sultan'ın bir deyişiyle bitirelim. Kendisi Saltanat ve Cumhuriyet'in bağı için; "O Türklerin imparatorluğuydu, bu da Türklerin cumhuriyetidir" demişti.

---

30 Meraklısı devletin sürekliliği üzerine Prof. Dr. Emre Öktem'in "Turkey: Successor or Continuing State of the Ottoman Empire?", (*Leiden Journal of International Law*, 24/ 2011, s. 561 vd.) makalesini okuyabilir.

SEVR ANTLAŞMASI

ÖLÜ DOĞDU AMA AMAÇLARI DA ÖLDÜ MÜ?

Antlaşma, Paris'in bugün merkez metro istasyonlarından biri olan Sevres'te ünlü porselen fabrikasında muhteşem İznik çinileri koleksiyonun önünde imzalandı. Ancak nihai tasdik gelmedi ve Ankara Hükümeti kesinlikle reddetti. Üzerinden bir asırdan fazla geçti; 10 Ağustos 2020 Sevr Antlaşması'nın 100. yıldönümüydü. Hiç şüphesiz o dönemde de ölü doğan bir antlaşma olduğunu söyleyenler oldu. Birinci Dünya Savaşı'nı bitiren son antlaşma olması öngörülüyordu. Osmanlı'nın Avrupa ve Orta Doğu'daki topraklarının elinden alınması ve paylaşılmasını da hedefliyordu. Avusturya St. Germain ile, çilekeş Macaristan Trianon Antlaşması'yla adamakıllı bunaltılmıştı. Neuilly ile de Bulgalar sıcak denizden çekilmek zorunda kaldı. Trianon ve Sevr iki intikamcı antlaşmaydı. Sevr'in reddi, sarsıcı etkiler yarattı.

Avusturya-Macaristan İmparatorluğu'ndan farklı olarak orada yeni bağımsız ulusal devletlerin ortaya çıkışına rağmen sonra Orta Doğu bölgesi Arab ulusunun adı kullanılarak İngiltere ve Fransa'nın Orta Doğu'daki yeni egemenliği belgelenmek isteniyordu. Ulus-devletler yaratmayı amaçlayan Ermenistan ve Kürdistan projesi ise gayriciddi olarak kaldı. (Ermenistan, Sovyetler Birliği'nin kurulması ile Birlik üyesi bir Sovyet Cumhuriyeti olarak kuruldu.) Ne konferans boyu, ne hazırlık olan Londra Konferansı'nda, ne de daha sonra Ermenilere gereken dikkatin gösterilmediği ve kaale alınmadıkları açık. Hesapça İstanbul dâhil olmak üzere Trakya'daki topraklar Yunanistan'a verilecekti. Tepki sert oldu. Ama en önemli tepkilerden biri, o tarihte sayıları artık 80 milyonu geçen Hint Müslümanlarının protestosudur. Halifenin mekânını elinden alamazdılar. Lloyd George ileri gittiğini anlamıştı. Bizzat Hindistan Naibi Edwin Montagu bile bu konudaki genel ilkelere ihanet edildiğini belirtmekten kendini alamadı. Adaların Yunanistan'a verilmek için Türkiye'den tamamen alınmasında ise herkes müttefikti. Trakya'da ise Çatalca ve Istranca hattında duranlar vardı. Marmara bölgesinin hâkimiyeti Türklerde kalmakla birlikte Beynelmilel Boğazlar Komisyonu'na havale edilecekti.

TBMM'yi Resmen Tanıdı

Türkiye'nin alacaklı yabancı devletlerce mali kontrolü daha da güçlendi. Düyûn-u Umûmiye hayata devam etmekle birlikte İngiltere ve Fransa'nın çok fazla söz sahibi oldukları yeni mekanizmalar geliştirildi. Londra Konferansı'nda Sadrazam Tevfik Paşa antlaşmanın kabul edilemez olduğunu söyledi. "Söz hakkı Ankara Hükümetinindir" dedi. Zaten Ankara hükûmetine saygısını belirtmişti. Bütün mesele 1920'de kuruluşu tamamlanan TBMM'nin bilhassa 1919'daki Maraş, Antep ve Urfa savunmasından sonra varlığının açıkça ortada olmasıdır. Nitekim İstanbul'da son Osmanlı Meclis-i Mebusanı şehrin ikinci bir işgaliyle dağıtıldığı için bir Şûra-yı Saltanat toplandı. Maraşlı Ferik Ali Rıza Paşa'nın reyi dışında davetli üyelerden kurulan Saltanat Şûrası Sevr'i kabul ettiği halde Ankara hükûmeti reddetti. Padişahın tasdikine de sunulamadı. İtalya, Ankara hükûmeti tarafındaydı. İtalya'ya Saint Jean de Maurienne antlaşmalarında kendisine vadedilen bölgelerin hiçbiri verilmiyordu. İtalya âdeta Muğla ve Antalya işgalini bile Yunanistan'ın İzmir'e çıkarılmasını protesto için emrivakiyle gerçekleştirmişti. Fransa, Britanya ile çaresiz beraberliğine 1921 Sakarya zaferinden sonra son verecek ve Ankara Antlaşması'yla TBMM hükûmetinin varlığını resmen tanıyacaktı.

Türkiye İçin Kâbustur

Sevr, Türkiye üzerindeki emellerin unutulamadığını ve unutulmaz olduğunu gösterir ama bu emellerin ortak bir güçle ve tatbikatla gerçekleştirilmesi konusunda Batı dünyası artık eski gücüne sahip değildi. Sevr, Türkiye için bir kâbustur. Muhtelif çevreler daha on yıllarca Sevr ruhundan ve Sevr'den bahsedeceklerdir ama şurası bir gerçek ki Trakya ve Anadolu topraklarının Türkiye oluşu, bilhassa 1930'lardaki eğitim reformu ve sağlık tedbirleri sonucu artmaya başlayan nüfus, 1940'ların sonunda başlayan tarımsal hasılasının artmasını sağlayan zirai reformlar ve 1960'lardaki sanayileşmenin büyüdüğü yeni bir cemiyet yapısıyla Sevr gibi bir kâbusun gerçek olması büyük ölçüde önlenmiştir. Macaristan Trianon Antlaşması'yla topraklarının ve nüfusunun üçte ikisini kaybetmişti. Bu facia halen devam ediyor. Bulgaristan da Neuilly Antlaşması'yla aynı akıbete uğradı. Bu ülkeler bilhassa Macarlar, Sevr felaketinin bizzat Anadolu Hareketi tarafından önlenmesini candan alkışladılar.[31]

Sakarya'dan Sonrası...

Sevr'in yırtılması sözünü kullananlar arasında Lloyd George vardır. Bizzat Britanya hükûmeti bile bu antlaşmanın ciddi ve geçerli olduğunu kabul etmemiştir. Ama bilhassa Trianon Antlaşması'ndan sonra Macaristan ve Neuilly Antlaşması'ndan yaka silken Bulgaristan gibi ülkelerde Sevr'in iptal ettirilmesi ve yeni Türkiye'nin bu anlamdaki başarısı büyük yankılar uyandırdı.

31 İlber Ortaylı, "Trianon: Bir Barış Antlaşması", *Parçalanmış Bir Ulus-Macar Şiirinde 1920 Trianon Antlaşması*, Macar Kültür Merkezi, İstanbul, Aralık 2020.

Amerika başlangıçta bilhassa Lloyd George'un Ege'deki Yunanistan nüfusu lehindeki girişimlerini kabul etmiyordu. Bir dönem sonra bazı psikolojik tarih yorumcularının(!) söylediklerine göre Başkan Wilson'ın geçirdiği bir kriz, onun İngiltere'ye daha çok yanaşmasına neden oldu. Her hâlükârda İzmir'in işgali Batı cephesinde ilk başta İngiltere dışında pek tasvip görmeyen ama sonunda en azından İngiltere, Fransa ve Amerika'nın destek verdiği bir girişim olmuştur. Sevr Antlaşması sonunda Yunanistan'ın Anadolu'daki ani ilerlemesi olmuştu, gerilem kaçınılmazdı. 1921'deki Sakarya yenilgisinden sonra artık bu tasvip görmez oldu. Hemen hemen hiçbir müttefikin mutlak anlamda desteklemediği bu ilerlemeye, 30 Ağustos Zaferi ve Mudanya Mütarekesi (11 Ekim 1922) son darbeydi.

KURUCU CUMHURBAŞKANI ATATÜRK

Atatürk ve Diktatörlük Tartışması

Cumhuriyet'in kuruluşu itibariyle diktatöryanın teorisi yapılmış değil. Yani ortada şahıs idarece edecek diye bir teori yok. Tam aksine Cumhuriyet'in kurucu kadroları Enver Paşa'dan, İttihat ve Terakki'nin 'triumvirası'ndan' hatta merkez-i umumî diktatöryasından çok şikâyet ediyorlar. Buna da "merkez-i umumî diktatöryası" diyoruz, çünkü İttihat Terakki'nin yapısı komitacı geleneği asıl burada görülür. Totaliter partilerde bir polit büro olur ve üyelerin sözleri burada sanki eşit şekilde geçer. Hâlbuki bu böyle değildir; aslında orada bir kişinin sözü geçer. Faşist partilerde bu durum zaten "Duce" veya "Führer" diye açıkça dile getirilir. İttihat Terakki'de ise merkez-i umumî diktatöryası var. Yani sözü geçen üç, hatta beş kişi mevcuttur. Talat Paşa'nın ağırlığına rağmen "Büro Heyeti" dedikleri bu politbüronun her bir üyesi sözü geçen, çekinilen ricaldendir.

Peki Atatürk'ün İttihatçılığı sorusuna gelince, bütün genç subaylar gibi Atatürk de İttihatçıydı. Ama İttihatçılıktan çok erken bir zamanda soğumuş, bu ideolojiyi bırakmış ve dahası bir süre sonra buna cephe almıştır.

Enver Paşa'nın onu pek tuttuğu söylenemez, kendisi Mustafa Kemal'den pek hazzetmiyor. Onu konumu itibariyle muhteris, gayrimemnun biri olarak görüyor. Vazgeçilmez meziyetleri dolayısıyla görev vermek zorunda kalıyor; ama takdir ve taltifte cömert değildir. Mustafa Kemal açısından ise Enver

Paşa sevilip sevilmemenin de ötesinde tehlikeli birisi olarak görülüyor. Atatürk, Enver'i bir tehlike olarak görüyordu. Bu ikisi tamamen farklı duygu ve vaziyet alışlardır.

Mustafa Kemal'e gelince, kendisi şartlar dolayısıyla diktatördür. Ama belirttiğimiz gibi teorisinde diktatörlük yoktur. Uygulamada da belirli bir grubun tembihlerini dinler (Yusuf Hikmet Bayur gibi), İsmet Paşa'yla sık sık çatışır barışır. Mareşalı ikna etmek teklif veya ikazlarını kâle almak yolunu seçmiştir. İçişleri Bakanı Şükrü Kaya'ya hatta Ankara valisi Tandoğan'a hareket alanı bıraktı. Siyasette tek parti teorisyeni ve inançlısı değildi. Nitekim iki kere çok partili düzene geçmeyi denedi. Tabii bu partiler kendisinin istediği partilerdi. Şunu da açıkça ifade edeyim: Atatürk'ün istediği çok partili süreç 1950-60 arasında oldu. Bu dönem, aşırı solun pek bulunmadığı ve aşırı sağın yasak olduğu belirli çizgiler çerçevesinde şekillenen partilerin olduğu bir çok parti dönemidir. Ama zamanla bunun bile mümkün olamayacağı anlaşıldı. Çünkü birinci denemede İttihatçılar hâkim oldu. Terakkiperver Fırka'da mürteci denen tayfa meclise girdi. İkincisinde göze çarpan bir taraf ise solculardı. Ama Serbest Fırka denemesinde solculardan çok gene öbür grubun sesi çıktı. Neticede partiyi kurmakla görevlendirilen yakın arkadaşı bile işin nereye gittiğini fark edemedi. Mesela Makbule Hanım en başında icazetle o tarafa katılmıştır. Fakat kendisini o kadar kaptırmış ki bir süre sonra Yalova köylerinde rejim aleyhine "Din ortadan kalktı" tarzında konuşmaya başlamış. Burada iş çok tatsız bir aşamaya ulaşmıştır. "Kendi kurdurduğumuz ve göz yumduğumuz partiye karşı daha toleranslı davranmamız gerektiği söylendiği hâlde" Kılıç Ali, Ali Çetinkaya gibi isimler bu partinin arkadaşlardan birine görev olarak verildiği düsturunu ve mutabakatını unutarak alenen saldırıya geçmiş ve Ali Fethi Bey'i hıyanetle suçlamaya başlamışlardı. Şüphesiz bu, çok yaralayıcı bir durum teşkil ediyor. Böylece bu deney de iyi sonuçlanmadı ve 1946 yılına kadar bir daha çok parti denemesi yapılmadı.

Atatürk'ün bu çok partili düzene geçiş için yaptığı denemelerle ilgili çeşitli teoriler var. Mesela bunu ülkede kimler kendisinin yanında, kimler ona karşı bunu görmek ve karşı olanlara karşı tedbir almak için yaptığını söyleyenler olduğu gibi.

Bu alışılmış kalıpta bir yorum; yani çok partili hayat denemesini "kim yanımda, kim değil, açığa çıksın da göreyim" gibisinden kapan benzeri uygulamalar olarak gören görüşü kast ediyoruz. Bugün İstanbul'da otuz bin polis var, onu da az buluyoruz. O günkü Türkiye'de ise genel nüfus on yedi milyon ve polis sayısı dokuz bin civarında. Her şeyden önce rejimin totaliter olabilmesi için elindeki vasıtalar yeterli değildi. Bu insanlar kurmay kafasına sahiptir, öngörüleri güçlüdür ve böyle deneylere tevessül etmezler; zira ateşle oynamak olduğu açıktır. Bu neden böyle söylemler, kahvehane tabirleridir demek amiyane olmaz.

Rejim kendisini hakikaten Batı demokrasilerinin safında görmek ve görülmek istemiş. Öncelikle 1924'te Batı demokrasisi dediğimiz şey neydi, bunun konuşulması gerekiyor. Bütün kıtada, yani bugünkü Avrupa Birliği'nin esas üyelerinde dahi demokrasi yok. Fransa'da demokrasi dejenere oluyor ve iyi işlemiyor. Macaristan'da bunu konuşmak bile ayıp, Piłsudski Polonya'sısında o tarihte lafı bile edilemez, Almanya'da ise Weimar rejiminin nereye gittiği belli değil, krizleri enflasyon izliyor. Avusturya'da ise diktatörya var ve sokak savaşları oluyor. Neticede Avusturya'da diktatör bir yönetim hâkim oluyor. Hitler demokratik bir Avusturya'yı ilhak etmedi, İtalya'ya benzeyen faşist bir ülkeyi ilhak etti. İngiltere bugün de olduğu gibi kıtanın dışındaydı. Keza İskandinavya da öyledir. Demokrasi bu kadar sınırlıydı. Bernard Lewis'in bir toplantıda (Viyana'da Demokrasi Forumu) müstehzi ifadesiyle Avusturyalılara ve diğerlerine "Demokrasi İngilizce konuşan milletlerin rejimidir" diyerek sanki size ne oluyor ki gibisinden söylediği bu cümleyi hiç unutmadığımı hep hatırlatırım. Hiç kimse de zaten buna itiraz edememişti. İtalya, İspanya malumdur. Franco,

İspanya'da demokrasiyi yok etmiş değil. Franco'nun geldiği İspanya'da "sol faşizm" denilen başka türlü bir faşizm vardı. Sol faşizmin ise başka bir zaafı vardı; zayıflardı. Anarşistler, komünistler sürekli birbirlerini yiyorlardı, orada da demokrasi söz konusu değildi. Bu ortama da *Primo de Rivera*'nın uvertürüyle girildiği malumdur. Son perde Falanjistlerin komutanı Franco'nun "ordularımız dört koldan Madrid'e ilerliyor, beşinci kolumuz oradadır," deyişiyle ifadesini bulur.

Franco bir yönüyle Mihver üyelerinin dışına kaydı. Harbe girmedi; girecek hali yoktu. Mihverin aksine İspanya'ya Yahudi göçmen kabul etti. NATO'nun üyesi olmadı (zaten olamazdı) ama üslerini verdi ve Amerika'ya kendini kabul ettirdi. Oraya kadar İspanya'ya yaptığı hizmet denebilecek iki şey vardı; birincisi harbe girmedi. Kendisini destekleyen müttefiklerini, dostlarını açıkta bıraktı, oyaladı. Belirttiğimiz gibi açıkçası girecek hâli de yoktu. İkincisi Franco, İspanya'ya bir sürü Yahudi mülteci aldı. Para için aldığı yönünde söylemler mevcut, ama neticede bu, Yahudileri almış olduğu gerçeğini değiştirmiyor. İspanya, Yahudilerin iltica ettiği ülkelerden biriydi. Mihver Avrupa'sında bu tip kapalı rejimler turizmden çok korkar ve istemezlerdi, fakat Franco turizmin önünü açtı. Böylece turizm gelişti. Sıkı bir demir yumruktan sonra başka bir sistem getirdi. 1970'lerin başında bu durumu tespit ettim. 12 Eylül'de biz kitap yakarken burada kitap okunuyordu ama diğer yandan da lokantaya beş kişi beraber polisi bilgilendirmeden gidemeyeceğimiz söylenmişti. "Peki bu civarda bulunan kafedeki şiir edebiyat matinesi nedir?" diye sorduğumuzda onun bir "anane" olduğu cevabını verdiler. Herhalde polis yine tedbirini alıyordu. 70'lerde bile bu devam ediyordu. Kılık kıyafete karışıyorlardı, bürokraside kadının müdür olmasını geçin, daha alt görevlerde dahi işe alınmıyordu. Özetle hoş bir devir olduğu söylenemezdi. Görüldüğü üzere Avrupa kıtasının demokrasi geleneği pek parlak bir maziye sahip değildi. Portekiz ve İspanya uç bir diktatörya örneği gibi ama eğitim vardı, dışarıda da okunuyordu ve İspanya, Franco ile yaşıyordu.

1920'ler ve 1930'larda Atatürk dönemi entelektüelleri bugünkülerin söylediği gibi çıkıp "Avrupa'yı örnek almalıyız" deselerdi faşizm veya benzerlerini mi örnek alacaktık?

Britanya demokrasisi bugün için bile bizdeki zihniyetten uzak, hususi eğitim alınması gerekir. Falih Rıfkı gibi bir düşünür dahi Moskova ve Roma hakkında yazılar yazıyor,[32] "İkisinin iyi taraflarını uzlaştıralım" şeklinde öneriler getirirken Londra'nın adı söz konusu değildi, bu son derece ilginç bir noktadır. Burada dikkat edilmesi gereken nokta, eğer hâlâ çok parti gibi bir hayalden, söylemden, idealden söz ediliyorsa, bunun sebebi Atatürk'ün kafasında gençliğinde öyle öğrendiği bir Avrupa'nın varlığının olmasıdır. Kendisinin bu idealinden vazgeçmemiş olduğunu göstermesi açısından bu oldukça önemli bir husustur. Fikr-i sabiti de budur. Bir de bazı şeyleri Atatürk'ün etrafındakiler yazmıyor. Rahmetli Uluğ İğdemir'den, Ord. Prof. Reşat Kaynar'dan ve Afet Hanım'dan duydum. Hatta Reşat Bey'e özellikle bunu nerede duyduğunu sordum. Park Otel'de duyduğunu söyledi. Olabilir. Keza Afet Hanım'la Uluğ Bey de etrafındaydı. Tevfik Bıyıklıoğlu kendisine "Fransız ordusu mu, Alman ordusu mu?" diye sorduğunda "Fransız ordusu" cevabını vermiş. Niçin? Çünkü "Ben, Kayzer manevraları sırasında ferikin (korgeneralin), mirlivayı yani tuğgenerali kamçıyla dövdüğünü gördüm. Hâlbuki Picardie Manevraları sırasında General Foch, 'Ca va mon ami?' (Nasılsın arkadaşım?) diyerek teğmenin sırtını okşadı. Bu tip orduyu seviyorum." demiş. Peki, Fransız ordusu tam olarak böyle miydi? Değildi, kendisinin görmüş olduğu Fransız ordusu bu şekildeydi. Mesela ataşemiliterliği sırasında,

32 Falih Rıfkı Atay, *Moskova-Roma*, Muallim Ahmet Halit Kitaphanesi, İstanbul, 1932.

Sofya'da kafenin birinde müşterilerden biri, köylüyü kıyafetleri bakımsız diye kovmaya kalkıyor. Adam yerinden kalkmıyor ve "Bulgaristan'ı benim gibi köylüler besliyor, paramı da verdikten sonra hizmet edersin" diyor ve kalıyor. Bu tarz direniş ve kişiliği seviyordu. Bu bir vatandaşlık kültürüdür. Bir adam böyle tavırları sevince pek öyle diktatörlük düşüncesiyle, "Bunlar sopayla adam olur" düşüncesiyle hareket etmez. Ama sonunda öyle bir rejim kuruluyor ki bunun adı otoriter rejimdir, lâkin modern tanımıyla totaliter değildir.[33] Sonra dikkat etmek gerekir ki patriarkal bir rejim karakteri vardı. Komünist diye hapse giren, daha sonra o rejimde genel müdür oluyor. Kominternin dosyaları arasında Türkiye'den tek layihası olan Komünist Parti Genel Sekreteri Vedat Nedim Bey'dir (Vedat Nedim Tör). Önemli görevlerde bulundu. Şevket Süreyya Bey de Milli Eğitim Bakanlığında ve İktisat Bakanlığında önemli görevler aldı. Kendisinin ceberrut ama aynı zamanda da pederşahi bir devlet modeli var. Zaten kültür oraya oturuyor. Kademe kademe vatandaşı, kanun ve nizamı farklı olmakla birlikte bütün kıta bu şekildedir. Demokrasi dediğimiz rejim Anglo-Saksonlara mahsustur. Zaten böyle bir gelenekten geldiği için de Avrupa'da demokrasi bazen tıkanıyor. Aslında kendisi demokratik uygulamalar getirmeyi planlarken, diğer tarafta başka zümreler için baskıcı bir ortam yaratıyor. Efendim, "Türk milletinin okuma yazması yoktu" diyorlar. Doğrudur, Cumhuriyet'in ilk yıllarında halkın yüzde 85'i okuma yazma bilmiyordu. Hatta bu oran belki daha da fazladır. Zaten imparatorluğun sonundaki bir gözlem, eğitim alanında İttihatçıların Bulgarlara hayran oluşudur. Neden? Çünkü 1830'larda Aprilov ortaya çıktı. Kendini Hellen zanneden Bulgar bir tacirdi. Bütün hali vakti yerinde Bulgalar

---

33 Nitekim asrın ilginç sosyologlarından Ralf Dahrendorf, *Gesellschaft und Demokratie in Deutschland* adlı eserinde Kayzer Almanya'sı için "totaliter ve otoriter" kavramlarını ilginç bir biçimde değerlendirir ve tetkik eder.

gibi Helen okulunda okumuştur. Gerçekten okula giden bütün Bulgarlar kendilerini Helen zannederler, hâlbuki Bulgarlıkları başka özelliklerindedir. Onlar da bunun ne olduğunu bilmezlerdi. Çünkü en başta gittikleri okul bir Rum okuludur. Bulgarlar, Bulgar bilincini okulda edindi. Hakikaten Bulgar cemiyeti bu basit okullarla kalkındı da denilebilir. Bu okullarda hızlı okuma öğretiliyordu (Britanya işçi çocuklarına uygulanan Bell-Lancaster metodu). Üzerinde özellikle durulması gereken bir diğer husus da hayata kadınların da dâhil olmasıdır. Balkanlarda muallime hanımların hayata girmesi çok önemlidir. Bizde bu nedenlerle Bulgaristan'a karşı bir hayranlık söz konusuydu. Bulgaristan'da Birinci Bulgaristik Kongresi yapılmıştı ve Yalçın Küçük bu konu üzerinde durarak "Köy Enstitüleri'nin modeli Bulgar Çiftçi Hareketi'dir" demişti, doğrudur. Çok uzak bir model olduğu söylenemez. Bizde o zaman Bulgar eğitim modeline böyle bir hayranlık vardı. Bunu tatbik etmeye çalışıyorlar ve lâkin bu da düşünüldüğü kadar kolay bir uygulama değildi.

İttihatçıların ilk zamanlarında Ahmet Şerif Bey Anadolu'yu gezerek röportajlar yapmıştır (Bu röportajlar *Anadolu'da Tanin* adıyla kitap haline getirildi.) Gezi sırasında kendisi çoğu okula gittiğini ve nereye giderse gitsin mutlaka Ermenilerin iyi okullarıyla karşılaştığını belirtiyor; fakat diğer tarafta Müslümanlarınsa okulu yok, olan okulların da pek iyi olmadığını üzerine basarak belirtiyor.

Öyleyse, Mustafa Kemal (Atatürk) doğduğunda Balkanlarda nasıl bir resim vardı ve geleceğin başkomutanı ve siyasi lideri o resmin neresinde duruyordu, gibi sorular nasıl cevaplanabilir. Balkanlarda bugünkü görüntü bile pek iç açıcı değil. Burası 1975 ile 1990 arasında 10-15 yıl kesif bir şekilde ilgilendiğim, gezdiğim, tetkik ettiğim ve seminerler verdiğim bir bölgedir. Osmanlı orada kuruldu, inkişaf etti. Orada çağdaşlaşmayı ve dağılmayı yaşadı; bir bakıma yeni kimlikle dirildi. Her Balkan ülkesinde muhtelif etnik grupların bulunduğu malum ama hiçbiri tam anlamıyla homojen olmayan bu ülkelerde durumun bu kadar göze batarak gerilimle süregitmesi trajik bir çözülmezlikti. Herkes herkesin düşmanıydı; fakat aynı zamanda herkes herkesin bir tarafına ısınır ve beraber yaşarlardı. Çünkü âdet, anane birbirine çok benzer. Genç Selaniklinin dünyası da buydu. Bütün Balkanlıları içkisiyle, yemeğiyle, dansıyla ve folkloruyla biliyor ve seviyordu. Belirgin ölçüde Balkanlardaki her dille ilgisi vardı. Çünkü her şeyden önce Selânik şehirlisi ve bir yanıyla da kasaba ile de bağı vardı. Tabii o müthiş milliyetçi, infiratçı, gerilim yüklü atmosferden etkilenmişti, etkilenmemesi de mümkün değil. Bu sebeple çözülmezlikler içinde yetişen insanların zekâlarının çabuk geliştiği ve olgunlaştıkları söylenebilir. O her şeyden önce bu imparatorluğun bir zâbitidir. Bir sene Suriye'de Vatan Cemiyeti'ni kuruyor, ertesi sene Makedonya'ya geliyor, oradan Trablusgarb'a koşuyor. Trablusgarb'taki görevi bitince tekrar bu tarafa Balkan Harbine geliyor. Bu durum tabii ki kendisini ve düşüncelerini müthiş etkilemiştir. Balkanlarda bir zabit, başka imparatorluklarda olduğundan daha başka yetişir. Bugünün insanı bunu anlayamaz. Günümüz gençlerinin geciken olgunlaşma yaşı o devirdeki erken olgunlaşmaya zıttır. Benzer durum belki diğer imparatorluklarda da mevcuttur. Ama bunların içinde en büyük trajediyi yaşayan ve bir çıkış yolu arayan Osmanlı tebası ve hassaten Türklerdir. Bu yüzden bu kuşağı bilmek, dinlemek gerekir. Tabii ben bu kuşaktan değerli insanlarla konuştum, daha çok dinledim. 1960'larda Birinci Dünya Savaşı'nın gazileri henüz hafızaları taze insanlardı. Uzun tren yolculuklarında onlarla konuşur, anlattıklarını dinlerdim. O insanlar olgundu ve kendimi onları dinlemek zorunda hissederdim. İtiraz da edemezsin. Bunun sebebi de sırf yaşlı olmaları değildi. Çünkü onların bir mantığı vardı ve şüphesiz gerçeğin bir yanını konuşuyorlardı. Onlar büyük faciaların, yıkımların, büyük yapımların insanlarıydı. Bu şartlarda yetişen liderler de başka türlü oluyor, belirgin tavırları vardı. Bizim siyaset hayatımızda bazı tipler var, hiç büyümüyorlar. Bu durum onlarda hiç görülmüyor. Muhalif olabilirsiniz ama Celal Bayar'a bakın, kendisinde bir ölçü, olgunluk vardır. Yine muarızı çok olan İsmet Paşa'nın da çok sağlam prensipleri ve dayandığı müesseseler vardır. Hepsinin içinde Atatürk tabii ki çok başka olacaktır.

Açıkçası bu konunun çok iyi araştırıldığı kanaatinde değilim. Mesela Lloyd George "Yüz senede bir, bir dâhi gelir; Küçük Asya'dan (Anadolu) çıkacağını ben nereden bilebilirdim" demiş. Gerçi bu sözün yeri ve kesin zamanı hâlâ tevsik edilmedi; sonra Churchill'e ait olduğu söylendi. Ama bu kadar önemli bir sözün araştırılması ikisi de başbakan parlamento üyesi ve bakan oldukları için (demeç ve nutukları toplanmıştır) o kadar da zor değildir.

Atatürk bir kurmay subaydı. 19 ve 20. yüzyılın kurmay subayı geniş bilgili ve iyi eğitimlidir; bu yüzden birçok konuya hâkim olabilir. Gazi Paşa'nın da hayatındaki reformlar, bilgisi, hatta diğer akranlarının da bilgi birikimi, tecrübe ve davranışlarını bunu gösterir. Banka kuruyor, sanayi kuruyor, devlet kuruyor; bu tamamen başka bir boyut. 1826'da kapıkulu ve askeri, eyalet askeri örgütü de kaldırıldı. Dolayısıyla Devlet-i Âliyye 20 yıl kadar ordusuz yaşadı. Nihayet Kırım Savaşı sebebiyle bu durum sonlandı. Bu arada teknik donanım konusunda Polonya'ya ve Macar mülteci subay ve uzmanlarına çok şey borçluyuz. Öncelikle bu, tarihimizin teferruatı değildir, bunun bilincinde olmak gerekir. Burada enteresan bir durum söz konusu oldu. Ordu yeni kurulurken Kurmay Okulu, Mekteb-i Erkân-ı Harbiye kuruldu. Bu bir yenilikti. Peki nerede? Bütün kara Avrupası'nda. Yani Prusya, Avusturya, Rusya ve Fransa gibi kara orduları kuvvetli memleketler bile üç beş sene farkla art arda bunu kurmuşlardı. Osmanlı da bu akımı izledi. Bu okul kurulunca ortaya elit (seçkin) bir asker sınıfı çıkıyor. Bu okuldan mezun olanlar asker olmalarının yanı sıra başka şeyler de kazanıyorlar. Mesela ben eminim ki çok uzun zaman fihriste bakıp nizamname aramayı, lügate bakıp kelime öğrenmeyi bunlar biliyorlardı. Yani diğer eğitim branşları buna müsait olmasa da onlar matematikçi olmamalarına rağmen logaritma cetveli bakmayı biliyorlardı. Keza Atatürk de biliyor. Tabii bir de konuşmaya, not almaya, özlü, anlaşılır yazmaya çok dikkat ediyorlar. Kaldı ki üstün bilgili matematikçiler, dış yayın yapanlar içinde Vidinli Tevfik Paşa, Sadrazam Müşir Ahmed Cevat Paşa gibileri vardı.

Atatürk yapı olarak sinirli bir adamdır. Belirli bir dönemden sonra haşin davranmış olabilir ama kurmay subaylar üslûb olarak hiçbir zaman çok açık konuşmazlar. Üslûbları çok ölçülüdür. Yani bizim alıştığımız politikacıların, bürokratların üslûbu gibi değildir. Bürokrasinin üslûb kaybına uğradığı günümüzde bu bilhassa hissediliyor. O günün kurmayı ile Ankara bürokrasisinin herhangi bir adamı arasında dağlar kadar fark vardır. Ama bu konuda Dışişleri'nin hakkını yememek lazım. Burada hâlâ yazım ve konuşmada o üslûba dikkat ediliyor. Buna bir eğitimci gözüyle bakmak gerekir ve bunun dışına çıkanın meslek hayatı kararır. Atatürk'ün ne filolojiyle ne hümaniter dediğimiz bilimlerle teknik bir adam olarak alâkası vardı. Ama o zamanın Türkiye'sinde üniversite ıslahatında İstanbul Edebiyat Fakültesi ve bozkırdaki Ankara'da Dil Tarih'i kurdu. Dil Tarih, Ankara Üniversitesi'nden de eskidir. Sümeroloji, Hititoloji, Hindoloji gibi bölümleri neden kuruyor? Bir kere anlıyor ki Türk tarihini anlamak için dünya tarihini bilmek lâzımdır.

İyi bir kurmay ve deha sahibi bunları düşünüyor. Dünyayı, zamanları ve mekânları kontrol etmek gerek. Arkasından gelenlerin bu boyutu pek anladığını zannetmiyorum. Zaten üniversitedeki 1947 Olayları da bunu göstermiştir. 1947

Olayları Dil Tarih'te maalesef her iki tarafıyla Atatürk'ün kurduğu partinin, hükûmetin kusurudur. Bunu da özellikle belirtmek gerekir.

İstiklal Harbi komutanları fedakâr, bilgili ve tecrübeli genç askerlerdi. Ama içlerinde cesurane stratejiyi öngören Mustafa Kemal Paşa'ydı. Bu strateji olmasa mütarekede parçalanan Türkiye kısmen parça parça kendince kurtulurdu belki ama İzmir tekrar bizim olmazdı. Oraya gelir, yerleşirlerdi. İlk başta oradaki yerli Helenlerin ve Venizelos Hükûmeti'nin üniversal kozmopolit Levantenler ile anlaşamadığı belli ama elbet bir şekilde anlaşacaklardı. Çünkü bu zümre tüccardır. İzmir'e nüfus sürekli geliyordu, zamanla bu daha da hızlandı. Çünkü İzmir hinterlandı Ege adalarında sürünen insanlar için çok bereketli, cennet gibi bir yerdi ve nüfusu muhakkak artardı. İstanbul'un sahibine dönmesi pek olamazdı. Beynelmilel işgal altında kalır ve elden çıkardı. Türkiye de yine acayip bir ülke olarak kalırdı. Yani Türk milleti ortadan kalkacak değildi. O zaman nüfus 13 milyondu. Bu oldukça önemli bir rakamdır.

"Demokrasi gelirdi" diyenler de var. Demokrasi ithal yoluyla gelmez. Mütarekede İstanbul'da sendika kurulmuş, Komünist Partisi varmış, bazı filmler varmış ve gösterimdeymiş. Bunlarla bir topluma demokrasi gelip yerleşmez. O ihtiyacı hissedip demokrasiyi kendiniz tesis etmelisiniz. Yirmi yaşındaki üniversiteli genç bazı siyasi filmleri görmek istiyorsa iyidir. Sansür orada çatlamıştır. Ama millette talep yoksa sen o filmi getirip göstersen ne olur, değil mi? Demokrasi mahallî tefekkürün kaynaması, mahallî müesseselerin gelişmesidir. Bu zannedildiği kadar kolay değildir. Demokratik çalışmanın mesaisi akşam saat beşte bitmez. Siyasi propaganda da akşam beşten sonra meyhanede başlayan veya tekke ziyaretlerinde mayalanan bir faaliyet değildir. Bu süreç uzun, sistematik ve son derece can sıkıcı bir faaliyettir. Demokrasi adına parti çalışması yapmak demek, birtakım kişilerin evden kaçmak için kullandığı bir şey de değildir.[34] Ama yemeğe sadece yarım saat geç geliyorlar. Ortada kurulu bir düzen var ve o bozulmuyor. Diğer yandan da erken yaşta siyasal eğitim çalışmalarına dâhil olunuyor. Orada sadece okumuyorlar tabii. Yeri geliyor, mektuplara pul da yapıştırıyorlar. Bu faaliyetten geçmeyen bir ülkeye ve halka demokrasi gelmez. Oturup sadece kahve ve sokaklarda gevezelik ve parti dedikodusuyla da olmuyor. Gerçi ondan sonra demokrasi vardı demek ne kadar doğru olur, düşünmek lazım. 1950'lilerdeki gibi ispat hakkının olmadığı bir demokrasi olur mu? Bir kere matbuatta yalan söylenen bir demokrasi olamaz. Kendi kendini kontrol etmeyen kurumların olduğu bir yerde demokrasinin mevcudiyetinden söz edilebilir mi? Üniversite kendini kontrol edecek, intihali cezalandıracak; basın kendi içinde yalan haberi cezalandıracak.

İstiklal Harbi komutanları arasındaki gerilimi bugünkü gözle anlayamayız. Hepsi ana ilkelerde hemfikir ama dünya görüşlerinde farklılıklar vardı. Kâzım Karabekir Paşa'yı az sayıdaki insan dışında çok kimse reis seçmezdi. Kâzım Karabekir çok yetenekli ve bilgili bir kurmay ve çok dürüst, inanmış birisi; keza İsmet Paşa da öyle. Yaşam biçimi olarak ikisi de farklı derecede inkılabçı ve bir ölçüde muhafazakârdır. Çok yakın arkadaşlardı.

İsmet Paşa'nın da Kâzım Paşa'nın da ev hayatları belli ve bohem bir hayat tarzları yoktur. Siyaseten ve kültür politikası açısından Kâzım Karabekir tutucu bir devlet adamıydı. Mesela İzmir İktisat Kongresi'nde Latin harflerini reddeder. "Kesinlikle olmaz, Azerbaycanlılar saçmaladı" şeklinde tepki gösterir. Yalnız İsmet Paşa'nın da çok istediği söylenemez. O da

34 Mesela İngiltere'de "bizim çocuklar bugün eve geç gelecekler, parti çalışmaları var" dediklerinde; bunu, herhalde gece yarısı gelecekler olarak anlıyordum.

bu işin olmayacağını iddia etmiştir. Hilafet konusunda farklı görüşleri vardı; ama Gazi Paşa en radikaldir. Bu durumda ne olurdu? Belki hilafet kaldırılmakta gecikilirdi.

Atatürk'ün etrafında biri daha var: Rauf Orbay. Rauf Orbay çok daha muhafazakârdır. Hem İttihatçı hem muhafazakâr nasıl olmuş bilemiyorum. Rauf Bey Balkan muharebelerinde dahi politika yapacak kadar İttihatçıdır.

Rejimin oturması dönemine gelince: İstiklal Mahkemeleri ve 1926 suikast sonrası mahkemeler Cumhuriyet tarihinde bir safhadır. Bu dönemde hilafet kaldırıldı ve hanedanın erkek ve kadın üyeleri (yani hanedanın mensupları) yurtdışına çıkarıldı. Pasaportları tek yönlüydü. Belli bir harcırah verildi. Fransa bu mensuplara diplomatik pasaport verdi. Bunların yanında İstiklal mahkemelerinde kaç kişiye idam hükmü verildiği tartılışıyor. Bu sayılar kahvehanelerde ilginç rakamlarla nakllediliyor. Hatta bunun Pakistanlı bir profesör tarafından tespit edildiğini söylüyorlar (!) Ama hangi profesör, niye Pakistanlı, bunlar hiç belli değil. İstiklâl Mahkemeleri'nde yargılananlar bütün Osmanlı devrindekilerden fazlaymış. Bu sayı hangi kaynaktan, nereden sayılıp, nasıl mukayese ediliyor? Elbette Türk İnkılâbı'nın seçimle ve yumuşak yastıklar üzerinde taşınarak meydana gelmediği belli. Uzun bir harbin, direnişin sonunda gerçekleşen bir inkılâb olduğu aşikârdır. Fakat şurası da bir gerçek ki ne Fransız İhtilali ne de Rus İhtilali ile de mukayese edilemez. Belirgin bir yerden sonra da bu bir denge meselesidir. Bir rejim yerleşeceği zaman artık cezalandırmalar da durdurulmalıdır. Muhtelif yerlerden örnekler vermek gerekirse; mesela Mihaylovski, Tito'ya karşı olan partizanlardandı. Kralcı ve Sırpçıydı. Tito'nun kuvvetleri geldi ve hâkimiyet sağladılar. Bir süre sonra bu başkaldırıları durdurduğu gibi Mihaylovski'nin taraftarlarına da maaş bağlandı. Franco da bir yerden sonra bu işi durdurdu. Çünkü insanlar korkar ve korktukları zaman ne yapacakları belli olmaz.

Hatta İspanya'da sağdan ve soldan olanlar aynı yere (Valle de los Caidos Anıt Mezarı) gömüldüler. Bunlar hep sembolik ve ortamı yatıştırmaya yönelik uygulamalardı. Biraz da bu açıdan bakmak gerekir. Rejimi değiştirdik, Cumhuriyet'i ilan ettik, inkılâbları yapıyoruz. Ama ilelebet bir cezalandırmaya gidemezsiniz. Bunu Cumhuriyetçiler biliyordu. Ezbere tarih yazanlar kendilerine göre bir Türkiye çiziyorlar. Tarih yazmasa dahi insanlar hatırlar. Bu iddialar belgelendiriliyor mu?

Atatürk'ün dine bakışı nasıldı gibi sorular tartışılıyor. İç dünyasını hiç merak etmiyorum. Atatürk, İsmet İnönü, Fevzi Çakmak ve Celal Bayar'ın iç dünyalarının birbirini aynı olmadığı açıktır. Tekke ve zaviyelerin kapatılması, Tevhid-i Tedrisat Kanunu ve 1925 sonrası Şeyh Sait isyanı Cumhuriyet rejiminin laisist tepkisini güçlendirdi. Aslında Tevhid-i Tedrisat ile dini ilimler tahsili sona ermişti ve ancak 1940'ların sonunda tekrar dirilmesi söz konusu olacaktı. Zaten kimse de ne kadar dindar ne kadar değil bilemez. Yalnız şunu belirtmek gerek, Atatürk hayalperest ve maceracı bir lider tipi değildir. Dine şiddetle karşı olacak, pozitivizme yakın bir görüşü resmen uygulamaya koyacak gibi bir faaliyeti yok. Muasır dünyadaki SSCB ateizmini Türkiye'de aramak gülünçtür. Tutun ki daha muhafazakâr biri olsun. Zannediyor muyuz ki her yerde tekkeleri besleyecek, her gün bir yerde cami yaptıracak? O karakterde birinden bu beklenemez. Zira realiteyi görüyor, kendisinde hayalci bir lider tipi yok.

İstiklâl Harbi sırasında ve sonrasında yanında din adamları var. Onların bazılarını biz uzaktan tanıdık. Çok orijinal, dindar, bilgili, hem de çok bilgili yani künhüne inerek bilen insanlardı. Öyleleri var ki Farsçanın yanında Pehlevi biliyor. Yani tam Şiraz'la Hâfız'ı şerh edecek kadar İslami bilgisi ve kültürü olan insanlar... Ama Atatürk her zaman din bilginleriyle oturup mesele tartışmaz.

Atatürk Birinci Dünya Savaşı'ndayken Filistin'de çok kötü günler geçirmişti. Arablara bakış açısı orada değişti, deniyor. Birinci Dünya Savaşı'nın sadece komutanlarında değil; neferlerinde de bu durum mevcuttur. Arab düşmanlığının ucu dine zarar verecek diye çok laf etmiyorlar ama o İslami zırh çok ince, biraz kazıdığın zaman harb zamanında orada olanlarda bir Arab karşıtlığı olduğu ortaya çıkıyor.

10 Kasım 1938'in evveli ve sonrasında siyasi ortam, çekişmeler tabii ki vardı. Şükrü Kaya'yı cumhurbaşkanı yapmak isteyenler mevcuttu. Şükrü Kaya aslında çok becerikli bir adamdır. Hatta öyle ki Dâhiliye vekillerimizin en beceriklisidir. Mareşal Fevzi Paşa'nın çok saygın bir kişiliği olmasına rağmen politikada şansı olmadığı belli ve hiçbir zaman da meclisi tercih etmemiş. Onun için üniformasını da çıkarmamıştır. Hatta muhtemelen Atatürk yakın arkadaşlarına "Haydi, hepiniz meclise!" demiştir, ama Fevzi (Çakmak) Paşa mutlaka istekli olmadığını dolasıyla tercihinin mecliste milletvekilliği olmadığını da belirtmiş olmalıdır. Mareşal ağırlığını İsmet Paşa'nın seçimi için koydu. Birtakım zümreler Atatürk öldüğü zaman "Bize ne olacak?" diye çok korkmuşlardı. Ama Türkiye'de genelde rükn-ü hükûmet, hikmet-i hükûmet, kaide-i tedrîc ve itidal ölmeyen prensiplerdir. O konuda Tanzimat büyükleriyle Cumhuriyet'in inkılâbçıları arasında fark yok. Hayat derli toplu kanunlar ve nizam çerçevesinde devam edecekti, etmesi gereklidir; nitekim öyle de olmuştur.

CUMHURİYET YOLUNDA ATILAN İLK ADIMLAR

1914 Temmuz-Ağustos ayı, Avrupa'yı barut fıçısı hâline çevirmişti. Saraybosna'daki bir tetkik-teftiş gezisi sırasında eşiyle birlikte suikasta kurban giden Veliaht Arşidük Franz Ferdinand ve eşi Sophie Avusturya-Macaristan İmparatorluğu'nun Balkanlardaki iştahını ve Bosna Hersek'in idaresindeki zaafını ortaya koydu. Sırbistan suikastçıyı tevkif etti ve muhakeme edecekti ama Avusturya İmparatorluğu "Biz, sizin soruşturmanıza güvenmeyiz, siz adaleti gerçekleştirecek kapasitede bir devlet düzenine sahip değilsiniz, kendiniz suikastı tertiplediniz" demeye getirdi. Avusturya'nın Sırbistan'a bu müdahalesi, devletin istiklâliyetini tanımamak ve taarruz niyetini açığa çıkarmak olarak nitelendirildi. Tabii Rusya hemen küçük kardeşi Sırbistan'ın hükümranlığını korumak yolunu seçti. Zaten uzun zamandır kutuplaşma başlamıştı. Avrupa devletlerinin iktisadi ama daha ziyade hegemonyacı siyasi menfaatleri ve çıkar çatışmaları su yüzüne çıkıyordu. Rusya, Fransa ve İngiltere ile birlikte ittifakın içindeydi. Reval Görüşmesi'nde Osmanlı İmparatorluğu'nun paylaşılması meselesi bile konuşulmuştu. İşte bu keyfiyet, Genç Türk Hükûmeti'ni ayaklandırdı. Aslında tarihçinin itham etmemesi lazım; zira İttihatçı Triumvira, İngiltere ve Fransa blokuyla ittifaka gitmek için çok uğraştı ama bugün nasıl reddediliyorsak o zaman da aynı şekilde reddedildik. Zaten Balkan Harbi'ndeki facia nedense Türk ordusunu yakından tanımayan devletlerde Osmanlı Devleti'ne karşı itici bir tavır yaratmıştı. O çevrelerde "bu ordudan ve devletten bir şey beklenemez" imajı oluşmuştu. Buna karşılık Türk ordusunu, kara ordularını, modernizasyonu ve komuta kademelerini daha iyi tanıyan Almanya-Avusturya bloku aynı fikirde değildi. Onlar ittifaka Osmanlı İmparatorluğu'nu aldılar ve sonun başlangıcına böyle adım atıldı. Birtakım olaylar, mesela İngiltere'ye ısmarlanan zırhlıların teslim edilmemesi ve peşin ödenen paraya küstahça el konulması, Reval Görüşmesi gibi gelişmeler kaderin ağlarını örüyordu. Şurası bir gerçek; Genç Türkler belki başta haklı görünüyordu. Ama haklı görünmenin ötesindeki doğruya ulaşmak, yani kendine güvenmek ve büyük harbin dışında kalmak, hiç değilse geç katılmak gibi ince bir politikayı yürütecek kadrolar bu hükûmet çevrelerinde yoktu.

Büyük harb, imparatorluğun yıkımını getirdi. Bugün buna çok ağıt yakacak değiliz; imparatorluklar yıkılmak için kurulurlar. Türklerin imparatorluğu da er ya da geç idare ettiği milletleri, bu memâliki bırakmak zorundaydı. Ama şekil farklı oldu. Okul sınıflarını boşaltacak kadar çok sayıda gencini yedek subay harbinde, demirci ve çiftçilerini cephelerde kaybedecek ve iktisadiyatı âdeta onlarca yıl kalkınamayacak derecede tüketmek bu hükûmetin basiretsizliği olmuştur. Bu hükûmet, Türkiye İmparatorluğu'nu basiretsiz politikalar ve ani kararlarla çok erken ve çok pahalı bir biçimde yok etmiştir. Bu aynı zamanda millî sınırları da mahvetmiştir. Unutmayalım, Misak-ı Millî sınırları içine, mütareke ilan edildiğinde ordunun elinde olan yerler de dâhildi. Fakat sonunda buraların bazılarını alamadık. Mesela Hatay bile ancak 1939'da, takip edilen politikalar ve denge oyunlarından iyi istifade etmek suretiyle anavatana yeniden katılabildi.

Büyük Harb'in yarattığı sıkıntılar sadece Türkiye'yle ilgili değildi. Rusya harbe girmek istediği zaman -ki hiç girmeye hazır değildi- ve savaş başladığında her 3 Rus askere 1 tüfek düşüyordu ve ulaştırma nispeten, ama sağlık hizmetleri çok dağınık ve yetersizdi. Genelkurmay'ın zafer çığlıklarına sadece akıllı Maliye Nazırı Kont Witte, etrafındakilere, "Bu savaşta sadece siz değil, hiç kimse kazanmayacak; tahtlar, taçlar, din, anane hepsi yok olacak!" diye feryat ederek tepki göstermişti ama dinleyen kim... Galiba zaman çok acı bir şekilde Kont Witte'nin feryatlarını haklı çıkardı. Birinci Dünya Savaşı'nı sadece kaybedenler değil, sözde kazananlar da kaybettiler. Dünya değişti ve bu değişen dünya birtakım acıların içinden geçmek zorunda kaldı. Peki neydi bu acılar?

Hayatında ayakkabı giymemiş proleter gençler orduya gidince çizme ve bot giydiler. Bunların masrafı nasıl karşılanacaktı? Hiçbir devletin maliyesi bu aşırı donanımlı kalabalık orduların ihtiyacını karşılayacak durumda değildi. Para düzeni altüst oldu. Banknotlar çıktı. Bu karşılıksız basılan banknotlar, harb sonunda ayrı bir enflasyonist ekonomi dünyası yarattı.

Kadınlar iktisadi hayatın içine girerek fabrikalara kadar gittiler. Bu onların hayatını değiştirmekle birlikte aynı zamanda çok da zedeledi. Sonunda ister istemez feminist hareket ve taleplere Batılı toplumlar cevap vermek zorunda kaldılar. Ne var ki bu elde edilenler, kadınların Birinci Harb'te gösterdikleri fedakârlıkların onda birinin bile karşılığı değildi.

Tahtlar ve taçlar yerinden devrildi. Sadece Osmanlı İmparatorluğu değil; Habsburgların Avusturya-Macaristan İmparatorluğu, Rusya'nın Romanov hanedanı ve aslında ananesi zayıf da olsa Alman İmparatorluğu tarihe karıştı.

Bütün bu olaylar tek bir gerçeği ortaya çıkarmıştı: Savaş, yıkıcı rüzgârlarını estiriyordu. Galipler bile yorgundu. Ama yorgun olan galipler başka yollara tevessül ettiler. Yenilenlerden maddi ve manevi kayıplarının acısını çıkartmaya kalkıştılar. Çok insafsız bir dizi antlaşmalar ortaya çıktı. Bunların hepsi

Paris'te tezgâhlandı ve bugünkü Paris'in o zamanki Neuilly gibi banliyölerinde başta Versailles Sarayı pavyonları ve Sevres porselen fabrikalarında ayrı ayrı antlaşmalar imzalandı.

Almanya ile Versailles Antlaşması imzalandı. Bu aslında 1871'de Sedan'daki yenilginin bir intikamıydı. Aynı yerde Alman İmparatorluğu ilan edilmiş ve o zamanın Fransa'sını dize getirmişti, bunun intikamı gene aynı yerde alındı. Fakat bununla bitmeyecekti, o Versailles'ın intikamını da Hitler'in Reich Almanya'sı tekrar Paris civarında demir yolu vagonunda (Compiegne Antlaşması) aldı. İkinci Harb'ten sonra bir daha Versailles'da antlaşma veya ormanda kullanmak gibi bir budalalığa kimse tevessül etmeyecektir.

Avusturya ile Saint-Germain Antlaşması imzalandı. İmparatorluk parçalanmıştı, Avusturya sosyalistleri 1918'de küçük bir devletin cumhuriyetini ilan etmişlerdi. Saint-Germain Antlaşması ile Avusturya'nın artık hiçbir şey talep edecek hali kalmadı. Büyük bir iktisadi sıkıntı ve imparatorluğun yıkıntısıyla hayatına devam etmek zorundaydı, edemedi. Nitekim 1938'de Nazi Almanya'sı tarafından ilhak edildi. Hatta bu ilhakı kendisi teşvik etti ve Almanya'yı bekledi.

Çilekeş Macaristan ile Trianon Antlaşması imzalandı. Macar taç toprakları (Hırvatistan, Slovakya, Ukrayna'nın bir kısmı) kaybedildi. Adriyatik'teki liman da elden çıktı. Bu limandan geriye kalan sadece donanmasını kaybeden Amiral Horthy ve olmayan bir krallıktır. Bir süre sonra Macaristan'da Béla Kun bir Sovyet idaresi kurduğu zaman, Amiral Horthy donanma piyadeleriyle değil, 20 bin jandarma ile bu komünist Sovyet devletini dağıttı ve Horthy kendini yaygın mizahî deyimle "donanmasız amiral ve kralsız naib" ilan etti. Macaristan küçülmüştü. Küçülen sadece emperyal topraklar değildi; aynı zamanda Macarların yoğun olarak yaşadığı bugünkü Romanya'nın Erdel'i, eski Yugoslavya'nın içindeki Temeşvar-Banat eyaleti ve Slovakya idi. Bu irredantizm özlemi Macaristan'ı gelecekte daha çok sıkıntılara sokacaktır.

Nihayet Neuilly Antlaşması ile Bulgaristan, Bulgarların yaşadığı ve Balkanların en çok ezilen ve topraklarını Romanya ve Yunanistan'a bırakmak zorunda kalan devletçiği oldu.

Türkiye'ye dayatılan muahede ise çok ağır şartları olan Sevr'di. Türklere karşı "Avrupa'da yeriniz yok ve Anadolu'da da kim isterse sizden istediğini alır. Kurak Anadolu yaylasının bir tarafına sokulsanız ve İstanbul'da yaşama hakkı elde etseniz ne nimet!" havası hâkimdi. Yorgun Britanya ordusunun Anadolu işgalini yapacak hâli yoktu. "Para bizden, can sizden" hesabıyla Venizelos'un Megali İdeası âdeta desteklendi ve Yunan birlikleri öne sürüldü.

Büyük Giritli Venizelos, Paris civarındaki antlaşmalar sırasında, Sevres Porselen Fabrikası'nda yapılanı hariç, basında en çok yer alan, en popüler diplomat görünümündeydi. Yunanistan'da ona karşı tek bilge itirazı yapan General Ioannis Metaksas oldu. Âdeta Yunanistan bir zafer imparatorluğu sarhoşluğu içine itilmişti. Sonradan faşistlikle suçlanan ve belki de en akıllı komutan olan Metaksas, "Bize küçük ve onurlu Yunanistan yeter, Küçük Asya'da yapacağımız bir şey yok" diyordu. Nitekim haklıydı. Karşısındaki orduyu oldukça iyi tanıyordu. En güçsüz, teslimiyetin en hazin zamanında bile bu imparatorluk ordusunun bazı şeylere müsaade etmeyeceğini anlamıştı. Hele İzmir'in işgalinden sonra Yunan ordusunun daha da içerilere doğru hareket edeceğini görünce, mağlup ordunun düpedüz direnişe hazırlandığını hissetti. Yunanistan için Küçük Asya macerası denen facia işte böyle başlamıştı. Yenilgiden sonra facianın mesullerinin, bilhassa işgal ordusu komutanların hepsi cezalandırılacaktır.

15 Mayıs 1919'da İngiltere, İzmir Limanı'ndan Küçük Asya'ya Yunanistan'ı çıkardı. Galiba bu hem müttefikler arasında vuku bulan hem de Türk halkı ve askerleriyle yeni statü

arasında var olan çatışmayı gün yüzüne çıkardı. Fransa takip edilen politikadan memnun değildi. Bizzat İstanbul'a bir fatih gibi giren Balkan Cephesi'nin muzaffer komutanı Mareşal Franchet d'Esperey -ki at üzerinde şehre girmişti- hiç de bazılarının sandığı gibi Türk aleyhtarı değildi. Aksine Anadolu'daki mücadeleyi Genç Türk takımının başlattığını gördüğü zaman sarf ettiği söz, "Bu Genç Türkler her şeye rağmen Türk halkının dinamizmini temsil ediyor ve geleceği bunlar inşa edecek. İhtiyar Türk takımından iş çıkmaz" olmuştur.

Fransa, başlayacak Millî Mücadele'de Anadolu Hükûmeti'nin yanında değilse bile soğukkanlı gözükmeyi seçti. Akabinde bir müddet sonra kendisinin Kilikya'da uğradığı bozgun üzerine müttefiki İngiltere'nin oyunlarına gelmekten vazgeçti ve Ankara ile anlaşmayı seçti. Hiç şüphesiz ki daha başından elenen, savaş boyunca yaşadığı bütün facialar ve yaptığı fedakârlıklar görmezden gelinen İtalya yeni Anadolu Hükûmeti'ne müzahir olmayı seçmiştir.

Burada bir gerçeğin üzerinde durmak gerekir: Millî Mücadele evresine nasıl gelinmiştir? Saltanat makamıyla Genç Türkler'in aksine zamanında çok sempatik ilişkiler kuran ve son padişahla daha veliahtlığından yakın bir dostluk tesis etmeyi bilen genç general Mustafa Kemal durumdan istifade etmiştir. İstanbul'da kurulan mütareke kabinelerinde Harbiye Nezareti'ni istemiştir. Bu makamı aktif bir darbe için kullanmak istediği anlaşılmaktadır. Kendisi bu isteklerine cevap aramak adına başka yollar denemiştir. Ortada bitkin bir asker sınıfı ve halk vardır. Ama Mustafa Kemal Paşa ve etrafındakiler artık Anadolu'da bir mücadele yapmaya karar vermişlerdir. İstanbul şüphesiz mücadelenin merkezi olamazdı. Daha 1918 yılında, mütarekenin en hazin vaktinde, Trakya ve İzmir'de Müdafaa-i Hukuk Cemiyetleri kurulmuştu. Millet her yerde direniyordu, ama bu direnişlerin arasında koordinasyon, yani eş güdüm yoktu. O eş güdümü hangi politik deha sağlayacaktı? Ancak arkasında askerî bir başarı ve müsbet intibalar edinen bir komutan… Galiba Anadolu'nun asayişini gözleme burada önemli bir rol oynamıştır. Samsun ve arkasından Amasya Tamimi, daha sonra da Erzurum, Sivas Kongreleri'nin Millî Mücadele'nin seyrini değiştirdiğini biliyoruz. Ankara'da bir meclis kuruldu. Bu ayrı bir hükûmet olmasına rağmen doğrudan doğruya saltanat makamının hukukunu kurtaracak, İstanbul'daki şartların olumsuzluğundan dolayı Anadolu'yu seçmiş bir hükûmetti ve saltanata bağlılık düsturunu özellikle belirtiyordu.

Görünüşte tabii ki Osmanlı İmparatorluğu ortadan kaldırılmış değildi. İstanbul'da bulunan sefirlerin yanı sıra Saltanat-ı Seniyye'nin dış dünyada sefirleri vardı.[35] Ordu elbette ki kontrol altındaydı ama dağıtılmış değildi. Bir Osmanlı Hükûmeti vardı fakat bu hükûmetin asayiş gücü Unkapanı Köprüsü ile Bebek Karakolu arasındaydı. O da sanırım devletlerarası nezaketten dolayıydı. İstanbul'da müttefiklerinin kontrolünü bile İngiltere üstlenmişti. İtalya, Anadolu yakasında hiçbir faaliyette bulunmuyordu. Sur içi İstanbul ise Fransa'nın denetimine bırakılmıştı. Burada Anadolu'ya silah kaçıranlar başta olmak üzere bütün millî teşekküllerin Fransa tarafından çok şedit bir şekilde kontrol edilip önlenmediği bilinmektedir. Bu durumda İngiltere payitahtın askerî, siyasi asayiş denetimini eline aldı. Bu noktada da büyük hatalar yaptı. Karşımızda alışılmış Britanya Devleti yoktu. Bazı aşırı tutumlu azınlık unsurlarla iş birliği yapan, esnafın denetiminde rüşvete kadar giden, adaletsiz olayların sıkça görüldüğü ve milletin kendilerine gittikçe hınç beslediği bir işgal komutanlığı (Britanya Yüksek Komiserliği) vardı. Mütareke İstanbul'unda alışılmamış olaylar da göze çarpıyordu. Daha modern bir hayat başlamıştı. Bazı siyasi partiler faaliyetteydi. Fakat bunların hiçbiri itimat edilecek ve oturacak bir düzeni sağlamış değildi. Şüphesiz Anadolu Hareketi, dağıl-

---

35 Mesela Müsavat Azerbaycan'ın sefiri Vezirzade İstanbul'daydı. Gene istiklali ilan eden Ukrayna'nın da Sovyet iktidarı kurulana kadar İstanbul'da sefareti vardı.

mayan ve her şeye rağmen ananesini, hiyerarşisini elde tutan bir ordunun başarısıdır. Burada devlet mekanizmasının bütün unsurları ele geçirilmiştir, kontrol altına alınmıştır. Eski bir imparatorluğun getirdiği yeni bir dinamizmle iş yürütülebilmiştir. Bir yerde İstanbul'daki Damat Ferid çevreleri Mustafa Kemal'i ve çevresindekileri İttihatçılıkla suçluyorlardı. Hâlbuki onların İttihatçılıkla olan bağları çoktan kopmuştu. İttihat ve Terakki liderlerinin onları pek sevmediği ve onların da İttihatçılardan pek hazzetmediği herkesin malumudur; lâkin bu gibi suçlamaların görünen bir tarafı da vardır. Ankara'daki ilk meclis binası bile Ankara'daki İttihat Terakki kulübü olarak yapılmıştı. Nihayet milletin en dinamik unsurları bu partinin saflarındaki genç unsurlardı. Bunların bir kısmı eski İttihatçı liderleri tutuyorlardı. Hatta Enver Paşa'yı iltica ettiği Almanya'dan getirip Millî Mücadele'nin başına geçirmek isteyenler de vardı. Ama önemli bir kısmı artık bu kadrolarla mücadelenin yürümeyeceği ve onları terk etmek gerektiği, Anadolu Müdafaa-i Hukuk grupları etrafında Mustafa Kemal Paşa'nın önderliğinde birleşmek gerektiğini anlamışlardı. Enver Paşa taraftarları gibi Talat Paşa'yı da tutanlar vardı. Mahmud Celal (Bayar) bunlardandı. Talat Paşa, Anadolu hareketine sadakat ve inançla bakmıştı, taraftarları laik ve cumhuriyetçiliğe yakındı.

23 Nisan'da Ankara'da yeni bir dönem başladı. Bu meclis hükûmetini Afganistan ve yeni Sovyet Rusya tanıdı. Bilhassa Rusya ile yapılan Moskova Anlaşması ile Doğu Cephesi'ndeki problem bitmişti. Artık batıya yönelebiliyorduk.

23 Nisan 1920'de açılan TBMM'nin bazı çarpıcı özellikleri vardır. Yabancı dillerde Türk İmparatorluğu ve coğrafi olarak Türkiye diye anılmamıza rağmen devletimizin ismi ilk defa "Türkiye" olarak zikrediliyor. Bu çok önemlidir. Büyük Millet Meclisi Hükûmeti durumunu daha bilinçli olarak ifade ediyor; bu, "konvansiyonel" dediğimiz meclis hükûmeti sistemidir. "Hâkimiyet kayıtsız şartsız milletindir" düsturu onun

meclisinin hâkimiyeti oluyor. Meclis hükümeti sistemi, bütüncül (entegrist) bir devrim anlayışı nedeniyledir. Bir nebze ihtilalci bir hükûmettir; Fransız konvansiyon meclisi gibi. Hatta örnek vermek gerekirse, o devirde komşusu olan Sovyet idaresi gibi meclise dayanan bir idare sistemidir. Fakat tarihteki diğer meclis hükûmeti sistemlerinden bir farkı vardır: Burada aktif ve canlı bir muhalefet vardır. Yani Müdafaa-i Hukuk grubundan gelen ve Mustafa Kemal Paşa'nın etrafında ona itirazsız bağlı olan üyelerin dışında muhalifler vardır. Bazıları kesin padişahçı, şeriatçı, bazıları solcu, bazıları İttihatçıdır. İttihatçıların hepsi de Anadolu Hükûmeti'ne ve Mustafa Kemal Paşa'ya itaati boynunun borcu bilen takımdan değildir. Bunlar çok kısa bir zamanda da muhalif taraflarını ortaya koymuşlardır. Kurtuluş Savaşı bu muhalefete rağmen yürütülmüştür ve burada hakikaten enteresan, ince bir politika yürütüldüğü görülmektedir. Bu sıkıntılarla geçen süreden aşağı yukarı üç yıl sonra 9 Nisan 1923'te bu meclis kendini feshediyor. Arada ne oldu? 1 Kasım 1922'de TBMM saltanatı ilga etti. Bu çok önemli bir olaydır. Dahası son padişah Vahideddin'e şu tebliğ edildi: Bundan sonra erşed ve eslah -yani ilmen ve ahlâken en üstün bir hanedan üyesi- halife seçilecek. Ama bu Türkiye Devleti'ne istinad edecek. Yani hanedandan birinin halife olmak hakkıdır fakat iktidar ve seçim devletin elindedir. Tabii saltanat ilga edildikten sonra VI. Mehmed Vahideddin, İstanbul'da hanedanın en ahlâklı ve ilmi en derin adamı olarak kendisinin halife seçilmesini beklemedi. Bu ironik bir deyimdir ve bunu Bernard Lewis kullanır. Doğrudur da... Kitabın önceki bölümlerinde de anlattığımız gibi padişah hakikaten hazineden hiçbir şey almadan, Avrupa bankalarında da parası ve her şeye rağmen elde edeceği bir şey yokken İngilizlerin *Malaya* Zırhlısıyla Avrupa'ya sığınmak zorunda kaldı. Sıkıntılı geçen birkaç yıllık dönemin ardından da İtalya-Fransa sınırındaki San Remo'da vefat etti.

Padişah VI. Mehmed Vahideddin'in kuzeni ve aynı zamanda da dünürü, Sultan Abdülaziz'in oğlu Şehzade Abdülmecid Efendi, Büyük Millet Meclisi Hükûmeti'ne ve Anadolu Hareketi'ne karşı sempatisi olan bir üyeydi ve halife seçilmişti. Maalesef son halife bu konumunu muhafaza edemedi. Anadolu ile olan ilişkilerindeki, hassas dengeleri koruyamadı. Sonunda 24 Mart'ta (1924) hilafet ilga edildi ve hanedanın üyeleri yurt dışına çıkarıldı. Burada dikkatimizi çeken husus şudur; 9 Nisan'da kendisini fesheden Millet Meclisi'nin yerine artık daha mutedil ve bundan sonraki değişikliklere daha yatkın bir meclis teşkil edilmiştir. Temmuz'da yapılan seçimlerle Ağustos 1923'te bu Meclis toplanmıştır. TBMM'nin ilk işlerinden birisi on ay kadar büyük diplomatik çekişmelerle devam eden ve nihayet 24 Temmuz 1923'te imzalanan Lozan Antlaşması'nı Meclis olarak tasdik etmektir. Bu, Türkiye Devleti'nin hem sınır, hem müesseseler, hem de hayatı bakımından kuruluşunu tayin eden çok önemli bir antlaşmadır. Hâlâ bu antlaşmanın zafer mi, hezimet mi olduğu konusunda tartışmalar devam ediyor. En doğru sözü tarihçiler söylüyor: Lozan bir uzlaşmadır. Yeni Türkiye hukukunu kabul ettirmiştir. Birinci Dünya Savaşı'nın yenik devletleri içinde kendisine dikte edilen Paris Antlaşmaları dizisinden Sevres'i kabul etmeyen bir devlettir. Bu antlaşmayı aslında Osmanlı Hükûmeti de kabul etmiş sayılmaz, çünkü ortada bir meclis yoktu. Anadolu Hükûmeti, kendi şartlarını dikte ederek kabul ettirmiş ve büyük bir uzlaşma sağlanmıştır.

Ünlü Toynbee 1923 ve 1924'teki olayları göz önüne alarak diyor ki: "Türkiye aslında galipti fakat Batı karşısında yenilgiyi kabul etti", doğrudur. Yani artık hukukuyla, yaşayışıyla, henüz ilan edip adını koymamakla birlikte laikliğiyle Türkiye, Batı dünyasının müesseselerini kabul etme durumuna gelmiştir. Hepimizin çok iyi bildiği gibi Türkiye artık cumhuriyet olacaktır. Mustafa Kemal ve arkadaşları "Türkiye Devleti'nin şekl-i hükûmeti cumhuriyettir. Cumhur reisi devletin reisidir ve TBMM azaları arasından seçilir" diyerek yönetim şeklini ifade etmişlerdir.

Burada şu husus dikkat çekicidir: 1923 Meclisi, güya muhalefetin az olduğu daha dikensiz bir gül bahçesi gibidir. 286 üyesi vardır. Buna rağmen 286 üyeden sadece 158'i uzun tartışmalardan sonra cumhuriyet rejimine onay vermiştir. Bu sayı yarının biraz üstüdür. Peki diğerleri hayır mı demişti? Onlar sadece müstenkif/çekimser kaldılar. Onay artı sükût biçiminde yeni rejim genelde kabul görmüştü. Başka seçenek artık düşünülemezdi. Fakat tabii cumhuriyetin hayatı, gerek çıkan ayaklanmalar, gerek başarısız demokrasi denemeleri –Terakkiperver Cumhuriyet Fırkası, Serbest Cumhuriyet Fırkası- göstermiştir ki laik bir cumhuriyet rejiminin oturması için daha çok uzun bir zaman geçmesi gerekmektedir. Bu münakaşa hâlâ devam edebilir. Ama Türkiye Cumhuriyeti'ni 3. Dünya'dan ayıran en büyük özellik, eski bir imparatorluğun askerî ve bürokratik geleneğine dayanıyor olmasıdır. Kadrolar oradan gelmiştir. İkincisi, meşruiyet yani kanunilik esası göze çarpmaktadır. Anadolu Hükûmeti'nin ve meclisinin teşkili de, yapılan seçimler de velev ki tek parti rejimi 28 yıl bu memlekette hâkim olsa da daima bu esası ortaya çıkarmaktadır. Üçüncüsü fen bakımından, teknik bakımdan gelişmesini gösteren bir cumhuriyetin, bir toplumun içine girdiği demokrasi mücadelesidir. Şunu ifade etmek gerekir: Bu durum sadece İslam dünyası için geçerli değildir, çünkü benzer durumda bir tek Pakistan vardır. Orada da demokratik yapı sık sık kesintiye uğramaktadır. 3. Dünya Bloku dediğimiz o geniş dünyanın içinde de bu demokrasiyi Hindistan'dan sonra kesintisiz ve çoğulcu toplum sistemleriyle ne olursa olsun götüren Türkiye olmuştur. Bu, üzerinde önemle durmamız gereken bir konudur. 98 yıllık cumhuriyet hayatı aslında bir toplumun değişmesi ve o değişmeyi kendisinin yaratabilmesinin, o bilince ulaşabilmesinin çok canlı bir tarihî örneğidir.

20 OCAK 1921
MODERN TÜRKİYE'NİN İLK ANAYASASI

Bir asrı geçti; 20 Ocak 1921 tarihinde modern Türkiye'nin ilk anayasası Ankara'daki TBMM tarafından yürürlüğe sokuldu. Nadir ve o derecede garip bir uzlaşı ile 1293 (M. 1876) Aralık tarihli imparatorluk anayasası (Kanun-ı Esasi) ile bir arada yürürlükte olacaktı.[36]

Uygulamaya bakıldığında meşruti monarşinin temel kanunu olan 1876 tarihli Kanun-ı Esasi'ye riayet artık mümkün değildi. Bu daha ziyade manevi bir bağlılığı ifade ediyordu. Zira Ankara'daki sistem konvansiyonel denen meclis sistemiydi. Bakanları meclis yani milletvekillerinin oyu belirliyor, hükûmetin reisi de TBMM reisi (yani Mustafa Kemal Paşa) oluyordu. Ordu gene TBMM Hükûmeti'nin ordusuydu. Bununla birlikte bir yıl sonra kabul edilen 1921 Anayasası'ndaki birtakım temel hükümlerin de tümüyle yürürlüğe girdiğini söylemek mümkün değildir.

Her şeye rağmen Türkiye Millî Mücadelesi'ni kanuna ve meşru olmaya dikkat ederek yürütüyordu ve tarihin şartları içinde bu mücadele zafere ulaştıktan sonra da 1876 Kanun-ı Esasisi hukuken 1922 yılının Kasım ayında saltanatın lağvıyla ortadan kalkacak; 1921 Anayasası da yerini 1924 Teşkilat-ı

36 İlber Ortaylı, "La costituzione dell'Unione sovietica e la Nuova Turchia", *III Seminario, Centenario della Costituzione sovietica del 1918 Influssi nei paesi del Mediterraneo*, CNR Unita di Rıcera "G. La Pıra" Consiglio Nazionale delle Ricerhie, Regione Autonoma della Sardegna, Comune de Sassari, Sassari, 2-4 dicembre 2018, Palazzo della Provincia Sala Angioy.

Esasiye Kanunu'na bırakacaktır. Şu ana kadar Türkiye Cumhuriyeti'nin en uzun ömürlü anayasası da bu olacaktır.

1921 Anayasası aslında radikal bir beyanname idi. Saltanatın biteceğini hissettiriyordu. Cumhuriyetin de âdeta örtülü bir ilanıydı. 24 maddelik kanunun ikinci maddesi, Hâkimiyet-i Milliye'nin esas olduğunu belirtir. Daha da önemlisi devletin adı kesindir; "Türkiye Devleti Büyük Millet Meclisi tarafından idare olunur" deniliyordu. Süleyman Hayri Bolay Hoca'nın dirayet tefsiri yapan bir öncü diye selamladığı Elmalılı Hamdi Hoca, Taha Akyol'un da vurguladığı gibi Hâkimiyet-i Milliye'nin hilafete üstün olduğunu belirtmiştir. Yeni düzeni kabul edenler arasında bu gibi medreseliler de vardı.

Teşkilat-ı Esasiye Kanunu'nun hemen hiç uygulanamayan çok ileri hükümleri de vardır. Buna göre il ve bucak düzeyinde eğitim, sağlık gibi işleri ve bütçelerini dahi "şûra"lar yapacaktır. Oysa bu şuralar hiçbir zaman kurulamadı. Daha ilginç bir hüküm vardı; başkentte devamlı kanun yapan organ bütün meclis değil, her ilden seçilen birer mebusun oluşturduğu devamlı bir şura olacaktı. Batı demokrasilerine yabancı bu hüküm Sovyetler Birliği'ndeki "presidium" gibi bir organ olabilirdi, fakat hiçbir zaman tatbik edilmedi.

Cumhuriyete bir geçiş belgesi olan 1921 Teşkilat-ı Esasiye Kanunu hiç şüphesiz meclis üstünlüğünü yansıtmaktadır. Saltanatın kaldırılması, Lozan Antlaşması'nın onaylanması ve cumhuriyetin ilanı ile bu belge artık yetersiz kaldı. Cumhuriyete geçiş beyannamesi yerini 1924 Anayasası'na terk edecektir. Tabii meclis üstünlüğü sistemi de yerini yürütme ve yasama arasındaki ayrılığa bırakmıştır.

1921 Anayasası aslında Anadolu mücadelesinin ne kadar hukuka dikkat eden ama cumhuriyetçi fikirlerini ve hatta tutum ve politikasını da açıklamaktan çekinmeyen bir hareket olduğunu gösterir.

1876'DAN 1980'E ANAYASALAR

Saro Dadyan'ın *Osmanlı'nın Gayrimüslim Tarihinden Notlar* adlı kitabında 1863 tarihinde Ermeni milletine verilen Millet Nizamnamesini bir anayasa olarak nitelendiriliyor.[37] Aynı açıklamayı ondan evvel merhum Bülent Tanör yapmıştı; bunu imparatorluğun anayasasından evvel çıkarılan bir ilk anayasa metni olarak değerlendirmişti. Kuşkusuz Ermeni milletinin nizamnamesi geniş Ermeni-Ortodoks cemaatinin idaresinde sadece ruhanilerin değil, kuvvetlenmeye başlayan zengin Ermenilerin ve yüksek bürokrasinin üyeleri olan "amira" sınıfının da rol almasını düzenler. Bu iç nizamnameyi Ermeni milletinin ruhban ve laik kesimi için bir "esas teşkilat" diye nitelendirebiliriz ama anayasa olmaktan uzak olduğu aşikârdır.

Her hâlükârda temel anayasal hakları birbiri ardından bahşeden, bu konuda çağına göre Müslüman ve gayrimüslimler arasında esaslı bir eşit statü getiren 1856 Islahat Fermanı ile daha evvelki 3 Kasım 1839 tarihli Tanzimat Fermanı'nı anayasal belgeler olarak saymalıyız. Bu ikisinin hazırlanışı öyle uzun boylu tartışmaların ve kalabalık heyetlerin katılımıyla olmadı. Bu fermanlar, Tanzimat bürokratlarının becerilerini ve ihata (geniş bilgi ve anlama) kabiliyetlerini gösteren iki belgedir.

Hükûmet anayasanın bir yıldan çok daha az zamanda tamamlanması gerektiğini söylüyor, muhalefet ise bir yılın kısa bir süre olduğu kanısındaydı. Sayımlı, ara anlaşmalı, bütün

37 Saro Dadyan, *Osmanlı'nın Gayrimüslim Tarihinden Notlar*, Yeditepe Yayınevi, İstanbul, 2011.

layihaları dikkate alan bir çalışmanın uzayacağı ve uzatılabileceğine şüphe yoktur. Bildiğimiz kadarıyla şimdiden küçük risale boyunda anayasa tasarılarını kaleme alanların sayısı hayli yüksektir. Barolar Birliği'nin hazırladığı bir anayasa taslağı görmedim ama başkanlık sistemine karşı risaleler şu anda elden ele dolaşmaya başladı. Türkiye iki-üç ayda değil, çok daha kısa zamanda nice anayasalar hazırlamış bir ülkedir. Hatta anayasa hazırlamayı bir fikrî ve entelektüel ibadet haline getirenler vardı; merhum Coşkun Kırca'nın portföyünde her zaman birkaç anayasa modeli olduğu söylenir. Elhak bunları sarih Türkçesi ve güçlü hukuk mantığı ile en iyi biçimde kaleme alacak bir devlet ve hukuk adamıydı.

Midhat Paşa ile Cevdet Paşa'nın Büyük Kavgası

1293 yani 1876 Kanun-ı Esasisi de çok kısa zamanda genişçe bir heyet tarafından kaleme alındı. Cevdet Paşa ve Midhat Paşa kuruldaydılar, ikisinin birbirleriyle münakaşası galiz boyutlara varmıştır. Midhat Paşa "Hoca sen Fransızca bilmezsin, o ibare öyle anlaşılmaz" gibisinden bir söz sarf edince, Cevdet Paşa da "Senin bildiğin Fransızcayı dükkân çırakları da bilir, hukuktan ise hiç anlamazsın" diye çıkışmıştır. Gerçekte Midhat Paşa'nın verdiği anayasa layihasının anayasa ile alakası olmadığını Tarık Zafer Tunaya Hoca gibi onun tarihî kişiliğine hayran birisi bile söylerdi, paşanın kendisinin arşivdeki notlarını okumuştu. Cevdet Paşa'nın ideali ise kâğıt üzerindeki anayasadan çok İngiltere gibi bir anayasal sisteme, ruha ve ananeye sahip bir hukuki toplumsal düzendi. Cevdet Paşa bu ana komisyonun bir iş çıkaracağına besbelli inanmıyordu. Midhat Paşa ise "Anayasa bir an evvel çıksın da ne olursa olsun" telaşındaydı; bu yüzden çıkan anayasanın bazı maddelerine bakarsak metnin bir anayasa ile ilgisini kurmak güçtür. Teminat altına alınmayan şahsi hürriyet ve korunma haklarının noksanlığının ilk kurbanı da kendisi oldu, meclis toplanmadan İstanbul'dan padişah emriyle sürüldü. Bu sürgün gariptir; ilan edilen Teşkilat-ı Esasiye'ye yani anayasaya mugayir değildi.

Osmanlı, Macar Kontu Seçenyi Paşa'yı itfaiye komutanı tayin ederken dahi bir itfaiye nizamnamesi hazırlanmış, bunun için Avrupa'da ne kadar itfaiye nizamnamesi ve teknik şartnamesi varsa hepsi çevrilip okunmuştur. Rusya ve Osmanlı bürokrasisinin müşterek bir âdetiydi; en hafif bir nizamnameyi yazarken dahi önlerine küçük Alman devletleri dâhil, bir alay nizamname koyarlardı. Genellikle ortaya çıkan hukuki metinler hiç de fena olmazdı. Ruslar ilave olarak bir de kurumun tarihini yazarlardı. Bunlar, okunması keyif veren eserlerdir. Osmanlı cemiyet ve idaresinde ise böyle bir seçkin örnek vilayet mektupçusu (tahrirat müdürü) Osman Nuri'nin (Ergin) belediye kanunlarına giriş mahiyetinde ele aldığı Beledi İdare Tarihi, yani *Mecelle-i Umurı Belediyye*'dir.[38]

1876 Anayasası için esbab-ı mucibe yani gerekçe layihaları çok ayrıntılı tutulmadı. Onun için bizim hukuk tarihçileri "Belçika anayasasına göre hazırlanmıştır", "Hayır efendim, Prusya anayasası modeline göre hazırlanmıştır" diye tartışırlar. Modelin ne olduğu o çağın anayasalarının her birini okudukça daha çok tartışma konusu olacaktır. Ama büyük devletlerin sefirleri Tersane Konferansı'nda toplanıyordu; baskılara karşı bir an evvel anayasanın ilanı gerekliydi. Öyle de oldu.

1908'de Meşrutiyet'in ilanı yani anayasanın yürürlüğe girmesi söz konusuydu; mevcut anayasa ile meşrutiyetin yürütülmesinin güçlüğü ortaya çıkmıştı. Bu nedenle anayasada önemli bir tadilata geçildi, kabine bağımsız oldu. Meclise karşı sorumluluk konuldu. Fakat yasama organının kanun metinleri üzerinde yargı denetimi gibi bir anane ve sistem henüz dünyanın birçok yerinde olduğu gibi burada da söz konusu değildi. İstisnaların başında ABD gelir. Uygun görülmeyen kanun yüksek mahkeme tarafından uygulanmaya değer görülmez, yani kadük olur.

Yeni Türkiye'nin 1921 ve ardından 1924 anayasaları hukukçu otoritelerin fazla muhalefetle karşılaşmadan hazırladığı

38 Osman Nuri Ergin, *Mecelle-i Umurı Belediyye*, İstanbul Büyükşehir Belediyesi (Kültür A.Ş.) Yayınları, İstanbul, 2017.

metinlerdir. 1961 Anayasası ise 27 Mayıs hareketinin yapısına uygundu. Demokrat Partililerden başka 1960 öncesi meclis-te bulunan partiler, işçi, sendika, üniversite, işveren kuruluşları temsilcileri herkes kurucu meclisteydi ve Demokrat Parti'nin yan kuruluşları olmadığı için o görüşün anayasa hazırlanırken temsili de söz konusu olmamıştır. Fakat 1961 Anayasası her şeye rağmen tartışmasız ve dayatma ile geçmiş değildir. Bizzat anayasayı hazırlayan komisyon iki kere değişti. İkinci komisyon Siyasal Bilgiler Fakültesi ağırlıklıdır. Bu hocalar, gönüllü hazırlığa giriştiler ve kendilerini kabul ettirdiler, çünkü üyeler arasında uyum vardı.

Geçmişte 1950'lerin sonunda Kilyos'ta bir hafta süren sayfiye toplantısında Ankara Siyasal Bilgiler ile Hukuk Fakültesi ve İstanbul Hukuk Fakültesi'nin bazı mensupları ve diğer hukukçuların katılımıyla yapılan seminerlerde bir ön hazırlık söz konusuydu. İstanbul komisyonu devre dışı kalınca Ankara Siyasal Bilgiler grubu duruma el koydu ve kendiliğinden bir anayasa komisyonu teşkil etti ve seminerlere başladı. Milli Birlik Komitesi, CHP ileri gelenleri, yüksek hakimler ve barolar da bu girişime ilgi gösterdiler. Açık toplantılar başladı. Siyasal Bilgiler Fakültesi'nin Fakülte Kurulu salonu çok canlı ve kalabalık bir taslak tartışmasına sahne oluyordu. Merhum hocamız Tahsin Bekir Balta'nın, 1924 Anayasası'nın bazı değişikliklerle muhafazası teklifini sadece dinleyip fazla itibar etmediler. Bu bir talihsizliktir ama 1961 Anayasası görüş birliğinin hâkim olduğu, geniş bir grubun uzunca tartıştığı ve kurucu meclise hâkim olarak yön verdiği bir yasama faaliyetidir.

Aynı şeyi taklit etmek isteyen 1980'in askerî yönetimi danışma meclisinde böyle geniş bir tartışma ortamı hazırlayamadı. Mecliste ve asıl önemlisi komisyonda muhalefet, hatta zıt görüş çok makbul değildi. Bu görüşler, sadece bazı üyelerin kimi çıkışlarıyla sınırlı kaldı. 1982 Anayasası'nın oluşumunda en göze çarpan niteliklerden biri budur. Tartışmanın uzaması ve uzatılması işi çıkmaza sokabilir ama aksiyle ortaya çıkan bir metnin de fazla yaşama şansı olamayacağı açıktır.

6 EKİM 1923
İSTANBUL'UN İŞGALDEN KURTARILIŞI

---

6 Ekim 1923'te Türklerin payitahtı ve bütün Doğu dünyasının göz bebeği İstanbul işgalden kurtuldu. Anadolu ordusu şan ve şerefle, İstanbulluların tezahüratıyla şehre girmişti. Bazıları 1261'de İznik İmparatorluğu'ndan gelen General Paleologos'un Konstantiniyye'deki Haçlıları kovalayışını ve şehre girişini anımsar. Demek ki; mukayese edilmesi zaman bakımından doğru olmasa da İstanbul iki kere asıl sahiplerinin Batı'dan işgalcileri sürüp çıkarmasına şahit olmuştur.

1204'te şehri yağmalayan ve ahaliyi katleden Haçlı sürüleri Venedik'in kışkırtmasıyla burada yarım asırlık sözde bir imparatorluk kurdular. Sakinlerinin dinî inancını aşağılamakla kalmadılar, en önemli dinî ve kültürel eserleri yağmalayıp Batı'ya taşıdılar. Bunların iadesi bugün bile münakaşa ve çekişme konusudur.

Mondros Mütarekesi sonucu İstanbul'u işgal eden İtilaf devletleri yani Britanya, Fransa ve İtalya aralarına Yunanistan'ı da aldılar. Sur içindeki eski İstanbul, Fransız işgal bölgesiydi. Beyoğlu ve Boğazlar mıntıkası Britanya'ya bırakıldı. Kadıköy ve Üsküdar bölümünde İtalya kontrolü ele geçirdi. Lâkin yerli halkla çok rahat ilişkilere girdikleri için İngilizler müttefiklerinin denetimini güvenilir bulmadılar ve bu bölgeye de el attılar. Zaten şehrin yüksek komutası ve genel denetim Britanya yüksek komiserindeydi.

Saltanat makamının hâkimiyetinin Haliç kıyısı ile Bebek arasını kapsadığını bir kez daha belirtelim. Zaten şehirde dört kuvvetin asker ve polisleri hâkimiyeti elde tutuyordu. Osmanlı Dâhiliye Nazırı'nın şehir üzerinde üstün merci olmadığı, zabıtanın işgal kuvvetlerine bağlı olduğu açıktır. Bu bağlılığın adı denetim ve müdahaleydi.

Ama unutulmamalıdır ki işgalin adı ilhak değildir; Osmanlı Devleti yaşıyordu, mütareke şartlarına tâbi de olsa ortada bir ordu vardı ve bu ordu Anadolu'daki hükûmeti içinden çıkardığı gibi onlarla da teması muhafaza etti. Belirttiğimiz üzere Hariciye Nezareti vardı, bakanlıklar vardı, başkentte büyükelçiler vardı. Osmanlı'nın da dışarıda büyükelçileri vardı ve padişah İstanbul'daydı.

Osmanlı kabineleri, Damat Ferid'inki hariç, Anadolu'ya karşı düşmanca tavır almaktan da kaçınmışlar ve hatta belli belirsiz bir destek bile göstermişlerdir. Mesele inançta düğümleniyordu. Uzun ve yorucu Balkan ve Birinci Dünya Savaşı'ndan sonra yenilgiyi kabul etmek ve düşmanların insafını beklemek veya direnmek arasında bir seçim yapılmalıydı. Herhalde direnenlere ilk başta çok kimse yakınlık duymuş değildi. Anadolu kendini ispat etti. Sahip olduğu devlet mekanizmasını ve devlete bağlı halkı direniş savaşında yönetmeyi bildi. Bu, birinci savaşın sonunda mağlup devletlerin durumuna bakılırsa en istisnai ve olağan dışı gelişmedir.

İstanbul birçok milletin kaynaştığı bir şehirdi. Zabıta vakaları, sağlık sorunları ve kıtlık ortalığı kasıp kavurdu. İstanbul'da yaşayan Türklerin bu hazin dönemi başarı ile atlatmasını anlamak için Yakup Kadri'nin *Sodom ve Gomore*'si yetmez, Ercüment Ekrem'in *Kan ve İman* adlı romanında tasvir ettiği "Estekzade Mahallesi"ni de tanımak gerekir. Bu herhangi bir İstanbul mahallesinin mütareke dönemindeki feci manzarasıdır.

İstanbul direndi, Fransız işgal komutanı Franchet d'Esperey'nin belirttiği gibi, "Bu Jön Türkler ne olursa olsun miskin ihtiyar Türklerden çok daha dinamik ve inançlıdır" sözüne kulak vermek gerekir. İmparatorluğu Birinci Dünya Savaşı'na sokarak felaketi getirenler bitmeyen enerjileriyle direnişe de yardım ettiler. Bilinen lider kadrolarını dışladıkları için bu sefer başarıya yardımcı oldular.

6 Ekim 1923 günü İstanbul sahiplerini karşıladı ve kurtuluşunu kutladı, aynı gün mütareke döneminin meşum politikacısı Damat Ferid Paşa sığındığı Fransa'da öldü. Belki de Anadolu'ya katılamayanların dahi zaman zaman çatışmaya düştükleri insan, asıl mülteciler muhitinde uğrayacağı aşağılanma ve suçlamadan bu şekilde kurtulmuştu. Bir gerçektir ki Damat Ferid'e hanedan üyeleri ve padişahın yakınları dahi pek olumlu bakmayacaklardı. Bir hafta sonra Ankara'nın Türkiye Devleti'nin başkenti olduğu ilan edildi. Böylelikle İstanbul, Mudanya Mütarekesi'nden beri yaşadığı kurtuluş havasından sonra Türk tarihinin yeni bir safhasına geçişi gözlüyordu.

"BEN BURAYA MUDANYA'DAN GELDİM"

24 Temmuz 1923 Lozan Barış Antlaşması'nın imzalandığı gündür. Antlaşma, toplantıların yapıldığı yer olan Uşi Şatosu'nda (Chateau d'Ouchy) değil Lozan Üniversitesi Tören Salonu'nda (Palais de Rumine) imzalandı. Barış antlaşmasının asıl adı Yakın Doğu Kongresi'dir. Birinci Dünya Savaşı'ndan sonraki Yakın Doğu dünyasının yeniden düzenlenmesini hedef alıyor. İtilaf Devletleri kadar bu silsileden çıkan ve Anadolu'daki Millet Meclisi hükûmetiyle ittifak kuran yeni Rusya da bu kongreye davetlidir. Georgiy Çiçerin'in başkanlığında gelen delegasyon hiç şüphesiz ki Türkiye'nin lehine bir tutum takındı.

Kapitülasyonlara Karşı da Savaş

Lozan'da asıl kavga savaşçıların tespit ettiği gerçek sınırlardan çok Türkiye'nin imparatorluktan miras aldığı çetin bir problemdi; kapitülasyonlar, yani adli, mali müesseselerde yabancıların hukukunu ve mahkemelerini tanımak zorunda olmaya son vermekti. II. Meşrutiyet'ten beri yeni Türk kuşaklarının kabul edemediği bir durumdu. Birinci Dünya Savaşı'na girerken bu rejimin tek taraflı iptal edilmesi Almanya'yı dahi çileden çıkarmış ve Alman sefiri Baron Hans von Wangenheim gelişmeden mesul tuttuğu İttihatçılardan Maliye Nazırı Mehmed Cavid Bey'e hakaret etmek için makamına gelip bağırıp çağırmıştı.

Yeni nesil Türkler bu rejimin muhafazasına taraftar değildir. İsmet Paşa ve Britanya delegasyon reisi Lord Curzon arasında asıl kapitülasyon konusunda münakaşa daha doğrusu bir sinir harbi çıktı. Curzon, Mondros Mütarekesi sırasında harbin başında kaldırılan bu rejimin (kapitülasyonlar) tekrar ele alınıp tashihine gidileceğinin vaadinin verildiğini belirtmişti. George Curzon'un Mondros'a izafeten yaptığı bu hatırlatma İsmet Paşa'nın tepkisine yol açtı ve "Ben buraya Mudanya'dan geldim" demesiyle sonuçlandı. Birinci safha böylece kesildi.

Dört Dil Bilen Personel Hizmeti

Lozan'ın asıl toplanması Birinci Dünya Savaşı'nın hukuken bitişi ve Yakın Doğu haritasının tespiti demektir. Nitekim konferans hazırlıklarının görüşüldüğü ekim ve kasım aylarında İsviçre Federal Hükûmeti (Confoederatio Helvetica) ve Lozan Belediye Polis İdaresi konu üzerinde hassasiyetle durdular. O zamanın dünyasında bugün olduğu gibi hâkim bir dil (İngilizce) söz konusu değildi. Bu yüzden otel personelinin dört dilde hizmet vermesi üzerinde ısrarla duruldu ve çalışıldı. Ekim ve Kasım 1923 tarihli muhtelif sirkülasyonlarla polis idaresi hırsızlara ve yankesicilere karşı delegasyon üyelerinin kıymetli eşyalarını sigortalattırdı.

Yeniden Tarih Yazımında Doğan 'Kaynak' Efsaneler

Lozan Antlaşması'nın yıldönümünün şerefine Lozan Turizm Ofisi ve İzmir Türk-İsviçre Ticaret Odası, *Atlas* dergisinden Ayşegül Parlayan'ı, Bülent Özalp'i ve beni Lozan'a davet etti. Lozan Antlaşması bu ülkenin tarihi ve beynelmilel rolü için önemli addediliyor. Ama dikkatle incelenmesi gereken husus Lozan'ın tarihi ve arkeolojisi. Helvetyalı dediğimiz Kelt ırkından kavmin yurdu. Roma bu bölgeleri tarihe açtı. Rönesans'ta bile İsviçre bankacılık merkeziydi.

Lozan Antlaşması'nın Boğazların sınırını kontrolündeki hükümleri 20 Temmuz 1936 Montrö Boğazlar Sözleşmesi'yle tashih edilmiştir. Boğazlar milletler arası suyolunun tabi olduğu hükümler hariç Türkiye'nin tam askerî ve idari kontrolüne girmiştir. Lozan'a gittiğimiz vakit Kurtuluş Savaşı'nı yapan ordunun girdiği bölgelerin hiçbir tartışması yapılmadı. Tabii Türkiye'ye Yunanistan gibi ülkelere yapıldığı üzere cömertçe davranılmaz. Ne var ki Lozan'da Yunanistan hiçbir kazanç elde edemedi. Maalesef bazı üniversite hocalarının bile kaynak gösterdiği amatör tarihçilerin işkembe-i kübradan uydurdukları gibi "On İki Adalar'ın teslimi, 2.5 milyon kilometrekare vatan toprağının 780 bin kilometrekareye düşüşü" gibi efsanelerin bu antlaşmayla ilgisi yoktur.

Türklerin Orduları Karşınıza Çıkar

Lozan Antlaşması Britanya'nın Birinci Dünya Savaşı'ndan sonra bu bölgede kurmak istediği hegemonyanın gerilemesidir. Bugünkü Türkiye toprakları üzerinde bu söz konusu olamadı. En mühim kayıp da kapitülasyon rejiminin kalkmasıdır. Britanya'nın Arab dünyası üzerindeki kontrolü de sadece 30 yıl kadar devam edebildi. İkinci Dünya Savaşı'ndan sonra açıktır ki hem Mısır'da hem Süveyş Kanalı'nda hem de Mezopotamya'da Britanya, ABD lehine önemli kayıplara uğradı. Müttefiki Fransa ile olan gerilim İtalya'nın isyana kadar sürüklenmesine sebep olan aleyhindeki politikalar Lozan'ı doğurmuştur. Bütün şartlardan çok iyi istifade eden TBMM Hükûmeti Sevr'i reddetmeyi, İtilaf Devletleri arasındaki gerilimden istifadeyle ustalıkla idare etmeyi başardı. Yunanistan'ın 20. yüzyıldaki en önemli generali Metaksas'ın kendisine Küçük Asya işgal ordusunun komutanlığı teklif edildiğinde Venizelos'a verdiği red sözü gerçek çıkmıştır: "Karşı tarafın (Türklerin) orduları vardır ve bir sabah karşınıza çıkarlar. Küçük Asya'da ilerlemeyi ve yerleşmeyi düşünmeyin".

Boş Konuşmaların Hiçbir Anlamı Yoktur

Birinci Dünya Savaşı'nın sonundaki tavır İtilaf Devletleri'nin ve onların son andaki ortağının eski kazançlarını da ortadan kaldırdı. Lozan bu durumun belgelenmesidir. Artık Türklere ait olduğu kabul edilen (Hatay eksiğiyle) bugünkü topraklarda Cumhuriyet'in ilanı yakınlaşmıştır. Anlaşma üzerindeki boş konuşmaların hiçbir anlamı yoktur.

5 KASIM 1925
HUKUK EĞİTİMİNDE KİLİT TARİH

5 Kasım 1925'te Ankara Hukuk Mektebi törenle açıldı. Daha evvel 1900'de İstanbul'da Osmanlı Darülfünunu (üniversitesi) teşkil edildiğinde Sultan II. Mahmud devrinden kalan Hukuk Mektebi bu üniversiteye dâhil edilmişti. Aynı yıl Selanik'te bir hukuk mektebi kuruldu, keza Beyrut ve Konya'da da hukuk mektepleri açıldı. Alman neo-klasik tarzındaki Konya Hukuk Mektebi binası bugün Selçuk Üniversitesi Hukuk Fakültesi Dekanlığı olarak hizmet vermektedir.

Ankara Hukuk Mektebi eski bir kuruluş geleneğini takip etti, Tanzimat döneminde kurulan yüksekokullar ya Maarif-i Umumiye Nezareti'nin ya da İstanbul Ticaret Mektebi örneğinde olduğu gibi Ticaret ve Maadin Nezareti'nin bir iki odasında kurulur, birkaç sene nezaretin içinde idare ederler, sonra inşa edilen ayrı bir binaya taşınırlardı. Ankara Hukuk Mektebi'ni de o günkü Adliye Vekâleti'nin bir iki odasında eğitime geçirdiler. Bu okul bugün Opera'nın karşısında, İller Bankası'nın arkasında kalan bir binadır. Fakülte 1934'e kadar bu binanın içinde genişledi ve Adliye Vekâleti yeni inşa edilen Ankara Adliyesi binasına taşınınca da tamamen o binada kaldı.

1934'te bütün üniversitede bir ıslahat görüldü. Ankara Hukuk Mektebi de fakülte unvanıyla yeniden Cebeci mıntıkasında inşa edildi. İki yıl sonra da yanı başında Cebeci Ortaokulu olarak düşünülen binaya İstanbul'daki Mekteb-i Mülkiye, yani "Siyasal Bilgiler Okulası" (Atatürk'ün verdiği isim ve tabir budur) nakledildi. İki okulun hocaları ekseriyetle müşterekti. Fakat talebesi bir arada ders görmemiştir.

5 Kasım tarihi bizim hukuk eğitimimizde dönüm noktasıdır. Yeni Türkiye Kanun-ı Medeni'yi bir an evvel yürürlüğe koymak için bir hazırlık yapmıştır. Hazırlığın başında da hukuk eğitiminin düzenlenmesi gelmektedir. Ankara Hukuk Mektebi bir yıl sonra yürürlüğe girecek yeni kanunları ve hukuk inkılâbını uygulayacak kadroları oluşturacaktı. Bu nedenle İstanbul'daki hukuk mektebinin aksine burada Batı üniversitelerindeki hukuk müfredatının okutulması planlanmıştır.

Ne var ki plan ve istek yetmiyor. Ne neşriyat vardı, ne kitap, ne de yeterince hoca... Nihayet Adliye Vekili Mahmud Esat Bey'in ve bir iki arkadaşının herkese hocalık yapacağını düşünmek mümkün değildi. O yıllarda sonradan hukuk profesörü olarak göreceğiniz bazı gençler, mesela Tahsin Bekir Bey (Balta), Yavuz Bey (Abadan) ve bazıları dışarıya tahsile yollanmıştır. İşler ağır gidiyordu. Hukuk Mektebi'ni birincilikle bitiren merhum hocamız Coşkun Üçok "Mezun oldum fakat prensip ve kurumlardan öylesine haberim yoktu ki ancak Almanya'dan Willy Andreas Schwartz gelince, asistanlığımda ondan bir sürü şeyi öğrenmem ve hukuk zihniyetine girmem mümkün oldu" demişti. Burada bir noktayı belirleyelim; dönemin asistanları gayretliydi. "Alman mektebinde okumadık" veya "Almanya'da bulunmadık" derlerdi, lâkin Almancayı mükemmel öğrendiler.

İlk başlarda 1933 Reformundan sonra Almanya'dan kaçıp buraya sığınanların üniversitemizde hukuk eğitimine girmeleri büyük fayda sağladı. İstanbul'un dışında Ankara'da da hukuku W. A. Schwartz, Paul Koschaker ve bilhassa Ernst Hirsch gibi büyük bir hocanın öğretmesi fakültenin niteliğini ve eğitimin yönünü değiştirdi. Ernst Hirsch'in hatıratında Hamide Topçuoğlu, İlhan Akipek, Çoşkun Üçok gibi o zamanların asistanı, sonradan ise büyük hocalar olacak kişilerin övgüyle sözü geçer. Ankara Hukuk Fakültesi, Roma Hukuku dalında olduğu gibi entelektüel hayatta bir kazanç olan Kudret Ayiter Hoca'yı da yetiştirmiştir.

Dünyadaki nadir örneklerden olan özgün hukuk devrimini yaptık ama hukuk eğitimine aynı önem ve titizlikle yanaşamadık. Sorunumuz, hukukçu kadroların yetişmesinde niteliğin temin edilememesidir. Yargı hayatımızda bunu acı tecrübelerle gördük. Nitekim birçok hukuk fakültesi açılmasına rağmen az sayıda başarılı öğrenciye nitelikli eğitim verme işinde Galatasaray ve Bilkent gibi kurumlar öncülük ettiler. Bugün bunlara benzer hukuk fakültelerinin sayıları artıyor, artması da gerek. 5 Kasım 1925'in hukuk eğitimimizde önemli bir tarih olarak benimseneceğini ümit edelim.

1840'LARDAN 1980'LERE SEÇİMLER
SANDIK DEMOKRASİSİ ASLINDA DEMOKRASİNİN USULÜDÜR

Seçim beşeriyet tarihinde Eski Yunan'a has bir kurum olarak bilinir, çünkü bütün şehirlerde arkhonlar ve ilgili yargı kurulları vatandaşlar arasından seçilirdi: Bununla ilgili seramik çömlek parçaları üzerine yazılan yazıları kazılarda buluyoruz. Ama elbette bu kadarla sınırlı değil; örneğin Yahudiler, Romalılara karşı Masada şehrini savunmalarının ardından, şehir işgal edildiğinde cemaatin erkeklerinin ve kadınlarının namusunun haleldar olmaması için intihar sıralamasını da seçimle tespit ettiler ve seçim sırasını tespit için kullandıkları üzerinde isimler yazan seramik parçaları bulundu. Dolayısıyla seçim eski bir olay; Orta Çağ'da İtalyan şehir cumhuriyetleri ve hatta Kuzey Avrupa'daki şehir yönetiminde birtakım organların seçimle oluşmaya başladığı görülüyor. Bizim klasik idare sistemimizde ise seçim değil, tayin esastır. Asaleti değil liyakati hükûmet ve hükümdar tayin eder. 19. asırda seçim sistemine girdik; çünkü artık hükûmet birtakım mali meseleleri çözmek, vergi koymak, toplamak ve bayındırlık işlerini çözmek için mahalli halkın desteğine ihtiyaç duyuyordu; işte bu nokta çok önemlidir; mahalli halkın desteği nedeniyle seçime gidilmesi gerekiyordu. Kimler halkı temsil edecek, oluşan kurullara girecek? Mesela "muhassıllık meclisleri" kurulmuş: Tanzimat döneminde, bunlar vergileri devletin memurlarıyla birlikte tarh ediyor, koyuyor ve topluyor; bu meclise Müslim ve gayrimüslim olarak mahalli halkın temsilcileri geliyor. Artık asr-ı Tanzimat'ta bunlar nasıl seçilecek? Gayet iptidai fakat oldukça sağlam bir usulle Başbakanlık Osmanlı Arşivi'ndeki 6 Nisan 1840 (3 Safer 1256) tarihli bir vesikada bu açıkça tarif edilmektedir: Bu kurullara girecek adaylar önce mahkemeye gelip isimlerini kaydettirecekler. Sonra seçmenlerin oyuna başvurulacaktı. Seçmenler ise kazaya bağlı köylerden kura ile saptanan beşer kişi ve kaza yerleşme merkezlerinde de o yerleşme biriminin büyüklüğüne göre akıllı, ahlak sahiplerinden 25 ilâ 50 kişi olacaktı. Hiç şüphesiz ki asalet sisteminin yer almadığı Türk-Osmanlı cemiyetinde bu gibi işler için öne çıkanlarda aranan "eshab-ı emlakten" olmak yani emlak sahibi olmak, ona göre vergi vermek, dürüst bir yaşam sürmek ve idare makamının takdir edeceği bir şekilde sadık bir kişi olmak ya da tebaa-yı şahane'nin sadık kısmından olmak belirtilen şartlardı. Adaylar bu vasıflara sahip oldukları takdirde, sözü geçen seçmen grubunun karşısına çıkarılacak ve bunların her biri için tek tek oy verilecekti, yani tamamen açık sistem... Adayı beğenenler bir tarafa, beğenmeyenler bir tarafa ve ona göre de bir kurul teşkil edilecekti ve sistem herhalde böyle devam etmiştir. Ne zamana kadar? 1293 yani 1876 yılı sonunda çıkan Kanun-ı Esasi'ye kadar... Çünkü Kanun-ı Esasi ile kurulan meclise bile vilayetlerden gelen üyeler bu şekilde seçilmiş, meclis-i idarelere girmişlerdir. 1864 Vilayet Nizamnamesi ve ondan sonra bunu yeniden düzenleyen 1872 Vilayet Nizamnamesi her vilayette valinin yanında bir "meclis-i idare" olmasını, mutasarrıfın yanında bir "meclis-i liva", kaymakamın yanında bir "kaza meclisi" kurulmasını öneriyordu. Burada memurlar, hâkim, müftü gibi adamların yanında, gayrimüslimlerin ruhani reisleri ve iki Müslüman ve iki gayrimüslim seçilmiş üye bulunmasını öngörüyor. Şimdi bu bize çok basit gibi görünen seçim sistemi zaman zaman bir şekilde ihlal edilse veya vilayetlerde, kazalarda, sancak merkezlerinde eşrafın hâkimiyetini getirse de zaten bu insanların eshab-ı emlakten olması gerekir, yani parasız insanların politikaya girmesi mümkün değildi.

Taşra Halkı Tanzimat'tan Beri Seçim Yapıyordu

Bu gelişme o devirde bütün dünyanın anlayışına uygun bir statüydü. O yüzdendir ki 1293, yani 1877'de toplanan Meclis-i Mebusan ki kısa ömürlü oldu; bu mecliste vilayet idare kanunu ve belediye kanunu tartışıldığı zaman, seçim faslında bu husus çok açık görülüyor, taşradan gelenler çok açık bir şekilde diyorlardı ki "Bu İstanbullular ilk defa seçim gördüler, bizler ise ibtida-i Tanzimat'tan yani Tanzimat devri başından beri seçim usulüne alışmışız ve tatbik ediyoruz. Daha fazla sandık tecrübemiz var."[39] Bu doğrudur. İstanbul'a göre daha fazla tecrübelilerdi, çünkü bütün vilayetlerde sırf bu meclis-i idareler değil, Maarif Komisyonu, Nafia Komisyonu gibi ihtisas kurulları vardı ve üyeler seçiliyor ve bu devirde de birçok şehirde "Meclis-i beledi"ler mevcuttu. II. Abdülhamid döneminde birtakım *muteberan* listeleri hazırlanıyor. Kurullara üyelik ve *muteberlik* belirli şartları öngörüyor; vergi miktarı, emlak miktarı ve davranış ve yaşayışlarındaki iffet esasına göre seçimler yapılıyor.

Bir deyim bir olay; Ege'deki bir kasabanın merkezinde biri buradaki tarihî bir taş kahveyi bir gece için birisi eğlence için kiralamak istedi. Yani kapatmak istedi. Kahvenin sahibi der ki "Biz eshab-ı emlakteniz. Bura böyle kapatılır mı, biz ne yapacağız, gelen insanlar nereye oturacak?" Bu, sırf bir amme hizmeti anlayışındaki kesintiyi ifade ettiği için oldukça önemli bir çıkıştır, o kahveye ahalinin gelmesi ve hizmet edilmesi ve ne olduğunun gözlenmesi geleneksel bir vazifedir. Belki artık

39 Edirne meb'usu Rasim Bey, "Biz taşralıyız. Bu işi elbette daha iyi biliriz. Biz ibtida-i Tanzimattan beri bu işin içindeyiz, İstanbul daha bu sene intibaha girdi." H. T. Us, *MMZB*, 7 Nisan 1877 oturumu, s. 84-85; İlber Ortaylı, *Osmanlı'da Değişim ve Anayasal Rejim Sorunu*, İş Bankası Kültür Yayınları, İstanbul, 2019, s. 284.

öyle cereyan etmiyor ama eskiden beri öyle olagelmişti. Bu sistem II. Meşrutiyet'te tatbik edildi. II. Meşrutiyet seçimlerinin birincisi oldukça sıhhatli cereyan etmiştir, ikincisi yani İttihat ve Terakki'nin darbeden sonraki hâkimiyeti devrinde yapılan seçim ise *sopalı seçim* adıyla anılır. Orada oldukça güdümlü bir seçim sistemi tatbik edildiği çok açıktır. Cumhuriyet devrinde hiç şüphesiz ki tek parti idaresi vardı; ama çift parti idaresini de gördük. Terakkiperver Fırka seçim yaşamadı ama muhalif olarak kitleler boy gösterdi. Serbest Fırka ise milletvekili değilse de belediye seçimlerine girdi ve hayli rey kazandı. Terakkiperver Fırka da 1925 Haziran'ında kapatılan bir partidir.

Burada esas olan çift dereceli seçimdir. Biz ancak müntehib-i evvelleri seçiyor, müntehib-i sani oluyoruz. Müntehib-i evvel, müntehib-i saniyi, yani ikinci seçmenleri seçiyor, onlar da hükûmete rey veriyor. Bu Amerika'da tatbik edilen bir sistem ama ikinci seçmenler birincinin reyine o kadar bağlı ki ona göre hareket ediyorlar, sistem böyle işliyor.

Genel çerçevesiyle 1946 seçimlerinin hadiseli ve baskılı geçtiği; "açık oy, kapalı tasnif"in hadise yarattığı, buna karşılık yeni seçim kanunuyla birlikte 1950'den itibaren "kapalı oy, açık tasnif" sisteminin yerleştiği ama buna rağmen 1957 seçimlerinin bu yüzden büyük ölçüde dedikodulu olduğu, sandık kaçırıldığı, postanelerin kullanıldığı, seçime müdahale edildiği, posta telefon müdürünün istifaya zorlandığı olaylar çerçevesinde gerçekleşmiştir. Fakat şunu söylemek gerekir ki bu söylentilerin dışında Türkiye, 1946'dan beri düzenli bir seçim kurumunu götürüyor. Bu hal dünyada birçok ülkede yoktur. Hepsi BM veya Avrupa Konseyi gözlemcileriyle iş yapıyor. Bugüne kadar da sandık demokrasisi aksamadan gitmiştir. Üstelik her şeye rağmen sandığa güvenen bir Türk halkı söz konusu... Hem sağ hem sol eğilimli gruplar, esas itibariyle millet sandığa güveniyor. Sandık güveni son derece önemli. Seçim sistemi üzerinde bu bakımdan çok açık ve hassas davranmalıyız. Türkiye'de ihlâl edilemeyecek bir düzen mevcuttur; bunun maziye dönüşüp kalmaması gerekir.

Tek Parti Döneminde Seçimler ve Muhalefet

Tek parti dönemindeki süreç şudur: Partinin adayları gösterilir. Bu çok açıktır, yani partinin adaylarını vilayetlerde valiler önerir. Vali aynı zamanda belediye reisi olmasının yanı sıra kurulan halkevinin de reisidir ve partinin mahalli başkanıdır. O, "vilayetten şu kişi, bu kişi" diye bazılarını önerir. Onu kaale alırlar fakat bazı merkezlerdeki beyefendileri de liste başına koyarlar (neredeyse bugünkü sistem gibi ama bugün bazı etkin grup ve güçler var). Bu yüzden temsil ettiği vilayeti gidip görmeyen mebuslar vardı. Veyahut belki bir kere zorla gönderilerek gitmiştir. Zaten gitse dahi ne yapacaktı? Çünkü o devirde milletvekilinin bugün olduğu gibi vilayetin işleri konusunda valiye müdahale etmesi, valiyle çatışması, vali dururken gidip onun birtakım işleri takip etmesi düşünülemezdi. Çünkü bu fevkalade hiddete yol açardı. "Geldi, burada bizim yanımızda valilik yapıyor" denilirdi, hükûmet de burada valiyi tutardı.

O dönemin Türkiye'sinde esas olan düzen ve zabturabt meselesidir. Valinin veya askerî idarenin yanında böyle bir mebusun bırakın yerel bürokratlarla zıt işleri tertip etmesi, ortaya çıkıp görünmesi bile hoş karşılanmaz. Onun için "tek parti dönemi milletvekili vilayetine gitmemiştir" sözü pek anlamlı bir eleştiri sayılamaz. Tabii bir de meclisten çatlak ses çıkmaz; bu, genel kurul kuralıdır. Öğleden sonra Ulus meydanında ve sonra İstasyon ceddesindeki meclis binasında meclis toplanır, mebuslar tek partinin üyeleridir, kanunlar geçer. Hatta bir ara bir Trabzon milletvekili (Raif Karadeniz) "Kanunun dilinde bir terslik var" deyince ancak fark edip komisyona göndermişler. Görüldüğü gibi en teknik anlamdaki yanlışlara rağmen tasarılar komisyondan gelir ve meclisten tek parmak geçer. Fakat sabah aynı yerde parti grubu toplanır, yani aynı kişiler burada olmasına rağmen çok farklı bir durum söz konusu; önümüzdeki ve elimizdeki zabıtlardan, hatırattan, bilinenlerden takip ediyoruz ki bizdeki tek parti grubu toplantısı, İtalyan Parlamentosu veya Reich Meclisi değil kesinlikle; tek parti grup toplantısında her şey konuşuluyor. Geniş yelpazeye mensup milletvekilleri var, grupta kanunlar, kanun tasarıları veya politikalar sağdan soldan pekâlâ eleştiriliyor. Elbette bazı tabular var, başbakana karşı çok ölçülü davranmak zorundasın. Cumhurbaşkanımız, ulu önderimize hatta sonra Milli Şefimiz İnönü'ye katiyen dil uzatamazsın. İnkılabın belirli prensipleri aleyhinde konuşmanız, fikir yürütmeniz katiyen söz konusu değil. Ama bunun dışında, birtakım konularda çok ciddi bir liberalizm ve sosyalizm eğilimleri bile çatışıyordu. Hükûmetin tedbirlerinin otokratik olduğu, iktisadi politikasının yanlışlığı eleştiriliyor ve bu eleştirilerle gruplar oluşuyordu. Yani 1946'da ortaya Demokrat Parti ardından Millet Partisi çıktığı zaman, o insanların çok da tesadüfen farklı partilerde toplanmadığını bilelim... Maalesef parti grup toplantılarının zabıtları bir yerde toplanmışsa da parti arşivleri olmadığı, kısmen TBMM Başkanlığı'na da teslim edilenler de bizde arşivleri koruma geleneği olmamasından dolayı yitip gitmiştir. Cumhuriyet dönemi tarihçileri için talihsiz bir durumdur. Daha önce siyasi bir hatta girmişlerdi. Orada zaten bir oluşum mevcuttu. Bir de o zaman uzun süreli milletvekilliği de vardı. Bugünküne göre mebuslar şu veya bu şekilde mecliste daha çok kalıyorlar. Bunları göz önüne almak lazım. Belediye reisi zaten ekseriyetle mülki amir oluyor. Hatırlıyorum; 1961 Anayasası'nın varlığına rağmen -ki ben 1963'te Kastamonu ve Zonguldak'ta turizm envanteri için kazalara gittim- belediye reisi olan zat, kaymakamın yanında dolaşıyordu. Hatta "reis" deniyor ama kaymakam ona emir dahi veriyordu. Bugün ise durum tamamen tersi şeklinde işliyor. Belediye başkanları, merkezin otoritesine yeterince saygılı bile davranmayabiliyorlar. Muhtarlar haliyle tepeden aşağıya bir hiyerarşinin parçasıdır. Denilebilir ki tek parti, asrın teknolojisinin yardımı, mevcut ideolojinin düzenliliği, bürokratik kadroların bu ideoloji çerçevesinde daha bir kenetlenmesi dolayısıyla belki de Osmanlı devrinde olmayan bir hiyerarşiyi, bir otoriter yapıyı getirmişti.

Serbest Fırka'ya Gösterilen İlgi CHP'nin Muhafazakâr Kesimini Ürküttü

Serbest Fırka deneyimi çok ilginçtir; parti dünya iktisadi buhranı sırasında kuruldu ve seçime girdi. Burası zirai bir ülke, yüzde 85'i köylü. Birtakım köyler daha pazara açılmamıştı, yani otantik ve otarşik bir yapı içinde yaşıyorlardı. Karşımızda yorgun bir ülke vardı. Cihan Harbi, Balkan Harbi ve sonrasının yükü üstünden geçmiş, işgale uğramış. Eli saban tutan iyi köylüyü, balyoz çekiç tutan nalbantı ve mekteplileri cephelerde şehit olmuş; nüfus problemlerini, salgın hastalıklarını halledememiş Türkiye'de rejim değişikliği ve bir medeniyet değiştirme süreci söz konusuydu. Dahası bu durgun iptidai iktisadi sistemi değiştirecek kadrolar yoktu; köylü fakir, uygulanan sistem rahatsız edici ve tüm bunlar değişime hazır. Solcusu da, sağcısı da memnun değil, birtakım tüccarlar da kendilerine fırsat verilmediğini söylüyorlar. Serbest Fırka bugünkü İslamcı, komünist denilen, liberal geçinmek isteyen kişilerden, iş sahibine, kasaba esnafına kadar herkesi toplayan bir hareket oldu. Fethi Okyar'ın böyle bir şeyi yönetecek bir önder olmadığı da açık. Partililer kendileri mürteci(!) akımın kuvvetinden korktu. Gazi Paşa'nın hemşiresi (Makbule Hanım) dahi "Yalova köylerinde dinci propaganda yapıyor" denildi. Hoş, vilayetlere akıllı adamlar da girmiş. Örneğin Aydın il başkanı kim? Halk Partisi'nde olup daha sonra Serbest Fırka'ya geçen Adnan Bey (Menderes). Adnan Bey'e sonradan Gazi Paşa biraz da serzeniş ile ne istediğini sormuş, Adnan Bey konuşunca bakmış ki bu akıllı bir genç, bir yedek subay, İstiklâl Harbi gazisi; kendisinden anlattıklarının rapor halinde sunmasını istiyor ve bir müddet sonra Adnan'ı (Menderes) Halk Partisi'nden mebus yaptılar. Yani anlattıklarını rapor almak istiyor ve akabinde aynı partinin adamları ve haklı söylemleri var. Ancak Serbest Fırka hareketi çok büyümüştü ve İzmir bugün olduğu gibi o zaman da muhalefet merkeziydi. Serbest Fırka'yı tutuyordu. Belediyelerde çok başarılı oldular. İzmir, ikinci şehir olması sebebiyle bu dönemde oldukça önemli. O zaman iş tehlikeye girdi. Rejimin tehlikeye gireceği, bilhassa irtica tehlikesi Halk Partisi'ni çok ürküttü. Partinin içindeki belirli çevreler Serbest Fırka'yı kapattırdılar. Kimse de o zamanlarda buna bir önem vermedi. Çünkü Avrupa dünyası dahi demokrasiyi kendi tatil ediyordu, hem de süresiz olarak ve ismini koyarak. Biz de kendi yolumuza gittik. Peki bunun sonucunda ne oldu? 16 sene sonra yine karşımıza geldi. 16 sene çok uzun bir devir değil. Türkiye öyle uzun süreli despot yönetimlerle, despotizmle yönetilmiş bir ülke değil. Türk aydını kronoloji, senkronoloji sevmez. Dahası yaptığı mukayeseler toptancıdır. Burası demokratik seçim tarzının bilinen zamanlardan beri çok büyük kopmaya uğramadığı, partileşmenin Batı Avrupa'ya göre geç kaldığı ama çok orijinal olarak kurulduğu bir ülkedir. İttihatçı düşünce, İttihatçı örgütlenme, İttihatçı misyon, yani "şiar" çok orijinaldir, Balkanlara dayanır. Burada Sudan'ın eski Ankara büyükelçilerinden Diab'ın Libya'daki bir konuşmasından alıntıyla konuyu noktayalım. Diab 1982'de Trablusgarb'ta bir seminerde Libyalılara dedi ki "Siz Arab münevverleri şunu bilin, uzak Anadolu'daki bir köylü bile sizden daha aydınlık kafalıdır."

1877 Mebusan Meclisi'nden beri partiler ister bulunsun veya bulunmasın Türkiye parlamentolarında sınıf esası üzerinden gruplaşma göze çarpmaz. Türkiye Cumhuriyeti işçi (amele) hakları ve himayesi üzerinde tartıştı ama böyle bir siyaset oluşamadı.

Yakup Kepenek'in Türkiye iktisat tarihi üzerindeki önemli eserinde de belirtildiği gibi: 1930'larda; 1473 işletme Sanayi Teşvik Yasasından yararlanıyordu (yani bunlar basit esnaf atölyesi ve dükkan değildi. Harb içinde bunların sayısında 1/3 oranında azalma görüldü. 1920'lerde çoğu özel şirket çalışanı ve patronu aile içi hatta tek kişiden oluşurdu. Sanayi işletmelerinin %44'ü basit tarımsal sanayi, %23'ü ise dokumacı, sabuncu gibi dallardır. Maden çıkarma istisnaidir, fakat burada da devlet hakimdir.[40] Şartlar geniş bir işçi sınıfının oluşumuna maniydi. Ancak 1930'larda iş yerlerindeki ortalama işçi sayısında artış vardır. Bunlar kullanılan tarımsal arazinin önemine bakarsak, tarımsal alanda işçi sayısı ve toprak temerküzünün sınırlı kaldığı görülür. Bu alanda Bulgaristan ve Romanya'daki gibi geniş komşulardan daha değişik bir skalada (basamakta) idik. 1935'te nüfusun sadece %17'si on binden fazla nüfusu olan şehirlerdir.

1945'ten sonra artan nüfusla birlikte şehirleşme de artmaya başlamıştı. Tarım arazileri ekilebilecek miktarın hâlâ çok altındaydı ve tarım teknikleri ziraat eğitimine rağmen radikal bir şekilde düzelemedi. Durum, bereketli ve ihracata açık Ege, Trakya ve Marmara havzalarında da böyleydi. Bu gelişmeler ve makineleşme İkinci Dünya Savaşı sonrası Marshall yardımı dönemini bekleyecektir.

Korkut Boratav'ın Cumhuriyet dönemi üzerine analizleri farklı kitaplarda toplanmıştır. *Türkiye İktisat Tarihi* dönemi kavrayacak en geçerli yorumlardan biridir. 1946-1953 ekonomik göstergelerinde hızlı bir büyüme görülüyor; ama ilk safhada bu uzun harbin sıkıntı ve ihtiyaçları karşılayamaması 1952'den sonra ülkenin çehresini değiştirecek ticari atılım dolayısıyla telafi edilecektir. Ancak ithalat için gerekli miktar gene sınırlı Marshall yardımından çok harb içinde ister istemez ithalatı geçen ihracatın getirdiği birikim olmaktadır. Boratav, 1954'te bu ilk patlamanın tıkanmasından söz ediyor.

40 Yakup Kepenek, *Türkiye Ekonomisi*, Remzi Kitabevi, 2019, s. 75-86.

Altyapıda önemli ama yeterli olmayan bir gelişme vardı. Asıl uyum ve gelişme 1960 ve 70'lerin ilk yarısındaki mühendislik dönemidir.

Hemen İkinci Dünya Savaşı'ndan sonraki planlama ve atılım, bu savaş sırasındaki duraklama ve sonraki genişleme için diğer etraflı bir analiz de İlhan Tekeli ve Selim İlkin'in *İkinci Dünya Savaşı Türkiyesi* kitabıdır.[41] İkinci Dünya Savaşı sırasında tüccarın muhtekire dönüşmesi âdeta kaçınılmaz bir gelişmeydi, fakat bunun dışında kontrol mekanizmasının acımasızlığa rağmen daha büyük yıkımları engellediği de görülüyor. Burada aynı şekilde bir manüfaktür ve küçük sanayinin gelişimi için uygun bir çekirdek oluşmaktadır.

41 İlhan Tekeli-Selim İlkin, İkinci Dünya Savaşı Türkiyesi-İktisadi Politikaları ve Uygulamalarıyla, İletişim Yayınları, İstanbul, 2014.

Seçim barajı nasıl ortaya çıktı?

Biz 1946'da çok partili sisteme geçtik; fakat çoğunluk usulü seçim sistemiyle. Bir vilayette A partisi 520, diğeri 530 rey alıyor; arada çok az farklar olabiliyor. Reylerin hepsi, bütün mebus listesi, yani 530 rey alana çarşaf usulü gidiyor. Bu tabii çok zorlu bir süreçti, bu yüzden ikili adaylık sistemi getirilmişti. Mesela İsmet Paşa, Malatya ve Ankara'dan aday gösterildi. Ankara'da kazanamadı, çünkü Ankara o zaman CHP'ye rey vermedi. 1950'de Malatyalı milletvekili olarak meclise geldi. 1946'da daha da kötü bir şey vardı; seçilenleri bir de Meclis'in kabul etmesi gerekiyordu. Yani kulüp gibi meclis arasına kabul ediyordu. Mesela Zeki Sporel elenenlerden biriydi. Seçilip gelen adamı meclis kabul etmeyebiliyordu, bunun sonucunda o kişinin milletvekilliği düşüyordu. 1950'ye gidildiğinde çoğunluk sistemi değişmedi. Halk Partisi 1946 ve 1950'de bu sistemi savunmaya devam ediyordu. Hatta İlhan Arsel'in anayasa kitabında 1950 için bu sistem savunulur. Peki 1950'de iyi olan seçim sistemi 1954'te neden değiştirilmek istendi? Aslında

CHP, bu sistemi 1946 yılında kendisi getirmişti; işte bu da Türk politikasındaki uzağı görmezliktir. "Atın kimi tepeceği belli olmaz" derler, onun gibi bir durum... Maalesef Demokrat Parti de her şeye rağmen çoğunluk sistemini kaldırmalıydı. Yani iç göçün, sanayileşmenin, şehirlerin büyümeye başladığı bir Türkiye'de çoğunluk sistemi kaldırılmalıydı ama bu yapılmadı ve açıkça belirtilmeli ki sonunda bir felakete sebebiyet verdi. O yüzden 1961 Anayasası ve seçim kanunu ile nispi seçim sistemi getirilmiştir. Nispi temsil ilk anda koalisyona yarıyordu ve o zamanki muhalifler (Adalet Partisi) bu nispi temsile saldırdıkça, İsmet Paşa da 1965 seçimleri için "size bir iş edeyim de görün" havasıyla "millî bakiyye sistemi"ni getirdi. O sistem tamamıyla küçük partilerin artık oylarını topluyordu. Mesela TİP'ten Behice Boran, Urfa milletvekili seçildi. Bu sistem artık oylar ve kura mekanizmasıyla mümkün oldu. Urfa'daki münakaşalı pozisyona Behice Hanım yerleştirildi. Çünkü TİP'in bir artık oy toplamı vardı, bu ayrıca lehte hesaba katılıyordu. MHP de meclise o şekilde girdi. Fena mı oldu? AP zaten meclise iddialı girmiş. Yani mesele kalmıyor. CHP de ortada, sistem iyi de işledi. Türkiye 1965'ten sonra fikir bakımından çok değişti. Meclis pek çok konuya el attı, havası değişti. Bu sistemi, millî bakiyeyi kaldırdılar, nispiye geri dönüldü. O zaman çok iyi hatırlıyorum; TİP de MHP de oldukça düştüler, ikişer üye ile grup kuramadılar. Mecliste anlamlı bir güçleri kalmadı ve varlıkları hissedilmedi. Yeniden nispi sisteme dönülünce tartışmalar başladı. 1980 darbesinden sonra anayasanın ve getirilen seçim kanununun en önemli noktası Weimar Anayasası'ndaki "Küçük partiler olmasın" zihniyetinin burada da olmasıydı. Çünkü "Bunlar gürültü çıkarıyor" anlayışı hâkimdi. Dahası bunun bir de siyasi ve tarihî temelini ortaya koyuyorlardı; "Efendim Weimar Cumhuriyeti bu yüzden battı, yani Hitlerizmin gelişiyle Reichstag'da o kadar irili ufaklı, sağlı sollu, ortalı; monarşist veya cumhuriyetçi parti vardı ki ortalığı karıştırdılar ve sonunda Naziler kargaşa ve iş yapılamaması dolayısıyla çoğunluğu elde etti." Bu modeli öne sürerek hep de haklı çıkarlar, hâlbuki haksızdırlar. İktisadi krizin ya da anormal zamanların olayını her zamana yaymanın manası yoktur. Sıkıntı olur diye "bütün sabunları eritip evde biriktiriyor musunuz?" veya "bir odaya yiyecek yığıp küflendiriyor musunuz?" Harbte sabun olmayınca böyle yapılıyor ama bunu her zaman yapmak mantıklı mı? Maalesef bu gülünçlüğü siyasi hayatımızda çok yapıyoruz. Dahası, yüzde 10 barajıyla işi idare etmeye kalkıyoruz. Yüzde 10, bu anlayışın devamıdır. Yüzde 10'u 1982 Anayasası getirdi. Turgut Özal ve ANAP buna çok bayıldı. Çünkü kendisinin işine yarıyordu. Bu, muhalefettekiler tarafından tenkit edildi ama kendileri iktidar olunca vazgeçemediler. Bu sistem bugün de bu şekilde devam ediyor. Emin olunuz kıyameti koparanlar arasından birisi iktidara gelirse bu kuraldan hiçbir şekilde vazgeçmez ama bu bir çıkar yol değildir. Çünkü gelecek olan zaten geliyor. Bunun muhtelif yolları mevcut. Seçim münakaşaları sistemi sadece yıpratıyor. Bu konuda Avrupa toplumlarını örnek almaktan da vazgeçmeliyiz. Yüzde 5'i Almanya getirdi, ama 1968'de akılları başlarına geldi. Çünkü APO yani (*Ausserparlamentarische Opposition*) dedikleri meclis dışı muhalefet ortalığı altüst etti. Eğer o muhalefet meclisin içine girseydi –ki girdi sonradan– iş daha düzenli gider, kimsenin huzuru kaçmadan işler yapılırdı. Bu bakımdan kuşkusuz seçim sistemleri üzerinde dururken bu örneklere bakmak lazım. Belirli tarihî anlardaki tarihî zaruretleri örnek göstermek geçerli bir sistem değildir. Hele Türkiye'de bu hususa çok dikkat edilmesi gerekir. Bu memleketin belirli bir seçim tecrübesi vardır. Bu memlekette seçimlerde olay olmuyor ama böyle zorlamalar başlarsa olabilir ve o zaman geri dönüş için çok geç olur.

CUMHURİYET'İN ULAŞIM HAMLELERİ

Ankara'daki ticari sınıf, demir yolunun kente gelişinin ardından kendini ispat etmeyi başarmıştı. "Demir yolu ile İstiklâl Savaşı arasında nasıl bir bağlantı vardır?" diye sorulabilir, pekâlâ vardır. Sultan Abdülaziz devri boyunca ancak İstanbul'dan İzmit'e kadar iki yılda tamamlanabilen demir yolu, demir yollarının imparatorluğu kurtaracağına inanan Sultan Abdülaziz'i hayal kırıklığına uğratmıştı.

Sultan Abdülaziz iki alanda fevkalade ısrarlıydı; donanma ve demir yolu. Kuvvetli bir donanmayla Rusya'ya karşı Karadeniz'de hâkimiyeti yeniden kurarak Kırım'ı tekrar fethetme emelinde gerçi muvaffak olamadı, ama Donanma-yı Hümayun büyük harcamalarla büyüdü, gemi sayısı bakımından güçlü devletlerle yarışır hale geldi; lâkin o donanmayı götürecek yeteri sayıda bahriye subayı, assubay ve teknisyen yetiştirilemedi ve tersanelerde beklenen modernleşme sağlanamadı. II. Abdülhamid döneminde donanmanın tamamen ihmal edilmesinde bu ölçüsüz büyümenin ve onu karşılayacak bütçenin eksikliğinin de etkisi vardır.

Sultan Abdülaziz isabetli bir kararla demir yollarına da önem verdi, ancak isteneni sağlayamadı. Rumeli demir yolları, mesela Bosna-Hersek gibi imparatorluğun önemli bir parçasına uzanamadığı gibi, Adriyatik kıyılarına da ulaşamamıştır. Anadolu kıtasında da İzmir-Aydın hattı ve İzmir-Bandırma hattı ilki İngiliz, ikincisi Fransız imtiyazıyla inşa edilebildi.

Sultan Abdülaziz'in millî teşebbüs olarak kurmak istediği Anadolu hattı ise İzmit'te tıkanmıştır.

Anadolu ve Mezopotamya'nın zenginliklerini inceleyip değerlendirmek isteyen Alman sermayeli şirket için imtiyaz alıp demir yolunu döşemeye başlamak, II. Abdülhamid devrinde gerçekleştirilen önemli bir yatırımdır. Demir yolu için verilen garanti akçesi Osmanlı maliyesi için ağır bir borçlanma getiriyordu ama Almanların demir yolu döşeme tekniği de Fransız ve İngilizlerinkiyle mukayese edilemeyecek kadar hızlıydı.

4 Mart 1889'da Osmanlı Anadolu Demir yolu Şirketi olarak teşkilatlanan Alman sermayesinin arkasında İngiliz ve Fransız bankacılığına göre daha etkin yöntemlerle çalışan Deutsche Bank vardı. 2 Haziran 1890'da 40 kilometrelik Adapazarı hattı tamamlandı. 16 tünel, birçok köprü ve 180 km'ye ulaşan tepelerin yarılmasıyla açılan güzergâhtan geçerek hedefe ulaşan demir yolu 1892'nin son gününde Ankara'daydı. Üç sene içerisinde 500 km'ye yakın yol inşa edilmişti.

Ankara halkı ne zamandır bu yolu bekliyordu. Dilekçeler yazıyorlardı, hatta bağış kampanyası dahi düzenlemek istediler; daha ısrarla bu yolu bekleyenler ise Kayseri'nin imalatçı ve tüccarları, lâkin demir yolunu göremediler. Tertipledikleri deve kervanları ile taşıdıkları malı Ankara'dan daha batıya tenzilatlı olarak sevk etmek için şirketle bir sözleşme yaptılar. Kayserilinin önünde hiçbir engel duramazdı. Mühürlü kervan hamulesi Ankara'dan başlayıp Hamburg'a kadar tenzilatla sevk edilecekti. Anadolu demir yollarını Cumhuriyet rejimi, doğuya-kuzeye Karadeniz'e, güneydoğuya uzattı. Karayolları ise İkinci Harb'ten sonradır. Yandaşlık vardır, ama Türkiye'de gidilmeyen kasaba kalmadı. 1970'lerde ise köy yolları büyük sorun olmaktan çıktı.

27 Aralık 1919'da Ankara'ya ulaşan Mustafa Kemal Paşa'nın burayı merkez seçmesinin başlıca ve tek nedeni kendisini

ekseriyetle ve sıcak bir destekle karşılayan Ankara halkı ve eşrafı değildir; demir yolunun ulaştığı bu noktadan direniş de, savunma da, ileriki taarruz da daha kolay başarılacaktır. Nitekim Aralık ayında Ankara'ya gelen bu yol, Osmanlı iktisadi tarihinde Rumeli'den gelen göçmenlerin hat boyuna yerleşerek Anadolu'nun tiftik ve tahıl zenginliğinin Avrupa'ya sevk edilmesine neden olduğu gibi, 1896'da Yunanistan'la yapılan savaş sırasında ordunun ilk defa Anadolu buğdayı ile beslenmesini sağlayabilmiştir.

27 Aralık 1919'da da aynı şehir bir bakıma demir yolu savaşı sayesinde kazanılan kurtuluş hareketinin merkezî noktası olmuştur.

Ankara ilginç bir şehirdi; bugünkü Kayseri'nin ve Kırşehir'in de dâhil olduğu koca bir vilayetin merkeziydi ama nüfusu ancak 20 bin civarındaydı. Tarih boyu önemli bir merkez olmasına rağmen nedense nüfusu azdı. 16-17. asırda önemli bir ihracat merkezi sayılırdı. Dünya müzelerinde 15-17. asırlar boyu Ankara sofu ve tiftik yününden dokunan kumaşlar teşhir edilir. Ankara'da Roma hamamı harabelerinde hammaddeyi ve mamul kumaşları satın almak için gelen Avrupa tüccarlarının kabirlerine rastlanıyor. 19-20. yüzyıl başlarında da bu ticaret nedeniyle birkaç konsolosluğun ve yabancı okulların bulunduğu bir şehir haline gelmişti. Ama görünüşü mütevazı, hatta fakir sayılabilirdi. Bu görünüşe aldanmamalı; ticari atılıma hazır ve dünya ile bütünleşme yeteneğine sahip bir sınıf, demir yolu sayesinde kendini ispat edebilmiştir. İyi tüccar ve üretici muhafazakâr ve tasarruflu (muktesid) yaşam sürer.

1945 VE SONRASI

İKİNCİ DÜNYA SAVAŞI VE ETKİLERİ
YENİ TÜRKİYE'NİN BİÇİMLENİŞİ

İkinci Dünya Savaşı 76 yıl önce bitti. Eskilerin deyimiyle, "bad-ı harab el Basra" denemez, doğrusu nice Basraların harab olması pahasına bitti ve yeni bir dünya doğdu. Savaşın getirdiği sıkıntıların bitimi için bu 76 yıl sözünü kullanmak da doğru değildir. İnsanların çektiği sıkıntı ve uğradıkları yıkım daha yıllarca devam etti. Ailelerin parçalanmışlığı, vatansız kalanların sürünmesi halen sürüp gidiyor. Leningrad savunmasında açlık çeken çocuklar, savaş biter bitmez karınlarını doyurabilmiş değildi. Yıllarca sütü ölçüyle içtiler, yumurtayı görmeden büyüyenler çoğunluktaydı. Stalingrad, Kiev, Harkov, Varşova'da Alman işgalcilerin sokaktan toplayıp Almanya'daki kamplara, fabrikalara ostarbeiterin olarak sürdükleri anaların çoğu, bir daha geride bıraktıkları çocuklarını göremediler. İkinci Dünya Savaşı, cephede öldürdüklerinden çok, geride yaşayan ölüler bıraktı.

Savaşan ülkelerin içinde en çok insan kaybına uğrayan (yirmi milyondan fazla) Sovyetler Birliği'ydi. Ama nüfusa oranla en çok yıkıma uğrayan ülke ise Polonya'ydı.

Her dört Polonyalıdan biri bu savaşın kurbanı oldu. Savaş masum sivil halkı yok ediyordu. Alman şehirlerindeki sığınaklar, Londra'daki mükemmel sivil savunma sistemi; Doğu Avrupa'da yerini derme çatma kazılan çukur ve hendeklere ve her türlü örgüt noksanlığına bırakıyor ve insanlar ölüyor veya senelerce sonra yaşadığı öğrenilecek kayıplar arasına karışıyordu. Savaştan şehirlerin parklarındaki ağaçlar bile kurtulamadı. Alman subayları evlerinde Noel çamı hazırlatmak için Kırım'da, Varşova'da parklardaki çamların tepelerini kırptırdılar. Çamlar artık boy atmayacaktı.

Ağaçlar gibi aileler de kurudu. Her Avrupa köyünün mezarlığında bunu görmek mümkündür. Pazar günleri, aynı ailenin erkeklerinin dizi dizi mezarlarını veya sadece anı taşlarını, o ailenin son ferdi olan yaşlı bir kadının ziyaret edişi somut bir görünümdür. Paris'teki bir müze-villada öğreneceğimiz bir zamanların ünlü Musevi banker ailesi Kamondo'ların hazin hikâyesi de böyledir. Ailenin son iki ferdinin biri savaşta ölen genç bir pilot, öbürü toplama kampında fırına gönderilen yaşlı annesidir.

Birinci Dünya Savaşı'nda cephenin gerisindeki hayatın kıtlık ve hastalıktan oluştuğu görülmüştü. Yiyecek kıtlığı İkinci Dünya Savaşı'nda sivil halk için artan boyutlarda bir problem oldu. Üstelik tecrübe üzerine yapılan düzenleme ve örgütlemeler her yerde aynı düzeyde değildi.

Orduya alınan üretken erkek nüfus tüketiciye dönüşünce, kentlerdeki yiyecek giyecek kıtlığı kaçınılmaz hale geldi. Ancak İkinci Dünya Savaşı'nda bombalanan demir yolları, batırılan filolar bu sıkıntıları arttırdı. Bir yanda taşınamayan tahıl çürürken, öbür yanda kentlerde açlıktan sokak aralarında insanlar kaskatı kesiliyordu. Leningrad gibi kuşatılan kentler en korkunç açlığı yaşarken; savaşa girmeyen ülkeler bile kıtlıktan paylarını aldılar. Türkiye'de ekmek azdı, giyecek yoktu, ilaç yoktu. İsviçreliler bile çikolata sıkıntısından, bazı ithal peynirlerin, yünlü ve pamuklu dokumanın yokluğundan sızlanıyorlardı. Savaşan zengin ülkelerin sade vatandaşı da açlıktan ölmese bile sürünür duruma gelmişti.

Alman kentlerinde soğan, tadı unutulan ve pastadan daha çok sevilen bir nimetti. İstasyon ve karayollarında, köylerden kaçak yiyecek satın alanlar yakalanıyordu. Köylüler yağ, et, peynir ve şarabı kentteki halkın değerli giyim eşyaları, gümüşü ve altınıyla değişiyordu. Banknota kimsenin itibar ettiği yoktu. Doğu Avrupa'da az gelişmişlik şartları içinde köylüler, savaş yüzünden yıkıma uğrarken; Batı Avrupa köylülerinin karaborsacılıkla dünyalıklarını doğrulttukları görülüyordu. Askerini iyi besleyen ordular, onlar esir düştüğünde de düşman kamplarında Kızılhaç aracılığıyla besletiyorlardı. Savaş hukukuna göre, Kızılhaç aracılığıyla beslenen bu savaş tutsağı askerlerin (yani İngiliz, Fransız, Hollandalı, Alman gibi) arasında, ünlü tarihçi Braudel gibi kitabının ilk müsveddesini kaleme alanlar da vardı. Ama böyle bir atıfete ulaşamayan ve gözden çıkarılan Sovyet ordusundan alınan esirler toplama kamplarına doldurulmuştu. İlk onların gaz odası denemesine tabi tutulduğu ileri sürülüyor. Belki fırınlanmıyorlardı ama açlığın ve bitlerin yardımıyla ölmeyi bekliyorlardı.[42]

Piyano Ormanı

Birinci Dünya Savaşı; orduların savaşı olacak ve birkaç ayda bitecek sanılıyordu. Ne Kayzer Almanya'sının bilgili kurmayları ne Büyük Britanya donanmasının kurt amiralleri bunun tersini düşünüyordu. Uzayan savaş şaşkınlık ve bıkkınlık getirmişti. Ama 1939-1945 Savaşı'na karar verenler çılgınlığa ve katliama baştan talimliydiler. Almanya'nın sade vatandaşları da bu çılgınlığı desteklerken uzun bir savaş olacağını tahmin ediyorlar mıydı? Hepsinin gördüğü ve hatırladığı savaş, yaşadıkları savaşla uzaktan yakından alakalı değildi. Öbür ülkeler ise canları ve insanlık onurları için savaştılar. İkinci Dünya Savaşı, aslında, cephe gerisindeki sivil halkın arasında daha fazla tahribat yapmıştı. Yağan bombalar şehirleri yerle bir etti. Bir

42 Böyle bir Kızılordu esir kampını en canlı anlatan kitap Varlık Yayınlarından 1950'lilerin sonunda çıkan Cengiz Dağcı'nın *Yurdunu Kaybeden Adamı*'dır.

de Almanların geleceğin uygarlığı için ortadan kaldırılmasını uygun gördükleri kentler vardı, Varşova gibi. Havadan attıklarıyla yetinmeyip üstüne dinamitleyerek eski eserleri ve tarihi semtleri tahrib ettiler. Paris gibi açık şehir ilan edilip paçayı, Leningrad gibi kendini savunduğu için namusunu koruyanlar, mukaddes olduğu için Roma gibi el sürülmeyenler şehirler de vardı. Ama bir de iki ateş arasında kalanlar vardı. Volga boyuna serpilen Stalingrad, nehrin bir yanından von Paulus ordularının bombalarını yerken, öbür taraftan da Sovyet ordusunun yangın bombalarının (Katyuşa) tahribine uğramıştı. Stalingrad ahşap bir şehirdi; ahşap evin en kıymetli eşyası yangından kurtulması umuduyla bahçelere çıkarılmıştı; şehir âdeta bir piyano ormanıymış.

Direnişin Böylesi

Direniş hikâyeleri, Fransa bu konuda çok propaganda yaptığından olsa gerek, akla hep bereli Fransızları getirir. Oysa gerçek direnişin destanı Polonya'da yazıldı. Polonya işgalciler için zor bir bölgeydi, buraya cezalı Alman subayları tayin edilirdi. Alman subayları rütbeleri görünmesin diye, yazın sıcağında bile trençkotla gezinirmiş. Çünkü omuzundaki apoletlerle rütbesini belli edenler, anında binanın birinin tepesinden taranıyormuş. Bir subaya karşılık onlarca Polonyalı kurşuna dizilince bu sefer başka sabotajlar onu izliyor ve meydana yığılan ölülerin etrafındaki sıkı kordona rağmen, ölülerin üstü kısa zamanda gül bahçesine dönüyordu. Almanlar binaları ateşe veriyor, "Direnişçiler ateşten kaçıp ortaya çıksın, biz de avlayabilelim" diyerek insanları toplayıp sürgüne, tarlalara ve fabrikalara, toplama kamplarına götürüyorlar. Parklar, otobüsler, umumi tuvaletlerin çoğu güvenlik gerekçesiyle "*Nur für Deutschen*" levhasıyla Almanlara ayrılmış. Gene de işgalcilerin hiçbir tedbiri Varşova gettosundaki ayaklanmayı önleyemedi.

İkinci Dünya Savaşı, rejimlerin ve ideolojilerin savaşıydı. Askerlerin arasındaki savaş, dinlere, ırklara ve inançlara karşı yürütülen yüz kızartıcı savaşın yanında kayboluyordu âdeta. Bu yönüyledir ki İkinci Dünya Savaşı sadece korkunç değil; tarihin en utanç verici olayıdır. Yahudiler ve Çingeneler görüldükleri yerde toplanıp yok edildiler. Komünistler ve sosyal demokratlar da aynı akıbete uğradı. Katolik papazlar da Nazilerin elinden kurtulamadı. Dachau kampından kurtulan bir yaşlı Yahudi ahbabmış, tevkif edildiği gün olan 10 Kasım 1938'i kastederek; "O günden beri Avusturyalı değilim" demiştir, oysa hali, tavrı ve şivesi ile tipik bir Viyanalıydı.[43] Savaş hakkında resmî tebliğler dışında bilgiler verenler dahi, yıkıcı muhalifler gibi ölümle cezalandırılıyordu. Bir iki muhalif grup üyesi öğrencinin, dili uzunların idamı baltayla veya giyotinle yerine getiriliyordu. İkinci Dünya Savaşı'nın en belirgin görüntüsü, daha doğrusu zihinlerdeki kalıntısı, tonlarla bombanın neden olduğu harabeler değildir; toplama kamplarındaki cesetler veya Rusya steplerinde sürüklenen sivil esirler arasında kucağında çocuğuyla kurşunlanan analardır. Savaşın zulmüne karşı, insanların ve toplumların tepkisi değişikti. Bugünün savaş aleyhtarı edebiyatının bunu verdiği söylenemez. Savaş aleyhtarlığı bile politikayla çarpıtılıyor. Macaristan'dan geçen esir vagonlarına, köylü kadınlar İsa aşkına soğan ekmek taşıyordu. Ukrayna'nın fukara halkı; yıkılan şehirlerden kaçan, daha doğrusu sürünen insanları doyurmaya, kurtarmaya çalışıyordu. Açlık çeken Yunanistan'a sıkıntılar içindeki Türkiye'den tahıl yardımı yapılıyordu. Öksüz çocuklarla ekmeğini bölüşenler, karaborsa yapanlar, tanımadığı savaş esirine yardım edenler, Yahudi ihbar edenler, insan fırınlayanlar hepsi bu dünyada yaşıyorlardı.

---

43 Diplom-ingenieur (yüksek mühendis) Rudolf Karlburger.

Ve kadınlar...

Savaşın zorluğunu şüphesiz en çok kadınlar ve çocuklar çekiyordu. Bu savaş bir bakıma babasını görmeden büyüyen çocukların ve erkeklerin bıraktığı her işi yapmak zorunda olan kadınların dramıydı. Aristophanes'in *Lysistrata*'sı, yüzyılların derinliğinden 20. yüzyıl insanına sesleniyordu âdeta. İkinci savaştan sonra, kadın haklarına kimse açıktan karşı çıkamamaya başlamıştı. Binlerce örnekle kanıtlanan olayların tartışmasına gerek görülmüyor artık. Evlilik dışı çocuk olayını en tutucu görüşler bile anlayışla kabullendiler. Ölümle hayatın arasındaki hassas denge; insanları eski geleneklerle değil, duygularla yaşamaya zorluyordu. Savaş bittiği anda, doğumlarda da artış başladı. İnsanlık var olma savaşı veriyordu. Erkek nüfusu azalmıştı, kadın hakları savunuculuğunu bırakıp teaddüd-i zevcât kurumunu öneren hatun kişiler de bu arada ortaya çıktı.

Savaş bazı ülkeleri haritadan sildi. Kısacık ömründe bulunduğu yerde veya iltica ile üç ülke değiştirip yeniden hayat kurmayı deneyen birey ve topluluklar az değildir. Avrupa'nın ortasında ve doğusunda bulunan Alman nüfus, Almanya'ya doğru itildi. Tüm Avrupa'da Yahudi nüfus büyük ölçüde azaldı. Avustralya, Kanada, Birleşik Devletler milyonlarca Doğu Avrupalı göçmenle doldu. Bunlar geçen yüzyıllardaki gibi kendi istekleriyle "cennete" gelen türden değildi. Evsiz kaldıkları için sığınan toplulukların ruh hali içindeydiler. İsrail diye yeni bir vatan kuruldu. Dünyanın bir ucundan öbür ucuna topluluklar taşındı durdu. Savaş Avrupa'yı uygarlığın merkezi olmaktan çıkardı. Bu çıkış rezilce biten, başarısız bir sınavla oldu. Alman Avusturya üniversiteleri eski parlaklığını; Berlin, Viyana, Prag eski aydın çevrelerini kaybettiler. ABD, Avrupalı aydınları ve akademisyenleri vantuz gibi çekerek yeni bir Rönesans dönemine girdi. Avrupa, Amerikan hayat tarzını benimsedi. Çevre kirliliğini arttıran sentetik maddeler hayatımıza girdi. Bolca plastik ve özellikle sabun kıtlığında Alman kimya sanayiinin buluşu olarak ortaya çıkan deterjan...

Sade vatandaş kesin seçimler yapmak ve ağır faturalar ödemek zorunda kalmıştı. O bir anda tarihi yapan öğe oldu. Ya yurdunu işgal edenlere karşı savaş veren direniş örgütlerinin ortasında buldu kendini ya da iş birlikçilerin arasında... Ya komşusu Yahudi'yi ihbar etti ya da prensipleri uğruna canını tehlikeye atarak onu yıllarca sakladı.

Dünyanın yeni düzeni; yeni rekabetler ve yeni kinler yarattı. Ama kimse isteklerini kabul ettirmek için savaşa cesaret edemiyordu. Avrupa'nın küçük adamı savaşın ne olduğunu anladı, kimse onun savaşçılığına artık güvenemezdi. Ama başkalarının savaşmasına karşı gereken hassasiyeti göstermediği gibi savaş endüstrisinden geçinmeye de itirazı yoktu.

Savaş Türkiye'ye olağanüstü zorluklar getirdi; gıda kıtlığı başladı, her türlü malın karaborsası görüldü. Keten bezi dahi bulunmaz oldu. Basma kumaş, patiska yoktu. Derken ekmek karneye bindi, kalitesi düştü. Sebze bulunuyordu, çünkü şehirlerin yapısı ve kırsal uyum açıktı. Buna karşılık endüstriyel bitkiler yoktu, şeker bulunmuyordu. Mamafih bu maddelerin sıkıntısı Birinci Dünya Savaşı ile mukayese edilir gibi değildi. Bir milyon nefere yakın bir ordu savunma için silah altındaydı, iki kere askerliğe, yedek subaylığa çağırılanlar vardı. Kömür madenlerine köylüler angarya ile indirildi. Hayvanlara belirli bir ölçü dahilinde el kondu. Bu demek ki bazı aileler çift süremez hale geldi. Bunlarla beraber Varlık Vergisi uygulanmaya başladı. Olağanüstü harb vergileri bütün ülkelerde uygulanmıştır. Ama bizim maliyenin böyle bir vergi tarh etmesi için matrahı tesbit edecek kayıt ve envanteri eksikti. "Karine ile" dediler. Bu karine daha çok dedikoduya dayanan bilgilendirmeydi. Vergi sadece gayrimüslimlere konmuş değildi. Ama o çevrelerde işadamları dışında çalışanlara da konuldu.

Merkezde nüfuzu ve ilişkileri olmayan taşra tüccarı ve bazı toprak sahiplerine de uygulandı. Haciz ve cezalandırma, sürgün müeyyideleri uygulandı. Bir buçuk yıl sonra da vergi uygulamadan kalktı, beklenen vergi toplanamamıştı. (Varlık vergisi için iki maliye müfettişinin hatırı çok önemlidir. Birincisi o tarihlerde İstanbul'da defterdar olan Faik Ökte'nin *Varlık Vergisi Faciası*,[44] ikincisi merkezdeki komisyonda genç bir maliye müfettişi ve raportör uzman olarak çalışan Cahit Kayra'nın *Savaş Türkiye-Varlık Vergisi*[45] eserleridir. İki eserin birbirine zıt yönleri ve bilgilerine dikkat edilmelidir).

Uzun bir harbin uygulamaları, bürokrasinin beceriksizlikleri bazı ahvalde yolsuz uygulamaları ahaliyi bezdirdi. Süre uzundu. Savaşın bitiminde kıtlık çeken ama bu sayede ithalat yapamayan döviz rezervi elinde kalan bir ülkeydik. Diğer taraftan Almanya gibi hammadde imkânları kıt ülkelere bitki, maden filizleri hatta toprak ve taşa kadar ihraç edip döviz birikimini arttırdık. Bu birikim sonraları çok hoyratça harcanmıştır. Plansızlık tenkit edilecektir. 1945-46 yılında toplum ayrı bir ortama geçti. Bazı konularda serbest ithalat yapıyorduk. Bu da iyi ayarlanamadı. Traktörle çikolata hatta kırtasiye malzemesinin lüksü aynı kefeye kondu, hepsinde bir patlama meydana geldi. Uzun harb boyunca devlet asayişi sağlanmıştı. Bu bir artı değerdir ve çok partiye geçiş politikası ise zaman ve ölçü olarak uygulamada çok iyi ayarlandı.

44 Faik Ökte, *Varlık Vergisi Faciası*, Nebioğlu Yayınevi, İstanbul, 1951.

45 Cahit Kayra, *Savaş Türkiye-Varlık Vergisi*, Tarihçi Kitabevi, İstanbul, 2018.

İKİNCİ DÜNYA SAVAŞINDA KİTLELER

ŞEHİRLERDE VE KIRSALDA HAYAT

Birinci Dünya Savaşı, Türkiye'de bütün dünyada olduğu gibi savaşın ilk defa cephe gerisine taştığı ve sivil halk üzerinde büyük tahribat yaptığı bir olaydır. Bu vakte kadar savaş cephede cereyan ediyordu. Gerçekte ABD iç savaşının sivil halk üzerinde yarattığı yıkım ve Amerikan iç savaşının yaşanma tarzı (1860-1864'te ABD'de 600.000 kişi öldü) Avrupa'nın tarih bilgisi ve şuurunun dışında kalmış; bu olayın tekrarı olabileceği düşünülmeden Birinci Dünya Savaşı (1914 Sırp-Avusturya çatışması üzerine) büyüyerek yayılmıştır. Osmanlı İmparatorluğu'nun başkenti Birinci Dünya Savaşı'nda büyük sıkıntı çekmiş, ancak yaygın fizikî tahribata uğramamıştır. Çekilen sıkıntı ekmek ve et gibi şehre etraftan gelen ve petrol ve kelle şekeri gibi ithal gıdaların (hevayic-i zaruriyye) kıtlığından doğmaktaydı.

Avrupa mamulâtı olan tüketim malları, ilaç ve tıbbî malzemenin yokluğu, hastalık ve salgınların önlenmesinde sıkıntı yaratmış, genel nakil vasıtaları kalabalıktan ve temizlik noksanlığından bit ve uyuz salgınlarına neden olmuştur. Özellikle iyi beslenemeyen sivil halk bütün dünyada olduğu gibi savaştan sonra iki yıl süren İspanyol nezlesi gibi bir salgında telef olmuştu. Buna karşılık İstanbul'un civarındaki ve içindeki bostan ve meyve bahçeleri sebze ve meyve kıtlığını önleyebilmiştir. Bu konularda İstanbul savaşan diğer büyük şehirlerden daha iyi durumdaydı. Nitekim Avusturya-Macaristan şehirlerinin çektiği sıkıntıları tasvir eden Viyana Üniversitesi profesörlerinden Richard G. Plaschka'nın çalışmalarından bu sonucu çıkarmak mümkündür.[46]

1922'de İstanbul nüfusu vilâyetin yaptığı bir sayıma göre, 710.000'dir ki, doğru sayım olduğu anlaşılıyor. Zira şehir artık eskisi gibi değildi. İstanbul 13 milyonluk sanayisi geri kalmış bir ülkenin ticarî ve kültürel merkeziydi. Bu durumda ahali mübadeleleri ile nüfus azalmamış. Balkanlardan gelen mukabil nüfus ile denge sağlanmıştır. Başkent Ankara, İstanbul'dan belirli bir nüfusu kendine çekmektedir, ama gidenden çok fazla bir nüfus kırsal bölgeden gelmiştir. Nihayet Rusya göçmenleri içinde herkes Rus değildi. Türk asıllılar şehirde kaldılar.

Açıktır ki, 1950'lere kadar şehir eğitim görmüş ve kültürlü bir nüfusa sahipti. İkinci Dünya Savaşı'na girdiğimiz yıllarda İstanbul Türkiye'nin en önemli sanayi şehridir, buna rağmen ne sanayici ne de işçi kesimi Avrupa şehirleriyle karşılaştırılamayacak düzeydedir. 1927 sayımına göre şehirde nüfus bu vakit 699.506'dır. Bütün Türkiye'deki 145.000 işçiden tahminen üçte biri İstanbul'da bulunuyordu. Bu miktar bir sanayi toplumu olmak için azdır;[47] eksik yapılabilir, metropol olabilir. İstanbul bir işçi sanayi şehri olmadığı gibi, bir sanayici sınıfının yarattığı müesseseler şehri de değildi.

1940 Kasım'ında Örfî İdare ilân edildi: İkinci Dünya Savaşı esnasında yönetenler birinci büyük savaşın genç nesil kadrolarıdır. Birinci savaşta İttihatçı siyasetinin ve Alman hayranlığının dışında kalan ve savaşı Türkiye için macera olarak gören bu yönetici grup; şimdi yönettikleri ülkeyi savaşa sokmama gayretindeydiler ve bunu başardılar. Bu aşırı tarafsızlık ve harb

---

46 Richard G. Plaschka, *Die Auflösung des Habsburgerreiches. Zusammenbruch und Neuorientierung im Donauraum*, Oldenbourg, München, 1970.

47 Cem Behar, "Transformationsprozesse imwirtsckeflickon Zentrum der Türkei," Stâdte im 2. Wellkrieg edit: hiller, Jackel, Essen, 1991, s. 101.

aleyhtarı politikalar aynı zamanda savaşa bir hazırlıkla paralel gitmiştir. Burada kıt imkânlar, zayıf bürokratik mekanizmalar nedeniyle İstanbul, yansız bir başkent de görülmeyecek sıkıntıları yaşamıştır. Sonraki yıllarda yönetenleri ve partiyi yıpratacak politikaları bugün değerlendirirken pek de yersiz ve haksız olmadıklarını belirtelim. Ancak 1940'ların örgütsüz ve imkânsız Türkiye'sinde bu politikaların bazı tatsız sonuçlar vermesi de kaçınılmazdı. Bu her şeyden önce gıda dağıtımı ve köylülere uygulanan mecburi mübayaa (satın alma) politikalarında görülür. Mecburî mübayaa bilhassa Türkiye'de yaygın olan küçük ve orta köylülük için yıkımdı. 24.7.942 tarihli Dahiliye Nezareti şifresi; "hububat fiyatlarının arttırıldığını ve hububat mahsulünden muayyen nisbetlerin bedeli mukabilinde satın alındıktan sonra, geri kalanın serbest bırakılması hakkındaki hükümet kararı ve uygulama için amirlere teyakkuz ve fazla mesai" emrediyor. Şüphesiz küçük köylünün serbest bırakılacak miktarı pek olmamış; büyük toprak sahibi çiftçinin; serbest bırakılan miktar tahılı karaborsa ve ihtikâr (vurgun) konusu olmuştu. Çünkü Türk tarımı henüz teknolojiye dayanmıyordu ve üretim ve bolluk söz konusu değildi.[48] Çok sefer ihtikârı önlemek için zecrî tedbirler ve narh ile satın alınan (toplanan) tahıl, demir yollarının yetersizliğinden Anadolu'da istasyonların açık silolarında ziyan oldu. Bütün şehirlerin buğday ihtiyacı civar kasaba ve köylerden zorunlu satın alma ile karşılanmaya çalışılıyordu. Mesela Dahiliye vekili Dr. A. Fikri Tüzer'in imzasıyla bir telgraf Trabzon'a lüzumu kadar buğday verilmesi için Gümüşhane valiliğine yazıldığını söylüyor.[49] O dönemde savcılık yapan merhum Şinasi Akgönenç'in ifade ettiği gibi; "bir çuval buğday için köylüyü mahkemeye sevkediyorduk, sonra o çuvallar dolusu

---

48 Dahiliye Vekâleti arşivi, 24.7.942 tarihli şifre, M.S.M.U. Md.2.Ş. 17927 sayılı tamim.

49 3.8.942-1396 sayılı şifreli yazı.

tahıl orta yerde çürüyordu." Şehirlerde kıt bulunan şeker (o zaman Türkiye'de üretimi düşük), basma, Amerikan bezi, un ihtikâr konusu oldu veya bürokrasinin örgütsüzlük ve tecrübesizliğinden dağıtımda problemler doğdu. Sanayisiz Türkiye'ye dışardan mal gelmez olmuştu. Limana gelen herhangi bir gemi (ya sığınmıştır veya dört-beş yıl evvel artık ısmarlayanla ilgisi kalmamış stok getiriyorlar) ithalatçıların ajanları tarafından tespit ediliyor, derhal mala talib olunup kapatılıyor ve maalesef işe yarar bir malsa istifçilik mekanizmasına devrediliyordu. Zira, harb eden Avrupa'nın hiçbir şey ihraç edecek hali yoktu; her şey ordulara ve donanmalara gidiyordu. Askere ve donanmaya gidiyordu ve Balkan ülkelerinden clearing anlaşmaları ile Almanya gibi ülkelere devamlı ve âdeta mecburi sevkiyat yapıldığından, mesela Türkiye'nin Romanya'dan da petrol dahil bütün ithalatı durmuştur. Aynı şekilde krom cevheri ve lüzumlu madenler ham halde sevkediliyordu. Buna karşılık hiçbir tekstil ürünü işlenmiş deri, şarap veya makarna gibi işlenmiş ziraî ürün ihraç edilmedi ve bu basit endüstrileri dahi geliştiremedik. Zira büyük miktarda üretim yapacak teknoloji ve teçhizatı ithal edemiyorduk.

Türkiye'ye mamul mal girmezken, insan ithal eden bir ülke olmuştur. Önce bir aydın mülteci akımı özellikle Alman bilim insanları buna örnektir. Sonra siyasal mülteciler geldi. Ardından Türkiye'nin çeşitli devlet casuslarıyla doluşması, idare ve halkı casuslar konusunda teyakkuz durumuna geçirdi. Bu durumun Türk halk düşüncesinde şüpheci bir tutumun doğmasına ve gelişmesine de yardımcı olduğu açıktır.[50] Gene 22.7.942

50 Burada İçişleri Bakanlığının 17.7.942 tarihli bir şifresini zikretmeliyiz. Vekilin imzasıyla 3. Umumi Müfettişlik mıntıkası ve Trabzon Rize valiliklerine giden yazıda; yörede çiçek toplayan Richard Brecht Bergen ve eşinin münasib biçimde Rize'yi terkettirilmeleri yazılıyor. (I.B.3.1222 no ve 17.7.942 tarihli şifre Dahiliye Vekâleti arşivi).

tarihli vekilin imzasıyla Üçüncü Umumi Müfettişliğe, Kars, Çorlu, Rize, Ağrı, Van, Hakkâri valiliklerine gönderilen şifrede Sovyetlerden kaçan Seferoğlu Rıza adlı askeri mültecinin yetiştirilmiş casus olduğu ve Sovyetlerin Türkiye'de akrabası bulunan iki yüz kişiyi askeri mülteci olarak ülkeye sokacaklarının anlaşıldığı yazılıyor.[51] Bu gibi şüphelerin ileriki yıllarda da Sovyetlerden gelen göç isteklerinin kabul edilmemesi için kullanıldığı ve çok trajik olayların yaşandığı açıktır.

Türkiye o tarihte milli hasılasının önemli kısmını ziraatten elde eden, nüfusunun çoğu köylü bir halk olmasına rağmen; harbin tehditleri dolayısıyla daha ilk anda 1.000.000'u aşkın asker toplamıştı.[52] Cem Behar'ın yaptığı hesaplara göre 1939 yılı fiyat indeksi 101.4'ten (1938'de 100) 1942'de yani üç yılda 232,5 ve 1945'te 313,4'e çıkmıştı. 1938 gıda endeksi 100 ise 1944'te 1113'e çıkmış ki karaborsa ve yokluk İstanbul ve İzmir gibi yerlerde toplumsal sınıfların yapısını değiştirmiş, harb zenginleri mizah edebiyatı, tiyatro, roman, film gibi eserlere dahi konu olmuştu.[53] Ekmek ilk anda 8 kuruştan 16 kuruşa çıktı: Kişi başı 300 gramlık vesikaya bağlandı. Uzun kuyruklar ve kavgalı beklemeler, bürokrasinin yiyecek konusundaki imtiyazlarına ilişkin dedikodular şehirleri sardı. 1940'ta İstanbul'da şeker fiyatı 20'den 40 kuruşa çıktı. 1942 sonunda 500 kuruşa çıktı. Bununla birlikte Birinci Dünya Savaşı'nın tersine üretim Türkiye'de yapılıyordu. Demir, çelik, kereste, tuğla kıtlığı inşaat fiyatlarını çok arttırdı (1943 yılında demir 5'den 45 kuruşa, su borusu 15 kuruştan 110 kuruşa çıktı). Pahalılık vc vurgunculuk, korunma kanunu gündeme getirdi. Bürokrasi bu konuda sert uygulamalara başvurdu.

---

51 Dahiliye Vekaleti arşivi, 22.7.942 tarihli şifre, I.B.2. 11312-743 nolu vesika.

52 Nüfus 18.000.000 civarında idi; bu orduyu beslemek ülkede daimi bir sıkıntıya neden oldu.

53 Behar, *a.g.e.*, s. 99 vd.

Basın bunlara tercüman oldukça sansür büyük bir problem oldu. 20 Kasım 1940 örfi idare dolayısıyla İstanbul 1. Ordu mıntıkasında askerî ve mülki erkân sansür görevleri vardı. Daha çok oto sansür bekleniyor, zecri gazete kapatmalarına çok başvurulmak istenmiyordu.

Haziran 1941'de hükümet kararı ile ekmeğin muhtevası değişti. Buğdayın yerine arpa ve çavdar karışımına gidildi. Ardından kişi başına günde 300 gr ile karneye bağlandı. Hububat mübayaası konusunda Dahiliye Vekâleti Umumî müfettişlik raporları başvurduğumuz bir diğer kaynak oldu. Kelkit'te bulunan 136 ton buğdayın 50 tonu iaşe sıkıntısı olan Erzurum'a tahsis edilmişti.[54] Şu kadarını belirtelim; belirli merkezlerin beslenmesi için muayyen mıntıkalardan zecri mübayaa Tanzimat başına kadar Osmanlı idaresinin tanıdığı bir sistemdi. Şimdi tekrar bu yola başvuruluyordu. Bütün tatsız uygulama ve anılara rağmen bir gerçeği belirtmeli; Türkiye halkı sıkıntı çekti ama açlık çekmedi; kitlevi açlık ve ölümler hattâ münferid açlık vakaları bile görülmedi. Bürokrasi ceberrud bir yöntemle asayişi ve düzeni sağladı, paniği önledi ve hatta Yunanistan gibi açlık çeken ülkelere yardım edilebildi.

Sınır birliklerinin yer değiştirmesi icab etmekte ve meselâ Ağrı'dan içe kayan birliklerin ve subay ailelerinin göçü panik yaratmaktaydı. Bu psikoloji 1946 yılında dahi devam etmiştir. Bu nedenle 16 Eylül 1946 tarihli vekâlet tebliği mülkî erkâna memur ve ailelerine askeri birliklerin yer değiştirmesi anında; şehirlerden ayrılmayı yer değiştirmeyi yasaklamıştır.[55] Tek parti yönetimi savaşta sert bir rejim uygulamıştır. Bu nedenle asayiş sağlanabilmiştir. İstihbarat düzeyi ise sınırlı sayıda memura sahip ve bütçesi dar bir ülke için şaşılacak düzeydedir. 30.7.942 tarihli vekil tamimi sınır vilâyetlerden gelen istihbaratın son

54 Dah. Vek. Arş. Üçüncü Umumî Müfettişe Vekil F. Tuzer'den 31.7.42 tarih ve 1365 sayılı, bkz. Ek (II).

55 Dah. Vek. Arşivi. 16.9.941 tarih, bkz. Ek v.

bir ayda azaldığını söylüyor. Oysa işgal altındaki komşu ülkelerdeki ehalliyet hareketlerinin bizi alâkadar ettiği de malûm deniliyordu (No: 1356). Genelde bütçe olanağı dışında komşu Ege Adaları ve komşu ülkelerde önemli bir istihbarat ağı kurmuştu. Hatta İtalyan işgal birlikleri hakkında inanılmaz bir malûmat elde ediliyor bunun için Ege Adaları Rumları dahi bazen gönüllü olarak Türk makamlarına bilgi veriyordu.[56] Diğer yandan halkın uyduğu karartma tedbirleri uygulanırken, 1941-1942 mevsiminde şehri sivillerin boşaltıp Anadolu'ya çekilmesi söz konusu oldu. Bu yönetim küçük gruplar dışında geniş uygulama bulamadı. Zaten, Anadolu'nun yapısı ve ulaşım imkânları kitlevi göçe uygun değildi. Fakat İstanbul müze (en başta Topkapı Sarayı Hazinesi) ve yazma kütükleri Anadolu'ya nakledildi. Bu önemli bir başarıdır. Hemen her malın kıtlığı ve karaborsası mevcut hükümete ve partiye karşı ileriki yıllara da uzanan bir tepki yarattı. Ama bu ihtikârın önlenmesi için uygulanan tedbirlerin faturası da idareye çıkarıldı.

Yeni zenginleri önlemek için vergilendirme yoluna gidildi. 1942-1943 yılı varlık vergisi Müslümanlardan da alındığı halde, İstanbul ve İzmir tüccarının çoğu gayrimüslim olduğu için ırkçı ve faşist bir kanun olarak nitelendi. 115.000 varlık vergisi mükellefinin %71 gayrimüslimdi ama bu vergi sırf İstanbul'a mahsus değildi. Mükellefler sadece gayrimüslim de değildi. Ama taşradaki vergi komisyonlarında dini bir mükellef sınırlaması olduğu gibi kıskançlığın da tespitlerde rolünün olduğu anlaşılıyor. Aslında mali yönden adaletsiz ve yanlış bir kanundu. Taşrada ve merkezde yanlış uygulamalara neden oldu. Vergi mükellefi bu ani tekâlifi ödemek için gayrimenkul satışına başlayınca bunları ucuza kapatan yeni bir zümre türedi.

Harb yılları içinde şehirlerde sınıf farkları ve ahlak anlayışında değişiklik vukua geldi; İstanbul'da et yokluğu halkın balık

56 Bu örnekleri ATASE arşivlerinde gözlemek mümkündür.

yeme alışkanlığı ve balık bolluğundan yıkıcı olmadı. 1931-33 yıllarında İstanbul'da yılda 18 milyon kilo üstünde et (kişi başı 25 kg.) tüketilirken 3.665.000 kg. balık tüketiliyordu (kişi başı 5 kg.). Ancak İstanbul halkı için önemli bir besin kaynağı olan olta balıkçılığı bu hesapta yoktur. İstanbul halkı ikinci harbte et sıkıntısını kısmen denizden karşılamıştır.[57] Sebze meyve ihtiyacı yakın çevreden karşılanıyordu. Ancak çeşitli mal ve şeker kıtlığı karaborsacı yarattı. Kırsal Türkiye ise açlıktan çekmiş sayılmaz, bu konuda daha çok bürokrasinin sert uygulamaları dolayısıyla idareye karşı reaksiyon baş gösterdi. Rejimin çok partili hayata geçmesi çatışma ve yıkımı önleyen isabetli karar olmuştur. Büyük siyasi çalkantılar olmamıştır.

İkinci büyük harb şehirlerde sivil savunma tedbirleri, düşman istihbaratına karşı teyakkuz konusunda vatandaşlık bilincini ve örgütlenmesini geliştirmiş; diğer yandan mal kıtlığı ve tevdiat sınırları; kuyruk bekleme, örgütlenme ve disiplin alışkanlığını getirmiştir. Ekonominin güçsüzlüğü açığa çıktığından gelecek yıllarda yurttaşa kalkınma, üretim ve iktisadi girişim bilinci gelmiştir. Siyasi propaganda bu konulara değindiği ölçüde başarılı olmuştur. Hepsinden önemlisi de harbin sıkıntıları siyasi değişiklik, çok partililik hareketini güçlendirmiştir. Önemle belirtilecek konu şudur: Bürokrasi ve devlet asayişi sağlama eşkıyalık ve yağmacılığı önleme konusundaki tedbirlerle Türk devlet ananesini devam ettirme başarısını göstermiştir.

Bitaraf ve muharebe dışı (nonbelligerent) kaldığımız savaşın sıkıntıları büyük ölçüde köylülerin sırtına yüklenmiştir. Bu nedenle savaş bittikten sonra da daha çok uzun zaman kırsal nüfus CHP muhalefeti partilere oy vermiştir. Ancak şehirleşmenin üstünden birkaç kuşak geçmesi, ülkenin nüfus kompozisyonunun değişmesi, oy kalıplarını değiştirmiş veya muhafazakâr oyların bir kısmı daha uçtaki parti ve kuvvete yönelmiştir.

57 R. Mayer, *Byzans Konstantinopel*, İstanbul, 1940, s. 163.

1946 DEMOKRASİSİ

ÇOK PARTİLİ DÖNEME GEÇİŞ

1945'ten başlayan gelişmeler sonunda Türkiye demokratik yaşama geçerken, demokrasinin kurallarına büsbütün yabancı değildi. İnönü'nün ünlü 19 Mayıs Nutku da sadece San Francisco İttifakının bir sonucu sayılmamalıdır.

Türkiye'de çok partili demokrasiye geçiş deyince akla hemen İkinci Dünya Savaşı sonrası gelmektedir. Bunun doğru olmadığını biliyoruz, Türkiye'de çok partili parlamentarizmin iki kısa denemesine Cumhuriyet döneminde girişildiğini, Osmanlı İmparatorluğu'nun son 40 yılında da meclis, seçim ve siyasî partiler gibi kurumların var olduğunu unutmamak gerekir. 1946 Türkiye'sinde çok partili demokrasi, hiçbir siyasal çoğulculuk ve siyasal katılma deneyimi olmayan acemi bir toplumda başlamamıştır.

Nitekim ikinci büyük savaştan sonra girdiğimiz fırtınalı siyasal hayatta birtakım olumsuzluklar kadar, olumlu gelişmelerin görülmesi, Türk toplumundaki parlamenter geleneğin varlığıyla açıklanabilir. Gerçi iktidar veya muhalefet grubu üyesi politikacılar kadar seçmen kitlelerinin de bugün biraz küçümsemeyle karşıladığımız davranışları vardı, ama 1980'lerden baktıldığında onurlu bir gelişmeyi sürükledikleri de tartışılmaz. O zamanın seçmenleri ve politikacıları bugün artık 80 yaşın üstündedir; demokrasi mücadelesi içinde ömrünü geçiren bu kuşağın yaptıkları bizim için bilinmesi, değerlendirilmesi gereken gerçeklerdir. 1946'da Türk toplumu kökü 1876 Anayasası'na kadar giden bir gelişmeyi, bir mücadeleyi üstlendiğinin bilincindeydi. O tarihte gazetelerden biri, Midhat Paşa ve Süleyman Paşa'nın hayatını tefrika halinde verirken, "İlk Demokrasi Şehidimiz", "İkinci Demokrasi Şehidimiz" gibi başlıklar kullanıyordu.

San Francisco Demeci ve İnönü'nün Nutku

1945 Nisan sonlarında San Francisco'ya Birleşmiş Milletler (BM) Anayasası'nı imza için giden Türk delegasyonunun başkanı (Hasan Saka), Türkiye'de demokrasiye gidildiği ve savaştan sonra her türlü demokratik düşünce ve akımın gelişmesine müsaade edileceği yolunda bir demeç vermişti.

Fakat asıl önemli başlangıç Cumhurbaşkanı İsmet İnönü'nün 19 Mayıs 1945 nutkuyla oldu. İnönü, "Cumhuriyet rejiminin ve halk hükümeti şeklinin her cephesiyle, her bakımdan gelişeceğini ve savaşın zorunlu kıldığı şartlar ortadan kalktıkça memleketin siyasal ve kültürel hayatında demokrasi prensiplerinin gittikçe daha fazla yer tutacağını"[58] söylemişti.

Dış Baskının Değil İç Gelişmelerin Eseri

Bu iki olaya bakarak Türkiye'de çok partili demokrasiye geçişin tamamen uluslararası yeni ortam dolayısıyla söz konusu olduğu ve savaşta Alman yandaşlığı yapmakla suçlanan Türkiye'nin, Batı demokrasileri tarafından bu geçişe zorlandığını düşünmek yanlıştır. Gerçi Batı demokrasilerini temsil eden ülkeler savaştan sonra diktatörlüklere çoğulcu demokrasiye geçiş yolunda tavsiye ve hatta ihtarlar yöneltmemiş değildiler, ama böyle bir baskıyı ısrarla ve sürekli olarak yürüttükleri söylenemez. İspanya örneği bunu göstermektedir.

---

58 *Ayın Tarihi*, Mayıs 1945, s. 52-53; Kemal Karpat, *Türk Demokrasi Tarihi*, İmge Yayınları, s. 127.

1946 yılı Mart ayı boyunca ABD, İngiltere ve Fransa, İspanya'da demokrasiye geçilmesi ve Franco'nun istifası konusunda açıkça ısrar etmiş, savaş boyunca Nazi Almanya'sı ve Faşist İtalya'nın yandaşı olan İspanya'nın Birleşmiş Milletler'e alınması reddedilmişti. İspanya-Fransa sınırında eski cumhuriyetçi askerler, mülteciler toplanmaya başlamıştı. Sanılanın tersine, Franco istifa etmedi, İspanya da demokrasiye geçmedi ve 1950'li yıllarda ABD İspanya'ya iltifat etmeye bile başladı. Franco'nun, "İspanya iç savaşını şimdi kazandım" dediği bilinmektedir. ABD dışişleri bakanlarından John Foster Dulles İspanya'yı ziyaret edip üsler için antlaşma yaptıktan sonra NATO'ya dahi kabul edilmemiş olan İspanya önemli ölçüde Batı Bloku'na girmişti.

Türkiye'de çok partili rejime yeniden geçiş, dış dünya koşullarındaki zorlayıcı veya cesaretlendirici değişiklikten çok, tarihî bir gelenekten, demokrasiye duyulan özlemden ve kuşkusuz halkta görülen kıpırdanmalardan ve değişiklik istediğinden ileri gelmekteydi. İleride CHP hükümetinin sertliğine karşı, "Demokrasinin San Francisco İttifakı'nın bir geleneği olarak Türkiye'de yaşayacağını ve buna uyulması gerektiğini" söyleyen muhaliflere, başyazar Falih Rıfkı Atay, *Ulus*'ta "Öyle San Francisco demogojisiyle demokrasinin gereği açıklanamaz, çok partili rejim başından beri cumhuriyetin ideolojisinde var olmuştur,"[59] diyerek cevap verirken pek de haksız değildi.

Türkiye'de demokrasi; tarafsız kalıp, katılmadığımız uzun bir savaşın getirdiği ekonomik sıkıntı, idarecilerin baskılı yönetimi ve antidemokratik uygulamalara bir tepki sonucu olarak gündeme gelmişti. Bu arada Cumhuriyet'in laik devrimlerine karşı yaşayan tepkinin de fırsattan yararlanıp muhalif saflarda yerini alacağına kuşku yoktu. Sıkıntı ve idaresizlikle bunalan

---

59 *Ulus*, 24 Ocak 1946 ve 17 Mayıs 1946 Nihat Erim'in başyazısı.

geniş kitleye siyasal düşünce yelpazesinin her kesiminde yer alanlar da katılıyor ve muhalefet günden güne büyüyordu. Çoğulcu demokrasiye rejimin yaşaması için kaçınılmaz olarak geçilecekti. Nitekim muhalefet ilk çıkışı, Hasan Saka'nın demeci veya Cumhurbaşkanı İnönü'nün 19 Mayıs Nutkunu beklemeden "Toprak Kanunu" görüşmeleri sırasında Büyük Millet Meclisi'nde yapmıştı.

Meclis'te Muhalefet Grubunun Ortaya Çıkması

TBMM'de hükümeti eleştirmek veya muhalif tavır almak, Toprak Kanunu görüşmeleriyle başlamış değildi. 1944 yılı bütçe görüşmeleri sırasında (Mayıs 1944) Celal Bayar, memurlardan buhran vergisinin kaldırılması gerektiğini ve sıtma mücadelesinin yetersizliğini belirtmiş, bu da hükümetin hoşuna gitmemişti. Bütçeye çıkan tek red oyu kendisine göre Celal Bayar'ındır.[60] Fakat aynı görüşmelerde Hikmet Bayur, hükümetin politikasını açıkça eleştirerek daha ileri gitmişti. Bayur, hükümetin başarısız politikasından dolayı karaborsa ve yolsuzluğun arttığını, Atatürk'ün ölümünden sonra inkılâplardan söz edilmediğini söylemişti. Bayur'un bundan sonra partiyle yıldızı barışmadı ve Meclis'in muhalif üyesi olarak kaldı.

Toprak Kanunu Görüşmeleri

Toprak Kanunu görüşmelerinde ise, Türkiye Büyük Millet Meclisi'nde muhalif bir grubun varlığı açıklık kazandı ve görüşmelerden sonra bu grup artık her an birlikte davranır oldular. Kuşkusuz "Çiftçiyi Topraklandırma Kanunu" tasarısını eleştiren her milletvekili yakın geleceğin Demokrat Partilileriyle aynı yolda değildi. Geniş toprakları olanlar bu tasarıyı eleştirmekte

60 M. Toker, *Tek Partiden Çok Partiye*, Milliyet Yayınları, 1970, s. 38.

birleştiler. Ancak Emin Sazak ve Adnan Menderes eleştirilerinde parti ve hükümete yönelik tavırlarını da açıkça ortaya koydular. Adnan Menderes yaptığı eleştirilerle ilk defa kamuoyunun dikkatini çekti. Emin Sazak ise partisiyle uzlaşmazlığa girdi. Dokuz ay sonra Sazak CHP'den ayrıldığında F. Rıfkı Atay *Ulus*'ta[61] "Çekilmekte geç bile kaldı. Toprak Kanunu'na karşı çıkanlar aşırı solcular ve toprak ağalarıdır. Biz bu meseleyi halledeceğiz. Çünkü topraklı köylü komünizme karşı demokrasinin teminatıdır," demiştir. Çiftçiyi, Topraklandırma Kanunu tasarısı görüşülürken ortaya çıkan bu gruplaşma yakın gelecekteki muhalefetin çekirdek kadrosunu belirlemişti. CHP'ye muhalif basın da onları destekledi. Aylar sonra bile A. Emin Yalman *Vatan*'da, Ege bölgesindeki gezisinden söz ederek Toprak Kanunu'nu eleştiriyor ve diyordu ki: "Ege bölgesinde modern ruhlu, çalışkan, idealist, münevver bir çiftçi zümresi vardır. Bunlar köylüyü ezmiyor, onunla el ele çalışıyor."[62]

---

61 *Ulus*, 12 Mart 1946.

62 *Vatan*, 13 Kasım 1945.

DÖRTLÜ TAKRİR'İN SONUCU

Ulus'ta Falih Rıfkı Atay'la *Vatan*'da Ahmed Emin Yalman Arasındaki Basın Savaşı

Meclis'te Toprak Kanunu tasarısı tartışılırken, kanun metninin ötesine gidip hükümeti sert bir biçimde eleştiren grubun, yeni bir parti kurması bekleniyor olmalıydı. Hemen o günlerde *Tasvir*'de başyazar Ziyad Ebüzziya, ikinci bir partinin kurulması gerektiğini yazdı. Ertesi gün *Son Posta*'da Ekrem Uşaklıgil, buna iki partinin mümkün olmadığını ileri sürerek cevap verdi.[63] Toprak Kanunu'nu eleştiren muhalifler Menderes ve Sazak, araya giren bütçe görüşmelerinde başka yandaşlar da buldular. 1945 yılı bütçe kanununa ilk oylamada beş milletvekili kırmızı oy vermişti. Başbakan Şükrü Saraçoğlu, hükümeti beğenmeyen herkesin açıkça red oyu vermesini isteyince sayı yediye çıktı. İlk beş kırmızı oy, Adnan Menderes, Celal Bayar, Refik Koraltan, Fuad Köprülü ve Emin Sazak'tan geldi. Sonra Hikmet Bayur ve Recep Peker de kırmızı oy verdiler. Gelecek Halk Partisi hükümetinin başbakanı olacak Recep Peker, Saraçoğlu hükümetinin bütçesine kırmızı oy verirken sadece ve sadece başarılı bir siyasî yatırım yapmıştı. Muhaliflerle ilişkisi olmadığı açıktı ve bunu da açıkladı.[64]

---

63 *Tasvir*, 8 Haziran 1945; *Son Posta*, 9 Haziran 1945.

64 Mahmut Goloğlu, *Demokrasiye Geçiş (1946-1960)*, Kaynak Yayınları, 1982, 33; Karpat, *a.g.e.*, s. 129.

Dörtlü Takrir

CHP meclis grubunda parçalanma ve yeni bir partinin doğuşu siyasal tarihimizde "Dörtlü Takrir" denen bir olayla başlar. Görünüşte Dörtlü Takrir'de istenen çok partililik değil, parti içi demokrasidir. 7 Haziran 1945'te Bayar, Menderes, Köprülü ve Koraltan'ın imzasıyla parti meclis grubuna sunulan bu ıslahat raporunda öne sürülen teklifler, muhalif grubun kararlı bir başkaldırısı olarak nitelendirildi ve görünüşte de öyleydi. İki yıl sonra 1947 Aralık ayında toplanan CHP kurultayında, bu takrirdeki eleştiri ve önerilerin daha koyusunu partililer büyük çoğunlukla ve protesto edilmeden öne süreceklerdi, ama Dörtlü Takrir sahiplerinin de masumane bir parti ıslahatı veya parti içi demokrasi için böyle bir girişimde bulunmadıkları açıktı.

Dörtler'in, anayasa gereği istedikleri; meclis denetiminin sağlanması, yurttaşların hak ve özgürlüklerini kullanabilmeleri, parti çalışmalarının bu iki prensibe göre düzenlenmesiydi. 1945'te tek parti ve Millî Şef döneminde böyle bir girişim, protesto ve eleştirinin ötesinde bir anlama sahipti. Öneri görüşülmedi diyemeyiz, görüşüldü; büyük tepki ve saldırıya neden oldu. Dörtler, ılımlı cevaplar ve savunmadan öte bir şey yapmadılar. 12 Haziran'da takrir, grupta reddedildi. Dörtler ilk adımı başarıyla atmışlardı. Görüşmelerde Fuad Köprülü biraz haşin ve iğneli bir üslûbla savunmaya geçecek olmuş, fakat diğerleri daha ılımlı konuşmalar yapmışlardı. Başbakan Şükrü Saraçoğlu, "Arkadaşlarımız bu önergeyi geri alsınlar," dediğinde, aşırı CHP'liler "Onlar arkadaşlarımız değildir," diye bağırdılar.[65] Takrir üzerindeki eleştirme ve değerlendirmeler grupta başka, kuliste başkaydı. Takriri verenleri koridorda kutlayanlar, içeride eleştiriyordu. Siyasal cesaretin bulunmadığı bu ortamda muhalif düşüncenin partileşmesi kaçınılmazdı.

---

65 Gologlu, *a.g.e.*, s. 34-35.

İlk Muhalif Parti (Nam-ı Diğer Kuzu Partisi)

Bununla beraber ilk muhalif parti, İstanbul'un iş insanlarından Nuri Demirağ tarafından, 18 Temmuz 1945'te kuruldu. Millî Kalkınma Partisi tutucu ve liberal görüşlerin karması olan bir düşünce etrafında kurulmuştu. Daha doğrusu o da yakın gelecekteki DP'den daha farklı şeyler söyleyecek değildi.

1940'larda bir partinin büyümesi için gerekli olan şey, tecrübeli politikacılardan oluşan bir kadroydu. Oysa, siyasî hayatta deneyimi olmayan ve birbirleriyle tutarsız kurucular kadrosu elinde Millî Kalkınma Partisi bir varlık gösteremedi. Nuri Demirağ, partinin görüşlerini açıklamak için halkı Üsküdar taraflarındaki koruda kuzu ziyafetlerine çağırıyordu. Bu nedenle "Kuzu Partisi" olarak anılan bu partinin ikinci önemli kişisi aşırı görüşleriyle tanınan Cevat Rıfat Atilhan'dı. Aralarındaki çatışma, bir yıl geçmeden Atilhan'ın Nuri Demirağ'ın istifasını istemesine kadar vardı.[66]

Basında Çatışma

İktidar partisindeki aşırı kanadın boy hedefi gelecekteki DP'nin kurucuları olmuştu. *Ulus* başyazarı Falih Rıfkı Atay, yazılarında ya dış politika konularını ele alıyor ya da Dörtler'e çatıyordu. 15 Ağustos 1945 tarihli *Ulus*'taki yazısında Atay, muhalifleri sertçe eleştirdi. 17 Ağustos günü *Vatan*'da Ahmet Emin Yalman kendisine cevap verdi, "Tek partili vasillik idaresinin keyfi tesadüfleri içinde bocalamaktan, ifrat şeklinde bir milliyetseverliği şahsî menfaatlerin perdesi olarak kullanmaktan kendimizi kurtarmalıyız," diyordu. Atay, "İyi yürüyen şeyleri dahi berbat göstermekte menfaat arayan bir muhalif," diye Yalman'a hücum etti.

66 Gotthard Jaeschke, *Die Türkel in den Jahren 1942-1951*, 21 Mart 1946, s. 58.

Yalman'la Atay'ın arasında kalem savaşı başlamıştı. Atay sonunda Yalman'a "beş damgalı" diye hitap etmeye başladı. Birinci damga, Yalman'ın Kurtuluş Savaşı'ndaki Amerikan mandacılığıydı. *Vatan* kadrosu da her gün Atay'ın bir açığını yakalamak ve kızdırmak yolunu seçtiler.[67] Bununla beraber CHP saflarındaki her yazarın Atay kadar acımasız ve hırçın üslûblu olmadığını belirtmek gerekir. Aynı günlerde *Akşam*'da Necmettin Sadak, "Türkiye'de rejim krizi yoktur, bir ilerleme vardır. Bugüne kadar bir parti ve vasilik idaresi vardı, artık doğrudan seçim zamanı geldi," demekteydi.[68]

Demokrat Parti Kuruluyor

1945 yılı 11 Ağustos'unda Japonya teslim olmuştu. Diktatörlüklerin sona erdiği sanılıyordu. Muhalifler yurtta kendilerini desteklemeye hazır halk kadar, dış dünyadaki gelişmelerden de cesaret alıyor olmalıydılar. 19 Mart'ta "Türk-Sovyet Dostluk ve Saldırmazlık Antlaşması"nın yenilenmesi isteği Sovyetlerce reddedildi. 1925 yılında imzalanan ve 1935'te on yıl için uzatılan bu antlaşmanın içeriğinin değiştirilmesi, yani Boğazlar'da ortak denetim isteğini Türkiye reddetti. O andan itibaren Türkiye'de partiler, dış politikada görüş birliği içinde hareket ettiler. 1946 demokrasisi dış politikayı eleştirilmez bir tabu olarak kabul etmekle işe başlamıştı. Birbiriyle atışan muhalif ve muvafık gazetelerde dış politika konularında hiçbir yorum farklılığına rastlanmıyordu. 1945 Aralık'ının sonlarında Tiflis'te çıkan *Kommunisti* Gazetesinde iki Gürcü profesörün Kuzeydoğu Anadolu vilayetlerini Gürcü toprağı olarak göstermeleri ortalığı alevlendirdi. İktidar ve muhalefet üyeleri ve basın organları dış tehlike motifi etrafında birleşiyordu.

67 Cüneyt Arcayürek, *Demokrasinin İlk Yılları,* Bilgi Yayınevi, 1983, s. 104-105.
68 *Akşam*, 27 Ağustos 1945.

Cumhuriyet Halk Partisi'nden Çıkarılanlar

CHP Meclis grubunda ise Dörtlü Takrir'den sonra muhaliflere karşı tepki büyüyordu. 1945 Eylül'ünde basında hükümeti ve partiyi eleştirdikleri gerekçesiyle Menderes ve Köprülü CHP'den çıkarıldılar. 2 Ekim 1945'te Koraltan, *Vatan* Gazetesinde bu işlemi protesto eden bir açıklamada bulundu. "Ben ve üç arkadaşım millî hâkimiyet esaslarının ve parti prensiplerinin kuvvetlenmesine çalışmaktan başka bir şey yapmadık. Prensiplerden ayrılan biz değiliz, iki arkadaşımızın hakkında ihraç kararı verenlerdir. Başbakan Saraçoğlu, "Bir çatlak ses" tabiriyle kendi grup arkadaşı Adnan'ı (Menderes) nasıl hırpalayabilir?" diyordu. Bir süre sonra bu demecinden dolayı Koraltan hakkında da parti organları soruşturma açtı ve kasım ayı sonunda Koraltan da partiden çıkarıldı.

Eylül ayı sonunda Menderes ve Köprülü'nün ihracı üzerine Celal Bayar CHP'den, aralık ayı başında da milletvekilliğinden istifa etti. Eski başbakanlardan Bayar'ın milletvekili olmasa da bir dokunulmazlığı olduğu açıktı. Bayar'ın istifasıyla Dörtler'in bir parti kuracağı açığa çıktı. Anlaşılıyordu ki parti tüzüğü ve programı üzerinde eylül sonundan itibaren çalışmaya başlamışlardı. Cumhurbaşkanı İnönü, Bayar'la istifasından sonra görüştü, dış politika ve laiklik konusunda görüş birliğinde oldukları anlaşılıyordu ve bu konuda ayrı yol izlemeyecekleri açıktı. Demokrat Parti kurulacaktı.

Demokrat Parti'nin Kuruluşu

7 Ocak 1946'da kurucular, Koraltan, Menderes, Köprülü, Bayar Ankara Valiliği ve İçişleri Bakanlığı'na müracaatla partiyi resmen kurdular. Her şeye rağmen cumhurbaşkanının müsaadekâr ve teşvikçi tavrı kuruluşta rol oynamamış değildi.

Aylardır Dörtler'le uğraşan CHP çevreleri ve Falih Rıfkı Atay bile yumuşamış, yeni parti hakkında ilk anda barışçı bir üslûb kullanmaya başlamıştı. DP'nin muvazaa partisi olmadığını sadece Bayar ve kurucular değil, Falih Rıfkı da yazıyordu. Atay, yeni partinin kuruluşunu olumlu olarak değerlendiriyor, Bayar'ın saygınlığı, laik tutumu üzerinde de duruyordu, "Bizde cumhuriyet tarihi boyunca hiç muvazaa partisi olmamıştır, DP de muvazaa partisi değildir," diye ilave ediyordu. Bu hava çabuk değişecek ve kıyasıya bir çatışma gazete sütunlarından köylere, kahvelere kadar taşacaktı.

Görünüşte DP'nin programı çok yeni ve değişik çizgiler taşımıyordu ve Kemalist rejiminin etrafında biçimlenmişti. Programın bu niteliğinin kurucuların kişiliği, dünya görüşü kadar 1940'ların Türkiye'sindeki tekdüzelikten de ileri geldiği açıktı. Ziyad Ebuzziya, *Tasvir*'de "Anayasadan altı ok umdesi kalkmadıkça ve Halk Partisi bu umdelerin bir kısmını olsun terk etmedikçe, partiler arasında esaslı fikir ayrılıkları görülmeyecektir. Bunların dışında din ve komünizme dayalı parti de yasak oldukça, ayrılık sadece tatbikatta görülebilir," diyerek bu benzerliği açıkladı. Gerçekten de çok partili hayatta, uzun zaman tarafların sosyal-iktisadî görüş ve programlarında derinlemesine farklar görmek pek mümkün olmamıştır.

İki Büyük Parti ve Diğerleri

İkinci Dünya Savaşı'ndan sonra Türkiye, çok partili rejime fazla gecikmeden geçiş yapmıştı. İki büyük parti de kurulu siyasal düzenin önde gelenlerinden ve yöneticilerinden veya onların saflarından çıkanlardan oluşuyordu. DP güçlendikçe CHP'den insan çekmeye başladı. Bu iki partinin dışında kalan bir yığın küçük partinin çok partili hayatta temsil yeteneğini kazanması ve kadrolarının yönetici olma şansı yoktu. "Bu imkân siyaset ve yönetimde tecrübe sahibi olanlara aitti. İki büyük partinin siyasal ideolojisindeki beraberlik de onların yakın geçmişte aynı siyasal ortamda yetişen kadrolarla kurulmasından ileri geliyordu. DP de CHP de sola ödün vermek niyetinde olmadıklarını daha ilk anda göstermişlerdir.

1945 yılının 4 Aralık'ında ellerinde "Hiçbir ülkede bu kadar hürriyet yoktur," gibi görünüşte muhalefet aleyhtarı dövizler taşıyan, fakat aslında komünizme karşı sloganlar atarak ilerleyen kalabalık bir topluluk; *Tan* Gazetesi, *Yeni Dünya*, *La Turquie* ve *Görüşler* adlı birbiri ile ilgili yayın organlarına ulaşınca bir anda matbaayı ve idarehaneyi tahrip ettiler. Siyasi gösteriler yaparak asayişin bozulmasına kesinlikle göz yumulmayan bir ortamda, bu olayın nasıl meydana geldiği bir soru olarak kaldı. Sonraki aylarda ve yıllarda da gençlerin komünizme karşı toplantıları süregitti, yayınladıkları bildiriler gazetelerde yer aldı. 20 Nisan 1947'de İzmir'de bir grup ticaret yüksekokulu öğrencisi "Zincirli Hürriyet"in nüshalarını yırtıp gösteri yaptılar. Bu gibi olaylar tekrarlanıyor ve gazetelerde yer alıyordu.

Nihayet bu gelişme 27 Aralık 1947'de Ankara Üniversitesi'ndeki olaylara cesaret verdi. O sabah Ankara'da Ulus Meydanı'nda toplanan gençler ve seyirci halk, Kıbrıs için miting yapacaklardı. Miting, "Komünistleri istemeyiz, komünist hocaları istemeyiz" sloganlarıyla devam etti. Kalabalık Cebeci'ye, Sıhhiye'ye nihayet Dil-Tarih ve Coğrafya Fakültesi'ne geldi. Fakülte binasında rektörlük de bulunuyordu. Giriş holü ve konferans salonunu dolduran öğrencilerin başındakiler, Rektör Şevket Aziz Kansu'yu protesto ettiler ve hemen ardından odasını işgal edip zorla istifa dilekçesini yazdırdılar.

Olayların nedeni, üniversite senatosu ve rektörün solcu öğretim üyelerini işten atmaması olarak gösterildi. Üniversite senatosu sadece; mahkeme kararı olmadan böyle bir işlemi yapamayacağını aylardır tekrarlamıştı. Ne var ki CHP parti grubunda, Meclis'te, Millî Eğitim Encümeni'nde, dışarıda üniversite profesörleri arasında demeç üstüne demeç verenler çoktu. Olaydan sonra 30 Aralık 1947 İstanbul Üniversitesi Senatosu adına Rektör Sıddık Sami Onar olayı kınayan bir telgrafı Ankara Üniversitesi'ne yolladı.[69] Bazı muhalifler ve *Vatan* Gazetesi rektöre yapılan muameleyi eleştirdiler. CHP muhalifi olarak bilinen Prof. Vasfi Raşit Sevgi bu gösterileri Abdülhamid devrinde bile görülmeyen bir edebsizlik ve maskaralık olarak nitelendirmişti. "Basının çoğu, olayları aktarmakla yetindi. Savaş sonrasının gergin ortamında, partiler ve basın, solculuğu birlikte mahkûm etmişlerdi. Basında ve politikacılar arasında rakipleri solculukla suçlamak da başvurulan yollardandı. Maalesef fakülte baskını olaylarında CHP milletvekillerinin de bulunduğu, en azından birinin sonradan açıklamasıyla sabitti. Bu münevver bir gençlikten çok, sokağın akademiye müdahalelerinin ilk örneğiydi.

69 Tarık Zafer Tunaya, *Siyasî Müesseseler*, 2. Baskı, Hürriyet Vakfı Yayınları, s. 136.

DP'NİN KURUCULARI

Siyasal gelişmelerin bir araya getirdiği dört kadar arkadaşın; Celal Bayar, Adnan Menderes, Prof. Fuad Köprülü ve Refik Koraltan'ın arasındaki tek ortaklığı, 1945'te CHP milletvekili olmaktır denebilir.

Bunun dışında belki Menderes ve Koraltan'ın hukuk eğitimi görmüş olmalarını, Bayar ve Köprülü'nün ise, farklı yönden ve yerden İttihatçı çevrelere veya ideolojiye mensup oluşlarını sayabiliriz. Bayar, Bursa'nın Umurbey köyündendi, Koraltan, Sivas'ın Divriği kazası eski ailelerinden birine mensuptu. Adnan Menderes, Aydınlı bir çiftlik sahibiydi.

Fuad Köprülü, Soyadı Kanunu çıkana kadar Köprülüzâde Mehmet Fuad Bey'di. 1930'larda üniversite ıslahatını tasfiye edilmeden atlatan sayılı bilim otoritelerindendi. Ancak tasfiye komisyonuna da üyeydi. İmparatorluğun 17. yüzyılına damgasını vuran ünlü sadrazam ve ulema soyundan gelmesinden ve bu seçkin durumundan rahatsız olanlar hep oldu. İttihat Terakki döneminin bu ünlü tarihçisini hiç çekemeyen Abdülhamid devrinden kalma bir eski tarihçi vardı; Ali Emirî Efendi. O, bütün hayatı didinip araştırarak, onun gerçek bir Köprülü olmadığını, ulema hanedanı Kıblelizâdelerden geldiğini sözde ispat etmişti (ana tarafından Köprülüzâde idi). Bu bir yana eski bir İstanbul ailesinden gelen Köprülü, bunun verdiği ayrıcalığı her an taşıyan bir yaratılıştaydı. Zengin değildi; ama genç yaşlarından itibaren ilmi muhitlerde yüksek itibar ve ihtiramla yaşayan bir alimdi.

Birçok ulusun bilimler akademisinde onursal üyeydi. Heidelberg ve Sorbonne gibi üniversitelerden genç sayılacak yaşlarda fahrî doktor unvanları almıştı. 1925'te Sovyetler Birliği Bilimler Akademisi'ne muhabir üye seçilmişti. Sovyetler 1948 yılının gergin ilişkiler ortamında, politika yapan Köprülü'den, bu unvanı geri aldı. Sonra post-Stalin devrinde bir nevi özürle geri vermeye kalktılar, bu sefer o bunu reddetti.

Türkiye tarihçilerinin en büyüklerinden biri olan Köprülü'nün Edebiyat Fakültesi'nde ve bilim çevrelerindeki otoritesini siyasal hayatında devam ettiremediği açıktı. Siyasal yaşamı içinde ele alındığında, 20. yüzyıl Türkiye'sinin bu ünlü tarihçisi, çizilen bambaşka bir portrenin konusu olmuştur. Politikacısından gazetecisine kadar herkes, ondan söz ederken; giyiminden, hırçınlığından, sigara tiryakiliğinden öteye geçememiştir. Küçümseyen tavrı ve zekâsıyla muhalifleri, gazetecileri, partili çalışma arkadaşlarını ezdiği ve gücendirdiği anlaşılıyor.

Adnan Menderes ise, Ege bölgesinin zengin modern çiftçilerindendi. İzmir'de İttihat-Terakki Lisesi'nde ve Amerikan Koleji'nde okumuş, Birinci Dünya Savaşı'nda genç olduğu için ahz-ı asker şubesi gönüllü askere gitme teklifini geri çevirmiş ve Kurtuluş Savaşı'na ise yedek subay olarak katılmıştı. Politikaya CHP'de değil, 1930'da Serbest Fırka'da atılmış ve Serbest Fırka kurulunca Aydın İl Başkanlığı yapmıştı. CHP'ye muhalif bir harekete katıldığı için, siyasal hayatı o gün bitebilirdi. Eğer hocası Vasıf Çınar olmasa, CHP'ye alınması söz konusu olamazdı, deniyor. Lâkin Atatürk'ün Aydın'ı ziyareti sırasında CHP Aydın İl Başkanıydı ve Gazi Paşa'nın arzusuyla 1931'de Aydın milletvekili oldu. Görüşmelerinde Gazi Paşa'ya makul gelen tenkitleri olduğu ve paşanın bu İstiklal Harbi gazisini olumlu notla değerlendirdiği anlaşılıyor. Milletvekili olduktan sonra da Ankara Hukuk Fakültesi'ni bitirdi.

Menderes, bazen ikna etmesini bilen, bazen de kolay düşman kazanan bir yaratılıştaydı. Meclis komisyonlarındaki çalışmalarından, siyasal toplantılardaki nutuklarına kadar, zaman zaman mantık ve ikna gücü ile muhalif ve yandaşlarını etkileyip sürükler, zaman zaman da hırçınlık ve hücumlarıyla çok kişiyi kızdırıp, ortalığı alevlendirirdi.

Despot nitelikli Başbakan Recep Peker'in Menderes'e "psikopat" diyecek kadar çileden çıktığı biliniyor. Dönemin CHP'lileri içinde onu makul, enerjik bir genç politikacı olarak tanıyanlar yanında hırçın, kırıcı bulanlar da çoktu. İşin ilginci DP'liler de politik hayatı boyunca, onun hakkında çok farklı değerlendirmelerde bulunmuşlardır. Celal Bayar, imparatorluğun son döneminden yani İttihat Terakki'den kalma bir politikacıydı. Siyasî olgunluğa İttihatçıların safında ulaşmıştı ve İttihatçılığını galiba hiçbir zaman kaybetmemişti. Aydın-İzmir bölgesi İttihat Terakki'nin kâtib-i mesulû bölge sekreteriydi. Burada Vali Rahmi Bey'le çatışması meşhurdur. İttihatçıların içinde Talat Paşa'nın kalem adamı olarak bilinirdi. Menderes ve Köprülü gibi sert çıkışlardan çok, yerinde çıkışlar yapan bir politikacıydı. Muhalefetin lideri, Atatürk'ün son başbakanıydı. Bayar, devlet demekti. CHP'de ön saflarda geçen hayatı ona bir dokunulmazlık ve saygınlık veriyordu. İş Bankası'nın gerçek kurucu genel müdürüydü. DP'nin kurucularını acımasızca eleştiren yazarlar, örneğin Falih Rıfkı bile Bayar konusunda daima ılımlı, hatta zaman zaman olumlu denecek bir üslûb kullanıyorlardı.

Kurucular arasında Bayar'ın tam tersi bir konumda bulunan Refik Koraltan'dı. Gerçi Koraltan, mecliste iktidar partisinin milletvekilleriyle bile iyi geçinme gayretinden hiç vazgeçmemişti, ama yaptığı bazı çıkışlar, CHP'li basına iyi malzeme olacak kadar hatalıydı. Genelde hem CHP'lilerin hem de DP önde gelenlerinin Koraltan'ı gücendirecek tavırlardan hiç kaçınmadıkları görülüyor. Koraltan, herkesle iyi geçinmek veya en azından ilişkilerini koparmamak gibi bir yol izlerdi. Hukuk eğitimi görmüştü.

İmparatorluğun son yıllarında savcılık ve emniyet müfettişliği gibi görevlerde bulunmuş, Kurtuluş Savaşı'na katılmış, Birinci TBMM'ne mebus olarak girmişti. Bir ara valiliklerde bulunmuş, tekrar milletvekilliğine dönmüştü. İleride iktidar olduktan sonra birbirleriyle çatışacak Köprülü ve bir tarafta Menderes ile Koraltan diğer tarafta çok farklı çizgiden gelen adamlarla ve Dörtlü'nün kader arkadaşlığı sınırları burada bitiyordu.

DP'nin kurucuları ve öncü kadroları, her şeye rağmen CHP'nin içinden çıkmıştı. Muhalefet partisinin tabanını, zamanla CHP iktidarının ideolojisine ve kadrolarına ters düşen soldan sağa kadar herkes dolduracaktı, ama aynı nitelikteki destek, 1950-60 arasında muhalefette olan CHP için de söz konusuydu. Yoksa DP'nin kurucu ve yöneticileriyle, CHP kadroları arasında derin ideolojik ayrılıklar görmek mümkün değildir. CHP'nin bazı ileri gelenleri, neden sonra devletçiliği bir iktisadî doktrin ve parti programı olarak yeniden düzenlemeyi düşündüler, ama o kadar... CHP yöneticileri, muhalefet güçlendikçe de tek parti döneminin bütün bükülmez ilkelerinden vazgeçmeye başladılar. En başta laiklik ilkesi eskiye göre yumuşamaya, eğilmeye başladı.[70] CHP yönetimi DP hangi yönüyle halka sempatik görünüyorsa onu denemek ve benimsemek niyetindeydiler. Ama seçmenlerdeki eski liderlerin yerine yenilerini aramak eğilimi karşısında bu çabalar sonuçsuz kalacaktır.

Demokrasiye Hazır Bir Ülke ve Ulus

Demokratlar memleketin dört tarafında yaptıkları gezilerde, büyük kalabalıklar tarafından tezahüratla karşılanıyor, birçok

70 İmam hatib ve İlahiyat eğitimi, köy enstitülerinin, türbelerin yan yana açılması ve asıl ilginci Arabça ezan yasağının kaldırılması için meclise kanun sevki bu cümledendir. Sonuncu yani yasağın kalkması DP devrinde tamamlandı. Bunun Bayar ve Menderes arasındaki ilk gerilimi ve tartışmayı doğurduğunu da belirtmek gerekir. Bu konuda Cihad Oğuzhan Uncu'nun "Meclis Tutanakları Üzerinden Demokrat Parti Tahlili" (Hatay Mustafa Kemal Üniversitesi) adlı yayınlamamış lisanüstü tezine bakılabilir.

yerde vatandaşlar, partinin yerel örgütünü kendiliklerinden kurup, genel merkeze bildiriyorlardı. Bu gelişmeyi tamamen dört kurucunun kişiliğine, onların yarattıkları etki ve sürükleyiciliklerine mal etmek mümkün görünmüyor.

Gerçekte taşra ve İstanbul ile İzmir halkı CHP iktidarını değiştirmek için uygun ortamın doğmasını beklemiştir. Demokratların doğuşunu ve gelişmesini hazırlayan ne onların programı ne de nutuklarıydı. Üstelik Demokrat Parti liderleri, o güne kadar uzun yıllar süren bir muhalefetle ün yapan, gazete çıkararak, örgütlenerek, takibata uğrayarak, kitlelerin gözünde otorite kazanan politikacılar değillerdi. 1945 ortalarında mecliste muhalif tutum ve harekete başlayanların 1946'da kitlelerin önderi haline gelmeleri, bir yerde onlardan çok ülkedeki iktisadî şartların, beceriksiz, yolsuz ve despot bürokrat yöneticilerin sayesinde oldu.

Savaş içinde uygulanan iş mükellefiyeti, uzun zamandır alınan yol vergisi köylüleri bezdirmişti. Her türlü sendikal faaliyetin yasak olması, ağır iş şartları, düşük ücret ve savaşın sıkıntıları işçileri, Saraçoğlu hükümetinin varlık vergisi uygulaması İstanbul'daki azınlıkları ve sadece azınlıklar değil her kesimden iş insanı ve zengin toprak sahibini, enflasyon sabit gelirlileri DP'ye yöneltmekteydi. Yaşama standartlarında düzelme, savaş ve savaş sonrası yıllarda her ülkede olduğu gibi, çok yavaştı, 1950'de Türkiye'de kişi başına millî gelir 166 dolar civarındaydı.

Buna karşılık, Türkiye'de demokrasinin yaşaması için diğer Orta Doğu ülkelerine göre umut verici bir gelişme, eğitim alanındaydı. 1923'lerde % 90 civarında olan cehalet 1950'de % 65'e düşmüştür. 1924'te 10.000 kişi de 266 çocuk ilkokula giderken, 1950'de bu sayı, 760'a çıkmıştı.[71] Türkiye halkının önemli bir kesiminin bilinç düzeyi ve özlemleriyle iktisadî durum ve yönetici zümre arasında büyük uçurum vardı.

---

71 Yahya Sezai Tezel, *Cumhuriyet Döneminin İktisadî Tarihi (1923-1950)*, Türkiye İş Bankası Kültür Yayınları, İstanbul, 2015, s. 455.

ÇOK PARTİLİ HAYATIN İLK GENEL SEÇİM KAMPANYASI

1946 yılında CHP, belediye seçimlerinin Eylül ayından Mayıs ayına alınmasına karar verdi, böylece genel seçimlerin de yaz içinde yapılacağı anlaşılıyordu. CHP Kurultayı 10 Mayıs 1946'da toplanmış ve demokrasiye geçiş açısından önemli kararlar almıştı. Birincisi, sınıf esasına göre dernek ve siyasî parti kurma yasağı kaldırılacaktı. Fakat bu ilke sonradan uygulanamadı. Bu gibi partiler kapatıldı, dernek niteliğinde kurulan sendikalar da faaliyet gösteremediler. İkincisi, parti başkanı "değişmez" olmaktan çıkıp seçimle gelecekti ve "Millî Şef" unvanı kaldırılacaktı. Ayrıca seçimler tek dereceli yapılacak ve meclisteki müstakil grup kaldırılacaktı.[72]

CHP, milletvekili seçimlerinin iki dereceli değil, tek dereceli olarak yapılması için hazırlık içindeydi. Henüz örgütlenme aşamasında olan DP'lilerin iktidar partisi ile gürültülü bir çatışmaya girmesi gecikmedi. DP seçimlere hile karıştırılacağını, bu nedenle önce basın, cemiyetler ve polis örgütü ile ilgili antidemokratik kanunların değiştirilmesi gerektiğini öne sürdü.

---

72 Karpat, *a.g.e.,* s. 137 ("Müstakil grup" CHP'nin kendi döneminde, hükümeti kendi içinde kurduğu bir "eleştiri grubuyla" denetim altında tutma uygulamasıydı. Müstakil grup üyeleri de CHP üyesiydiler. Ama öteki parti üyelerinden daha fazla eleştiri hakları vardı. Grubun başkanı Ali Rana Tarhan'dı.)

Çok Partili Rejim, Ama!

Bundan başka DP'liler, iktidarın erken seçime giderek, partilerinin örgütlenmesini engellemeyi amaçladığı düşüncesindeydiler. Bu nedenle de 26 Mayıs'ta yapılan belediye seçimlerine katılmama kararı aldılar. Bu karar CHP iktidarının hücumuna neden oldu. DP'liler bozgunculukla suçlandılar.

Bu arada CHP'li basına ve parti ileri gelenlerine asıl kozu Fuad Köprülü verdi. Köprülü, *Chicago Tribune* ve *New York Times*'a seçim ve propaganda güvenliği olmadığı yolunda 15 Mayıs'ta bir demeç vermişti. Kıyamet koptu. Hüseyin Cahit Yalçın, *Tanin*'de, "Bir Fena Vatandaş Örneği" diye Köprülü'yü günlerce ateşe tuttu. "Vatanını ecnebilere teşhir etmeye kalkan bir adama siyasî hayatımızda yer olamaz, ona karşı bir vatandaş hürmeti besleyemeyiz," diye Köprülü'yü diline doladı.

Nihat Erim, *Ulus*'ta, Köprülü'yü "Son devrin ecnebi devletlere sığınarak ve dayanarak iktidarda tutunan vezirlerine" benzetti.

Köprülü, Koyulhisar'daki propaganda konuşması sırasında çıkan bir olay üzerine bu demeci vermişti. Ancak ortalık alevlenince bu sözlerinin bir demeç olmayıp özel bir konuşma olduğunu söyledi ve yabancı gazetelere yansıtılmasından da bir gazeteciyi sorumlu tuttu.[73]

Millî Kalkınma Partisi (MKP) de seçim günü çekilince, çok partili hayata rağmen belediye seçimleri sadece CHP adaylarıyla yapıldı. Çatışma en hırçın boyutuna bundan sonra ulaştı.

21 Temmuz Seçimi Kampanyası

Genel seçimler 21 Temmuz 1946'da yapılacaktı. Demokratlar, mülkî âmirlerin seçimlere karışıp sonucu saptırmaması için kanun değişiklikleri ve güvence isterken, bir yandan da

73 *Tanin*, 17 Mayıs 1946-21 Mayıs 1946 ve Metin Toker, *a.g.e.*, s. 132.

yöneticilerin Demokrat Partililere baskı yaptığına dair, her gün bir dizi olayı gündeme getiriyor ve bunlar muhalif basında yer alıyordu. Muhalif basının seçim sloganları, "Vatandaş, uşak ruhu taşıyanları milletvekili seçme!" veya ömründe seçim bölgesini bir iki defa görmüş tayinli milletvekillerini kastederek, "Halk milletvekili adaylarının kendi mıntıkasından olmasını istiyor" gibi başlıklardı.[74]

Temmuz başında Celal Bayar'ın Mersin'deki seçim konuşması vali tarafından önlenince kıyamet koptu. Vali konuşma iznini almak için 48 saat önce başvurulması gerektiğini, Bayar ve DP'lilerin bunu yapmadığını söylüyordu. *Ulus*'la muhalif basın bunun tartışmasını sürdürdüler.

CHP'li basın da ölçüyü kaçırmıştı. *Tanin*'de Hüseyin Cahit Yalçın, Demokratları Moskova paralelinde olmakla suçlamaya başlamıştı. Hüseyin Cahit, Moskova Radyosu'nun Demokrat Parti'yi tutar ve onun dediklerini yineler görünümde yayın yaptığını, DP'lilerin bu yayını protesto etmeleri ve yalanlamaları gerektiğini yazdı.[75]

DP böyle bir isteğe uymayınca da günlerce, "DP'nin Moskova ağzıyla konuştuğu, DP'nin iddialarının Moskova Radyosu'nun en büyük kozunu teşkil ettiği…" gibi yorumlar gazetenin sayfalarında yer aldı. Nihayet seçim günü "Vatandaş, rey verirken Moskova'yı unutma" diye bir başlık atıldı.

DP seçimlerde 465 sandalye için 273 aday göstermişti. Kanuna göre bazı adaylar birden fazla seçim bölgesinde gösterilebiliyorlardı. DP, İstanbul'da Mareşal Fevzi Çakmak'ı da aday gösterdi. Kendisini iki yerde daha listeye koymuşlardı, ancak mareşalin listedeki adaylığı bağımsız adaylıktı.

---

74 *Tasvir*, 5-7 Temmuz 1946.

75 *Tanin*, 10 Temmuz, 17 Temmuz, 21 Temmuz 1946.

ÇOK PARTİLİ MECLİS

1946 demokrasisi, kuşkusuz sadece DP'nin doğuşu için kullanılan bir deyim değildir. İki yıl içinde ülkemizde değişik ideoloji ve görüşe sahip düzineyle parti kuruldu. Bunların birkaçı yöneticiler tarafından kapatıldı, çoğu da tutarlı bir programları ve güçlü yöneticileri olmadığından eriyip gittiler. 18 Temmuz 1945'te CHP'nin dışında, kurulan ilk parti, Millî Kalkınma Partisi'ydi.

Partinin birinci ismi Nuri Demirağ propaganda çalışmaları ve demeçleriyle hükümete bağlı basında, günlük mizah konusu haline getirildi. Partinin ikinci adamı Cevat Rıfat Atilhan belirttiğimiz gibi az zamanda genel başkanla çatışmış, 8 Temmuz 1947'de Türk Muhafazakâr Partisi'ni kurarak ayrılmıştır.

Kısa ömürlü ve dar kadrolu birkaç sosyal demokrat parti de vardı. 28 Şubat 1946'da Sosyal Demokrat Partisi, 26 Nisan'da Türk Sosyal Demokrat Partisi kuruldu. Türk Sosyal Demokrat Partisi'nin yöneticileri dört ay sonra mahkemeye verildi, fakat aklandılar.

2 Haziran 1946'da Dr. Şefik Hüsnü Değmer'in başkalığında kurulan Türkiye Sosyalist Emekçi ve Köylü Partisi ise aynı yıl 16 Aralık'ta kapatıldı ve kurucuları mahkemeye verildiler. Şefik Hüsnü, mütareke döneminden beri Türkiye'de sol hareket içinde önde gelen isimlerdendi. 19 Eylül 1948'de Arif Oruç'un kurduğu Müstakil Türk Sosyalist Partisi ise

kurucusunun ölümüyle faaliyetini durdurdu. Solcu partilerin seçim ve çalışma şansı herhâlde çok değildi, fakat bunlar bu dönemde ya faaliyet dışı bırakıldı ya da faaliyete bile geçemediler. İlginç görünümler vardı. Ünlü Ahmet Cevdet Paşa (tarihçi, hukukçu, evvela kazasker nihayet Adliye Nazırı) kızı Emine Semiyye Hanım da sol partilerinden birinin kuruculardandı.

İktidar ve ana muhalefet liderleri siyasî partilerin sınıf temeli üzerine örgütlenmelerine baştan beri şiddetle karşıydılar. Bu tutumun sonucu olarak, toplumsal sınıfların temsiline yol açacağı düşünülerek nisbî seçim sistemine de karşı çıktılar. Köprülü ve Menderes'in demeçlerinde de görüldüğü gibi, toplumsal uyumla gerçek demokrasi kurulmalıydı. Köprülü'ye göre toplumsal sınıflar vardı, fakat bunların arasında uzlaşmaz ve bağdaşmaz çıkar çatışmaları söz konusu değildi.[76]

Büyük şehirlerin dışında taşrada bile kurulan partiler vardı. Ağustos 1946'da kurulan Yurt Görev Partisi, İzmir'de kurulan Serbest Demokrat Parti, Afyon'da 1948'de kurulan Öz Demokratlar Partisi gibi... [77]

1946 demokrasinin çoğulcu niteliği sadece siyasî partilerle sınırlıydı. Basın bunlara göre biçimlenmişti. Partilerden başka işçi ve işverenin toplandığı sendikalar ve dernekler, partilerin dışında kalan örgütlenmiş baskı grupları zayıftı veya yoktu. 1946'da Cemiyetler Kanunu'na göre kurulan bazı sendikalar ise solculuk karıştığı gerekçesiyle kapatıldılar. CHP hükümeti Birleşmiş Milletler anlaşmasını imzalamamızın gereği olarak 20 Şubat 1947'de aceleyle 5018 sayılı Sendikalar Kanunu'nu çıkarttı. Kanun, grev hakkını tanımıyordu. DP'li milletvekilleri kanun tasarısının bu ve başka hükümlerini eleştirdiler, ancak ileride iktidara geçince bu eleştirilerini unuttukları biliniyor.

---

76 Karpat, *a.g.e.*, s. 266

77 Tarık Zafer Tunaya, *Türkiye'de Siyasi Partiler (1859-1952)*, s. 638 vd.

Çok Partili Meclis Dönemi Başlıyor

Seçim sonucu DP'liler 66 milletvekili çıkardılar, hemen ardından hile ve baskı dolayısıyla seçimi kaybettikleri iddiasını ileri sürdüler. Seçimlerde bazı yerlerde baskı ve hile yapıldığı anlaşılıyor, ancak pek gerçekçi görünmeyen bu iddialarına, DP'liler kendileri de inanmış olmalı ki, senelerce tekrarladılar. Zira DP henüz kuruluşunu tamamlamış değildi. Bu anlamda mecliste çoğunluk sağlaması da mümkün gözükmüyordu.

DP, Cumhurbaşkanı İnönü'nün de tarafsız olması için CHP Genel Başkanlığı'ndan çekilmesini istiyordu. Yeni dönemde mecliste cumhurbaşkanlığı seçimi yapıldı. İnönü 388, DP adayı Mareşal Fevzi Çakmak 59 oy aldılar. Demokratlar, İnönü'nün bundan sonra meclise gelişinde ayağa kalkmamak kararına vardılar ve uyguladılar. İlk oturumlardan itibaren CHP'liler lehine sahte mazbatalar düzenlendiğini de öne sürmeye başladılar ve Başkanlık Divanı'na da girmediler.

İki parti arasında çatışmayı arttıran olaylardan biri de Halk Partililerin, iki DP milletvekilinin mazbatalarını reddetmesidir. 26 Ağustos 1946'da Hüseyin Cahit *Tanin*'de, "DP İstanbul Milletvekili Salomon Adato'nun daha önce Sovyetler Harici Ticaret Bankası'nın hukuk müşaviri olduğunu, böyle bir görevde çalışan bir kimsenin kesinlikle Sovyetler'in adamı olduğunu ve milletvekilliğinden istifa etmesi veya atılması gerektiğini," yazdı. Bu istek pek ciddiye alınmadı, ancak 1946 Aralık ayında İstanbul DP milletvekilleri Burhan Cahit Morkaya, Zeki Rıza Sporel ve Abdurrahman Münib Berkan'ın mazbataları mecliste reddedildi. Sebep olarak ilk ikisinin askerlik yapmadığı veya hizmet çağrısına cevap vermediği, üçüncüsünün vergi kaçakçılığı suçu olduğu ileri sürüldü.

Bunun karşılığında Koraltan, *Tasvir*'de bazı CHP ileri gelenlerini ağır biçimde suçlayan bir demeç verdi ve bazı sözde vesikaların fotokopisini[78] neşretti; Hilmi Uran, Emin Erişirgil ve Fuat Ağralı Kurtuluş Savaşı'na Atatürk'ün emirlerine rağmen katılmamakla suçlanıyorlardı. Kuşkusuz olay bir saptırmaydı. Suçlananların bir kısmı İstanbul'daki son Osmanlı Meclis-i Mebusan'ına katılmak için Ankara'da bulunmamıştı. Fuat Ağralı da o tarihte Ege bölgesinde seyahat eden herkes gibi işgal kuvvetlerinden, yani İtalyan ve Yunanlıların bir izin kâğıdı (himaye pasaportu) almıştı. Son İstanbul Meclisi'nde bulunmanın ve himaye pasaportunun ne olduğunu bilmeyen bazı seçmenlerin gözünde iktidar partisinin önde gelen üyelerini küçük düşürmek, karalamak gibi bir yola, mazbata iptalinin rövanşı olarak başvurulmuştu.

DP'liler bu hırçın suçlamalara devam ettiler. *Tasvir* Gazetesi 18 Aralık'ta da Halk Partisi Kütahya milletvekillerinden birinin daha Kurtuluş Savaşı sırasında Bursa'ya kaçıp, Yunanlılara sığındığını yazdı. Ertesi gün mecliste Menderes'in eleştirilerine sinirlenen Recep Peker, "Psikopat, marazi, anarşist ruhlu" deyince DP'liler topluca meclisi terk ettiler.

1946 dönemi çok fırtınalı başladı ve öyle de devam etti. Ancak dış politika söz konusu olunca sessizlik ve uyum geri geliyordu. 1946 Ağustos'unda Sovyetlerin Boğazlar konusunda verdiği nota üzerine DP, partinin hükümetle müttehid (birlikte) hareket edeceğini belirten bir tebliğ neşretti.[79] Celal Bayar, dışişleri bakanını ziyaret etti, böylece 1960'lara kadar sürecek dış politika konularını tartışmama geleneği oluşmuş oldu.

78 *Tasvir*, 11 Aralık, 14 Aralık, 18 Aralık 1946.
79 *Tasvir*, 14 Ağustos 1946.

MUHALEFET VE RECEP PEKER HÜKÜMETİ

1946 seçimlerine kadar DP'lilerin Cumhurbaşkanı İnönü'ye karşı belli bir saygıları vardı. İnönü, demokrasiye geçişte "Milli Şef" unvanını atınca bu saygı ve dokunulmazlık devam etti. Demokratlar, "hileli" buldukları bir seçimle kurulan meclis onu yeniden seçtiği için, cumhurbaşkanlığını "meşru" görmüyorlar ve ayağa kalkmıyorlardı. *Ulus* ve *Tanin,* cumhurbaşkanı meclise geldiğinde milletvekillerinin ve diplomatların ayağa kalkıp onu alkışladıklarını, Demokratların gene yerlerinden kalkmadıklarını iğneli bir üslubla yazıyorlardı.[80] İnönü için Demokratların düşündüğünü henüz CHP'de bulunan Hamdullah Supni Tanrıöver söylemiştir: "Biz cumhurbaşkanımızı tarihi bir kişilik, bir büyük adam olarak görürüz. Büyük adamların devri ise geçmiştir."[81]

Buna rağmen DP'liler büyük adama karşı, bir başka büyük adama sığınmakta tereddüt etmediler. Mareşal Fevzi Çakmak, geniş kitlelerin saygı ve sevgisini kazanmış bir tarihi kişilikti. Mareşal milletvekili seçilerek Ankara'ya hareket ettiği gün, Haydarpaşa Garı'nda on binler tarafından uğurlandı, yol boyu binlerle insan onu selamladı ve Ankara'da da aynı şekilde karşılandı. CHP'liler mareşale karşı bir ağırlık olması için Kâzım Karabekir'i "Meclis Reisi" seçtiler.

80 *Tanin,* 2 Kasım 1946.

81 *Tasvir,* 19 Kasım 1947.

DP'liler sürekli olarak "Basın, Polis Vazife ve Selahiyetleri Kanunu" gibi antidemokratik uygulamaya müsait kanunların değişmesini istiyor, baskıdan söz ediyorlardı. Oysa uzlaşmaz, inatçı ve otoriter idareye eğilimi olan Recep Peker Hükümeti bu dilekleri dinlemiyor, protestolara karşı hırçın davranıyordu. CHP'li basın da bu yolda onu destekliyordu. *Tanin* Gazetesi, ABD Dışişleri Orta Şark Servisi Müdürü Lloyd Henderson'un "Türkiye'de muhalefet büyük bir hürriyetten istifade etmektedir" dediğini yazarak baskı iddiasını cevaplarken, Falih Rıfkı Atay *Ulus*'ta, "Türkiye'de bir baskı idaresi olduğundan ancak solda komünist ve sağda hükümdarlık partisi kurmak isteyenler şikâyet edebilir. Bu da keyfi ve şahsi bir baskı değil, bir Anayasa ve kanunlar baskısıdır,"[82] diye yazmıştır.

Yazı büyük olasılıkla mareşalin muhalif gazetelerin ilk sayfasını dolduran demecine karşılıktı. Mareşal; "Memleket muzdaribtir, vatandaşlar maddi hayat sıkıntılarından başka, otoriter ismi verilen bir idarenin tazyiki altında ruh ve fikir ızdırabı çekmektedirler," demişti.[83] Mareşalin demecine Falih Rıfkı'yı aratacak karşılığı diğer bir iktidar yanlısı gazete kendi üslubu ile yetiştirdi. Gazete mareşalin demecini Bulgarların aldığını ve aynıyla yayınladıklarını söylüyor, vatan-millete karşı ayıp edildiğinden söz ediyordu.

Baskıyı inkâr eden CHP yanlısı basına rağmen, içişleri bakanı, idarecilerin tarafsızlığına dikkat ettiğini belirten bir faaliyet içindeydi. O günlerde gazetelerde "Poliste dayak faslı kaldırılacak" diye bir başlık da göze çarpıyordu. Polisle ilgili kanunların değiştirilmesi üzerinde muhalefet ısrarla duruyordu. 1947 yılı Aralık'ında, Emniyet Genel Müdürlüğü bütçesi görüşülürken Refik Koraltan, 32 milyonluk ödeneği çok bulduğunu belirterek, polis devleti zihniyetini şöyle eleştirmiştir: "Hükümet memleketi bir anarşi manzarasında görüyormuş,

82 *Ulus*, 5 Eylül 1947.

83 *Tasvir*, 28 Ağustos 1947.

gibi her sene kabarık bir Emniyet Genel Müdürlüğü bütçesiyle karşımıza geliyor. Artık medeni bir millete yaraşmayan bu zihniyeti, vatandaşları tazib eden gizli takipleri bırakmalıyız."[84]

DP'liler seçimlerin yenilemesi isteğini de ileri sürdüler. Ancak DP'liler arasında ve DP yandaşı basında bile bu konuda anlaşmazlık vardı, gerçekçi olmayan istek bir müddet sonra duruldu. Cihad Baban, *Tasvir*'de "Cesaretle söylemeliyiz, yeni bir seçim lâzım" dediğinde, Ahmet Emin Yalman, *Vatan*'da, "Bu müfrit bir muhalif istektir, seçim zamanı değildir. Yeni seçim sadece buhran yaratır, kızıl solculuğun mel'un saldırış emelleri pusuda beklemektedir," diye Cihad Baban'ı eleştirdi.[85]

Muhalefet ve Recep Peker Hükümeti

Mareşal, politikaya 22 Temmuz'da İstanbul valisini kendine verilen reyleri Recep Peker'e geçirmekle suçladı. Aynı gün, "Halka cebir ve tazyik eden ve buna cüret edenlerin bu millete hesap vereceklerini" söyledi.[86] Mareşalin bu şiddetli meydan okuyuşuna *Tasvir* ve *Ulus* bile cevap vermeye çekiniyordu. Oysa Refik Koraltan Beşiktaş Gazinosu'nda, "Memleketimizde demokrasi inkılâbını önleyenler cezasız kalmayacaklar ve belki bir gün bu hareketleri hayatlarına mal olacaktır," dediğinde bahçede bulunan DP ileri gelenleri telâşa kapılmış, gazetecilere bu sözleri yazmamalarını tenbih etmişlerdi. Fakat ertesi gün *Tanin*, Koraltan'ın yüzlerce kişi karşısında söylediği sözleri "Çılgın mı, azgın mı?" başlığıyla veriyordu.[87]

Aynı günlerde Refik Koraltan, Meclis'te mülki amirlerin polisi kullanmaları konusunda bazı kısıtlamalar konmasını savunmuştu. *Tanin,* Koraltan'ın 1934 Temmuz'unda bu kanun görüşülürken aynı maddeyi (Polis, Vazife ve Selâhiyet

84 *Tasvir*, 29 Aralık 1947.

85 *Tasvir*, 28 Ağustos 1947; *Vatan*, 10 Ağustos 1947.

86 *Tasvir*, 22-23 Temmuz 1946.

87 *Tanin*, 24 Nisan 1947.

Kanunu'nun mülkî âmirlere her kişiyi istediği kadar nezarette tutma yetkisi veren 18. maddesi) savunduğunu hatırlatan bir haber verdi.[88] Seçimlerin üzerinden bir yıl geçmeden DP'de çatlaklar başlayacaktı. Ayrılmaların hızını kesen belki de Recep Peker Hükümetinin katı, otoriter tutumuydu. Recep Peker muhalefeti bir arada tutuyordu, denebilir. Bu arada DP büyük kongresi yapıldı. 1946 Temmuz'u ile 12 Temmuz 1947 bildirisi arasında geçen dönem Recep Peker ve muhalefet çatışmasından oluşmuştur gibi gözükmektedir. Recep Peker'in düşüşünden sonra CHP yumuşama girişimlerinde bulunurken, DP'de de kopmalar başlayacaktır.

Demokrat Parti'nin Güçlenmesi

CHP'liler, parti liderlerinden ilçe örgütündeki üyeye kadar DP'nin kısa sürede iktidara aday olacağını hesaba katmamışlardı. Onlara göre, çok partili demokrasi denemesi, yavaşça ılımlı bir biçimde ve CHP iktidarının kontrolünde gelişecekti. İlk anda DP'yi kuranların bile daha farklı düşünceleri için bir neden yoktu. Ancak DP'nin kurulması söz konusu olunca kurucular; kurulduktan sonra da CHP'liler gelişmeler karşısında hayrete düştüler. Bayar, İzmir'de karada ve denizde binler tarafından karşılanıyor, Menderes her gittiği yerde tezahüratla omuzlarda taşınıyordu. DP'yi kurana kadar kimsenin ilgisini çekmeyen Refik Koraltan, Mersin'de, Antakya'da binlerce yurttaş tarafından alkışlarla karşılanıp uğurlanıyordu. DP'lilerin meclisteki bir çıkışı veya protestosu yurdun dört bir yanından yağan telgraflarla destekleniyordu. Tek parti yönetimine karşı gösteri dönemi başlamıştı. Örneğin, İstanbul-Kartal'da Kızılay idare heyeti seçimlerini DP'liler kazanınca, birden iki yüzü aşkın yurttaş, Kızılay Kartal şubesine üye oluyor ve kabarık bağışta bulunuyorlardı.

88 *Tanin,* 23 Nisan 1947.

Basın Kanunu Görüşmelerinden 12 Temmuz Bildirisine

Eylül 1946'da TBMM'de görüşülen basın kanunu tasarısı, Peker hükümetine 7 Eylül kararlarından sonra yöneltilen ikinci büyük hücuma neden oldu. Muhalefet, basın özgürlüğünün tasarıda gereği gibi yer almadığını, idare adamları ve sıkıyönetim komutanlıklarının tasarrufuna bırakıldığını söylüyordu. Menderes'e göre, 20 milyon nüfuslu memleketimizde toplam günlük gazete satışı 150 bin olup, İstanbul dışındaki gazeteler el ilânı büyüklüğünde, ilkel gazetelerdi. Çünkü memlekette basım maddî ve manevî baskı altındaydı. Bu tasarı da basına güvence getirmiyordu, hatta hükümler Meşrutiyet döneminden daha geriydi. DP'liler buna seyirci kalamazdı. Menderes, "Bir meclis seçmek ve bu mecliste bir miktar muhalif milletvekili bulundurmakla demokratik bir idare kurulmuş olmaz," diyerek basının önemini vurguladı ve tasarıyı eleştirdi. Başbakan Peker, insanlığın en büyük eseri olan devletin hayatın şartlarına uyan kanunlarla yönetilmesi gerektiğini ve basın kanununda yapılmak istenen değişikliğin günün şartlarından ileri geldiğini söyleyerek, muhalefetin eleştirilerine karşı koydu.[89] Muhalefet bir yıl sonra da devlet radyosundan yararlanamadığını ileri sürerek kendisine radyoyu kullanma olanağının verilmesini istedi. Peker Hükümeti bu konuda da olumlu davranmadı.

DP Kongresi ve Hürriyet Misakı

Muhalefet iktidarın bağlı memurların baskısından şikâyet ediyor, meclis oturumlarını zaman zaman grup halinde terk ediyordu. 8 Ocak 1947'de Demokrat Parti Büyük Kongresi toplandı. *Tanin* ve *Ulus*, okullara din dersleri konulmasını isteyen Kastamonu delegesini ele alarak, kongreye hücuma başladılar.

89 TBMM Tutanağı: 18.9.1946; Gologlu, *a.g.e.*, s. 94.

Hüseyin Cahit Yalçın DP kongresini, "taşkınlıkla" suçluyor, devamla, "Bu demokrasiye henüz alışmamış kalabalıktan ne beklenir?..." diyordu.[90] DP kongresinin en önemli kararı "Hürriyet Misakı" diye bilinir. Şayet Hürriyet Misakı'nda öngörülen noktalar kabul edilmezse, CHP'ye "millî husumet" yönelecekti. Muhalefet partisinin büyük kongresi Celal Bayar'ın nutkunda belirttiği üç noktayı, "Hürriyet Misakı" olarak biçimlendirmişti: a) Anayasa'ya aykırı kanunlar değiştirilecek, b) Mahkemelerin uygulayacağı bir seçim kanunu kabul edilecek, c) Cumhurbaşkanlığı parti başkanlığından ayrılacaktı.

Son şartı DP'liler 1950'den sonra sözde yerine getirdiler, ama Cumhurbaşkanının DP'li olduğunu her fırsatta açıkça belli etmesi, basın kanunu ve radyo üzerindeki tartışmalar, 1950'den sonra da devam etti. Bu sefer CHP'lilerin yerini DP'liler alacaktı. Bir mühim nokta daha var. DP bir daha büyük kongre yapmadı. 1960 Darbesinden sonra partinin kapatılması için başlıca sebep bu olarak belirtildi ve hüküm verildi.

12 Temmuz Bildirisi

Kongrenin bitiminden Temmuz 1947'ye kadar geçen zaman, DP'nin hırçın muhalefet, hükümetin ise otoriter iktidar rolünü oynadıkları dönemdir. Bu arada DP, İstanbul'daki ara seçimini boykot etti. İstanbul'da DP güçlüydü. Seçime girerse kazanacak ve "seçimlerde baskı ve hile yapıldığı" yolundaki propagandasını yürütemeyecekti. CHP'li basın bu konuyu çok işledi. DP'yi bozgunculukla suçladı. Recep Peker 2 Nisan 1947'de İzmir'de, "Seçimlere katılmamak, millî görevlere karşı sabotaj yapmaktır" derken, Bayar hemen ardından aynı yerde, seçime niye katılmadıklarını açıklıyordu. Bu aylarda DP ileri gelenleri yurdun her köşesinde hükümetin baskıcı yönetimini eleştirerek gezdiler. DP'liler seçime katılmadı, fakat gergin

---

90 *Tanin,* 13 Ocak 1947.

havayı yumuşatmak için Haziran başlarında Cumhurbaşkanı İnönü duruma müdahale etti. Muhalefet lideri Bayar ve Başbakan Peker'le görüşmeler yaptı ve sonunda demokrasi tarihimizde önemli yeri olan bir resmî bildiri yayınlandı.

"12 Temmuz Beyannamesi" diye bilinen bu uzun bildiride İnönü, başbakan ve muhalefet liderini nasıl görüştürdüğünü açıklayarak, çok partili bir sistemin esaslarını bir kere daha belirtiyordu: "7 Haziran tarihinde görüşmek üzere çağırdığım Bay Celal Bayar bana, Demokrat Parti'nin idare mekanizmasının baskısı altında bulunduğunu beyan ve şikâyet etti. Haberdar ettiğim Başbakan, aynı mevzuları daha evvel aralarında görüştüklerini hikâye ederek, böyle bir baskının olmadığını, idare mekanizmasının memleketin huzurunu bozacak mahiyette tahriklere karşı çok güç durumda kaldığını beyan eyledi. Bundan sonra iki tarafı bir arada dinlemek için, 14 Haziran tarihli buluşmayı tanzim ettim. Başbakan, yardımcısı ve Demokrat Parti Başkanı hazır bulundular..." devamla Peker ve Bayar'ın baskının varlığı ve yokluğu konusunda anlaşamadıkları iki buçuk saatlik bir konuşmaya giriştikleri belirtiliyordu.

Cumhurbaşkanı, Bayar'ı 17 Haziran'da tekrar kabul etmiş, Bayar kendisine teşekkür ederek, partililere her yerde idarî baskı olduğu konusunda ısrar etmiştir. İnönü hakemlik yapmak durumundaydı; "... İki tarafın şikâyet ve müdafaalarının delillerini tafsil etmekte fayda görmüyorum. Gördüm ki, taraflardan hangisinin haksız, yahut hangisinin daha evvel karşısını kırmaya başlamış olduğunu aramakta da fayda yoktur. Ben, idare mekanizmasının baskı yaptığını Hükümet Reisi'nin kabul etmemesini, bunu tasvip etmeyeceğini bir teminat ifadesi olarak aldım ve Bay Bayar'a söyledim. Ben, muhalefet liderinin kanun dışı maksatlar ve metodlar isnadını reddetmesini, muhalif parti çalışması için şart olan kanun içinde kalmak esasının göz önünde tutulduğunu ve tutulacağına dair tahmin edici bir teminat olarak kabul ettim ve Başbakan'a bunu söyledim..."

Cebesoy'un Peşinde

İnönü, Devlet Başkanı olarak, kendisinin her iki partiye karşı eşit derecede görevli olduğunu, hükümetin güvenliği sağlama zorunluluğuna rağmen, muhalefete karşı da tarafsız ve eşit muamele mecburiyetinde olduğunu belirtiyordu. 12 Temmuz Beyannamesi muhalefetin umudunu artırdı, Peker'in durumu sarsıldı. Anlaşılan cumhurbaşkanı da Peker'in uzlaşmaz karakterli politikasından bezmişti. CHP içindeki ılımlılar Recep Peker grubuna karşı belirgin biçimde karşı çıkmaya başladılar. 12 Temmuz Beyannamesi ile iktidar ve muhalefetin köklü bir demokraside olduğu gibi, olgun ve uygar bir yarışma ortamına girmedikleri açıktı. Ancak beyanname ile Türkiye tarihinde CHP'nin "eşitler arasında birinci" konumunda, vasî bir parti olma döneminin sona erdiği bizzat cumhurbaşkanı tarafından açıklanıyordu. Muhalefetin bundan sonra Recep Peker grubuyla bir bahar havasına gireceği sanılırken, hücum ve iğnelemeyi artırdığı görüldü. Kısaca Recep Peker ve grubunun siyasal hayatında düşüş başlamıştı. Peker'in CHP milletvekillerinin bir kesimi tarafından da desteklenmediği açıktı. Hatta kendisine karşıt bazı partili milletvekilleri, örneğin Ali Fuat Cebesoy, peşlerine adam konup izletildiklerini söylüyorlardı.[91] Ali Fuat Cebesoy, Kâzım Karabekir Paşa'nın ölümünün ardından TBMM başkanı oldu. İsmet Paşa'nın İstiklâl Harbi komutanlarına karşı vefakâr duyguları bilinmektedir. Bu geleneksel yapıların içinde Recep Peker veya Adnan Menderes'in tutum ve fevri davranışları o dönemin Türkiye'sinde takdir toplamadığı gibi tepkilere de neden oluyordu.

Peker Hükümeti Döneminin Sonu

Çok partili rejimin CHP'nin vesayeti altında gelişmesi gerektiğine inanan ve yakın bir gelecekte iktidarı devir teslim etmeye

91 *Tasvir*, 10 Ekim 1947.

hiç niyeti olmayan klâsik CHP'lilerin başında Recep Peker geliyordu. Uzlaşmaz, sert bir kişiliği olan Peker seçimlerden sonra hükümeti kurmakla görevlendirilmiş, meclisin 8. Dönemi de böylece kavga ve gürültüyle başlamıştı. Recep Peker'in DP'lilerle çatışması daha hükümet programının okunduğu günden itibaren sürmüştü. Başbakan programın hemen o gün görüşülüp, kabul edilmesini istemiş, Demokratlar görüşmelerin ve oylamanın programın incelenmesi için iki gün sonraya bırakılmasını istemişlerdi. Peker, ısrarında haklı sayılmazdı; ilk defadır ki çok partili bir meclisin karşısına çıkan başbakan oydu ve Recep Peker'de böyle çetin bir yol için gereken ılımlılık, ikna yeteneği hiç yoktu. Gerçek denetleme görevini yüklenen bir meclisin hükümet programını anında oylaması beklenemezdi. Fakat buna rağmen Peker ve grubu tartışmayı uzatmışlar ve istediklerini yapmışlardı.

7 Eylül Kararları

Peker hükümeti dönemine bakarken, şunları da göz önünde tutmakta yarar var:

Gerçekte Recep Peker, ekonomik sıkıntının dorukta olduğu bir dönemde işbaşına geçmişti. Türkiye savaş sonrası ortamda dış dünyaya açılmak, yatırımları hızlandırmak durumundaydı. Özellikle gündemdeki dış yardım devletçi ve müdahaleci, aynı zamanda da kapalı bir iktisadî siyasetten vazgeçmeyi gerektiriyordu. Ekonomideki liberalleşme tedbirlerini uygulamayı başlatmak, Peker'e kalmıştı. Başbakan bu politikayı uygulamaya girişti, ama muhalifler kendisini, lokantacılıktan, giyim kuşam ve gazoza kadar devleti her şeye karıştıran aşırı devletçi olarak nitelemekteydiler.[92] Muhalefetle anlaşamayan Peker'i partinin bir kesimi de onaylamıyordu,

92 *Tasvir*, 24 Ağustos,1946.

sonunda organizatör nitelikleri ve çalışkanlığı inkâr edilemeyecek başbakan, başarısız bir yönetimden sonra çekilecekti.

Peker Hükümetinin iktisat politikasının iflası 7 Eylül kararları dediğimiz operasyonla oldu. Oysa bu uygulama, sonraki yıllarda da görülecek uygulamalar için bir başlangıçtı. Hükümet, 7 Eylül 1946'da Türk lirasını devalüe etti ve ABD doları 2.85 Türk lirası, sterlin 11.31 Türk lirası olarak saptandı. Bretton-Woods anlaşmasına uymak nedeniyle Türk parasının kıymeti dış piyasaya göre ayarlanıyordu. Hükümet böylece ihracatın artacağını düşündü, birikmiş dövizle iktisadî hayatı canlandırmak için ithalat oldukça serbestleştirildi, sınırlamalar kalktı, bu arada altın satışları serbest bırakıldı. Ancak bu işlemlerin sonucunda, ihracat artmadı, ithalât döviz stoklarını eritti, vurguncuların elindeki mallar karaborsaya yöneldi. Spekülasyondan kazanan yeni zenginler türedi, halkın sıkıntıları değerini kaybeden para nedeniyle arttı. Cumhuriyet dönemi boyunca sıkıntısız yaşayan memurların da millî gelirdeki payları azalmış ve fakirleşmişlerdi.

Missouri Geliyor

Peker Hükümetinin ve İçişleri Bakanı Şükrü Sökmensüer'in baskıcı tedbirleriyle, iktisadî sıkıntının bir arada bulunması Demokrat muhalefetin başarısını çok kolaylaştırıyordu. Bununla beraber Peker Hükümeti örgütlenme ve plan çerçevesinde çalışmayı tercih eden bir eğilimdeydi. Bu dönemde liberal bir ekonomi politikasına geçişi sağlayacak bir sanayi planı yaptırıldı. Süleyman Vaner'in başında bulunduğu bir ekibin hazırladığı bu plan 1947 Kalkınma Planı olarak bilinir.[93] Despot eğilimli Recep Peker'in bu eğilimlerine Türkiye ancak 15 yıl sonra bir darbe geçirdikten sonra ulaşacaktır. 5 Ni-

93 İlhan Tekeli, Selim İlkin, *1947 Türkiye İktisadî Kalkınma Plânı*, Bilge-Kültür Sanat, İstanbul, 2009, s. 1-26.

san 1946'da *Missouri* zırhlısı, Washington'daki Büyükelçimiz Münir Ertegün'ün cenazesini getirmiş ve İstanbul'da hararetle karşılanmıştı. 1946-47 yılları Türkiye'de Amerikan yardımının beklenildiği bir dönemdi. 7 Mayıs 1946'da TBMM'de hazır olan üyelerin oybirliğiyle kredi ve borç anlaşması onaylanmıştı. Falih Rıfkı Atay, olayı "Mecliste bir dostluk gösterisi" başlığıyla işledi. Peker kabinesinin istifasından bir hafta önce 2 Eylül 1947'de "yardım anlaşması" oybirliğiyle onaylanmıştı.

10 Eylül 1947'de Recep Peker Hükümeti çekildiği vakit, muhalif basın, "Falih Rıfkı'nın yeni vaziyete intibak için nasıl soldan geri edeceği merak ediliyor," diye yazmıştı.[94] Doğrusu Falih Rıfkı soldan geri etmedi, sadece *Ulus*'taki yazılarını bir müddet yazmadı, sonra daha az yazmaya başladı. Falih Rıfkı, CHP'de ılımlı gruptan çok Peker grubuna yakındı. Recep Peker'in istifası ve ardından Avrupa gezisine çıkışı, muhalif basında günlerce mizah ve iğneleme konusu oldu. Onunla birlikte Şükrü Sökmensüer, Mümtaz Ökmen ve Cevdet Kerim İncedayı da "Siyasî mevta" diye adlandırılıyorlardı. Recep Peker ve yakın çalışma arkadaşlarının yönetimden çekilmesi, Cumhurbaşkanı İnönü'nün ve CHP çoğunluğunun çok partili demokrasi gerçeğini kabul ettirme azminde olduğunu gösteriyordu. İnönü, Cumhuriyet tarihinde reformların öncüsü değil, usta bir uygulayıcısıdır. Mesela başlangıcında harf devrimine taraftar değildi, ama yapılınca özel notlarını bile Latin harfleriyle tuttu. 1924 Anayasası'nı uygar bir toplum için yeterli görüyordu, ama 1961 Anayasası'nın yerleşmesinde onun başbakanlığının payı büyüktür. Çok partili rejime geçildikten sonra, onun gereğini yapmak ve baskıdan, muvazaadan şiddetle kaçınmak yolunu seçmişti.

94 *Tasvir*, 11 Eylül 1947

35'ler

CHP'de yeni bir muhalif grup vardı. Bu grup 1946 öncesi var olan göstermelik "müstakil grup"tan farklıydı. Gelişmeler CHP'de parti içi demokrasiyi yaratabilmişti. Recep Peker'e meclis grubunda güvenoyu vermeyen 35 milletvekilinden oluşan bu kesimin başında Nihat Erim yer alıyordu. Sonradan CHP Meclis Grubu'nda güvensizlik belirtenlerin sayısı (5 Eylül 1947) 47'ye çıktı, fakat Recep Peker'in aşırılıklarına karşı olan ıslahatçı grup "35'ler" olarak, anılmaya devam ettiler. 35'ler grubunun Çankaya'dan İsmet Paşa tarafından destek gördüğü de, sır değildi.[95]

Islahatçı grup, çok partili demokrasinin gereğine inanan ve muhalefet denen gerçeği tanıyanlardan oluşuyordu. CHP artık kurucu ve yönlendirici tek parti olmadığına göre, yeni dönemin şartlarına uyum sağlamak zorundaydı. Bu nedenle Recep Peker'in sert yönetimini ve uzlaşmazlığını onaylamıyorlardı. Nitekim 1947 kısmında toplanan CHP kurultayında müstafi (istifa eden) Recep Peker'in etrafında toplanıp, parti yönetimini ele geçirmek isteyen müfritlere karşı kıyasıya bir mücadele verdiler. 1947 CHP kurultayı, bu partide demokrasinin yerleşmekte olduğunu gösteriyordu. Delegeler idaresizlikten ve meclisi hükümeti yeterince denetleyememesinden şikâyet ettiler. Kurultay sonunda Recep Peker ve grubu tamamen silindiler. Nihat Erim, Peker'e karşı birkaç gün boyunca ağır eleştiri, hatta suçlama dolu yazılar yazdı.

---

95 Arcayürek, *a.g.e.*, s. 122.

İNSAN HAKLARI DERNEĞİ OLAYI

Recep Peker grubu içinde İçişleri Bakanı Şükrü Sökmensüer, muhaliflerin en çok hışmını çekenlerdendi. Şükrü Sökmensüer İçişleri Bakanı olarak DP'liler kadar CHP'deki ılımlı grup tarafından da tutulmuyordu. Sökmensüer, 1947 Ocak'ının 30'unda Zekeriya Sertel ve Camî Baykurt'un mareşale yazdığı iki mektubu mecliste teşhir ederek, mareşalin solcularla ilgisi olduğunu ima etmiş, onu zor duruma düşürmek istemişti. Oysa Sökmensüer bakanlıktan ayrılırken, mareşali 9 Eylül günü İzmir'de 40 bin kişi tezahüratla karşılıyordu.

"İnsan Hakları Derneği" Olayı

Mareşalin solcularla ilişkisinin olduğunun ortaya atılması, Peker Hükümeti İçişleri Bakanı'nın bir manevrasıydı. Böylece hem mareşalle sola bulaşmak istemeyen DP'nin arasını açacak hem de CHP'ye karşı kitlelerin tuttuğu bu tarihî kişiyi solcularla ilişkisi olduğu(!) için halkın gözünden düşürecekti. İlk isteği bir ölçüde gerçekleşti, ancak CHP bunun bedelini daha ağır ödedi. Mareşali karalamak konusunda ise hiç de umduğunu bulamadı, o günlerde basının muhalif ve muvafık kanadı dizi yazılarla Türkiye'de solcu faaliyetinden söz ediyordu. Sökmensüer mecliste, "Solcular evvelâ Demokrat Parti'yi emellerine âlet etmek istemişler, muvaffak olamayınca da Mareşal Çakmak'ı elde etmeye kalkışmışlardır. Tevfik Rüştü Aras,

Zekeriya Sertel ile Câmi Baykurt'un mektubunu bizzat Mareşal'e götürmüştür," dedi ve Sertel'in evinde bulunan mektuplardan söz etti.

Tanin Gazetesi Mareşal ve Tevfik Rüştü'yü Suçluyor

Hemen ertesi gün, özellikle *Tanin*, mareşale ve Tevfik Rüştü'ye karşı kampanya açtı. Hüseyin Cahit Yalçın on günü aşkın bir süre başmakalelerini, sıkıyönetimden aldığı iki mektubun içeriğine ayırdı. Tevfik Rüştü'yü, solculara aracılık yapmakla, mareşali de saflıkla ve solculara inanmakla suçluyordu. Dahası var. *Tanin*, mareşalin yeni bir savaş tehlikesi görmediği yolundaki açıklamalarını, Moskova radyosunun ele aldığını ve "Savaş tehlikesi olmadığı halde Türkiye'de mürteciler savaş olacak diye bir milyonluk bir orduyu tutuyorlar" şeklinde yayın yaptığını, yazarak Mareşal Çakmak üzerinden Türkiye'nin idaresini, hariciye ve savunma politikalarını eleştiriyordu.

Câmi Baykurt, Zekeriya Sertel ve Tevfik Rüştü Aras kurdukları "İnsan Hakları Derneği"nin başkanlığını mareşale teklif etmişlerdi. Mareşal derneğin ilkelerini beğendi ve başkanlığı kabul etti. Ekim 1946 ortalarında İstanbul Valiliği'ne verilen bir dilekçeyle dernek kuruldu. Kurucular arasında DP İstanbul il başkanı Kenan Öner, DP Milletvekili Sadık Aldoğan, Hasan Rıza Soyak, eski elçilerden Hamdi Apak, eski maliye bakanlarından Reşit Erer gibi tanınmış kişiler de vardı. Ancak dernek CHP'liler kadar DP'li çevrelerde de gürültü kopardı. Birleşmiş Milletler Örgütü'nün çalışmaları doğrultusunda bu gibi derneklerin kurulması gerekiyordu. Fakat iktidar ve muhalefet partisi, İnsan Hakları Derneği'nin solcular tarafından kurulduğu kanısındaydılar. Ankara'da Başbakan Peker, Nihat Erim'e bu derneğin karşıtı, başka bir dernek kurma görevi verdi.

O günlerde Celal Bayar'ın CHP ileri gelenleriyle bu konuda görüştüğü ve mareşali bu işten vazgeçirmeye çalıştığı biliniyor. Sonuçta; Mareşal Çakmak, Kenan Öner ve Tevfik Rüştü dernekle ilgilerini kestiler. Kenan Öner dernekle hiç ilgisi olmadığını, Tevfik Rüştü ise başvuru dilekçesindeki imzanın taklit olduğunu ileri sürdü.[96]

Mareşal, *Kuvvet* Gazetesine bütün suçlamaları reddeden bir beyanat verdi, Tevfik Rüştü ise Sökmensüer'i meclisteki gerçek dışı açıklamalarından dolayı mahkemeye vereceğini bildirdi. Hüseyin Cahit Yalçın da: "Mareşal'in Tevfik Rüştü gibi birini niçin savunduğunu" soran yazılarına devam etti.[97] İnsan Hakları Derneği olayı kapanmış değildi. Mareşal ve Kenan Öner, bu olaydaki tutumları yüzünden, çoktan beri soğukluk duydukları DP yöneticilerinden kopma yoluna girdiler. Özellikle Kenan Öner, kendileri için ağır bulduğu bu suçlamaların acısını çıkarmak üzere harekete geçti.

Hasan Âli Yücel - Kenan Öner Davası

Geçen olayların ceremesini ödemek, eski Millî Eğitim Bakanı Hasan Âli Yücel'e düştü. Hasan Âli Yücel, bakanlığı zamanında köy enstitülerinin yaygın ve etkin bir biçimde kurulup çalışmasından ve özellikle dünya klasiklerinden yapılan çevirilerle kurulan zengin kitaplık yüzünden bazı çevrelerin hışmını üzerine çekmişti. Mareşal Fevzi Çakmak solcuları koruyanın CHP'li bir eski Millî Eğitim Bakanı olduğunu ileri sürdü. Mareşalin bu beyanatından sonra Kenan Öner, Hasan Âli Yücel'i komünistleri korumak, komünizmin yayılmasına hizmet etmekle suçladı. Hasan Âli Yücel hakaret ve iftiraya uğradığı gerekçesiyle Kenan Öner aleyhinde dava açtı, Ankara Hukuk Fakültesi profesörlerinden Bülent Nuri Esen'i de avukat tuttu. Bu dava günlerce kamuoyunu meşgul etti, mahkeme binasının etrafına kalabalıklar doluyordu.

96 Gologlu, *a.g.e.*, s.131; Toker, *a.g.e.*, s. 210-211; *Tasvir*, 20 Ekim 1946.

97 *Tanin*, 2 Şubat 1947.

Kenan Öner suçlamalarını ispat edeceğini, bunun için hâkimden ispat hakkı istediğini söyledi. 1950'lerde DP'nin parçalanmasına neden olan, bakanları suçlayanlara ispat hakkının verilip verilmeyeceği sorusu bu davada konu olmuştu. Mahkeme, Yücel'in avukatı Esen'in direnmesine ve bir bakana hakaretin suç sayılmasını ileri sürmesine rağmen, Kenan Öner'e ispat hakkını tanıdı. Kenan Öner, Hasan Âli Yücel'in okullara sol içerikli edebiyat kitapları tavsiye ettiğini, *Yurt ve Dünya* dergisine bakanlık yardımı yaptırttığını, köy enstitülerinde solcu faaliyetlere göz yumduğunu, solcu yayınlara para yardımı yapıldığı gibi bir sürü iddia ileri sürdü.

Bu iddialar mahkeme tarafından geçerli görüldü ve Kenan Öner aleyhindeki dava düştü.[98] Karar temyiz edildi ve yargıtay davayı usul yönünden bozdu. Ancak, bu arada Kenan Öner ölmüş ve davaya yeniden bakmak imkânı ortadan kalkmıştı. Bu olayla CHP ve DP arasındaki karşılıklı solculuk suçlamaları duruldu, çünkü DP'lilerin eline bir koz geçmişti. Hasan Âli Yücel ise, zor bir durumda yalnız kaldı ve partisi de kendisine sahip çıkmadı. Özgün bir eğitim sistemini denemek ve dünya edebiyatını Türkçeye kazandırmak için didinen eski Millî Eğitim bakanının yediği darbeyle, düzeysiz bir çatışma sona ermişti. Hasan Âli Yücel, Türk aydın muhitinde klâsik dünya kadar Doğu kültürüne olan ilgi ve bilgisiyle de tanınırdı. Milli Eğitim'e çeviriler yapan gruptan çok önce İbn'ül-Emin Mahmud Kemal İnal'ın meclislerinin eski müdavimiydi. Demokratik hayata geçiş, Şark ve Garb'ın sentezine malik bir adamı her iki parti mensuplarının itelemesiyle başlamıştı. Hem de solda bilinen güçlü aydınlar sistemin dışında tutuldular. Hatta akademik hayatın içine sokulmamalarına dahi ses çıkaran olmadı.

98 Gologlu, *a.g.e.*, s. 157-159.

DEMOKRAT PARTİ'DE BÖLÜNME

Bu hava içinde yapılan CHP Yedinci Büyük Kurultayı, partiye bir demokratik yapının yerleşmeye başladığını gösteriyordu (17 Kasım 1947). Ancak aynı kurultayda CHP'nin tarihî ilkelerinden de taviz verildiği görüldü. Konuşmacılar din eğitiminin serbest bırakılmasından, dinin millet hayatındaki rolünden söz ettiler. Bu bir fikri itidalden ve evrimden çok, oy avının ilk evresiydi ve ciddiye alınacak bir politika olduğu tartışılır. Aynı şekilde DP safhalarında da bu gibi yaklaşımlar vardı.

CHP hükümeti, DP'nin halk karşısında sempati kazanacağı her konunun üstüne gitmek niyetindeydi. Daha 27 Şubat 1947'de CHP parti divanı, din eğitimini serbest bırakmak kararını almıştı. Kuşkusuz parti içinde laiklik ilkesinden vazgeçmek istemeyenler de vardı. CHP kurultayında ortaya atılan düşünceler, iki yıl önce herhangi bir muhalifin ağzından çıksa, "muhalefet irticaı hortlatacak" denirdi, nitekim denmişti de…

DP henüz kurulmadan İstanbul kurucu heyetinin başında bulunan Kenan Öner, 17 Şubat'ta *Tasvir*'e verdiği demeçte halkın dinî eğitimine yol açmak gerektiğini söylediğinde; CHP'lilerden çok Bayar ve Köprülü sinirlenip telaşlanmıştı. Öner de sözlerini geri almak, daha doğrusu yalanlamak zorunda kalmıştı.[99]

99 Toker, *a.g.e.*, s. 13.

Oysa aradan iki yıl geçmeden CHP milletvekilleri, Baha Pars ve Hamdullah Suphi Tanrıöver; "Komünizme karşı halkın direncini artırmak için, din eğitimine daha fazla önem verilmesi gerektiğini" söylediler (25 Aralık 1946). Başbakan Recep Peker de aynı günlerde; yeni insanın ahlâk değerlerinin insanî ve ilmî temellere dayanması gerektiğini söyleyerek,[100] bu demece karşı çıktıysa da, bu sadece bir düşünce tartışması olarak kaldı. 27 Şubat 1947'de de CHP divanı, din eğitiminin serbest bırakılması kararını aldı.

Bu gelişmelerden dolayı muhafazakâr tepkici görüşler cesaret bulmuştu. *Büyük Doğu* mecmuası yayın hayatında doludizgin gidiyordu. 13 Haziran 1947'de dergi, saltanatçı görüşün propagandasını yaptığı gerekçesiyle dört ay kapatıldı. Bu kapatma daha çok, Rıza Tevfik'in "Sultan Abdülhamid'in Ruhaniyetinden İstimdad" adlı şiirinin yayınlanması üzerine gençliğin gösterdiği tepkiden kaynaklanmaktaydı. Recep Peker Hükümeti ve onun doğrultusundaki yazarlar, örneğin Hüseyin Cahit Yalçın, lâiklik ilkesini savunup bu konuda ödün vermemek niyetinde görünüyorlardı, fakat CHP çoktan katı lâik tutumunu bırakmışa benziyordu. Hamdullah Suphi, "Namık Kemal'i Anma Günü"nde bir söylev verdi:

"Senelerce kalpleri boş bırakıldığı için yabancı telkinlere karşı müdafaasız kalmış olanları kendinize çekmeye çalışınız." İsviçre menşeli "Manevi Cihazlandırma", "İlim Yayma" gibi cemiyetlerin atılımı gerçekten dışarıdandı.[101]

Tanrıöver, 29 Aralık 1947'de CHP'den ayrılınca bu konuda daha da ilerledi. 1949 yılı Mayıs ayında "Türk Ocakları"nı açarken, "Eski harflerden korkmuyoruz, arşivlerimiz onunla doludur. Arapça ve Farsçayı atamazsınız, Vatikan'ı tanıyıp ilişki kurmamız gerekir" gibi sözler söyledi. Tepki sert oldu.

---

100 Jaeschke, *a.g.e.*, s. 68.

101 Hamdullah Suphi'nin kast ettiği yabancı telkinlerinin ne olduğu açıktır.

Ulus'ta Tarih Kurumu genel sekreteri Uluğ İğdemir; "Bir zamanlar her minare; altında yatan köyün mezar taşıdır diyen, İsik-ulusçu Hamdullah'ın bu durumuna ancak esef edilir" diye bir yazı yazdı.[102] Aslında DP içinde de laik ilkelere dikkat etmeyi tavsiye eden Bayar'la Menderes ve yanındakilerin uyuştukları söylenemezdi.

CHP İktidarı Türbeleri Ziyarete Açtı

CHP iktidarı, 1950'deki seçimlerden iki ay önce bazı türbeleri ziyarete açtı. Diyanet örgütünde bazı düzenlemelere önceden gidilmişti ve İlahiyat Fakültesi'nin açılması (1949 yılı) ve önce isteğe bağlı, sonra Müslüman çocukları için âdeta mecburi olan din derslerinin konmasıyla da din eğitimine başlandı. CHP'liler ve Başbakan Şemsettin Günaltay karşı tedbirler uyguluyordu. İlahiyat fakültelerine uygun, Batı kültürünü kavrayan öğrenci aranıyordu. Mesela DTCF'de okuyan ve Devlet Opera korosunu da Bahriye Üçok Hoca ve bazı DTCF talebeleri Neda Armaner gibi, bu dönemde fakülteye âdeta davetle alınılıyor. Günaltay'ın böyle bir talebe profili yaratmaya çalışan gayreti ne kadar olumlu sonuç verdi bilinemez, ama İlahiyat Fakültesi içinde ilginç bir grup da bu sayede ortaya çıkmıştır. Muhalefetin ele aldığı ve kamu oyununda onayladığı, başka sorunların da üstüne gitti. 1946'dan beri DP'liler cumhurbaşkanının, parti başkanlığı görevini bırakmasını istiyorlardı. Daha önce, buna karşı çıkmış olan CHP'li yazarlardan, örneğin Hüseyin Cahit Yalçın, şimdi iki görevin ayrılması gerektiğini yazdı.[103] Basına kapalı tutulan CHP meclis grup toplantıları, sözde basına açıldı. Yalnız bu toplantılara basın temsilcileri alındığında gündemde önemli konuların yer almadığı görü-

102 *Tasvir*, 11 Mayıs 1949; Uluğ İğdemir, *Ulus*, 28 Mayıs 1949.

103 *Tanin*, 20 Ekim 1947; Arcayürek, *a.g.e.*, s. 132.

lüyordu. Devlet memurlarının parti üyesi olması yasaklandı.

Bu gibi önlem ve işlemlerin, CHP'ye karşı olan halk çoğunluğunu yeniden iktidarı ısındıramayacağı ve DP'nin gelişmesini durduramayacağı açıktı. Tersine bu gelişmeler hem DP'ye güç veriyor ve hem de bitmez diye düşünülen CHP iktidarının sona ereceğini gösteriyordu.

DP'de Bölünmeler

DP, iki grup ve iki tip politikanın toplandığı bir partiydi. Başından beri CHP'de bulunan, hatta üst düzey yöneticilik yapanlarla, ömür boyu CHP'nin dışında ve ona muhalif kalıp siyasete DP saflarında atılanlar... 12 Temmuz Beyannamesi ilan edildiği vakit, DP'yi yönetenler daha doğrusu kurucu Dörtler bu beyanname doğrultusunda bir yumuşama havasına girdiler. Hikmet Bayur ve Kenan Öner ise beyannameye güvenilemeyeceğini ve CHP ile bir uyum sağlamanın mümkün olmadığı kanısındaydılar.[104] Kenan Öner ve diğer sertlik yanlıları Cumhurbaşkanı İnönü'yü de sertçe eleştirmeye devam ediyorlardı.

Sonuçta DP yöneticileri de bu durumdan bıkmış olmalı ki, bizzat *Vatan* Gazetesi Kenan Öner aleyhinde yayın yapmaya başladı. Kenan Öner, Ocak 1948 ortalarında DP'den istifa etti. DP İstanbul il örgütü Öner'in taraftarıydı, fakat bu istifa beklenenin tersine daha büyük kopmalara neden olmadı. Bu sıralarda Sadık Aldoğan'a da, İnönü'ye yönelttiği sert eleştirilerden vazgeçmesi için ihtar edilmişti. Bu gelişmeler sonucu, DP içinde bir grup, partiden uzaklaşmaya başlayacak ve DP'yi bir muvazaa partisi olmakla suçlayacaklardı.

CHP'li basın, DP'deki bu ayrılma kararını körükleyen bir strateji izlemeye başladı. Öner'in istifasından çok önce *Tasvir* ve *Ulus* gibi CHP organı veya yandaşı gazeteler, DP'nin

104 Cem Eroğul, *Demokrat Parti*, s. 35-37.

kurucularını bırakıp, partideki muhalifleri kaleme dolamışlardı.

1947 Eylül'ünde DP milletvekillerinden General Sadık Aldoğan'ın Karadeniz gezisindeki propaganda konuşmaları, muhalefet tarafından bu amaçla eleştiriliyordu; "Aldoğan'ın savunduğu hikmetler... Hürriyeti tarif ettiği zannı ile anarşinin tarifini yaptığı" gibi başlıklar kullanılıyordu. Aldoğan'ın konuşmalarında kullandığı tabirler mizah konusu haline getiriliyordu.[105]

Millet Partisi

1948 Ocak başlarında ise Hikmet Bayur ve Kenan Öner'in yeni bir parti kuracağı haberi verildi.[106] Şubat ayında Kenan Öner DP'yi terk etti. 10 Mart 1948'de Sadık Aldoğan, Osman Nuri Kâni ve üç milletvekili DP'den atıldı. DP'nin ilk taraftar ve üyeleri ilginç bir kompozisyon gösterir. Mesela General Sadık Aldoğan 1960'larda TİP üyesiydi. Bir müddet sonra içlerinde Ahmet Tahtakılıç'ın da bulunduğu altı DP milletvekili partilerinden istifa etti.

Olaylar ana muhalefet partisinde yeni parçalanma ve gelişmelere yol açıyordu. DP belki temelde güçlü bir felsefeye ve kadrolara dayanan parti değildi, fakat CHP iktidarına karşı, halk tercihini yapmış ve DP'yi iktidar adayı olarak seçmişti. Ayrılanların kurduğu yeni partinin adı Millet Partisi, Mareşal Fevzi Çakmak onursal başkanı, Hikmet Bayur genel başkanıydı. Buna rağmen DP karşısında üçüncü bir partinin güçlenmesi mümkün olmadı.1946 demokrasisi, seçmenlerin sunulan seçenekler arasından bir tercih yapmasından çok, tek partiyi yani CHP'yi iktidardan uzaklaştırmayı amaçladığı bir ortamda doğup gelişti.

105 *Ulus*, 30 Eylül 1947; *Ulus* ve *Tasvir* 29 Eylül 1947.

106 Ethem İzzet Benice, *Son Telgraf*, 22 Ocak 1948.

Çok partililik, Cumhuriyet'in ideolojisinde başından beri vardı. 1930'da devrimlere karşı oluşan tepkinin toplandığı bir parti olmasa, Serbest Fırka denemesi de belki devam ettirilecekti. 1946 demokrasisi ise bu uzun hazırlık ve bekleyiş döneminin sonu gibiydi.[107]

1946 demokrasisini tarihin çizgisine yön veren insanların sürüklediği söylenemez. 1946 politikacılarının kimi cesur, kimi hırslı, kimi siyasi kahramanlık gösterisi açık kapıları omuzlayan, kimisi gelişmeleri görüp yeni bir dönemin geldiğini anlayan ve gerçeği kabullenen akıllı insanlardı. 75 yıl sonra o günleri değerlendirdiğimizde, olayları sürükleyen tarihî unsurun, Türk ulusunun kendi olduğunu görüyoruz. Çoğulcu demokrasinin temelleri tarihten uzanan bir gelenekle, toplumumuzun dokusuna vazgeçilmez bir şekilde yerleşmişti. Demokrasiye geçiş dönemini burada ayrıntılarıyla ele alışımız; değişen bir dünyanın içinde zerafetle kalabalığın, faziletle fırsatçılığın kaçınılmaz biçimde birlikte var olduğunu göstermektir. Ancak böyle güç bir değişimi Türk ulusu ve devlet mekanizması gerçekleştirme yeteneğini göstermiş oldu.

107 Afet İnan, *Tarihten Bugüne*, s. 194.

DEMOKRAT PARTİLİ YILLAR

İkinci Dünya Savaşı bittiği an ki 7 Mayıs'tır (1945); Almanya, Hitler'in intihar ettiği duyulduktan kısa müddet sonra teslim olmuştur. Türkiye bu gelişmelerin yaşandığı dünyadaydı. Bu dünyanın ortasında daha savaş bitmeden toplanacak olan San Francisco Konferansı'na davet edildi. Bu davet dolasıyla Türkiye'nin demokratik dünyaya üye olması isteniyordu. İktidarda bir telaş olduğu malumdur. Çünkü İspanya dahil İkinci Dünya Savaşı'nda müttefiklerin yanında olmayan karşı blokta veya Mihver devletleriyle ilişkileri olanlar bir telaş içindeydi. Türkiye, Mihver devletleriyle ciddi bir ilişki içinde değildi. Ticaretini Almanya ile kliring yoluyla yapıyordu. Almanya ile yoğun ticaret yapmak Türkiye'nin 20. yüzyıldaki değişmez niteliğidir, hatta 20. yüzyılın sonunda en büyük ticari partnerlerin başında Almanya gelir. Alman taraftarlığından çokça söz ediliyor, ama İsmet Paşa ve yakın çalışma kabinesinin Birinci Dünya Savaşı'ndan kalan Alman şüpheciliği ve hatta iç karşıtlığı hep vardı.

İsmet Paşa ustaca bir sahneleme (mis an scene) uyguladı. Hariciye Erkânı sözde Alman ve İngiliz taraftarlar rolünü devam ettirdi. Sadece vazifesini yaparak Berlin'de Reich dışişleri ve yönetimle iyi geçinen Büyükelçi Hüsrev Gerede görevden çekildi ve kenara atıldı. Bu döneme uygun bir müttefikleri yatıştırma türüküydü, ama Gerede mağdur edilmişti. Mareşal Çakmak'ın da bu dönemin bittiğini göstermek ve Sovyetleri yatıştırmak için emekli edildiği hep söylendi. Alman sempatizanı ve ilişkisi olan bazı aydınlar gibi, Almanya ile ilişkisi olmayan bir grup aydın ve akademisyen de görevlerinden alındı ve tevkif edildi. Üstelik 1944 yılı 19 Mayıs'ındaki reis-i cumhurun nutkuyla takbih edildiler. Fakat askeri mahkemelerde aklanmaları fazla zaman almadı ve görevlerine iade edildiler.

Dolayısıyla yakınlaşma görüntüsünün ciddi bir bağ teşkil etmeyeceği açıktı. Zaten savaşa girerken de Sovyetler Birliği ve diğerleriyle bağ kurma eğilimi kuvvetliydi, Sovyetler'den Stalin'in gelecek pakt projesi dolayısıyla bir uzaklaşma yaşanmıştı. Batılı devletlerle bir ilişkiye dikkat ediliyordu. Harbin bitiş yıllarında Sovyetler Birliğinin Boğazların kontrolü, Kars-Ardahan ve Doğu Karadeniz üzerindeki kontrol ve ilhak projelerinin gerçekliği tartışıldı. Bunun sadece Moskova'daki Büyükelçi Selim Sarper'in raporuna dayandığı, uydurma olduğu ve şifahi bir görüşmenin nakline dayandığı üzerinde duruldu. Selim Sarper yukarıda da belirttiğimiz gibi bazı çevrelere antipatik gelen bir şahsiyet olabilir, fakat o da Türk Hariciyesinin genel esasları üzerine çalışır. Bizim Dış İşlerinde Osmanlı'dan kalma bir gelenektir; sefirlerin uydurma rapor, abartılı görüşme nakletmeleri âdet değildir. Çapraz raporlarla bu anlaşılır ve raporu veren gözden düşer. Nitekim bazı Balkan devletlerinde bu tip görüşmeler olmuştur ama Türk Hariciyesinde buna tevessül edenin kariyeri tıkanır. Burada Sovyetler Birliğinin saldırgan ve Batı dünyasına itimatsız tavrının bulunduğu açıktır. Bilhassa Batılı müttefiklerine ve dünyaya güvensiz olduğu ortadadır. Bu karşılıklı güvensizlik sonunda NATO'nun kurulmasına kadar gitmiştir. SSCB'nin Türkiye'den bu konudaki taleplerin ise tevsik edildiği çok açıktır. Azerbaycan dış politika uzmanlarından ve tarihçi Cemil Hasanlı'nın *Türk-Sovyet İlişkileri (1939-1953)* kitabında da bunların anlatıldığı bölüm ilgiyi çekmekte ve uzun bir pasaj gelinde incelenmektedir. Daha ilginci Kafkaslara dış dünyadan Ermeni göçünün durdurulması konusunda Gürcistan ve Azerbaycan Sovyet Sosyalist

Cumhuriyetlerinin işbirliği görülmektedir.[108] Stalin nezdinde bu talep de hoş karşılanmıştır. Görülüyor ki Tiflisli âlimlerin yazıları ki doğrudan doğruya bir Osmanlı tahrir defterinin yayınlanmasıyla ilgili önsözdür, amacını aşan bir siyasi talebe dönüşmüştür ve bu doğrudan stratejistlerin talebidir. Bunun karşılığında Amerikan desteği sağlanmıştır. Tabii bu politika 1954'ten sonra SSCB'de de-Stalinizasyon döneminde çok tenkit edildi, ancak Türkiye ve Sovyetler Birliği arasındaki soğuk savaşın önlenmesinde geriye dönüş pek mümkün olmadı. Ta ki 1960'ların sonunda iki ülke arasında ilişkiler tekrar başladı ve 1970'lerde Demirel döneminde sanayi politikası haline dönüştü. Hariciye çevrelerine yakın bir araştırmacı olan Selim Deringil'in tezinde de görülüyor ki bu bakanlığın içinde Almancı ve müttefiklere yakın görünenler kendilerine verilen rol ve mizansen dahilinde hareket etmişlerdir.[109]

Savaşın bitimindeki manzara şudur. Türkiye'nin elinde belirli miktarda döviz birikimi vardı. Bunun yanında mal birikimi olduğunu da söylemeliyiz. Almanya ile olan ilişkilerde daha çok mübadele esası geçerliydi ama bunun da şüphesiz bir zenginlik getirip biriktirdiği çok açıktır.

Savaş boyunca İstanbul limanına az sayıda gemi girerdi. İstanbul'da tüccarların bütün işi limana giren gemiyi gözetlemekti. Gelen geminin içindeki hamulenin bile ne olduğu tam öğrenilemeden peşin fiyatla kapatma merakındaydılar. Bu mal kıtlığında karaborsaya fırsat verilmişti, ama bir birikim zaten vardı. Bütün mühim mesele bu döviz birikiminin, yani savaşa girmeyen ülkedeki bu avantajın nasıl değerlendirileceğidir. Ciddi bir plan söz konusu değildi. CHP hükümeti ve bürokrasi hızlı yatırımlar yapmaya, aceleci ve çılgın kararlar almaya hazırlıklı değildi. En başta İnönü'nün bu konuda ne kadar temkinli hatta aşırı temkinli olduğu bellidir.

---

108 Cemil Hasanlı, *Türk-Sovyet İlişkileri (1939-1953) Tarafsızlıktan Soğuk Savaşa Doğru*, Bilgi Yayınevi, 2011, s. 254 vd.

109 Selim Deringil, *Denge Oyunu*, Tarih Vakfı Yurt Yayınları, İstanbul, 2015.

1946'ta yeni doğan muhalefet çevrelerinin içinde ise daha Serbest Fırka zamanından beri bu konuda bir eğilim vardı; ziraatı harekete geçirmek, dışarıyla temas ve daha liberal ticari tedbirleri uygulamak. Nitekim CHP'nin bu alandaki kontrolü, güvensiz tavrı ve yavaşlığı zamanla muhalif çevrelerde daha sabırsız bir hava yaratacaktır.

14 Mayıs 1950, hiç şüphesiz Türkiye tarihinde tek dereceli, tarafsız, hile karıştırılmamış seçimlerin zaferidir. Burada İsmet İnönü'nün payı çok büyüktür. Böyle bir seçime her otoriter rejim başındaki zatın izin veremeyeceği çok açıktır. Dış baskı, dönemin İspanya'sı üzerinde de vardı ama Franco böyle bir demokratik uygulamaya geçemedi. Yukarıda da belirttiğimiz gibi doğrudan doğruya Amerikalıların kendisine yakınlaşması ve uzlaşma ile bazı üsleri almasından, yani Foster Dulles'ın ziyaretinden sonra "İspanya iç savaşını şimdi kazandım" diyerek yola devam etmiştir. Anlaşılmaktadır ki Türk bürokrasinin bu alanda bir esnekliği vardır; zamana ve zemine uymayı bilmektedirler.

Demokratik hayata geçilirken en önemli olay bugün bazı tarihçilerin ezbere bir şekilde, teşviki Amerika'da ve çevrede aramalarına rağmen; büyükelçiliğin raporlarında Türkiye'nin "neden çok partili rejime geçtiklerini kavrayamadığı ve kabul edemediği" açıkça görülmektedir.[110] Daha ilginci, partinin içinde bir grup ısrarla çok parti rejimi aleyhtarıydı. 35'ler denilen gruba göre Türk demokrasisine geçiş, içlerinden ayrılan arkadaşların Demokrat Parti'yi kurması kabul edilebilir, değildi (Nihat Erim'in kanaat önderi olduğu yeni milletvekili grubu). Dört kurucu lider hakkında bu grupta söylenenlerin

110 Dönemim Ankara'daki ABD Büyükelçisi George McGhee'nin "US-Turkey-NATO-Middle East Connections" adlı raporu, 1970'lerin başında Bilgi Yayınları tarafından çevrilerek yayınlandı. *ABD - Türkiye - NATO - Ortadoğu*, Çev. Belkıs Dışbudak Çorakçı, 1992. Ama asıl Amerikan Ulusal Arşivi'ndeki çalışmalara dayanan Efe Sıvış'ın *Türkiye Demokrasisinin Sıfır Noktası* kitabına bakılmalıdır (Ötüken Yayınları, İstanbul, 2019).

bir sonu yoktu. Bir şeyi daha açıkça belirtmek gerekir; CHP içinde güya muhalefet yapacak olan bu grubun çok keskin bir otoriter rejim taraftarı olduğu anlaşılıyor. Bizzat üç CHP mebusu 1947 yılında DTCF dekanlık ofisi baskınına, gençlerin arasında olaya karışmışlardı.

Tan Gazetesi olayları son derece marjinalde kaldı. Bu gösteriyi ve tahribi protesto edecek bir grup yoktu. Aslında anti-komünist davranışlar her iki parti arasında âdeta ittifak ile kabul edilmişti.

CHP'nin NATO'ya karşı olduğu bir efsanedir. Nitekim işler devredilirken İsmet Paşa ve Celal Bey karşılaşmışlar, zamanın gözlemlerine göre ikisi son derece samimi bir görüşme yapmışlardır. Celal Bey NATO'ya niçin girmediklerini sormuş. İsmet Paşa'nın cevabı "aldılar da mı girmedik?" olmuştur.

Batı ittifakı konusunda da aralarında büyük bir görüş ayrılığı yoktur. 1950-60 boyunca hükümetlerin dış politikalarında NATO, CENTO (Merkezi Antlaşma Teşkilatı) gibi ittifaklarla olan bağlar, Amerikan yardımı tartışılan konular değildi. Milli müdafaa ve dış politika tartışmasız devam ediyordu. Bunlar meclisin iki önemli tabusuydu. Dönem boyunca da öyle kaldı.

Kavga daha çok iç politika konusunda olmuştur. Bunun en güzel örneği de Bandung Konferansı'ndaki tavırdır. Her iki parti grubunda takdirden başka ses duyulmamıştır. Ayrıca Kıbrıs görüşmeleri Londra ve Zürih'te yapılanlarda da iki partinin ağır diplomatları aynı konuda birleşmişlerdir. Bu gelenek Kıbrıs konusunda 1974'te de devam etti.

1950'de Demokrat Parti köylülüğe önem veren bir politikaya yüklendi. Ucuz tüketime yönelik sanayiler ilk başta teşvik görmüştü, yani çarıkla gezen köylünün "Soğukkuyu lastiği" giymesi bir modernite olarak görülüyordu. Yeni bir hayat tarzı getirme konusundaki bu lastik ayakkabı bir efsane haline getirilse de gerçek tarafı şudur. Rusya'da labta (ağaç örme) çarık giyen Rus köylülerine Çar devrinde Amerikan sermayesiyle kurulan lastik ayakkabı fabrikasının yaptığı reklamlar ortadadır. Rusya'da lastik pabuç pek yaygın bir tüketime kavuşamamıştı. (Ama Türkiye'de oyalayıcı olabilirdi.)

Türkiye köylülüğü tarım ürünü anlamında ofis garantisine kavuştu, ucuz krediler geniş şekilde verildi. Bu belki de bir enflasyonist politika da yarattı. Bu ucuz kredilerin bazıları geri dönemeyince zaman zaman affa da uğrayacaktı. Şu da var ki 1950'lilerde henüz hava şatlarına tabii Türk tarımı şanslı bir dönemdeydi. Köyler birkaç yıl bolluk yaşadı, birikim gözle görülür oldu. İnsanlar bu birikimi kullanabildiler.

Tüketimde bir çoğalma vardı, ciddi sanayi, ciddi yatırımlar henüz emekleme devrindeydi. Bizzat Vehbi Koç'un anılarını bile okuduğunuzda bu görülebilir. Türkiye özel sektörü yaratıcılık safhasında olmaktan çok uzaktı, ancak el yordamıyla yolunu bulmakta ve dış temaslarını kurabilmekteydi. Diğer taraftan bir gerçektir ki tarımda makineleşme hızla ilerliyordu, çünkü Marshall yardımı bu alana yönelmişti.

Marshall yardımının Avrupa'da özellikle Almanya'da diriltici bir yardım olduğu açıktır. Yardım bereketli, gümrah alanlara el atıyordu. Almanya'nın sanayii aslında tahrip olmuş değildi, teknokrat kadrolar faaliyete geçirildi. Sanayi kendini yeniden monte edebiliyordu ve karşılığı da gelecekti. Diğer galip Avrupa ülkelerinin bile Marshall yardımından elde ettikleri, kazandıkları Almanya'nın gerisindeydi.

Türkiye sanayiinin ise böyle bir beklentisi olmazdı; nitekim yönelim tarımaydı. Fakat mucizevi bir şekilde Türk özel sektör bürokrasisi ortaya çıkmaya başladı. Rakamlara baktığınız zaman bunların gelişme kapasitesi yüksektir. Aynı şekilde bir geleneği olan Türk tıbbı kısa zamanda Amerikan tıbbından büyük ölçüde istifade etmeye başladı. Gidip orada staj yapanların hepsi orada kalmış değillerdi, ama bir kısmı geri geldiler. Mühendisler de geri döndüler. Nitekim iş çevreleri orada kendilerine fayda sağlayacak yöneticiler elde ettiler. 1970'lerin özel sektör yönetici grubunun emeklemesi yürümeye dönüşüyordu. Diğer yandan büyüyen inşaat sektörü dolayısıyla çimento fabrikaları ve ziraati teşvik eden şeker fabrikaları devrine geçildi. Karabük'ün yanında yeni demir çelik üretim merkezleri bu devirde kurulmadı. Ama hurda demiri işleyen ve piyasaya gerekli malzemeyi bir ölçüde sunabilen atölyeler (demirhane) ortaya çıktı ve orta ölçekli sanayi tesisleri gelişti. Yarı mamul iş çıkaran bu atölyelerin kurulmasıyla taşrada ve büyük şehirlerde yeni bir küçük sanayici erbabı oluşmaya başladı. Bunların toplumsal hayatta da etkisi duyulmaya başlamıştı. Büyük şirketlerin bayileri de yine taşrada büyümeye başladı. Müteahhit sayısı arttı; galiba "her mahallede bir milyoner yarattık" abartısı önce bir siyasi övünme aracıyken bir mizahi slogan olarak ortada kaldı.

Türkiye'de tarımın beslenmesi dolayısıyla âdeta Çarlık Rusya'sının son zamanlarda tam anlamıyla muvaffak olamayan, olmaya başlayan "stolipin" tipi bir politika Türkiye'de hedefe ulaştı. Bu anlaşılamayan bir durumdu. Köylüler üzerindeki DP etkisini Türk münevverlerinin birçoğu dedikoduyla yorumlayabildiler. Dini propagandanın veya para dağıtımının yararlı olduğunu düşündüler. Halbuki bu gibi görünümler bazı yerlerde gerçek olsa da bir seçim kazanımı için geçerli ve devamlı değildi.

1950'de Demokrat Parti'ye seçimi kazandıranlar, aslında harbin sıkıntısını çeken bütün halk, bu işten memnun olmayan mürteci denen zümrelerdi ve onların yanında bazı solcular da oy verenler arasındaydı. 1954'te ise iktisadi politikalar bilhassa karayollarının gelişimin (demir yollarının geliştirilmesi o dönemde ümitsiz bir proje olurdu), elektirifikasyonun 1970'ler kadar olmasa da bir başarı kazanması, çimento ve şeker gibi geleneksel devlet yatırımlarının arttırılmasıdır. Büyük bir patlamayla Demokrat Parti 1954'te % 50'nin üzerinde oy aldı.

CHP tarafından 1946 ve 1950 seçimlerine giderken değiştirilmeyen çoğunluk sistemi onların aleyhine ters tepmişti ve mecliste kahir ekseriyeti Demokrat Parti grubu oluşturuyordu. Bu kadar kalabalık bir ekseriyetle hiçbir partinin iç demokrasiyi geliştirmesi ve koruması dahi mümkün değildir. Nitekim bir müddet sonra başka türlü gelişmeler meydana gelecekti.

Tenkit bâbında mebuslar başbakandan çok bazı bakanlara yöneldiler. Maliye bakanı bunlardan birisiydi. Hasan Polatkan'a karşı direndiler. Polatkan'ın günahı isteyenlere istedikleri miktarda dövizi vermemesiydi. Muhtemelen arkasında ciddi yatırımcıların ve ithalatçıların dışında işini bilenlerin bakana baskısı vardı. Halbuki memlekette o kadar büyük bir döviz rezervi de yoktu. Onun için günah keçisi durumuna gelmişti. İlk DP kabine krizi bu şekilde patladı.

Cumhurbaşkanı ile başbakan arasındaki hakiki kriz ise ezanın Türkçe okunması ve Arapça yasağın kaldırılması konusundaydı. Arapça ezan yasağının kaldırılması, ön planda Demokrat Parti iktidarının politikası değildir. Tasarı ve teklifi verenler son dönemde CHP'lilerdir ve son dönemin değişimine dahil bir istekti ve Günaltay kabinesi dönemindedir. Tıpkı ilk imam hatip okullarının ve bazı türbelerin açılması gibi. Bunlar muhtemelen tenkit edilecek gelişmeler olmayabilir, ama tamamıyla DP'ye yüklenemez. Bugün dahi kanaat, köy enstitülerinin bile DP tarafından kapatıldığıdır. Bunun da şampiyonu CHP idi. Hasan Âli Yücel'in harcanması, Reşat Şemsettin Sirer'in maarif vekili olmasıyla bu yapılmıştı. Hatta DP'yi bu konularda yapacak fazla bir şey kalmamıştır.

DP'nin yaptığı CHP'nin elinde olan "halkevlerinin" kapatılmasıdır. Taşra hayatında bunun kültürel bir boşluk yarattığı çok açıktır. Yerine güya Türk Ocakları kuruldu, ama Türk Ocakları İttihat ve Terakki Hükümeti zamanındaki gibi geniş ve yaygın bir uygulamayla geri gelmedi. Sadece bazı büyük şehirlerde klasik yapıdaki eski İttihat Terakki mensuplarının başkanlığı ve üyeliğiyle devam etti; daha doğrusu devam edemedi. 1950 ile 1960 arasında Ankara'daki Türk Ocağı bu klasik, donmuş yapının bir örneğidir. Genel Başkan Hamdullah Suphi Tanrıöver'di. Bir zaman sonra Türk Ocakları 1960'lar ve 1970'lerde bir başka partinin kontrolüne geçti.

Türkiye köylüsüne yapılan tarımsal alan desteğinin tesirleri çok önemli oldu. Sübvansiyon Türk tarımı ve hayvancılığını uzun süre ayakta tuttu ve Türkiye'nin iç dinamizminde çok önemli bir unsur haline geldi. Tenkit edilen bu unsurun zamanla ortadan kaldırıldığı bir gerçektir. İşin garibi de daha evvel köylüyü tutan bir toprak ağasının ve o gibilerin projesi olan bu gelişme 1980'lerde hakiki köy kökenli ve kasabalı çocuklar politikaya girip iktidara gelince köylünün hayatına en büyük darbe indirildi. Özal hükümetleri ve devamıyla sübvansiyonlar sorumsuzca kaldırıldı. Avrupa Birliği politikalarının bile çok daha gerisindeki desteklemelerle hayvancılık ve tarım alanında bugünkü çöküntü ortaya çıkmış oldu. Bunun ıslahı için alınacak tedbirlerin kolay olmadığı açıktır. Bir kere topraktan kopan köylüyü artık geri döndürmek çok zordur ama bir restorasyona dönmek zorundayız. Bir şekilde Türkiye topraklarının işletilmesi gerekiyor. Belki Türkiye'nin kültürüne, diline, âdetlerine yatkın dış dünyadan yeni muhacirler getirmek gerecektir. Yani II. Abdülhamid'in politikalarına geri döneceğiz. (Rumeli'den Anadolu'ya ve bugünkü Suriye ve Filistin'e Rumeli ve Kafkasyalıların göçleri)

1954 seçimlerindeki üstün meclis hakimiyeti (super power) 1957'de geriledi. CHP şimdi ısrarla seçimle çoğunluk sisteminin kaldırılmasını ve nispi temsilin getirilmesini ısrarla istiyordu. Bu sefer de DP direndi. Direnmese 1960 olduğu gibi 1957 bir erken seçime daha gitse muhtemelen 1960 darbesi olmayabilirdi. Fakat tarihte olabilirdi, olmayabilirdi ihtimalleriyle konuşulamaz. Bu yaygın analizin, mutlaka darbe özlemiyle alakası yoktur. Tarihçilikte olsaydı, olabilirdi gibi açıklamalar mutlak bir yöntem değildir, ama bir yardımcı muhakeme aracı olabilir. DP yönetiminin 1960'ta durumunun vehametini kavrayamadığı görülüyor.

Menderes hükümetlerinin taviz vermeye pek niyeti yoktu. Bu dönemin en mühim olayı DP lehinde partizanca idaredir. Birtakım yerlerde belediye reislerinin parti değiştirmesi istendi. Mesela Bartın'da bağımsız aday olarak uzun zamandan beri seçimi üst üste kazanan Kemal Samancıoğlu'nun o zamanki Vali Ekmel Çetinel tarafından belediye reisliği tasdik edilmedi. (Kendisinin DP'ye girmesi istendi, kabul etmeyince de belirttiğimiz gibi belediye başkanlığı onaylanmadı.)

Bunlar gerçekleşirken de seçimi Kırşehir'de kazanan Bölükbaşı'nın Millet Partisi'nin meclisteki sandalyesini yok etmenin yolu olarak Kırşehir kaza statüsüne indirildi. Bu, Türk demokrasisinde siyasi olmaktan önce idari bir skandaldı. Kanunun diline karşı gelinmiş değildi, ama ruhuna karşı gelindi. Saltanattan bu yana Türk idare sistemi ve ananesi lüzumsuz bir darbe yedi, çünkü esasında bir yerin idari statüsünün değiştirilmesi gelenek olarak sadece terfi ile mümkündür. Örneğin sancaklar vilayet merkezi haline gelebilir ya da son devir Osmanlı idaresinde olduğu gibi bağımsız sancaklar olarak mutasarrıflıklar doğrudan doğruya İstanbul'daki Dahiliye Nazırlığı'na bağlanır. Kocaeli-İzmit, Şehrizor ve Kudüs-ü Şerif örneğinde olduğu gibi... Bunun dışında idari merkezlerin statüsünü düşürmek pek rastlanır bir olay değildi. An şart ki gerçekten nüfus tamamen boşalmış olmasın. Günümüzde tamamen terk edilen köylerin ancak hükmi şahsiyeti kaldırılıyor. Kasabalardan da maalesef eskiden çok faal olduğu halde Kemaliye (Eğin-Ağın) örneğindeki gibi statü yeniden değiştiriliyor, çünkü yılın büyük çoğunluğunda birkaç ihtiyar çiftten oluşan çok az aileden başka nüfus yok.

O zaman Kırşehir olayı içte ve dışta çok tenkit aldı. Zamanın Avrupa süferası (sefirleri) arasında bile tenkit edenler oldu. Basın üzerinde kurulan yoğun baskı kabul edilemezdi. Tek parti devrinde bilhassa İkinci Dünya Savaşı boyunca CHP hükümetlerinin ve idaresinin basın uygulamaları malumdu ama şimdi şartlar çok değişikti, çok değişik bir Türkiye vardı. İnsanlar daha çok okuyorlardı, okuma yazma oranı artmıştı, gazete okuyucusu da artmıştı. Basını yıldırma tedbirleri, kâğıt tahsisatını kesmek veya kâğıt tahsisatını arttırarak naylon gazete çıkarmak gibi uygulamalar nefret uyandırdı.

1957 seçimlerinden sonra kavgalı bir Türkiye ortaya çıktı. Dönemin en ilginç olaylarından biri akademik aydın-elit grubunun ortaya çıkışı ve bunlara karşı alınan tedbirlerdi. Aydın-seçkinlerin sonraları muhafazakâr liberal partiye geçen unsurları bile bu dönemde DP'nin karşısındaydılar. İktidar çevrelerine karşı bir küçümseme içindeydiler. Yapılan reformları ve değişimleri takip edemiyorlardı. Yapılması gerekenleri de iyi bir şekilde tespit edemiyorlardı. Ama ilginç olan *Forum* Dergisinde toplanan bu grubun önderi için CHP'nin geçmişi de tenkit ve küçümseme konusuydu. Bazı üyeler ise CHP'ye daha yakın bakıyorlardı ve grubun kendisi bölünme havasındaydı. Nitekim öncü bir grup üyesi olan Turhan Feyzioğlu'nun arkadaşlarına danışmadan CHP'den gelen daveti kabul etmesi ufak bir skandaldı; parçalanmayı ve Hürriyet Partisi'nin kurulmasını hızlandırdı.

Anayasa değişikliğinden bahseden bir grup da vardı. Bunların içinden Ankara ve İstanbul'daki küçük bir kesim bazı seminerler yaptı. "Kilyos Semineri" bunlardan biridir. Projenin içerisinde o zaman "senato" yoktu. *Forum* Dergisi bu dönemde bu aydın muhalefetinin ana merkezlerinden biriydi. Hiç şüphesiz ki satış oranı bugünkü dergilerle mukayese edilemeyecek kadar iyiydi ama dönemin içerisinde dergilerin daha fazla satılıp okunması gerekir (okuyucusu o kadardı). *Ulus* Gazetesi CHP'nin organı olarak devam ediyordu. Sonraları *Akis* ve *Yön* dergileri yayın hayatına girdi. *Akis* bilhassa sert muhalefet haberleriyle ortaya çıktı. Bazı tenkitleri şaşılacak şeylerdi. Kısa zamanda "Hilton" denen merkez cezaevindeki "gazeteciler koğuşu" meydana geldi.

Bu arada İttihat ve Terakki döneminin ünlü gazetecisi Hüseyin Cahit Yalçın bile hapishaneye girmişti. Tabii onun hapishaneye giriş çıkışı dar bir çevreyi ilgilendirdi. Çünkü geniş kitle için bir İttihatçı liderin 1946'da sonraki dönemde de bu sefer CHP adayı ve sözcüsünün başına gelenler maalesef kitlenin çoğu için çok ilginç değildi.

Demokrat Parti burada bir hata yaptı. İttihat Terakki geleneğinden gelen ve İttihatçılığın geleneğine sahip çıkan Celal Bayar, Adnan Bey'le ilk çatışmayı belirttiğimiz gibi ezanın Arapça okunması konunda yaşamıştır. Çünkü laiklik konularında çok şiddetli bir laisistti. Başka konularda ikilinin bu kadar çatıştığını söylemek mümkün değil. Daimî surette basın hayatıyla ilgileri olmayan kendilerine göre muhafazakâr bir dünya ama tutarlı bir dünya içinde olan, zamanın gelişmelerini takip edemeyen köylü kitlesi ve kasabalılarla paralel gitmenin çok şeyi değiştiremeyeceğini anlamadılar.

Üniversiteler konusunda bunu açıkça görmek mümkündü. Üniversitede ayaklanmalar çıktığı zaman ya üzerine gitmek yerine ilgisiz kalmalıydılar ya da tedbirler alınmalıydı. İkisini de yapmadılar. Çok kabaca üstüne gitmek yolunu denediler. Kitleyle temas noktalarında da o derece naiftiler; Menderes'in Kızılay'daki yürüyüşte karşılaştığı tepkiler gibi. Bu olaylarla karışıklığa adım adım yaklaşıldı.

Talihsizliklerin başında şüphesiz ki beklenen iktisadi açılımın gerçekleştirilememesi geliyor. Yani 1954'ten itibaren maalesef, gelişmeye başlayan Türk piyasasına cevap verecek bir döviz tahsisi mümkün olmadı. Bunun yanında hayat şartları zorlaştı, enflasyonist politikayı geciktirmek mümkün olamadı, dış yardımın azlığı gibi noktalar Menderes'i çeşitli yollar denemeye sevk etti. Bazı sloganlar CHP içinde Genel Sekreter Kasım Gülek'in icadıydı. Her zaman isabetli değildi. Ama DP'nin Kasım Gülek'le uğraşması başbakanın aleyhinde oldu. Kaderin cilvesi Yassıada duruşmaları sırasında Kasım Gülek şahit olarak dinlendi ve umulmadık biçimde sanıkların lehinde ifade verdi.

Dış politikada Sovyetlere yakınlaşma eğiliminin, darbede ne derece etkisi olduğu tartışılır (öyle bir iddia ileri sürülmesine rağmen) Rusya gezisi ve yakınlaşma tamamen iktisadi yatırım isteğiyle olsa dahi her hâlükârda çok açıktır ki Amerika ve yakın müttefiklerin hoşuna gitmedi. O dönemde Federal Almanya'da ağır bir CDU (Hıristiyan Demokrat Birliği-Almanya'da bir siyasi parti) iktidarı dönemiydi. CDU sadece iktidarda değil, üstün bir iktidardaydı. İktisadi bakımdan Türkiye beklenen Alman desteğini göremedi. Amerikan desteği kesildikçe de dış ilişkilerde bir tavsama meydana geldi. Bir yandan da Bağdat Paktı dolasıyla Arab dünyasıyla ilişkilerimiz kesildi. Tabii o devirde, Arab dünyasıyla bugünkü gibi yoğun bir iktisadi ilişki içinde değildik. Bugün bu gibi tesirler çok daha hazin olabiliyor; Mısır'la olan ilişkilerimiz gibi. Başbakanın Moskova gezisi ise darbe nedeniyle gerçekleşemedi. Türkiye ulaşımda demir yolu sistemini geliştiremedi, karayolu ağı yayıldı. Demir yollarının millileştirilmesi için o dönemin bütçesinden 4 milyon lira ayrılmıştı. Demir yollar Cumhuriyet döneminde Ankara'nın doğusuna Erzurum'a, Kurtalan'a (Siirt), Ankara'dan Samsun'a, güneye Burdur-Isparta'ya ve Güneydoğu'da Urfa'ya kadar gitmişti. Ama dayandığı teknik ve teknoloji modası geçmiş olan bir sistemdi. Elektrik yetersizdi ve hızlı ulaşıma bugün dahi pek ulaşılmış değil. Bu nedenle karayolları 1950'lilerden beri devamlı gelişti. Ancak 1960-61'de dahi kasabaların bazılarına zor ulaşılıyordu ve doğuda görünüm çok daha az gelişmişti. Karadeniz'in sahilinde yer yer kara ulaşımı tamamlanamamıştı (örneğin Kastamonu-Zonguldak arası). Ama temelde her ilçe merkezine sağlanan ulaşım şoşe neden makadan ve toprak yollara dayanıyordu. O devirde yapılan barajlar bugün artık devre dışı kalmak üzeredir. En önemlisi ve halen hizmet veren Seyhan Barajı'dır. Bununla birlikte elektrik enerjisi üretimi yetersizdi ve Türkiye köyleri 1970'lerin sonuna kadar ekseriyetle karanlıktaydı ve kasabalarda dahi henüz jeneratör devri yaşanıyordu. Maarifin okul binaları(!) sayesinde geliştiği açıktı, fakat teknik eğitimde bir duraklama vardı. Orta eğitimde nitelik düşüşü yaşandı. Kolaya kaçan bir okul açma dönemi başlamıştı.

65 YIL ÖNCEKİ İMAR ÇILGINLIĞI

Bir İktidarın Metropol Bocalaması

İstanbul tarihte geçirdiği yangınları ve depremleriyle ünlüdür. Her yangın koca mahalleleri, on binlerce insanın servetini ve nice sanat eserini ortadan kaldırmıştır. Depremlerin yıkımı daha az olmuştu; Fatih Camii gibi bazı camiler sarsılmış, yıkılıp yeniden yapılmıştır. Ama büyük eserlerin bu depremlerden etkilendiği söylenemez. Ayasofya yapıldıktan hemen sonra bir çöküntü geçirmiş, sonraki depremlerde de sarsıntıların izi kalmıştır; ancak Mimar Sinan'ın müdahalesi ve övündüğü payandaların inşasıyla bugüne gelmiştir. Nitekim dahi mimar, Kılıç Ali Paşa Camii'ni payandalı şekilde Ayasofya'nın bir modeli olarak inşa etmiştir.

Yarımada ve Suriçi İstanbul'la, Galata semtlerini hiçbir tabii afet, 1956 imar hareketi kadar altüst etmemiştir. Bu dört yıllık, iyi niyetle başlayan ama cahilce ihtirasa dönüşen ve bazılarının dediğinin aksine sadece "Anadolu politikacıların" bilgisizliğinin değil, asıl onların yanıbaşında yer alan İstanbullu çok bilmiş mimarların katıldığı tarihi hortum, eski medeniyetimizi âdeta yok etmiştir denebilir.

Bazı Eserler Âdeta Yıkıma Direndi

Geçen 50 yılda bu bitmeyen senfoni İstanbul'un kültürel yıkımına, acele ve çirkin bir kabuk değişimine neden olmuştur. Uzun bir dünya savaşının sıkıntıları sonunda; dökülen asırlık ahşap şehirden kurtulma isteği sadece merhum Adnan Menderes'te değil, başka zaman onu sıkça eleştiren *Cumhuriyet* Gazetesi çevrelerinde dahi yaygındı. Ankara'da Ulus'taki heykelin arkasındaki tarihi dokunun kazınışını huşu ile seyreden memur takımını hatırlıyorum.

1940'larda vali ve belediye başkanı merhum Lütfi Kırdar'ın giriştiği yıkım ve bazı caddeleri açma yaygın bir imar hareketine dönüşemedi çünkü para yoktu. 1956 yılı imarı ise bütçeden ayrılan büyük meblağlalar ve başbakanlığın İstanbul'a yerleşmesiyle âdeta doludizgin ilerledi. Açıkçası o günkü Türkiye bugünkünün aksine ahşap konaklardan servili mescit ve sokak arasındaki taş sübyan mektebinden, mezarlıklardan ve dar sokaklardaki Arnavut kaldırımlarından nefret ediyordu.

Tarihi miras olarak Süleymaniye ve Sultanahmet dışında kimsenin bir şey bildiği yoktu. Başvekilin imar anlayışı devrin anlı şanlı hocalarından bile destek gördü. Bunların başında Sedat Hakkı Eldem geliyor. Diğerleri suskundu. Geniş caddeler, kübik yapılar ve bazı abidelerin restorasyonu... Bu kadarı bile o zamanki İstanbul'un kibarlarına yıkım için yetti. Kerime Nadir bile romanlarında bu imar hareketini methediyordu. Bu takım yine dar sokaklarda, tramvayların evlerin duvarına sürtünerek ilerlemesinden; "ecnebilere karşı" utanç duyuyorduk. Bugün Lizbon'a giden Türkler ise herkes gibi duvarlara sürünerek giden tramvayları pek nostaljik buluyor.

Suriçi İstanbul'un surdışına taşınma planlarından söz edilmedi ve "Caterpillar" marka inşaat makineleri konakları, sebilleri, cami etrafındaki medreseleri aldı götürdü. Bazı eserler direndi, makineleri uğraştırdı; sesi pek çıkamayan halk o zaman; "evliya türbesi ve kabrinin varlığından" söz etti. Hâlâ bazı mimarlarımızın "ulusal mimarimizin başarı abidesi" olarak ilan ettikleri Saraçhane başındaki gudubet Belediye Sarayı, böyle bir arsız yıkımın üstüne tüy dikti. O zaman mozaikle kaplanan bu rüküş yapı Ankaravi Mehmed Efendi Medresesi'ne tepeden bakıyor, Şehzadebaşı Camii ile boy ölçüşüyordu; ama son depremde çatladı. Bizde lüzumsuz ameliyeye ayıracak bütçe her zaman bulunur, gudubet yapıyı çelikle berkittik ve milli abide tescil ettik.

Bu çılgın imarı destekleyen ulusal mimarımız kendi eseri Edebiyat Fakültesi ortaya çıksın diye Ordu Caddesi'nin düzeyiyle oynadı. Koca Ragıp Paşa Kütüphanesi yolun yarı yarıya altında kaldı; aynı caddede Simkeşhane'nin ön cephesi tıraşlandı. Arada ortaya çıkan 4 ve 5. asır Roma kalıntıları hemen örtüldü. Aksaray'daki Vatan ve Millet caddeleri ayrımındaki Murat Paşa Camii'nin hamamı yıkıldı. Caminin kendisi zor kurtarıldı. Çarşıkapı'daki 17. asrın şaheseri Kemankeş Kara Mustafa Paşa Külliyesi sebili, medresesi ve türbesiyle tamamen ortadan kaldırıldı. Bu eseri merak edenler; Yıldız Demiriz Hoca için çıkarılan armağanda Ahmet Vefa Çobanoğlu'nun makalesini okuyarak bir ölçüde bilgi edinebilirler.[111]

Harcına Gözyaşı Kaçtı

Topkapı'da Kara Ahmet Paşa'nın anıtsal sebilinin nasıl yıkıldığın gördüm. Beşiktaş Barbaros Bulvarı için Mimar Sinan'ın ünlü eseri Sinan Paşa Camii'nin hamamı da ortadan kaldırıldı. Şaraçhane'de Belediye Sarayı yapılırken Acemioğlanları Kışlası'nın Yeni Odalar denen kesimi, 1920 Mart'ında İstanbul'un ikinci zorba işgalini yaşayan Şehzadebaşı Karakolu ve mütevazı İstanbulluların oturduğu konaklar ortadan kaldırıldı. O insanların şaşkın, bazılarının gözleri yaşlı nereye gideceğini bilmeden kaybolduğunu hatırlarız.

Belediye binasının harcına çok gözyaşı karışmıştır. Karaköy'de ünlü Raimondo Tomasso d'Aranco'nun yaptığı Merzifonlu Kara Mustafa Paşa Mescidi güya sökülüp yeniden yapılmak üzere ortadan kaldırıldı. Numaralanmış taşların kaybolduğunu söylemeye lüzum yok. Bu dört yılın içinde beş adet Mimar Sinan mescidi yok oldu. Semavi Eyice Hoca gibi bir iki İstanbul aşığının dışında bilen pek yok; zaten olsaydı bu imar çılgınlığı değil, gerçekten ölçülü bir imar olurdu. Bugün de aynı şey söz konusu; insanlar ilgilenmiyor, birileri de kazanç hırsı ve kötü niyetle ortalığı altüst ediyor.

İmar çılgınlığı toplumun ilgisinden kaçırıldığı ölçüde devam ediyor. Mezarlıklar yok ediliyor, şahideleri çalınıyor. Balat ve Fener'de olduğu gibi eski 17. asır taş konakları, binaları yıkılıyor, klasik mimari eserlerin etrafı mezbele, yüksek yapılarla çevriliyor; Süleymaniye Camii ve Eminönü, Unkapanı arasındaki çirkin manzara veya Fındıklı'daki, Ayaspaşa'daki yapılaşma buna örnektir.

111 Ahmet Vefa Çobanoğlu, "Yok Olan Bir Yapı, Kemankeş Kara Mustafa Paşa Külliyesi," *Arkeoloji ve Sanat Tarihi Araştırmaları: Yıldız Demiriz'e Armağan*, M. Baha Tanman-Uşun Tükel (haz.), Simurg Yayınevi, İstanbul, 2001.

DÖNÜŞÜMCÜ
1960'LI YILLAR

27 Mayıs 1960 sabahı Türk halkı önce radyolarını açtı, sonra pencereler açıldı ve etrafa "komşular asker geldi" diye haber verildi. Radyoda duyulan darbenin bildirisiydi. Sesin sahibi Kurmay Albay Türkeş'ti. İnsanlar İsmet Paşa'nın darbeyi yaptırdığından bahsediyordu. Tarih hafızası silik ve malumat haneleri boş olan büyük bir kitle bir şeyi akıl etmiyor: Kurmay Albay Alparslan 1944'te "tabutluğa" girenlerdendi. O grubun en ortak özelliği İsmet Paşa'ya tahammül edememektir. Bu bizzat asker olarak yetişen Türkeş için de geçerlidir.

Bildiride devamlı NATO ve CENTO'ya bağlılıktan söz ediliyor ki doğrudur. Öğleden sonra ilan edilen kabinedeki isimlerden birinin de Selim Sarper olması bunu doğruluyordu. Selim Sarper, İkinci Dünya Savaşı sırasında Hariciyeciler içinde en sevilmeyen diplomatlardan biriydi. Çünkü Basın Yayın Genel Müdürlüğü genellikle bu bakanlıktakilere veriliyordu ve ağır sansür görevini temsil etmek Selim Sarper'e kalmıştı. Gazeteleri kapatmak ve açmak kuşkusuz ki onun elinde gibi görülüyordu.

İkinci bir grup olan solcular onun Molotov ve Stalin tehdidini abarttığı hatta imal ettiği haberini yaymışlardı. Üçüncü grup ise kendisini bakanlıkta sert bir diplomat, büyükelçi olarak tanıyanlardı. Ama bir şey vardı; Milli Birlik Komitesi'nin hedefi belliydi. Hedef, Demokrat Parti'dir. Zaten uygulama da bunu gösterdi. Anayasanın düzenlenmesi için seçilen heyetin içinde Sıddık Sami Onar gibi saygıdeğer bilginler, hukukçular vardı. Hatta ilk anayasa komisyonundakilerden bazıları Tarık Zafer Tunaya gibi sonradan komisyondan çıkarıldı. Ragıp Sarıca, Edip Çelik gibi İstanbul Üniversitesi'nin anayasa profesörleri de komisyondaydı.

İstanbul Anayasa Komisyonu'nun ayıklanması çatışmaların mahiyetini gösteriyor. Kısa zamanda İstanbul Üniversitesi Hukuk Fakültesi hocaları arasındaki munaferet komisyona yansıdı veya komisyondaki tutumları ilerideki munafereti hazırladı. İstanbul Komisyonu'nun başarısız ve uzun süren çatışmasını Ankara'dakiler telafi etmeye kalktılar ve başarılı da oldular. Ön planda Siyasal Bilgiler Fakültesi grubu ki İstanbulluların bir kısmını mesela Tarık Zafer Tunaya'yı iyi tanıyorlardı; kendilerinden bir komisyon kurdular. Bunu 1980'de de yaptılar. Komisyondaki tartışmaları etrafa açtılar. Önce temyiz mahkemesi üyeleri, baro yetkilileri ve diğer fakülteler davet edildi. Buralarda itirazlar oldu. Temel müesseselere, temel değişikliklere itiraz eden Tahsin Bekir Balta'ydı. O, 1924 Anayasasının gereken değişikliklerle devamından yanaydı. Ebediyen Halk Partiliydi, onların saygı duyduğu bir kişiydi ama bu saygı öbür grupları da içeriyordu. Komisyon ise yeni bir anayasa taslağını hazırlamıştı bile, dili de güzeldi. Bazı açıkların ilerideki darbeler için kullanılacağı çok açıktı.

Komisyon kısa zamanda hâkim oldu ve kurucu mecliste de hemen hemen hepsi üyeliğe alındı. Çok ilginç bir şekilde Demokrat Partililer dışarıda kalmıştı. Bunu kesin bir Halk Partisi darbesi gibi düşünüyoruz, diğer taraftan şayet Demokrat Parti paralelinde veya içindeki kimseler komisyonlara alınsalar orada sadece kırgınlık hatta bir nevi rövanş söz konusu olacaktır. Yapılmak istenen anayasa ve yeni düzen değil, belki tamamıyla bir hesaplaşma başlangıcı olabilirdi.

27 Mayıs gerek Milli Birlik Komitesi içinden 14'ler'in ayıklanması gerekse sonra Kurucu Meclis'te çalışmaları itibariyle bu çatışma havasından kurtulmaya gayret etmiştir. Zaten 1961

seçimlerinde Demokrat Parti kitlesini temsil eden Adalet Partililer ilk anda CHP ile koalisyonu kurdular. Başbakan İnönü oldu, çok ilginçtir. Siyasi hayatına Türkiye Cumhuriyeti'nin ilk başbakanı olarak başlayan ikinci cumhurbaşkanımız yine aynı şekilde başbakan olarak sahneden çekilecektir. 89 yıllık yaşamında çok ilginç bir biçimde tek partiden demokrasiye geçiş, demokrasi döneminde muhalefet liderliği, yani kızgın bir muhalefetin öncülüğünün ardından 1961'de tamamen uzlaşmacı bir tutum sergiledi. Sonrasında İsmet Paşa'nın anayasaya ve kanunlara uymaya çalışan başbakanlığı nihayet 1961-1964 Kabinelerindeki üç koalisyonun dağılması ve son koalisyondan da kendisinin çekilmesi, Ürgüplü başbakanlığı, yeni AP Genel Başkanı Demirel'in yani Demokrat Parti devrinin ünlü "Su Müdürü", Devlet Su İşleri Genel Müdürü Demirel'in gelişi ve onunla ilişkileri de çok önemlidir.

Demirel ile İnönü çok saygılı ve dengeli bir ilişki kurdular. Bu kısmen basına yansıdı, kısmen de basın buna dikkat etmedi. Hiçbir zaman birbirleri aleyhinde konuşmadılar. Demirel'in laiklik düşmanı olduğunu telaffuz eden tek isim CHP saflarından Nihat Erim olmuştur, ancak kendisi başbakan olduktan sonra bu tavırdan vazgeçti. Bu uyumlu hava fevkalade önemlidir; çünkü şu imaj doğru değildir, yani bu millet Menderes'i, oğlunu kurban ediyordu ama iktidardan çekilince de kılını kıpırdatmadı (oportünist nitelikli bir millettir...). Oysa öyle değildi; büyük bir kin, büyük bir rövanş hissi vardı. Bunun yatışması, örtülmesi ve hayata devam edilmesi Cumhuriyet'in ve İstiklâl Savaşı'nın mirasını taşıyan ve imparatorluktan kalan İnönü ile Cumhuriyet'in yarattığı bir mühendis olan ve bunu fark eden ve bilincinde olan Demirel'in uzlaşmasıdır. AP ve CHP aşırı davranışlardan uzak durdular. Zaman en iyi hekimdir, Türk demokrasisi yola devam etmiştir.

Anayasal kurumların yerleşmesi ve bilhassa fikir hürriyetinin açılması 1960'lı yılların dünyasına Türkiye'nin intibakını sağladı. Planlı dönem belki arzu ettiğimiz gibi gitmedi ama iktisadi hayatın yönetimi için yetişen kadroların bulunduğunu ve Türkiye'nin bu sistemden vazgeçemeyeceğini öğretti.

En önemlisi de 1961 seçimlerinin nispi sistemle yapılması, koalisyonların hayatımıza girmesi ve bütün olumsuz reaksiyonlara rağmen olumlu bir şekilde partiler arasında da bir armoninin olacağının görülmesidir. Türkiye, o andan itibaren anlaşıldı ki uzlaşmalara, çatışmalar kadar yatkın bir toplumdur; bir Akdeniz toplumu olduğunu göstermiştir. Daha da önemlisi 1965 seçimlerine giderken İsmet İnönü "milli bakiye sistemi"-ni ortaya çıkardı. Küçük partilerin oylarının boşa gitmemesini sağlayan bu sistem, iki gruba yaramıştır. Türkiye İşçi Partisi ve Cumhuriyetçi Köylü Millet Partisi (CKMP), yani Alparslan Türkeş'in ele geçirdiği Osman Bölükbaşı'nın eski partisi ki yakın zamanda Milliyetçi Hareket Partisi (MHP) olacak parti.

Türkiye İşçi Partisi'yle Türk parlamentosunun hayatında ilk defa olarak belki 1920 Meclisi'ndeki küçük grup hariç, bir parti ve bir grup girdi. Bunlar açıkça Marksist-Sosyalist görüşü benimsemişlerdi. Demokratik düzen içerisinde sınıf mücadelesi, Karl Marx ve diğer proleter sosyalizmin ilkeleri tartışılıyordu. CHP'liler ise daha ortada bakmalarına rağmen AP ile keskin çatışmaları olmuştur. Çok ilginçtir ki bu dönemde CKMP grubu da TİP ile o kadar kesin çatışmadan uzakta kalmıştır. Mecliste doğrudan doğruya AP ve onun kadroları TİP ile çatışma içindeydi.

Bilhassa Çetin Altan'ın hatıratında, belki de haklı olarak, Demirel'in kendisine karşı bu grubu kışkırttığını öne sürülüyor. Bu çok tartışılan bir konudur. Demirel, aslında taşranın TİP'e karşı olan kızgınlığını ve hırsını frenlemiştir, bu açıkça görülür. İkincisi, herkes sokakta "Morrison Süleyman" diye bağırıyordu ve onu Amerikan'ın maşası olarak ilan ediyordu. Ancak Doğu Avrupa devletlerinin, yani Varşova Bloku'nun, Viyana Doğu Enstitüsü'ndeki okumaya yarı açık dağıtım bildirileri gösteriyor ki Doğu dünyası ve sosyalist blok Demirel ve Çağlayangil'e hiç de öyle bakmıyorlar. Türkiye'yi ve onları

Amerika'yı frenleyen, bir yerde tasfiye eden ve daha barışçı yaklaşımları olan bir memleket ve lider olarak görüyorlardı. Varşova Blokunda böyle değerlendirilen diğer bir muhafazakâr politikacı da defalarca başbakan ve uzun süre İtalya Dışişleri bakanı olan Giulio Andreotti'dir.

Her hâlükârda 1960'lardaki planlı dönem kalkınmayı hızlandırdı. Ulaşım yine karayollarına dayanıyordu, demiryolları ve havayollarında çok büyük atılımlar yapılmadı. Ancak bütün altyapı yatırımlarında büyük bir patlama meydana geldi; üçüncü demir-çelik tesislerinin temelleri atılacaktı. İskenderun'da Rusya'nın, Ereğli'de Amerikan sermayesinin payı büyüktür. Ayrıca yan sanayide büyük atılımlar meydana gelmiştir.

Özel sektörde holdingleşme başlayacaktır. Bu holdingleşme ilk başta sol ekonomist çevrelerde bir taklit, doğru olmayan aile şirketi büyümesi olarak gösterilmişse de bunun gerçek olduğunu Vehbi (Koç) Bey galiba en iyi şekilde şöyle ifade etmiştir; "Divan Otel tesisleri benimdir, gerisi holdinge dahildir." "Kimse çocuklarına güvenerek yatırım yapıp, büyük şirket kuramaz," Vehbi Bey yarı resmi ve özel toplantılarında da bu sözü söylerdi. Bu zihniyetle holding sistemi takip edilmiştir.

Belki bugün hâlâ çok grotesk örnekleri vardır ama şurası bir gerçek ki sanayi için çalışan, bağımsız bir yönetici gurubu bu dönemin eseridir. Bunu devam ettirenler de yine o aile kapitalizminin içinden çıkan insanlar olmuştur. Mesela bu dönemin örnek sanayici ve geliştirici tiplerinden birisi, Vehbi Koç'un kızı Suna Kıraç'tır. Memlekette sanayi ve bayiiler ağı fevkalade ustaca kurulmaya başlamıştı.

Barajlar, Demirel'in eski tutkusuydu. Bunlar doğayı tahrip eden bir düzeye çıktı ve bu elektrik kaynağının çok devamlı olmadığı da açıktır. Kısa zamanda tıkanmalar da meydana geldi. İlk sulama, su temini barajı Çubuk Barajı'nın başına gelenlerden sonra Sarıyer Barajı'nda olanlar açıktır. Asıl dönemin en gürültü koparan büyük yatırımı Çukurova'nın kalbi olan Seyhan Barajı kılcal hatları bir türlü tamamlanamamıştır.

Ama şurası da bir gerçek ki bu sayede başlayan çalışmalarla, Keban Barajı ve bölgesel barajlarla 1970'lerde Türkiye elektirifikasyonunu geliştirmiştir.

Bunlar Türkiye'nin sanayileşmesi ve bizzat sosyalist kanatta bazı liderlerin de söylediği ve 1960'ların başında Behice Boran'ın da belirttiği üzere "Türkiye feodalite artığı, az gelişmiş kapitalist bir ülke" olarak değerlendiriliyordu. Karşı görüşte olanlar "burası tamamıyla feodal, dış güçlerin etkisinde, komprador kapitalizmin yönetiminde bir ülkdedir," demekteydiler. Başka bir görüşün sahibi sol politikacılar farklı örgütlenme ve eylem biçimleri seçtiler. Bu iki tahlil içinde Batı parlamenter rejimlerindeki proteler sosyalist parti mertebesine en yakın olan önce Aybar sonra Behice Boran'ın yönetiminde olan Türkiye İşçi Partisi'ydi.

1980'lerden itibaren şurası açıktır ki; Türkiye'nin yapısı kesinlikle üçüncü dünya blokundan ayrılan, tarihi yapısı ve kurumlarının yapısı itibariyle bu çizginin üstüne çıkan, hakikatten Kuzey Yarı Küre ülkesidir ve problemler de bu içeriktedir.

Hiç şüphesiz ki 1960'lardan sonra Türkiye de etnik çatışmalar da büyüdü. Bu gerilim ilk önce sağ ve sol, sosyalizm veya özel sektörcü partilerin etrafında devam ediyor gibi görünüyordu. Ancak öyle olmadığı açığa çıktı. Zamanla etnik gerilim dinci hatta İslam'ın birleştireceğinden bahseden partilerin içine de girdi.

Türkiye bu sorunları hallettiği, problemi benimseyerek çözdüğü ölçüde rahata erecek ve yoluna devam edecektir; öyle görünüyor. Ancak belirtmek gerekir, bir büyük imparatorluğun, ki Türklerin imparatorluğuydu, onun büyük bir cesaret ve savaşla kurulan Cumhuriyeti'nin, ki Türklerin Cumhuriyeti'dir, ortaya çıkardığı ülke büyük sorunları yenmişti ve daha büyük sorunlarla karşılaşıyordu. Çünkü sosyal sistemlerde, mühendislik söz konusu değildir. Sorunlar halledilir ve yeni sorunlar çıkar.

GÖÇ KONUSUNDA PANİK BAŞLADI

YENİ 1970'LER TÜRKİYE'Sİ

İnsanların toplum olarak başlıca eylemi göçtür. Ezelden beri göç ediliyor ve ebediyen göç edilecek. Bir yerde göç sona ermişse, o toplum eriyor demektir; nitekim bugünün Batı Avrupa'sından göç eylemi azaldı çünkü toplum yaşlandı. Ama göç eden başka toplumlarlar oraya yöneliyor ve sızıyorlar. Göçsüz bir coğrafya sayfasında tarihin son sayfaları yazılıyor demektir. Göçler tarihte yıkıcı kavimlerin gelip ortalığı altüst etmesiyle göze çarpar ama bu coğrafyada hareket de böyle başlar.

Doğudan akıp gelen Moğol ve Kıpçak Türk kabilelerin 13. yüzyılda Rusya'yı yıkmasını ama yeni bir Rusya'nın ortaya çıkmasını; aynı yüzyılda İran'ı istila eden İlhanlı Moğolların İran medeniyetine taze bir kan getirmesini hatırlayalım. Göç ister istila olsun ister barışçı bir sızma, iki yüzü vardır.

Göçmen Kalabalıkların Kaderi

Geçen yüzyılda öyle Kavimler Göçü gibisi pek görülmez. Ama barışçı göçlerle ülkelerin yüzü değişti. Roma İmparatorluğu'nu yıkan Barbarlar boş bir Avrupa'yı doldurdular. Ama hem ülke değişti hem ölen Roma o kavimlerin bünyesinde bugünlere kadar uzandı. Böyle fetihçi göç olayının bir ülkenin etnik, beşeri, coğrafi karakterini değiştirmesine en son örnek, 11. yüzyılda Türklerin İran üzerinden Küçük Asya'ya girmesidir. Lâkin barışçı sızmayla ülkelerin yüzünü değiştiren göç örneklerine son iki yüzyılda çok rastlanır. Ruslar Kazakistan'ı âdeta yarı yarıya Ruslaştırdı, Asya'nın kavimleri ise mazide (13-15. yüzyıl) Rusya'nın çok yanını sildi, yeni renkler verdi. Kazakistan Ruslaştı. Ama şimdi yeniden Kazaklaşıyor. En önemli unsur Moğolistan'da celb edilen etnik Kazaklardır. 19. yüzyılın ortasında Kafkasya'nın yerli halkları Osmanlı İmparatorluğu'na sürüldü. Henüz bunların anavatana dönüşü pek cılız. Ama Türkiye bu Kafkas göçüyle çok değişti. Transilvanya'yı Rumenler Macarlardan yatakta fethettiler deniyor. Doğrudur. Ancak, bu ülkenin Macar nüfusu da şu anda Rumenlerin en büyük sorunudur. Rumenlerin nüfusunda da durgunluk hatta azalma söz konusudur.

Buna karşılık bölgede nüfusu çoğaltarak yapılan çoğalmanın arkası gelmez. Besleyemeyeceği nüfusu üretmek çok ağır bedeli olan bir toplumsal hatadır. Zira, eğitilemeyen ve beslenemeyen göçmen kalabalıklar eninde sonunda marjinal cemaatlere dönüşürler.

Geçen iki yüzyılda Britanya Adası dünyanın öncü sanayi toplumu olarak göçlerle altüst oldu. İskoçlar İngiltere'ye göç etti, İngilizler de İskoçya'da onları neredeyse azınlığa düşürüyordu. İki tarafın milliyetçiliği de hâlâ devam ediyor. Kraliçe Viktorya'nın tahta çıktığı 1838 yılında Londra'nın nüfusu bir milyondu. 64 yıllık saltanatının sonunda başkent nüfusu birkaç misline katlandı ve dünyada da bir alay milyonluk şehir türedi.

Köylerin çözülüp şehirlere yığılmasını Britanya Adası çok pahalıya ödedi. Kırsal nüfusunu gaddarca harcamıştı. Kıtadaki Fransa iç göçü böyle dramatik boyutlarda yaşamadı. Ama İkinci Dünya Savaşı'nın başında bile nüfusunun yarısı kırsal bölgede yaşayan hakikaten köylü bir Fransa vardı. Rusya İmparatorluğu ise 20. yüzyıl başında % 95'i köylerde yaşayan, belediye statüsünde ancak 1200 yerleşmesi olan devasa bir köyler yığınıydı. Onun idare ettiği Polonya ise yüzde 25'i şehirlerde yaşayan, sanayileşen bir parçaydı. İki unsurun çatışması sadece milli kültür veya dini değil, ön planda zenginlikle fakirlik, şehirlilikle köylülük arasındaydı.

Tarımdan Nefret Ediyorlar

Geçen iki yüzyılda Türk şehirleri bir dönüşüm yaşadı. Ancak sanayinin pek cılız geliştiği ve kırsal nüfusun pek yavaş çözüldüğü imparatorlukta; göç olayı iktisadi değişimin değil, askeri ve siyasi sadmelerin neticesinde ortaya çıktı. Balkanlar ve Kafkaslar'dan kopup gelen nüfus sadece imparatorluğun küçük bölgelerinde geleneksel hayatlarını sürdürmekle kalmadı, büyük şehirlerdeki fakir ve sorunlu yaşamlarında bile Batı Avrupa ve Rusya'nın şehir proletaryası gibi bir nüfus oluşturmadılar. Onlar gibi bir işçi sınıfı doğmadı, geleneksel yaşam ve ahlak kalıpları devam etti. Kaldı ki, Britanya proletaryasının ve Rusya'nın işçilerinin dramatik fakirliği ve dağınıklığı, sınıflaşma motifi Osmanlı şehirlerindeki bu kitleye uzaktı. Dolayısıyla, sınıf çatışması, hayata bakış, ideolojik biçimleşmeler ayniyle gözlemlenemez.

Türkiye'de gerçek anlamda göç, İkinci Dünya Savaşı'ndan sonraki tarımın makineleşmesi ve şehirlere doğru akımla başlar. Şehir hayatında da bunun etkileri görülmekle beraber bugünkünden çok farklıdır.

Son 30 yılda Türkiye köylerinin boşalmasında bildiğimiz yapısal çözülme yanında önemli bir hastalık rol oynuyor. Türkiye köylüleri tarımdan nefret etmeye başladı. Büyük şehirlerdeki arazi mülkiyet düzeninin tutarsızlığı ve kırsal bölgeden gelenlerin arsa spekülasyonuna girişmesiyle yersiz bir göç olgusu yoğunlaştı. Vilayet idare meclisleri istemeye istemeye boşalan köylerin tüzel kişiliklerini kaldırıyor, yani köyün ölüm ilamını çıkarıyor. Bu köyler 1970'lerden itibaren elektrifikasyonu tamamlanan bir memlekette bulunuyor. Çoğunun altyapısı bitti. Zirai verimi düşük olanların yanında, verimli ve şehirlere yakın olanlar da çok.

Ciddiyet Dönemi Sorunu

Üçüncü Dünya metropollerinden farklı olarak İstanbul, Ankara, İzmir gibi şehirler beledi modernleşme ve kültürel kalkınmaları için olağanüstü çaba harcıyor ama gelen nüfus bunları yutuyor ve kendini hakim kılıyor. Şehirlerimizin bu yaşam mücadelesinde takati kesilmeye başlıyor. Sakinler umutsuz; "İstanbul bitti", "10 yıl sonra Ankara'yı unut" gibi laflar dillere pelesenk olmuş. Öte taraftan potansiyelini kullanamayıp boşalan kırsal alan, yakın gelecekte Türkiye'yi besleyemeyecek. Durum hiç iç açıcı değil. Ön planda kentteki kamusal alanların akıllıca ve cesurca kontrolü gerekiyor. Bunu hiçbir hükümet yapamadı. Geçen yıllarda Zeytinburnu Belediyesi'nin Cemal Reşit Rey Salonu'nda düzenlediği birkaç "Göç Sempozyumu" bu sorunlara çare aradı. Hepsini takip edemedim ama doğrusu alanın uzmanları çok cesur şeyler söylüyorlar ve sorunlara yöneticiler ile politikacılardan daha isabetli yaklaşımları var. Bu da paniğin başladığına bir işarettir. Artık ciddi olmanın zamanı geldi.

Tarım sebepsizce destek kesilmesine uğradı. ANAP iktidarının bu tasarrufu devam etti. Bir yandan köylü nüfusun üretmeyen kısmına gelişen enflasyonla eriyecek maaşlar bağlandı. Diğer taraftan kredi muslukları ciddi üretim için yetersiz ancak tüketime gidecek miktarda veriliyor. Zirai planlama yok. Çiftçinin keyfi bireysel ekimi ve edindiği ürünü yanlış tahminle pazara çıkıyor (daha doğrusu çıkamıyor). Göçen nüfus kentlerde kendi arasında tabakalara ayrılmış; birçok gencin yenileşen sanayi ve üretime ayak uydurması mümkün değil. 1940'ların sonunda başlayan gecekondulaşma 1950 ve 1960'lardaki muhafazakâr ama umutlu, bir şeyler arayan, kısmen eğitim görebilen, köyle temasını sürdürerek yaşayabilme karakterini kaybediyor. Gecekondu, varoş (bu Macarca kelime tam "slum" karşılığıdır; aslında surdışı yerleşim demektir) karakterine dönüştü. Büyük şehrin ploretaryası ve proleter sınıfı hayat görüşü ve dinamizmi ne dayanışma niteliğine sahip ne de endüstri devriminin beyazyakalılarına dönüşebiliyor. Bu siyasete de yansıyor. Oportünizm gerçek bir siyasalaşmayı önlüyor. Bu sadece liderler için değil, partilerin tabanında geçerli bir görünümdür.

1965 siyasal gelişmeleri ve kurumlaşma bugün kaybolmuştur. Sebebleri ise açıktır. Artık sınıflaşma esasına dayalı partiler Batı'da bile erirken Türkiye'de tarihi yapı gereği oluşamamıştır. Hazine arazilerinin şehirlerdeki yağması gibi olaylar bir şehir proleteryası doğmasını, gerçek sosyalist partilerin teşekkülünü önlüyor. Tabii bu durum sermayenin toplandığı, yoğunlaştığı liberal partiler ve nihayet kitlesel partilerdeki sağ sol eğilimleri de dejenere ediyor. En önemlisi Türkiye halkının rey verecekleri partinin sabit nitelikler göstermemesidir. Herhangi bir vatandaşın hayatında birbirinden ne kadar farklı partilere oy verdiğini görmek yeter. Bundan başka partilerin dışında ikincil gruplarda, derneklerde toplaşma ve çalışma da son derece kısıtlıdır. Türkiye insanları dernekleşmeye hâlâ şüpheyle bakıyor. Hükümet de bu konuda çözümleyici ve yöneltici olmak şöyle dursun; kutuplaşmayı teşvik eden hatta dernekleşmeyi de kendince yasaklı tedbirler getiren bir yapıya dönüştürmüştür. Siyasi eğitim ve gelişmenin bu yüzden fazla parlak bir istikbale yürüyemediği açık...

KIBRIS VE BİTMEYEN SORUNLAR

Dış politikanın değişmez hedef ve ilkelerinden söz edenler genelde amatör diplomatlardır. Türkiye gibi imparatorluk yöneten, zor şartlarda Cumhuriyet kuran, tarım ve sanayide hatalar kadar hamleleri de olan dolayısıyla dış dünyada özellikle Türk kökenli diasporayla ilgilenmemek ve onların antlaşmalarla tespit edilen hukuksal haklarını savunmak zorunda olan bir ülkenin dış politikasına da bu sorunlar ve hedef değişimleri kaçınılmaz olarak yansıyacaktır. Kıbrıs sorunu bir neslin hayatı içinde umulmadık şekillenmeler geçiriyor ve öz varlığında Türkiye Cumhuriyeti'nin temel politika değişimlerini zorluyor.

Dış politika ve malî siyaset ve bütçe açısından Türkiye'nin vazgeçemeyeceği ve çözülmesi gereken sorun; Kıbrıs'tır. Sanıldığı gibi 1950'lilerde *Hürriyet* Gazetesinin açtığı bir sorun değil. Aksine 16. asır sonunda Devlet-i Âliyye kendi deniz yollarının ortasında kalan bu Venedik üssünü almak zorundaydı ve aldı. 1878 Berlin Kongresi'nde ise müttefikler İngiltere'nin işgaline bırakıldı, yani hakimiyet aşağı yukarı 400 sene sürdü. Bırakılması bir zaruretti. Birinci Büyük Savaş'ın hemen başında Britanya tarafından hemen ilhak edildi. İkinci Dünya Savaşı'ndan beri bir sorundu ve öyle de sürdü. Çünkü adanın yerleşik Türkleri ile orada Venedik zamanından kalan ve 19. asır boyunca da devamlı göçle şişen bir nüfusa sahip Helenlerin geçinemediği açıktı. Otantik Helen nüfustan söz edilmesi adanın daha evvelden buradaki yerleşik nüfusundan

Lübnanlıların ataları Fenikeliler, Arab devrinden kalma köylülerin tamamen silinmekte olmasına rağmen, bir yerde bu kalıntıları görmemek demektir. Venedik kalıntılarının durumu da açık ama Kıbrıs maziyi kaybetmiştir.

Ben 1970'lerden önce adaya gitmedim, fakat Ankara'da okuduğum okullarda Kıbrıslı arkadaşlarım vardı. Taşradan gelen bütün insanlar gibi içlerine kapanıktılar, ilk anda başkalarının arasına kolay karışmıyorlardı ama dost olduğumuzda bu buzlar çok çabuk eriyordu ve hayatımız boyunca devam eden Mülkiye arkadaşlığı bu şekilde oluşmuştu. Kendilerine özgü şivelerini kullanırlardı. Ama okul bittiğinde ve Türkiye'de kalma süreleri uzadıkça İstanbul şivesini de kusursuz benimsediler.

Adaya gelip yerleşen Türkiyelilerle yerli Kıbrıslılar arasında artık malum olan gerilim herkes tarafından bilinir. Londra ve Zürih antlaşmalarıyla kurulan Kıbrıs Cumhuriyeti'nin ne iki toplumlu statüsü ne de bayrağı benimsenmiştir. Bu bayrağı hararetli biçimde sallayarak meydana dökülenleri dinlemek istedim. Konuşmacı bütün Kıbrıslıların yakından bildiği öğretmen kökenli bir Kıbrıs Türk aydınıdır. Tartışmadaki muhatabı Kıbrıs'ın tarihe geçen şehitlerinden Ecved Yusuf'un oğluydu. Konuşma Türkiyelilerin Kıbrıslılarla olan sorunları üzerineydi.

Kıbrıs'ta yaptığımız hataları Kafkasya'da da tekrarlıyoruz.

Şu noktayı belirtmem gerekir. Öğretmenin Türkçeyi kullanımı ve ifade gücü Türkiye'deki öğretmenlerin çoğunda rastlanmayacak kadar mükemmele yakındı.

Kıbrıslılar laik tavırlıdır; Toroslardan 16. yüzyılda adaya yerleştirilen Türkmenlerin çocukları ve torunlarıdırlar. Din konusundaki tutumları daha özgürce ve belki de daha az bilgililer. Gerilimin nedenleri 1974'ten sonraki iskân politikalarında ve adayı ziyaret edenlerin dikkatsiz tutumlarında Adadaki en hatalı uygulama 1974'ten sonra yerleştirdiğimiz ve denetlemeden yayılan art göçtür. Çok kere bu kitlenin sorumsuz ve aykırı politikalara destek olduğu da açıktır. Hedef ve isteklerinde tutarlılık yoktur ve gerçekçi değildir.

İkinci Dünya Savaşı'nda Britanya Adaları'na konuşlandırılan müttefik Amerikan kuvvetlerine İngilizler ve İskoçlarla nasıl temasa geçeceklerini öğreten talimatname kitabını okudum. İlginçti, dikkatli davranış ve üslûb tavsiye ediyor ve bir yandan da bilgilendiriyordu; oysa ben Kıbrıs'a gidenler için böyle bir talimname hazırlandığını hatırlamıyorum.

Çağımız Türk bürokrasisinin laubalilik, sorunları sözde çözmek için yüzeyden tedbirler almak, baştan savma iş görmek alışkanlığı malum. Politika ise gerçekten zor ve yaratıcı bir sanat; kötü politikacı ise kötü bir büyücü çırağı gibi onulmaz sorunlar yaratıyor. Kültürel birlik içinde olduğumuz Kıbrıs'la Avusturya-Almanya ikileminden daha sorunlu bir ortama girdik ve benzer hataları Kafkasya'da da tekrarlıyoruz. Sorunları sadece bayrakla sokağa çıkan ve nahoş sloganlar atanlarda aramamak lazım.

Rauf Denktaş
Kıbrıs'a Direnmeyi Öğreten Adam

İngiltere'nin 35 yıl idareden sonra Birinci Dünya Savaşı'nın başlangıcında resmen ilhak ettiği fakat iki büyük savaşı ateş ve baruttan uzak geçiren bir adadır, Kıbrıs... Bu, Şükrü Sina Gürel'in araştırmalarında görülür.[112] Britanya İmparatorluğu Kıbrıs'tan doğru dürüst bir iskeleyi bile esirgemiştir. Az veren, çok almayı seven bir yönetimdir. Ama kazanana dikkat eder ve idaredeki etnik grupları ayırmayı bilir. Rusya, Osmanlı İmparatorluğu ve Avusturya-Macaristan bu anlamda kolonyel imparatorluklar değildi, mülklerinin her köşesine ticari zihniyetten uzak yatırım yaparlardı. Fransa kendi kültürü ve askerî üstünlüğü için bazen abartılmış harcamalarda bulunurdu. Antakya ilk asfaltı Fransız işgalinde gördü. Beyrut'u kamu binaları ve kültür müesseseleriyle Fransa donattı.

---

112 Şükrü Sina Gürel, *Ulusçuluk ve Uluslararası Politika*, İmge Kitabevi, 2020.

Çok açıktır; böyle ortamlarda dışarıdan destek gören azınlıklar berikine göre daha çabuk palazlanır, keza Rumlar öyleydi. Türkler ise uzun yıllar bugünkünün aksine fakir olan Türkiye'den iktisadi bir destek göremediler ama okulları vardı ve kendi kimliklerini korumaya yardım eden iyi öğretmenler gelmişti.

Ada Türklerinin hem İngilizlerle hem de çoğunluk olan Ada Rumlarıyla iyi geçindiğini söylemek mümkün değil. Bazı insanlar genellikle zamanın rüzgârları esip tarihin izleri silinmeye başladıkça kendilerine göre tarih yazarlar. Adadaki Rum ve Türk dostluğu bu efsanelerden biridir ve genel bir kural işlemiş gibi görünüyor. Dr. Fazıl Küçük'ten evvelki gazete koleksiyonlarına baktığınız zaman, Türk cemaatinin okumuşlarının her şeye rağmen İngilizler sayesinde selamete erişeceğine inandığını görürsünüz. Çünkü çoğunluk olan Rum halkı kendi bağımsızlığını ve geleceğini tasarlarken öbür azınlığı hiç kaale almaz ve hatta aradan çıkarmaya çalışırdı. Onların Britanya İmparatorluğu'nun okyanus aşırı sömürgelerine gitmesi özlenen ve izlenen bir hayal ve politikadır.

Rauf Denktaş, ben tanıdım tanıyalı bilgisiz insanların "Kıbrıs Türkleri, Ada Rumları ile bağımsızlık için birlikte hareket edeceklerine İngilizlerin yanında yer aldılar" diye yaptıkları çıkışla alay ederdi. Oysa dünyanın diğer yerlerindeki benzer durumlardaki azınlıklar arasında ortaya çıkan çatışmalar, bu kolayca konuşan insanları hizaya getirmeliydi.

Böyle bir ortamda Rauf Bey'in buradakilere göre nispten bir talihi vardı. Kolayca ilmin parlak merkezi İngiltere'ye okumaya gidebildi ve diğer yerlerdeki Türk azınlıkların gençliği gibi mühendislik ve tıp okumaktansa hukuk okumayı yeğledi. Çünkü kendisinin de mensup olduğu Türk cemaatine haksızlık yapıldığı kanısındaydı. İngiltere'de hukuk okuyan birinin düzgün, zengin lügatli ve hedefi tutturan üslubuna sahipti. Bunu kulaklarımla duydum ve metinlerini okudum. İnatçı ve taviz vermeyen diplomasisinde, karşısındakine çıkış yolunu kapatan diyaloglarında bu meziyetin etkisi çoktur.

Bu inatçı diplomat kadar insanlara açık ve mütevazı bir yönetici az görülür; kendisinin yakın dostları da, benim gibi yüz yüze çok az görüşebilenler de bu keyfiyeti teslim eder. Sağlık kurallarına, perhize dikkat eden biri olmadığı açık, 88 yaşına kadar yaşaması herhalde direncinden ve soyundaki sağlık özelliklerinden ileri gelmeli.

Rauf Denktaş, Ankara'daki sürgün günlerinde de, Ada'da da bütün insanlarla geçinmeyi bilen ve o yüzden de taraftarı olan bir devlet adamıydı. Zaman oldu Ankara'yı yönetenler, zaman oldu Ada'daki muhalifleri kadar kendi taraftarları da onun önünde en büyük engel oldular. Bu tip bir kavga adamının başına gelebilecek en kötü şey "Ama sen de inadı bırak artık" tavrıdır. O yine de bu söylemlere aldırış etmedi ve inadı bırakmadı. Kuzey Kıbrıslılar ne olursa olsun ayakta durmayı öğrendi. Şimdi istikbale daha emin bakmayı biliyorlar.

Saklı bir gerçek değildir; Denktaş'ın en büyük müttefiki Kıbrıs Rumlarının uzlaşmaz ve mantıksız tutumu oldu. Referandum onun kabul edeceği bir yol değildi. Ama Annan Planı'nı Rumlar reddettikleri an sergilediği hayatının en mutlu gülüşünü herhalde herkes hatırlar. Muhalefette olmasına rağmen anında atağa geçti. Kimsenin diyecek bir şeyi kalmamıştı. Şurası bir gerçek; Kıbrıs Adası bugüne kadar kayda değer sadece iki politikacı çıkardı.

Makarios'un da aleyhinde ve lehinde unsurlar vardı ama lehinde olacak unsurları Denktaş kadar kullanamadı. Ustalık mücadelesini başpiskopos değil, savcılıktan gelme Türk Cemaat Meclisi başkanı kazandı. Kıbrıs'a direnmeyi öğretti. Başpiskopos Yunanistan ile kavga ediyordu, ama bir yandan da kavga ettiği kuvveti kullanmaya kalktı, bu onun dünyasını mahvetti. Denktaş her zaman Türkiye ile beraber olmaktan vazgeçmedi, bu söylemi onun Ankara'daki aleyhtarlarını bile saf dışı etmesine yaradı. Neticede Kuzey Kıbrıslı halk onun uzun hayatı boyunca ayakta kalmayı öğrenen bir kitle oldu.

II

OSMANLI'DAN GÜNÜMÜZE ORTA DOĞU

DIŞ POLİTİKAMIZIN EN SANCILI ALANI

ORTA DOĞU HER ŞEYİN BAŞLANGICI

TARİHİN, TARIMIN VE ŞEHRİN BAŞLADIĞI DÜNYA

Orta Doğu, tarifi yapılamayan bir coğrafya... Çünkü coğrafyacıların aklı dahi bölgenin fiziğinden, hatta ırkların yapısından evvel dinine takılıyor. Bu gayet saptırıcı bir yaklaşım, çünkü dinlerin hepsi Orta Doğu'nun ürünü. Vahye inanan insanlar için, Allah peygamberleri sadece Orta Doğu'ya göndermiş demek lazım. Mesela niçin bu koca kıtanın fiziğine göre tasnif tarif yapılamıyor? Tabii ki araştırma tam tamına yapılamadığı için...[113]

İki tane okyanusun arasındaki bu dünyanın sınırları onları da aşıyor. Üstelik o sınırlar Kafkaslar ve Himalayalar ile kesildiği zaman dahi onu diğer tarafa taşıyacak unsurlar önem kazanıyor. Tarihî olaylara ve kuruluşa bakıldığı zaman, mesela Osmanlı İmparatorluğu'nun yer yer Kafkas'ı zorlaması, Tuna mansabının ötesine geçip birkaç asır oturması, 13. asrın ilk çeyreğinden beri Volga boyu ve Rusya'daki Altınorda hâkimiyeti; dine göre çizilen bir Orta Doğu dairesinin sınırlarını gene zorluyor. Fizik coğrafya sınır tespiti için anlamsız; ama kültürel coğrafya sınırı sabun gibi kayıyor.

Aslında bu Orta Doğu bölgesi, imparatorlukların ülkesi... Bilinen tarihin kayıtları bu gerçeği hep hatırda tutmamızı

113 Dört asır hükümferma olduğumuz Arab yarımadasında jeofizik araştırmasını yapmadık. Yemen'in kuş ve bitki örtüsü, insektoloji için Avrupa raporlarına başvuruyoruz. İstisna Arab Yarımadasında son senelerde Celal Şengör'ün yaptığı jeofizik yapı araştırma ve değerlendirmeleridir.

gerektirir. Yine ulaşım teknolojisinin ilk geliştiği bölge burasıdır. Zaten onun bile sınırlarını zorlayan bir iletişim ağı her zaman mevcut olmuş ve Orta Doğu bölgesinde büyük imparatorluklar insanlık tarihinin bir gerçeğini; idari örgütlenmeyi ortaya koyabilmiş. Mısır'ın İsis kültürünün izlerini Batı Anadolu'da bulabiliyorsunuz. Mezopotamya'nın kalayı, çivi yazısıyla birlikte Orta Anadolu'ya milattan önce 2000'in başlarında ulaşmış. Toplumlar birbirinin kültürü ve diliyle yaşıyor. *Gılgamış*'ı ve Nuh tufanını İbraniler de okuyor, Hititler de okuyor. Hem de Akadça tercümeden değil, Sümerce metinlerden. Urartular ne Sami ne de Ariyen... Son araştırmalar bu dilin bağını Kuzey Kafkasya ile kurdu. Ama medeniyetin bölgedeki diğer halklar tarafından alındığı aşikâr. Orta Doğu diller ve dinler arası gerçek bir enternasyonalizmin toprağı ve çok erken zamanlardan beri de bu böyle. Roma, Orta Doğu'da devlet vasfına sahip oldu. Yunanistan ve Yunanca; Mısır, Suriye, Filistin ve Mezopotamya'da yerli kültürlerle temasa geçerek ve onlardan bir şeyler öğrenerek gerçek anlamda bir dünya kültürüne dönüştü. Büyük İskender savaşlarının ve yerleşiminin neticesi olarak ortaya çıkan Helenistik hakimiyet budur. Roma'nın bir imparatorluk maliyesi oluşturması ve gerçek anlamda devletleşmesinin Mısır'ın mali sistemini öğrenerek tamamlandığı herkesin tespit ettiği bir gerçektir. İslam hukukçusuyla Romalıların hukukçuları, aynı baronun üyesi olacak kadar birbirine yakınlar. İki sistemin ayrıldığı ve benzediği en sert argümanları ileri sürerek tartışılıp duruyor. Mısır İslamlaştı. Mezopotamya da İslamlaştı. Ama Amr ibnü'l-As ile Halid bin Velid'in gerçekleştirdikleri fütuhat, İslam devletine gerçek bir imparatorluk vasfını kazandırdı. Emeviliğin Araplığı; Roma'nın Helenizmiyle, artık kaybolmakta olan Latin kültürüyle onları dirilterek temasa geçti. Helenizm ve Roma, İslam medeniyetinin kurtardığı ve dirilttiği, geliştirdiği iki mirastır.

Hazreti Ömer devrindeki fütuhat her şeyden evvel eski Roma, Orta Çağ versiyonu olan Bizans ve Sasani İran'ının asır görmüş kurumlarını, toprak, şehir ve devlet idaresini benimsemiş ve geliştirmiştir. 11. asırda Orta Doğu dünyası Selçuklu Türklerini gördü. O döneme kadar klasik İslam, fütuhat devrini tamamlamıştı. Hatta Bizans dahi Makedonya sülalesinin imparatorlarının başlattığı yeni Rönesansı'yla; Antakya, Kuzey Mezopotamya, Kıbrıs ve Girit Müslümanların elinden çıkmıştı. Sicilya ve Güney İtalya, Normanların eline geçmişti. Endülüs'te ise Hıristiyanlar bir yeniden fetih (*reconquista*) başlatmıştı. Gerilemeyi durduranlar ise Türkler oldular. İki asır içinde Türk imparatorlukları Balkanlara sıçradı ve Tuna mansabına kadar yayıldı. Karadeniz'in kuzeyine çıktı. 13. asırda Orta Doğu, İlhanlı ve Moğol istilasına uğradı. Doğruyu söylemek gerekirse tam anlamıyla korkunç bir savaştı. Girdikleri topraklarda İlhanlılar -yıkıcı savaşçılar olmalarına rağmen- yerli unsurlarla, hatta Asya'dan getirdikleri kuvvetlerle (mimar, usta, ressam, dokumacı ve maden ustası) iş birliği yaparak bir Rönesans devrini başlatabildiler. Bunu İran ve Suriye'de görmek mümkün. Memlûklar ise Filistin ve Mısır'ı Moğollara karşı hem savundular, hem de Orta Doğu dünyasının son medeni dönemini yaşattılar. Aslında bu Rönesans'ın sonunda Timur'un imparatorluğunu ve özellikle Uluğ Bey dönemini belirtmek gerekiyor.

Orta Doğu dünyası, Osmanlılarla, Yavuz Sultan Selim'in fütuhatıyla yeni bir döneme girmiştir. Bu dönemin tahlili uzun sürecek. Arablar Osmanlı döneminden şikâyet ediyorlar. Oryantalist dünya da Osmanlı dönemi hakkında ünlü Fransız şarkiyatçı Louis Massignon'un yakın hükümler veriyor. Tabii aksini savunanlar da var. Arab dünyası Türk hâkimiyetini Balkanlar kadar yoğun biçimde hissetmedi. Daha doğrusu ikircikli bir yapı yaşadı. Mutlaka uzun bir barış ve denge dönemine girdi. Kendine özgü yapılanmaları vardı. Dört asır Arab dünyasının, kültürel yapılanmasının nasıl bir istihaleden geçtiği meçhul... Bu konu hakkında Ekmeleddin İhsanoğlu'nun geç devir Mısır'ı üzerine yazdıklarına benzer envanterlere ihtiyaç var. Çünkü hükümler çok muhtelif ve farklı...

Bunun üzerinde durmamız gerekir; şaşılacak ölçüde Suriye, Filistin ve Mısır'ın Arab ulemasıyla imparatorluğun Anadolu ve Rumelili âlimleri birbirinden uzak durmuştur. Mesela ilmiye sınıfımızın saflarında çok uzak bir dilden olmalarına rağmen Çerkes ve Abaza, Anadolulu ve Kırımlıların dışında, Arnavut kökenli âlimler ve Bosnalılar da bulunmakla beraber Arab uleması ayrı bir silk teşkil etmiş ve kendi ülkelerindeki tedris hizmetlerini bunlar yerine getirmiştir. Muhtemelen Arabça bilgisi, Arab edebiyatına aşinalık, Arablar açısından da Türk dilini kavrama meselesi önemli bir gerilim noktasıydı. Şurasını belirtmek gerekir ki Ahmed Haşim -ki Bağdatlı ve Arab'tır- ve gene Bağdatlı Süleyman Fehmi gibi bilgin ve münevverler pek nadirdir. Bu ikisi Türk dili çevresine çok iyi uyum sağlamış, hatta üstat derecesine ulaşmıştır. Orduda Türkçeyi anadili olarak kullanmak fevkalade önemlidir. Bu klasik devirdeki devşirmeler için böyle olduğu gibi 19. asırda orduda da ana unsurun Türkçe konuşanlar olmasına dikkat edilirdi. Bürokraside Arablarla kaynaşma bilhassa II. Abdülhamid devrinin tedricen geliştirdiği bir süreçtir. Şüphesiz müspet neticeleri görülmüştür. Ama sonun yaklaştığı bir döneme has bir gelişmedir.

19. asırda fiilî özerkliğe rağmen Mısır da Osmanlı İmparatorluğu ile eskisine nazaran daha çok kaynaşmıştır. Suriye, Bağdat vilayeti, Musul vilayeti gibi kozmopolit yerler bürokrasiye daha çok eleman yetiştirmiştir. 19. asırda Arab dünyasının Beyrut, Hayfa, Trablusşam gibi limanları gelişme göstermektedir. Kudüs-i Şerif Sancağı'nda Birüssebi (Yedipınar) II. Abdülhamid devrinde kurulup gelişmiş ve göçebe kabileler için bir

buluşma ve yerleşme mekânı olarak düzenlenmiştir. Aynı şekilde Yafa Limanı'nın geliştirilmesi ve Kudüs'le doğrudan demir yolu bağlantısının kurulması Filistin'in tarihî yapısını değiştirmiştir denilebilir. Çünkü Filistin bütün devirler boyu Akdeniz ile bağlantısını Caesaria denen bugünkü şehir-liman aracılığıyla kuruyordu. Haleb ve Şam'ın bağlantısının kurulması bir yana, asıl önemli yatırım Şam ile Medine arasındaki Hicaz demir yoludur. II. Abdülhamid döneminin bu mühendislik başarısı, bütçedeki düzenlemelerden çok İslam dünyasının her tarafından toplanan ianelere dayanır. Bu Osmanlı konsolosluk ağının bir başarısıdır. Saniyen inşaatta yabancı mühendisler, bilhassa başlangıçta kullanıldığı halde eğitimi çok daha eskiye uzanan olan Türk mühendisler kısa zamanda inşaatı ve teknik bilgiyi kavramışlardır. Bu sebeple Hicaz demir yolu yerli mühendisliğin de bir atılımı sayılmalıdır.

Hiç şüphesiz ki 19. asır boyunca Fransız, İngiliz, hatta Alman, Avusturyalı ve Rus misyoner okullarının yanında Amerikalıların Doğu Anadolu vilayetlerinin yanında Osmanlı Arab dünyasında da önemli eğitim kurumları kurdukları bir gerçektir. Hatta Beyrut, Amerikalıların sayesinde Fransız ve Anglo-Sakson kültürel kavgasının yaşandığı bir alandı. Amin Maalouf'un *Tanios Kayası* romanı köyün iki gencinin sadece onların devam edeceği okulu kim açacağı kavgasıdır.[114] Fransız mı yoksa Britanya misyonerleri mi? Ponsonby ve Fransız sefirinin çekişmesi diplomatik evraklara da yansımıştır. Bu nedenle II. Abdülhamid devrinde Türkçe eğitim veren oluşumlar, büyük vilayet merkezlerindeki sultaniler ve Şam'daki hukuk ve tıp mektebi gibi kurumların gerçekleştirilmesinin önemli bir atılım olduğunu unutmayalım. Birinci Dünya Savaşı sonunda, 1917 yılı içinde bütün bu havaliden çekildik ve o güne kadar son 30 yılın içinde yapılanlar çehreyi değiştirmiş, Türkçe ve Türk entelektüel hayatı

114 Amin Maalouf, *Tanios Kayası*, Yapı Kredi Yayınları, İstanbul, 2020.

kendini hissettirmeye başlamıştı. Şehirlerde beledi hizmetlerin geliştiğini, Haleb, Şam, Trablusşam, Hayfa, Kudüs, Yafa, Mezopotamya'da Bağdat, Basra ve Musul gibi kentlerde çehrenin değişim gösterdiğini parlamento üyesi Sir Mark Sykes gibi dikkatli gözlemciler ve birçok seyyah tekrarlar.[115] Birinci harbin yıkıcı ve ani sonucu Arab dünyasının bir kaos içinde yalnız kalmasına ve parçalanmasına neden olmuştur. Böyle bir netice olmasaydı daha mutedil ve dengeli bir gelişimin olacağı ve daha müttehid bir Arab dünyasının ortaya çıkacağı konusunda şüphe yoktu.

Birinci Dünya Savaşı'nın arifesinde Osmanlı İmparatorluğu'nun parçalanmasına karar verilmişti. İngiliz-Fransız blokunun bu havalide başka birini görmeye tahammülü yoktu. Hatta müttefiki oldukları Rusya'yı bile... Bolşevik Devrimi olmasa Rusya galipler arasında olacaktı. Ama Orta Doğu'da sadece kilise, manastır ve okullarıyla varlığını sürdüreceği anlaşılıyordu. İngiltere, Balfour Deklarasyonu ile Yahudi yurduna bir imkân tanıdı. Kolay yorum yapanlar, Orta Doğu'daki Yahudi varlığını İngiltere ile izah ediyorlar. Ancak Kayzer Almanya'sının Filistin'e Hıristiyan Alman ve Almanca konuşan Yahudi göçünü ne kadar desteklediğini kimse hesaba katmıyor. Galip taraf Almanya olsa ne değişecekti? Birinci Dünya Savaşı'nın sonundaki Yahudi yerleşimi kısa zamanda kültürel özerklik ve idari katılım isteyen bir tutumdan silahlı mücadeleci bir politikaya yöneldi. Ama asıl kuvvetini Avrupa'daki Nazi zulmünün yarattığı göçle edindiği açıktır. Hiç şüphesiz kesin yerleşmeye kararlı İsrail, kurulduğu günlerde Filistinlilere karşı acımasız davrandı. Bugün sorun çözülmez boyutlarda gelişiyor. 1967 Savaşı'nda işgal edilen topraklarda 1980'lerin başında bile Doğu Şeria'da 20-30 bin diye ifade edilen yerleşimciler bugün on misli artmıştır. Her artış karşı tarafta durdurulamaz tepkiler

115 Mark Sykes, *The Caliphs' Last Heritage: A Short History of the Turkish Empire*, Garnet Publishing, 2002.

yaratıyor. Böyle bir kavganın içine karışanın kendinden çok emin olması, güçlü olması ve stratejisinin tutarlı olması gerekir. Gerisi, sadece yangını körüklemektir.

Orta Doğu dünyasında, daha doğrusu Arabların iç zaafı Birinci Dünya Savaşı'nın sonunda suni olarak yaratılan siyasi coğrafyalarıdır. Emeviler devrindeki gibi müttehid bir imparatorluktan söz edilemez. Osmanlı devrindeki hadisesiz beraberlik de düşünülemez. Ancak Bayan Gertrude Bell gibi çok bilenlerin çok yanılacağı haritalar çizildi. Tarihte Irak yoktur. Irak, bir bölgenin dahi değil, ancak Orta Irak bölgesinin coğrafi adıdır. Haleb ile Şam'ın Suriye olması, Lübnan'ın ayrılığı uzun vadede belki rayına oturabilecek şeylerdir ama şu son 60-70 yılda sadece karışıklık yaratır. Ürdün'ün konumu ne olacak? Filistin ile ne kadar bağdaşacak? Ürdün denen ülkenin nüfus yapısı içinde Bedeviler ve Çerkesler var; Filistinlilere göre azınlıktalar ama asli unsur oldukları için azınlık olmaları çok fazla bir şey ifade etmiyor. Monarşi yavaş yavaş oturuyor ve benimseniyor. Filistinliler belki öbür Arab unsurlarla romantizmin ötesinde ciddi düzeyde bir gerilim içindeydiler. Ama 40 yıllık süreç içinde bütün dünyaya yayıldıkları, eğitim gördükleri, hem Orta Doğu'da hem de dış dünyada ciddi bir lobi oluşturdukları da bir gerçek... Orta Doğu'nun tarihi her gün yapısal bir değişim geçiriyor. Bunu yaşamak çok ıztırablı; ama gözlemek çok ilginç. İsrail bile 1950'lerin İsrail'i değil. Hatta bu kargaşanın kenarındaki İran ve Türkiye bile büyük değişimler geçirdi.

Değişen kuvvetler dengesi vakıa politik söylemlerdeki abartılarla uyumlu değil. Ama 1948-1958 dünyasının Arab âlemi bugünkünden çok farklı. Üretim ve sanayileşme büyümüş değil. Lâkin sorunlu ve hızlanan şehirleşme var. Bu şehirleşme mesela Türkiye'deki ve Hindistan'daki gibi bir üretim artışına ve yapısal değişikliğe dayanmayabilir. Ama ne olursa olsun şehirleşmenin kitleleri mobilize ettiği, yeni siyasal yapılanma ve örgütlenme biçimleri ortaya çıkardığı açık. Cemal Abdünnasır'ın kavga ettiği Seyyid Kutub ve İhvan-ı Müslimin (Müslüman Kardeşler), bugünkü Mısır rejimi ile de kavgalı, ama onlar da artık aynı Müslüman Kardeşler değil. Kısa bir süre iktidar olmaları sihirlerini azalttı. Mısır, konumuna daha uygun bir politika takip ediyordu; bu ona hem bir dünyaya açılım imkânı getirirken hem de geleneksel iç düşmanlar karşısında bir zaaf yaratıyordu. Neticede olanlar malûm; ama kimse Arab Baharı beklemesin ve rejimin askere dayalı temellerinin değişeceğini beklemek için de ortada bir neden yok. Suriye'de de eğer bir kan davası olmayacaksa, bu sefer muhtemelen ordunun öbür kanadının hâkim olması beklenmelidir. Nitekim İran, eski İran değil. Genelde totaliter denen çok insanın totaliter dediği rejimde bile bugünün İran seçimleri daha çok direnişçi ve siyasal meydan okumayı temsil edebiliyor. Şehir halkı sesli ya da sessiz bir direniş içinde… Türkiye ise çok farklı yerlerde... Üstelik İsrail kentsel periferideki kitlelerin siyasi ağırlık ve baskısını daha çok hissediyor. Bütün bu ağır yapılanma herkesin Orta Doğu'daki komplo teorileri söylemini ve sohbetini artırıyor. Ama o nispette de bunların çoğu zaman gerçekle örtüşmediğini ispatlıyor. Orta Doğu'ya müdahale ve denge oyunlarına girmek herhangi bir dış kuvvet için çok zor. Orta Doğu temenniler ve arzu edilir olgularla anlaşılıp müdahale edilecek bir dünya değil. Tedbirli olmak, olabileni konuşmak ve yapmak gerekiyor.

OSMANLI İMPARATORLĞU'NDA ARAB MİLLİYETÇİLİĞİ

Osmanlı İmparatorluğu 16. asra kadar bir Balkan İmparatorluğu olarak yaşadı. Arablar bu devletin uyruğu değildi ve o dönemler için Arab dünyasının ülke içi ve ülke dışı rolünden abartılı bir biçimde söz edemeyiz. İlk defa 18. asırdaki toprak kayıpları ve Avrupa dünyasından gelen baskılar nedeniyle, Osmanlı hükümdarları İslam'ın sözcülüğü ve halife unvanına titizlikle sarıldılar. Hilafetin vurgulandığı dönemde Arab dünyasında hilafet meselesi ve Arabların hukuku tartışılmaya başladı. Diğer taraftan bu bilinçli İslam'ın yanı başında, ulusçuluk düşüncesiyle örgütlenme ve hareket aşamasına geçilmekteydi. Ne var ki bu dönemde Arab ulusçuluğu hem düşüncenin doğuş ve yönlenişi, hem de örgütlenme yönünden Balkan ulusçuluklarıyla karşılaştırılamayacak düzeydeydi. Arab ulusculuğunun muhtevası Balkanlar ve Hegelyen Slav ulusculuğundan farklı bir muhtevaya sahipti. İslam dini ve misyonu Arab ulusçu zihniyetine ve siyasi hedefine yön veriyordu; hatta Hıristiyan Arab tarihçi ve düşünürleri de bu akımın içinde ve önünde yürüyorlardı. Lâkin barışçıl bir hareket halinde Birinci Dünya Savaşı'na ulaşıldı. 19. asırda seçkinler arasında bir Arab ulusu ve Arapçılık bilinci vardı, ama bu bilinç siyasal örgütlenme, siyasal eylem ve hele bağımsızlık isteği aşamasına ulaşmadan imparatorluk parçalandı ve Arablar imparatorluğun dışında kaldılar.

Arab vilayetleri 1830'larda Mehmet Ali Paşa'nın işgaline kadar Osmanlı idari bünyesinde, Balkanlara göre daha özerk bir statüye sahiptiler (Bu özerkliği hukukî statüsü olan, mahalli meclisler ve mahalli demokrasiye dayalı bir sistem olarak anlayamayız). Yerli hanedanlar yönetimde söz sahibi olmuş, tımar rejimi her yerde ve yaygın olarak uygulanmamıştı. Ancak Tanzimat döneminde merkeziyetçi reformlarla Arab vilayetleri; Trablusgarb (yani Libya), Şam, Haleb, Filistin, Lübnan, Irak (Musul, Bağdat, Basra) ve Lübnan sahilleri merkezî yönetim sistemine girmiş; Hicaz'da böyle bir uygulama yer almamış; Yemen'de ve hatta Trablusgarb'ta tepkilerle karşılanmıştı. Ardından 1840'larda Lübnan'da Maruni-Dürzi çatışması çıkıp beynelmilel müdahaleler bunu izleyince Cebel-i Lübnan için özerk bir statü hazırlanmıştı. Ancak bugünkü Hayfa ve Suriye'nin Lazkiye'sini (Trablusşam) ve Beyrut-Cünye, Sayda ve Sur halkını içeren Beyrut vilayeti tipik merkeziyetçi bir idare olarak Tanzimat reformlarını yaşamıştır. Arab vilayetlerinde 19. asırda meydana gelen bu yeni yönetim modeli bölgedeki sosyal ve ekonomik değişimle paralel biçimde yürüdüğünden, ideolojik yapıda da yeni oluşumların, yeni kültürel kalıpların geliştiği görülmektedir. Batı ekonomik sistemi, gelişen ulaşım ağı sayesinde ticari etkinliğini büyüttü. Bölgede endüstriye yönelik hammadde ve yarı-mamul madde üretimi arttı. Hatta Lübnan ve Suriye'de ipekli dokuma dalında gelişmeler görüldü. Mezopotamya'da Basra, Akdeniz'de Hayfa, Beyrut, Lâzkiye gibi iskeleler liman etkinliklerine kavuştular; ticari mübadele hacmi büyüdü. Batı'nın bölgedeki girişiminin ticaretle sınırlı olmadığı açıktır. Fransa çok önceden dinî-kültürel alanda etkindi. İngiltere ve Amerikan dinî misyonları hatta Rusya bunu izledi. 19. asır başlarında dinî misyonların ve yabancı eğitim kurumlarının sayısı artmıştı. Bu tür değişmeler Arab dünyasında klasik İslam'ın ideoloji birliğini sarsmaya başladı ve Arab dünyası 19. asırda Osmanlı yönetiminin hatırı sayılır karşı tedbirlerine rağmen imparatorluktan çözülme sürecine girdi.

Bunlara rağmen ilk önemli ayaklanma, Arab dünyasının kentsel ve tarım kesiminde değil; uzak çölde, Arab Yarımadası'nda görüldü. Hareket katiyen ulusçu değildi; dinî bir hareketti. 18. asrın sonunda Arab Yarımadası'nda mutaassıb bir içtihatlar bütünü olan Vahhabilik önemli rol oynuyordu. Tarikatın kurucusu *Abdülvahhab* daha çok 14. asır düşünürü olan İbn-i Teymiyye'den esinlenmiş görünüyor. Asr-ı saadetten (peygamber devri) sonraki her âdet ve kurumu ve daha çok otoriteyi *bid'at* diye reddediyordu. Bu daha çok çöl Arablığının içtimaî kültürel kurumları dışındaki her şeyin reddi demekti. Abdülvahhab, çölün en muhafazakâr ve başkaldıran unsuruyla, Suud kabilesiyle birleşti. *Suudiler* onun ölümünden sonra Vahhabiliği sürdürdü. 1806'da Emir Muhammed es-Suud Mekke'yi işgal etti. Bu hareket çok sonra Kavalalı Mehmed Ali Paşa'nın oğlu İbrahim Paşa sayesinde bastırıldı. Çöldeki bu olayı ve potansiyeli, sonraki gelişmeleri, özellikle Birinci Dünya Savaşı'ndaki Arab ayaklanmasını değerlendirebilmek için hatırda tutmak gerekir. Cevdet Paşa'nın tarihinde etraflıca betimlediği bu hareketin ve isyanın bir yanını kavramak için W. G. Palgrave'in *Arabistan'da Bir yıl (1862-1863)* çöl seyahatnamesini okumalıdır.[116] Palgrave, Osmanlı'yı tutan gruptandı.

Çağdaş boyuttaki Arab ulusçuluğu Mısır'da ilk ürünlerini verdi. Mehmed Ali Paşa, Mısır'da reformlarını uygulamaya başlayınca, bir grup öğrenciyi Avrupa'ya yolladı. Bunların içinde *Rıfat el-Tahtavi* (1801-73) Arab ulusçuluğunun öncüsü sayılmalıdır. Tahtavi daha çok Fransız eğitim sisteminin ve Fransa'daki sosyal kurumların etkisi altında kalmıştır ve Arab ulusunun eğitimdeki kalkınması ve yurttaş bilincine ulaşması için gerekli yöntemler üzerinde durmuştur. Ulusçuluğu bir

116 W. G. Palgrave, *Arabistan'da Bir Yıl (1862-1863)*, Lotus Yayınevi, 2015.

ayrılıkçılık değildi ve Osmanlı Devleti'nin İslam birliği ve bu birliğin gelişmesinde rolü ve toplayıcı kudreti olduğuna inananlardandı. Gene Mağrib'te, Tunus'ta ortaya çıkan ve Osmanlı bürokrasisinde en yüksek yere (sadarete) ulaşan *Tunuslu Hayreddin* (*Paşa*) de bu tür düşüncelere sahip ve modernleşmeci İslam'ın çerçevesi içinde değerlendirilmesi gereken bir kişiliktir. Osmanlı İmparatorluğu'nun son devrinde bilhassa II. Abdülhamid yönetiminde liberal tavrıyla padişahla çatışan bir sadrazamdı. Arab ulusunun gelişmesi İslam ve Osmanlılık sayesinde mümkündür. Gerek imparatorluğun gerekse İslam'ın modern bir uygarlık ve kültür atılımı içinde yeni bir yorumu ve başarısı, Osmanlılığın sağlayacağı birlikle mümkündü. Tunuslu Hayreddin Paşa, sonraki politik kariyerinde de görüldüğü üzere, özgürlükler ve anayasal kurumların bu gelişme için gereği üzerinde durmuştu. Fakat Genç Osmanlılardan farklı olarak, Halife Sultan'ın otorite ve birliği sağlayan kişiliğinin zedelenmesi taraftarı değildi. Bununla beraber belirttiğimiz gibi padişahın aşırı merkeziyetçi ve Bab-ı Âli'ye fırsat vermeyen tavır ve görüşüyle bağdaşamazdı. Sultan II. Abdülhamid bu dönemde Arabların bu tip eğilimlerine karşı tepkisiz kalmadı. Bürokrasinin genç üyeleri arasında onlara yer verdi. İlk başta liberal eğilimli Arab gençler de bürokraside tırmandı. Tunuslu Hayreddin (Çerkes asıllıydı) bu gençlerdendi, fakat tıpkı Türk ve Arnavut meslektaş ve fikirdaşları gibi sahneden elendiler. Yerlerini kendi yönetimine daha sadık olanlar aldı. *Arab İzzet Paşa* ve *Melhameler* bu ikinci gruptandır. II. Abdülhamid döneminin görünüşte çok saygı gösterilen fakat Yıldız çevrelerinin aynı zamanda ihtiyatla bir kenara ittiği ideolog *Cemaleddin Afgani* dönem içinde Arab ulusçuluğunu etkileyen ve ona çehre kazandıranların başında gelir.

Britanya'nın Mısır'daki egemenliğine karşı fikir hareketi başlatan çevreler *Muhammed Abduh* ve *Saad Zağlul* ondan çok etkilenmiştir (Her şeye rağmen Mısır'daki Arab ulusçuluğu ve hareketi Osmanlı İmparatorluğu'ndan farklı boyutlarda gelişti ve örneğin *Urabi Paşa Hareketi* gibi olayları bu yazının dışında tutmak zorundayız). Abduh'a göre, İslam artık bir din olmaktan çok, bir medeniyet ve çağdaş dünyanın arayışlarına cevap verecek bir düşünce ve hareket olarak düşünülmeliydi. Abduh'un bu Afganîvari modern İslamcılığı benimsemesine rağmen, Afganî'den farklı bir yönü vardı: İslam'ın asıl sahip ve öncüsü olarak Arabları görüyordu. Bu, modern Arab ulusçuluğu için önemli bir boyuttu. Muhammed Abduh, örneğin, Osmanlı yönetimindeki Suriye'de bürokrasinin ve ordunun Türklerden oluşması, dilin Türkçe olması ve eğitimin de Türkçe olarak düzenlenmesinden şikâyet etmektedir. Onun Suriyeli izleyicisi *Raşid Rîda* (1856-1935) Mısır'a geçmiş ve çıkarttığı *El Manar* (Aydınlık) gazetesinde aynı fikirleri yaymıştır. Rîda'ya göre; tarihte Arablık fütuhat ve medeniyetle İslam'ı yayan ve yerleştiren bir unsurdur. Türkler ise fetihlerine rağmen, İslam'ın kuvvetlenmesini ve yerleşmesini sağlayamamışlardır. Hatta öyle ki İslam'ın gerilemesine neden olan bir unsur olmuşlardır. Bu görüşün Türkler ve Hind Müslümanları arasında yaygınlaşan, "İslam'ın Türkler sayesinde geliştiği" tezinin tam tersi olduğu açıktır. Buna rağmen Rîda'nın Osmanlı hâkimiyeti ve birliğini parçalamak gibi bir görüşü yoktur. Gene Suriyeli modernist İslamist *Abdurrahman Kevâkibî* (1849-1902) benzer görüşleri savunur. Kevâkibî bütün Arab dünyasını gezen politikacı bir düşünürdü. O da Sünnî bir Müslüman'dı. Rîda'nın Vahhabîliğe yakın fikirleri vardı ve dinî liderliğin Arablara verilmesi taraftarıydı. Buna rağmen ikisi de Arab dünyasının yakın gelecekte üstün ve öncü bir siyasi misyon yüklenemeyeceğinin bilincindeydiler ve Osmanlı'nın devamından yanaydılar.

Müslüman Arab düşünürlerindeki bu ortak boyut Hıristiyan Arablar tarafından da paylaşılmaktaydı. *Butrus el-Bustani* 1861'de Suriye'de kurduğu ilim akademisine (El-Camiyya el-İlmiyye es-Suriyye) Âli ve Fuad paşalar gibi devlet ricali, daha doğrusu Tanzimat'ın aydın bürokratlarını da üye yaparken böyle bir strateji izliyordu. 19. yüzyılın ikinci yarısı ve 20. yüzyılın başlarında Arab dünyasındaki kentlerin gelişimi ve maddi zenginleşme açıktı. Ona göre Osmanlı birliği Arabların da birliğini sağlayacak, onların kültürel ve içtimaî gelişmesine yol verecek tek unsurdu. Bu sayede Arab dili de eğitimde kullanılabilecek ve Arab dili ve imlasının yanı sıra Arab kültürü de bu birlik içinde gelişebilecekti. Siyasi kalkınma için de bu gerekliydi. Aslında yabancı eğitim kurumlarında (örneğin Syrian Protestant College ve Fransız Cizvit Koleji gibi) okuyan bu Hıristiyan Arablar; Arab tarihi, kültürü ve diliyle ilgili araştırmalarda oldukça olgun bir düzeye ulaşmışlardı. Hıristiyan Arablar, İslam tarihi ve kültürünü Arab tarih ve kültürü olarak yorumlayan eserler verdiler (Kuşkusuz bu bir abartmadır). Bu düşünceler Arabların seçkin medeniyete büyük katkılar yapan ve yapacak olan bir ulus olduğu yönündeydi. Osmanlı yönetiminde Arabların daha çok söz sahibi olması, Arabçanın eğitim dili yapılması doğrultusunda istekleri vardı. Bu istekler, aynı zamanda, liberal bir düşünce ve anayasal kurumların gerçekleştirilmesi üzerinde yoğunlaşıyordu. Şüphesiz İranlı ve Türklerin yaygın ve kalabalık bir unsur olduğunu dikkate almalıyız. Arab aydınları Farsça bilmez ve Türkçeyi tesadüfen bilir. Onun için Arab okumuş sınıfı (literati) 19. yüzyılda eğitim ve bürokrasi yoluyla Türkçeye kazandırılmaya dikkat edildi. Arabçayı iyi bilen Osmanlı müçtehid mollalar ise Arab alemini küçümsemeye devam ettiler. Haklı oldukları cihet var; İslam medeniyeti dediğimiz camia içinde Fars kökenli alim, şair ve düşünürler kalabalıktır. Hatta Orta Asya Türklüğünün 12-13. asırlardaki medeniyet dili de Farsça olmaya başlamıştır. İşte bu noktada Hamidiye rejimi liberal Arab ulusçuluğuyla, tüm İslamcı niteliğine rağmen, uzlaşmazlığa düştü ve Yıldız Sarayı'nın izlettiği Arab milliyetçiliği de buydu. Fakat II. Abdülhamid diğer yandan bürokraside, hem de hükûmet merkezinde ve vilayetlerde en çok Arab memur istihdam eden bir hükümdar olarak karşıt bir grup oluşturuyordu. Kaldı ki resmî Yıldız İslamcılığı da öncü ve üstün rolü Türklere yüklemekteydi. Bir hususu belirtmeliyiz; bürokraside Rumeli Makedonya'sında Süryani hakim, Ermeni memur veya Yahudiye hatta Suriye'de Samaryalı denen (Samaritan) Yahudi memurların istihdamına rastlanıyordu. Bir bakıma mülki ve askeri bürokraside en çok Hamidiye devrinde yayıldı, fakat Tanzimatta bu eğitim başlamıştı. Özellikle Said Paşa'da bu tavır açıkça görülür. Hamidiye yönetiminin Arab düşünür ve aydınlarıyla arasının açılması, Midhat Paşa gibi uzlaştırıcı bir devlet adamının idareden uzaklaştırılmasına rağmen Hamidiye yönetimi ve sansürü Arablar üzerinde Türklerin üzerinde olduğu kadar etkili olamamıştır. Mısır'da basılan her şey kolayca ülkeye sokulup dağıtılabilmekteydi. Arab ulusçuluğu bu dönemde federalist bile değildi. Ancak Arab dilinin kabulü yönündeki istekler de Osmanlı yönetimince dikkate alınmadı ve tam tersine Türk dili, artan sayıdaki okullarla birlikte daha fazla ve daha yoğun bir şekilde Arab gençliğine okutturuldu. Üstelik merkeziyetçi yönetimde yer alan Arab seçkinleri ancak istişari ve daha çok yönetimi tasdikçi bir işlev seçmek zorunda bırakıldılar. Aslında bürokraside görevlendirerek Arab seçkinlerini eritmek başarılı bir yol olabilirdi. Ne var ki, gerek İstanbul'da kurulan *Aşiret Mekteb-i Hümayunu,* gerek *Galatasaray*, gerekse *Mekteb-i Mülkiye*'deki özel sınıflara sadece Arab eşrafının seçkin çocukları değil, hatta daha çok orta ve alt sınıflardan gençler getirildi (Mekteb-i Mülkiye'de 1901 ve 1907 arası yüz altmış yedi Arab genci okumuştu).

Bir yandan Hicaz demir yoluyla doruğuna çıkan bayındırlık faaliyeti, öte yandan Filistin'deki Siyonist kolonizasyon Arabların dikkatini Türkler üzerinden başka noktalara çekmekteydi. Yabancı eğitim kurumlarına rağmen bir de Türk mektepleri artıyordu. Sadece Haleb'de bir idadi, yirmi rüşdiye; Şam'da bir idadi, üç rüşdiye 1880'lerde faaliyetteydi. Şam'da Tıp Mektebi ve Beyrut'ta Hukuk Mektebi kurulması önemli bir başlangıçtır. Bu sayı Birinci Dünya Savaşı başında yüzü aştı. Basın organlarında, etkin dil Arapça ve Fransızca olmasına rağmen, altı civarında Türkçe resmî gazete vardı. Bundan başka resmî basınla propaganda dışında, dinî liderler de kazanılmıştı. Halebli *Rufaî Şeyhi Ebu'l Huda* bunların başında geliyordu. İmparatorluğun sonunda Türkçeye dayalı önemli bir kültürel miras bırakılmıştı. Şu kadarını belirtmek gerekir: Hamidiye döneminde Arab ulusçuluğu ve resmî Osmanlı merkeziyetçiliği bir uyum içindeydi. Ancak bu uyumun da yakın gelecekteki patlamayı içinde barındırdığı açıktı. İttihat ve Terakki ilk başta bütün unsurlar gibi Arablarla da iyi geçinme yolunu seçti. Meşrutiyetin ilk yılında Arablarla İttihatçılar arasında Arab-Osmanlı kardeşliği komitesi kuruldu. Ancak bu kurul çabuk çözülecek ve İttihatçılarla Arab liderler karşı karşıya gelecektir. Tek istisna, halen İttihat ve Terakki'ye sempati besleyen Canbulad ailesi ve Lübnan Dürzîleridir. İkinci Meşrutiyet'te federalist bir yapıyı amaçlayan ve artık bir programı olan ulusçu Arab örgütleriyle Arab siyasal yaşamı yeni bir aşamaya girdi; ancak bunlar Balkan ulusçuluğu gibi etkin ve yaygın bir karakter gösteremiyorlardı. Örgütlenme ve faaliyet biçimi sadece farklı değil, aynı zamanda zayıftı. Arab örgütleri içinde *Aziz el-Mısri*'nin önderliğindeki *El Kahtaniyye* ve 1911'de Paris'te oluşan *El Fatat* en önemlilerindendir. İttihatçılar Arablarla iyi geçinmek için özellikle El Kahtaniyye'ye yakınlık gösterdiler. Başkentte ve başka yerlerde sürgünde bulunan Arab aydın ve kabile liderlerini affettirip Mekke'ye geri gönderdiler. El Kahtaniyye grubu Avusturya-Macaristan modelini izleyerek bir çifte monarşi istiyordu. İşte bu proje hiç kabul görmemişti. İttihatçılar komiteyi yıkıcı ve kanun dışı ilan ettiler ve Aziz el-Mısrî ile arkadaşları daha 1912'de Kahire'ye iltica etmek zorunda kaldılar. Bu sıralarda faaliyette olan

El Fatat da 1913'te Paris'te bir Millî Arab Kongresi topladı. İttihatçılar kongreyi etkisiz hale getirmek için anlaşma yolunu seçtiler ve bir temsilci grup gönderdiler. Anlaşma Arabların lehineydi. Buna göre; Arabçanın resmî dil olması, Arabların askerlik ve memuriyette belirli bir oranda istihdamı ve özellikle Arab vilayetlerinde Arabların memur olması (bizzat beş tane vilayeti Arab valiler yönetecekti), bundan başka Osmanlı kabinesinde en az üç tane Arab nazır bulunması gibi esaslar üzerinde anlaşıldı. Kuşkusuz kongre sonunda İttihatçılar bu kararları uygulama konusunda hiçbir girişimde bulunmadı ve unuttular. İttihad ve Terakki'nin Arab politikası aslında Turancılık gibi akımlardan çok, bu gibi acemice politik manevralar yüzünden çıkmaza girmiştir. Fakat her şeye rağmen Arab unsurun imparatorluğun son günlerine kadar, Lawrence'ın kışkırtıp yönelttiği Hicaz'daki ayaklanma dışında silahlı ve bağımsızlıkçı direnişe geçmediğini belirtmek gerekir.

Burada şu noktayı da hatırlamalıyız. Zayıf tarihi hafıza Arabların Birinci Büyük Savaş'ta Lawrence öncülüğündeki Şerif Hüseyin'in hükümdarlığını hedefleyen ayaklanmasını genelleyip Arab-Osmanlı dünyasını tersim (designe) etmektedir. Oysa Büyük Ürdün, Filistin ve Suriye bu harekete katılmadı. Kût'ül-Amâre'de Arablar şehir ve bölgelerinde Britanya ve Şerife destek vermek bir yana, Türk kuvvetleriyle ilişki içindeydi. Yemen ayaklanmasından sonra imamın kuvvetleri İzzet Paşa ile bir muahede ve anlaşma yapılmştı. Bu nedenle savaş sırasındaki İtalyan kışkırtmasını reddederek Türk imparatorluğunda kalmayı tercih ettiler. Trablusgarb'ta (Libya) direniş devam etti. Hatta orada kalan Şehzade Fuad Efendi bir müddet kuvvetleri örgütlemeye devam etti. Mısır'da ve bütün Mağrip'te Türklerin manen desteklendikleri görülüyor. Mısır sakindi, fakat Mağrip öyle değildi. Artık yarımadadaki gergin bir isyan söz konusu değildir. Ama Şerif Hüseyin hareketinin tabiatı açıktı, hayali büyüktü ve çıkmaza girmesi de kaçınılmaz tarihsel yolu oldu.

FİLİSTİN

Filistin tarihî bir isim gibi görünüyor; nitekim öyledir de. Tarihte Filistenler diye bir kavim var. Bunun, büyük ölçüde, batıdan gelen deniz kavimlerinden, Palasilerden olduğu açıktır. Fakat bu Palasilerin, Filistin denilen bölgeye yerleştiği de aşikâr olmasına rağmen bunların Filistin'i ne ölçüde oluşturdukları, oraya ne kadar hâkim oldukları tartışmalıdır.

Filistin toprağı, çok açıktır ki miladın 8 bin yıl öncesinden beri yerleşimin olduğu bir toprak... Hatta bu, yazıdan öncesine de gidiyor. Orta Doğu toprağı, tarihin bilinen en eski zamanlarından, yani ezelden, İngilizlerin tabiriyle *from the time immemorial*, "hatırlanmayan zamanlardan beri" uygarlığın göründüğü yerler. Nihayet, bildiğimiz tarihsel çağlar, İslamiyet'in ilk zamanlarında Emeviyye devrindeki enteresan kültürel geçişi hatırlayalım. Diller, mesela çoğunluğun dili olan Aramca, Arapçaya dönüşüyor. Mısır'da aynı grupta Kobt dili yavaş yavaş yerini Arapçaya bırakıyor. Bundan başka maddi kültürel dönüşüme bir örnek; Halife Hışam'ın Jericho'daki (Eriha) sarayında; Bizans ve Roma döneminin heykellerini, mozaiklerini, hatta nü resimlerini bulabiliyoruz. Sasanî kalıntıları dahası klasik İslam devrinden sonra nihayet Memlûklar ve Osmanlılar... Memluklar bu bölgede, 13. asırda Ayn-ı Callut Savaşı'nda İlhanlı Moğol ordusunun hücumunu durdurmuşlar. Dolayısıyla Orta Doğu'nun uzun tarihinin son altı asrını teşkil eden; özellikle Memluklulardan sonra Osmanlılar dönemi de bir sulh u sükun devri olarak geçmiştir. Arada "Mısır'ın kısa dönem fatihi" olan Napolyon'un -o zamanki tabiriyle General Bonaparte'ın- Akka'da, yerel ayanlardan sayılan Cezzar Ahmet Paşa tarafından püskürtülüşü var ki bu, Bonaparte'a karşı önemli bir koalisyonun büyük başarılarından biri sayılır. Ardından Mısır valisi Mehmet Ali Paşa ve onun oğlu İbrahim Paşa'nın bu bölgeyi tekrardan bir süre için Osmanlı'nın elinden alması var. Halk hakimiyetinden pek memnun olmamış bundan. II. Mahmud'tan itibaren de bu bölgenin daha sıkı bir şekilde merkeze rabtedildiği görülüyor.

Filistin ismi, çok açık belirtelim, Memluklular devrinde de, Osmanlılar devrinde de kullanılmamıştır. Buraya genellikle Bilad-ı Şam, yani Avrupa tabiriyle *Great Syria* deniliyor. Suriye tabii ki coğrafya bakımından bugünkü Suriye değil; daha geniş bir bölge. Roma devrinde böyleydi. Filistin ismi de Osmanlı yönetimi yıkıldıktan sonra yeni gelen Britanya idaresinin verdiği, tarihî coğrafyayla ne kadar bağdaştığı belli olmayan bir isim... Ama şurası bir gerçek ki bugünkü İsrail ve işgal altındaki Batı Şeria ve Gazze ve hatta Golan Tepeleri'nin bir kısmı; kullanılan dil, dinlerin haritası, hatta muhtelif etnik grupların bileşimi bakımından çok özgün bir bölge... İşte bu Filistin'de bugün kaynayan bir kazan var. Bunun üzerinde durmamız gerekiyor.

Yavuz Sultan Selim Han Maraş'tan başlayarak ta Kahire'ye ulaştığı bir sene içinde, yani 1516 Mercidabık ve 1517 Ridaniye arasında bu bölgeyi almış. Bu yıldırım savaşını yöneten bu ünlü mareşal Osmanlı padişahı Yavuz Sultan Selim Han'ın halefleri de bu bölgeyi idare etmişler. Hatta Anadolu ve Rumeli'den daha gevşek bir tımar sistemi olmasına rağmen vakıfların geniş ölçüde yayılmasıyla dört asır burada kalmış Osmanlı... Birinci Dünya Savaşı'nda, 1917 ve 1918'de elden çıkmıştır Filistin.[117] Ondan sonra Doğu Arab ülkelerinin, yani Maşrık dünyasının İngiltere ve Fransa'nın bölüşümü arasında trajik kaderi bugünlere kadar gelmiştir.

Bu bölgede Yahudiler var mıydı? Elbette ki vardı. İsrail denen Filistin'in bir kısmı, Yahudi ırkının anavatanıdır. Ne var ki tarihin muhtelif zamanlarında Yahudi ırkı buralardan sürülmüş, başka yerlere yerleşmiştir. Bu sürgün hayatını, tarihî bilgi ve deliller kadar menkıbeler de kendine göre anlatmaktadır. Ama çok açık bir pasaj daha vardır; bilhassa M.S. 70'te, İmparator Titus zamanında mabedin tekrardan yıkılması -ikinci mabed yıkımı sayılır- ve bu olay Yahudi kavminin etrafa sürülmesi ile birleşir. Çok az Yahudi, Galilea ve Judea denilen kısımda kalmıştır, Yahudilik etrafa dağılmıştır. Bu dağılmadan evvel de Yahudi kavmi Akdeniz'in muhtelif yerlerinde, mesela 330'larda İskenderiye'de, tabii Anadolu şehirlerinde de bulunmuştur. Mesela Miletos'ta bir tiyatroda oturak yerinde, taşın üzerinde "Iudeon Simeon" yazıyor; paralı bir Yahudi tıpkı bugün Avrupa operaları ve tiyatrolarında olduğu gibi abone olmuş. Demek ki Yahudiler bütün şehirlerde zengin-fakir koloniler halinde yaşıyorlardı. Aslında St. Paul'un yaydığı Hıristiyanlığın tebliği (propagandası) doğrudan doğruya Yahudi cemaatlerinde ve onların her yerdeki sinagoglarında propagandası yapılmıştır. Çünkü St. Paul, bir haham olarak bütün yetişkin Yahudi erkekleri gibi sinagoglara girip konuşma özgürlüğüne sahipti. Hıristiyanlık ön planda Yahudilerin olduğu yerde tutunmuştur. İslam fetihleri başladığı zaman -ki bu Hz. Ömer devrindedir- Filistin ve Mısır aşağı yukarı paralel zamanlarda fethedilmiştir. Her ikisinde de komutan Amr ibnü'l-As'tır. Arablar geldiği zaman bu bölgede, çok ilginçtir ki Arabça çok az yerlerde adalar

117 Osmanlı döneminde Filistin'in içinde bir Kudüs-ü Şerif Sancağı var (Roma devri Yudea'sı) Hayfa Beyrut vilayetine bağlı tıpkı Sayda gibi. İsrail'in kuzeyi, yani Roma Galilea'sı Hayfa ve Sayda idi. Şam Vilayeti 19. asırda Suriye'ydi, fakat Kuzey Suriye, geniş Haleb Vilayeti olarak aynıydı.

halinde, çölde konuşuluyordu; yaygın dil ise bir Sami dil olan Aramca idi. Yahudilerin kendi dili olan İbranca ise artık ön planda; dua kitaplarında ve sinagoglarda yaşıyordu. Mısır'da ise henüz Kobt dili (Kıbtî) hakimdi.

Peki Aramcanın Arapçaya dönüşümü nasıl oldu? Hiç karanlık bir olay değil. İkisi de birbirine yakın, Sami diller ve benzeşen pek çok özellikleri var. İbranca ve Aramca çok benzeştiği için M.Ö. 2. asırda bütün bir bölgede İbranca günlük kullanımda gerilemiş, diğer dillerden Keldani dili de epey gerilemiş ve yerini Aramca almıştı. Şimdi de Aramca'nın yerini Arapça alıyordu. Bugün artık Suriye'de tamamen ortadan kalksa bile yer yer Aramca konuşulan küçük köyler vardı. Bunlar bizim ülkemizde de mevcuttu. Bu yerleşmelerdeki Aramca bilhassa İkinci Dünya Savaşı'ndan sonra yavaş yavaş silindi; sebep de bu dili konuşan Yahudilerin İsrail'e göç etmesidir.[118] İslam fütuhatından sonra ilginç bir dönem içindeyiz; Arabça İslam'la birlikte bu bölgeye yayılıyor ve karşımıza daha evvelden Musevilerin, sonra Hıristiyan cemaatlerin yaşadığı ve nihayet Müslümanlaşan bir bölge çıkıyor. Filistin'in 17. ve 18. asırlardaki yapısı çok açıktır. Bu ülkede muhtelif diller; en başta Arapça, çok az da İspanya'dan göç edip gelen Sefarad Yahudilerin dilleri hâkim. 19. yüzyılda yeni bir unsur ortaya çıkıyor; Doğu Avrupa'dan gelen Yahudiler. Bunlar bilhassa Rusya İmparatorluğu'nda -ki o zaman Polonya'nın doğusu da Rusya'nın elindeydi- ve Orta Avrupa'da gördükleri itilip kakılmadan dolayı kurtuluşu İsrail'de görenler... Yani geleneksel inançları "gelecek yıl Jerusalem'de buluşalım" neşidesini takip ederek geliyorlar. Bu gelenler ilk başta belki çok büyük zorluklarla karşılaşmadılar ama zamanla bölgedeki Arabların itirazıyla birlikte Osmanlı hükûmeti vaziyete el koydu. Çok ilginç bir şekilde

118 Mülteci Alman Profesör Helmut Ritter'in *Ṭūrōyo. Die Volkssprache der syrischen Christen des Ṭūr ʿAbdīn. A: Texte* başlıklı çoğaltılmış Aramca gramer ve vokabüler monografisi İstanbul Deutsche Orient Enstitüsünde basıldı.

Rusya'dan gelenlerin göçü durduruldu. Bu sefer ne yaptılar? Amerikalı olarak geldiler. Kudüs'ün ABD konsolosu olan Salah Merril'in bu konuda çok büyük rolü olmuştur. İşin daha da ilginci; müttefikimiz olmaya başlayan Almanya ve onun Baron Rosen ve Alten gibi konsolosları buradaki Alman Yahudi göçünü, Yidiş dilini konuşanları, Alman kültürüne yakın olanları teşvik ediyorlardı. Filistin topraklarına sadece Almanca konuşan Yahudiler değil, bizatihi Hıristiyan Almanlar (Templer) da göç ediyordu. Hayfa'dan güneye kadar uzanan, Emek Rafaim, Walhalla (Yafa civarı), Sarona, Neuhartdthof (Hayfa civarı) gibi birtakım koloniler vardır. Hatta Türk idaresinin kurduğu Beerşeba'nın (Birüssebi) civarında bile bu tip yerleşmeler vardır ve böylelikle Filistin modern zamanlarda da çok-dilli bir coğrafya olmaya devam etti. Bu çok-dilli coğrafyanın içine nihayet 1878 Rus-Türk Savaşı'ndan sonra Dobruca ve Bulgaristan'dan kopup göç etmek zorunda kalan Çerkesler de katıldılar. Bazı Çerkes köyleri ve Rusya'dan atılan kabileler de Filistin'e yerleşti. Falih Rıfkı Atay'ın "Söğüt ağacı Filistin'e Çerkeslerle gelmiştir, Çerkes köyleri burada söğüt ağaçlarından tanınır" gibi bir cümlesi vardır.[119] Hakikaten Filistin artık çok-halklı olmaya başlamıştı. İdarenin göçü önlemesi, dengeyi sağlamasına rağmen her zaman bir yan yol bulunuyordu. Filistin topraklarında II. Abdülhamid Han, bu sınırsız göçü önleyen bir hükümdar olarak elan kutsanır; fakat öte yandan göçün bu zaman başladığı da bilinir. Birlikte 2,5 milyon Yahudi, Rusya imparatorluk topraklarını terk etmişti. Bunların hemen hepsi ABD, Kanada, Güney Amerika gibi yerlere göç etmişlerdir; en başta Filistin'e gelip yerleşeni 30-40 bini geçmiyordu. Ne zaman ki Avrupa Alman Nazizmi denen zulüm ve katliam dönemine girdi, buraya göç edenlerin sayısında da artış başladı. Her şeye rağmen Birinci Dünya Savaşı'ndan

119 Falih Rıfkı Atay, *Zeytindağı*, Pozitif Yayınları, İstanbul, 2013.

sonra Birleşmiş Milletler'in yaptığı taksimatta bugünkü İsrail'in yarısı bile Yahudilere ait değildi. Bu nereden başladı? Birinci Dünya Savaşı'nda Yahudi ulusu aslında her iki tarafa da müzahir gibi görünmesine rağmen, geleceğin Britanya'da olduğunu anlamıştı. Nitekim Lord Balfour, savaşın hemen ertesinde İsrail'de bir *Jewish home* yani "Yahudi ocağı-yurdu" kurulacağını vadetti. Şüphesiz bu bir Yahudi bağımsızlığı değildi. Zaten Osmanlı zamanında göç edenler de henüz bunu istemiyorlardı; kültürel otonomiye iştirak istiyorlardı. Ama gelişen hadiseler ve dış dünyanın itisiyle vadedilen *Jewish home* giderek kuvveden fiile evrildi. Sonra Yahudiler de silahlanmaya başladılar (özellikle Rusya'dan gelen şair düşünür Vladimir Jabotinsky bu radikalizmi temsil eder) ve olaylar bir iç çatışmayı, ardından da İsrail'in 1948'de ilanından sonra Arab devletleriyle Yahudiler arasındaki bir savaşı getirdi.

Vladimir Jabotinsky ilk silahlı mücadeleyi başlatan Yahudi olmasıyla dikkatleri üzerine çekiyor. Bugün Tel-Aviv'de bir Jabotinsky Caddesi var. Bir de Lichtheim Caddesi var. Lichtheim da bir Alman Yahudisi... Rus Yahudisi olan Jacobson'la birlikte İstanbul'da Siyonist temsilcisi olarak bulundular. Güya Siyonist Banka'nın (Anglo-Levantine Banking Company) yöneticisiydiler ama bankacılıktan çok siyasetçilik yaptıkları da bir gerçekti. Yalnız Osmanlı Yahudilerinin Siyonizm'e çok yüz vermedikleri de aşikâr. Bu onların havsalası ve siyasi programı dışında kalmış. Bittabi, Osmanlı Yahudilerinin çok önemli bir özelliği daha var; Batı'dan gelen milliyetçiliğe yüz vermedikleri görülüyor. O zaman bunu Hıristiyan bir doktrin olarak gördükleri için vaziyet alıyorlar. Bu uzun süre devam etmiştir. 19. asırda Theodor Herzl ve arkadaşları tarafından daha çok Almanca konuşulan bölgede ortaya çıkarılıp Rusça konuşulan bölgede asıl dinamik karakterini bulan Siyonizm'i ilk elde birçok Yahudinin benimsemediği açıktır.

Ben Gurion ve arkadaşları ki İzak Ben-Zvi daha sonra cumhurbaşkanı olmuştur, sosyalist, laik insanlardı, dinle imanla ne kadar alakaları var; tartışılır. Daha ziyade kimliği benimseyen ve Sionist devlet için temel alan siyaset insanlarıydı.

Bir kimlik olarak önemle üzerinde duruyorlar ama bazı Yahudilerin Siyonistlerle de ilgisi yok. Bunlar ya çok dindar oluyorlar veya Şark hahamından dolayı Batı'dan gelen modern Yahudilik akımlarına bile ihtiyatla bakıyorlar. Mesela İttihatçıların hahambaşısını (Hayim Nahum) Siyonistler hiçbir şekilde sevmemiş. Lichtheim hahambaşı Naumun bu tutumundan dolayı, aprilnar diye niteliyor. Mesela Ben Gurion, İttihatçı mebus Emmanuel Karasso'yu da hiç sevmiyor; burada bir mücadeleleri var.

II. Abdülhamid'in tuttuğu hahambaşı Moşe Levi'dir. Ondan sonra İttihatçıların getirdiği hahambaşıyı Osmanlı Yahudileri ekseriyetle benimsemiyorlar. Tabii Troçki gibi benimsenmeyen başka Yahudiler de var. Keza Marx da öyle. Onlar artık Yahudi kavminin düşmanları şeklinde mütalaa ediliyorlar.

1948'de İsrail'in kuruluşu ilan edildi. İngiltere çekiliyor, çekildiğini açıklamadan bir gün evvel, o boşlukta Ben Gurion devleti Tel-Aviv'de ilan ediyor. Bunun arkasından gelen; Arab devletleri, başta Ürdün Krallığı ve Mısır başta olmak üzere İsrail ile savaşa giriştiler. Çok hazırlıksız, donanımsız, bağımsızlığı olan ama çoğunun ordusu iyi eğitilmemiş Arab devletleri... Beş cephede savaş sürdürülüyor ama İsrail'in savaş eğitimi var, onların ise yoktu; isterse on cephe olsun, İsrail savaşmaya hazırdı. Bir vakit sonra İsrail kuvvetleri üstün duruma geçti, bu arada geçmişte İngiliz ordusunda görev yapmış olan John Bagot Glubb Paşa Ürdün ordusunu eğitiyordu. Onun raporunda çok enteresan bir nokta var; "Bunlara önce saldırgan olmayı öğretmeliyim" diyor. O kadar sulhsever bir yapıları var ki... Peki savaşçı olanlar kimlerdi? Bedeviler... Ama Bedeviler kendilerine göre bir savaş, bir ideal belirlemişlerdir, onları düzenli bir ordu savaşına alamazsınız, bu sebeple Arab dünyasının durumu çok zordu.

Başlangıçta hiç kimsenin beklemediği bir biçimde Siyonist devlet beş cephede başarılı oluyor ve devlet varlığını sürdürüyor. Sürdürüyor ve sonra girdiği yerleri de terk ediyor. Hangi bölgeler bunlar? Kudüs; Kudüs'ü böldüler. Surların içi, Alaeddin Caddesi ve tabii ki Zeytindağı bölgesi Arabların elindeydi, Ürdün'ündü. Buna karşılık Roma'dan beri Scopus Dağı (Mount Scopus) dediğimiz tepeyi ellerinde tuttular (bir zamanlar oranın ucunda da Cemal Paşa'nın karargâhı vardı). Etraf tepeler de İsrail'in elindeydi. Scopus Dağı ayrı bir bölgeydi ve Birleşmiş Milletler birkaç haftada bir oradakileri konvoyla Kudüs'e götürüp getiriyorlardı. Yani sabah akşam evden işe gitme dertleri yoktu. Bu arada da mesela Scopus Dağı'ndaki üniversitede (Kudüs İbrani Üniversitesi) yazma kitapları daha içerideki emin bölgeye (Kudüs Üniversitesi Kampüsü) taşımışlardı. Çünkü Siyonistlerin kurduğu bugünkü İbrani Üniversitesi'nin bir bölümü de Eski Kudüs'te yapılmıştı. Bu ilginç bir görünümdür; Yeni Kudüs'te Osmanlı idaresinin modernizasyonunu görüyorsunuz; belediye binasını, mutasarrıflık binasını, birtakım başka tesisleri... Eski Kudüs ise bildiğimiz eski Kudüs; Hıristiyanlığı, Müslümanlığı ve eski Yahudi devletinin kalıntılarını barındıran şehir.

Şehrin etrafındaki karakollarda da Alman mimarisi göze çarpıyor. Tabii, orada Alman kolonizasyonu, Osmanlı modernleşmesi mevcut. Bilmediğimiz bir şey var. 19. asır boyunca bilhassa II. Abdülhamid ve çok kısa da olsa İttihat Terakki döneminde Arab ülkeleri kaydadeğer bir modernleşme geçiriyorlardı. Hatta bu modernleşme Anadolu'dakinden daha hızlıydı.

Aslında 1988'de Filistin tanındı. Burada büyük ümitler doğmuştu ama Filistin ne olarak tanındı, nasıl tanındı; hâlâ tartışılan bir konudur. Tam 1988'de bir şeyler de yoluna girdi denilirken gelişmeler gene hüsranla sonuçlandı.

İsrail'deki hükûmetin meşrebine göre Filistin Hükûmeti nefes alıyor veya alamıyor; ama tek sorumlu İsrail değil, öbür Arablar ve bilhassa Filistin Arabları arasındaki farklı cephelerin de bu durumda payı var. Çözüm gayreti iş hakikaten yavaş ve ümit beslememize fırsat vermiyor. Memleketin içinde grup grup insanlar, İsrail tarafında da çok değişik fikirler, çatışma eğilimleri var. Demek ki Orta Doğu o dört asrı özletecek durumdaydı. Tabii görüşü dört asrın restorasyonu için söylemiyoruz, yani İsrail oğulları ve Arabların yurdu olan Filistin âdeta kırılmış bir bardaktır, yeniden bir araya gelmesi çok zordur.

Dahası Filistin'in karışık tarihinden daha karışık olan bir hukuki geleceği söz konusu. Burada hukuki yapı sakat vaziyette; Birleşmiş Milletler organları, Uluslararası Adalet Divanı hiçbir zaman kesin hükümler verecek bir statüde değil. Sadece mütalaalar söz konusu, bağlayıcılık yok. Özetle trajik bir çözülmezlik içindeyiz demek yanlış olmayacaktır. Tragedya zaten çözülmezlik demektir. Durum bir çözülmezlik unsuru üzerinde gelişiyor. Bakalım insanlığın görüşü bunu ne kadar değiştirebilecek? Herhalde çözülmezliğin getirdiği sorunlar iki taraf için de geçerlidir.

Oradaki Arablar dört asırlık Osmanlı yönetimine hasret duyuyor gibi konuşuyorlar. Böyle bir hava tespit edilmiş mi? Bilinemez. Tespit edilse dahi bugünkü siyaset için bir mesned sayılamayacağı açıktır.

1967'de de bize Meydan-ı Ekbez'den bindiğimiz trendeki ihtiyar Arablar "Ah nerede o Osmanlı!" diye yakınıyorlardı. Cevabı düşündürücüdür. Acaba o Osmanlı'yı kim dışa itti, bizimle beraber mi itildi; bilemiyoruz. Beşeriyet böyledir; önce gerekli olanı kovalar, sonra onu arar. Lâkin Arab ayaklanması denen olayı da etraflıca inceleyip bakmak zorundayız. Eski peşin hükümlerimiz gözden geçirilmelidir.

ORTA DOĞU'DA TARİHİ BİR GÜNDÜ

Dış politikamızda her sorunun çözümü için bir görüşümüz var. Bazı partiler buna itiraz etse de sonunda aynı noktada birleşiyor veya sessiz kalarak örtülü destek veriyorlar. Asıl önemli sorun ise renkli ve tahribkâr olarak devam ediyor. Bu nedenle Ortadoğu politikasını modern Türkiye'nin tarihi ve dış politikası açısından gözden geçirmeliyiz.

72 yıl önce 29 Kasım'da (1948) Birleşmiş Milletler (BM) Genel Kurulu'nda bir anlamda Orta Doğu'nun kaderi oylandı. O gün onaylanan plan hayata geçmedi ama ardından İsrail devleti kuruldu; savaşlar yaşandı ve Orta Doğu'nun çekişmeli tarihine yeni halkalar eklendi.

14 Mayıs 1948 günü Tel Aviv şehrinde Rothschild Bulvarı'ndaki müze binasının balkonunda David Ben-Gurion, İsrail devletinin bağımsızlığını ilan etti. Okuduğu deklarasyonda, Ben-Gurion, BM üyeliğine talip olduklarını ve sınırların içinde kalan Arabların da (Müslüman ve Hıristiyan) eşit vatandaşlık şartlarına tabi olacağını açıklıyordu.

Çılgın, coşkulu alkış ve nümayişin hemen ardından orada hazır bulunan filarmoni orkestrası 'Hatikvah'yı (Umut) çalmaya başladı. Naphtali Herz Imber'in bu dokuz kıtalık şiiri modern Siyonizmin ifade aracı olmuştu. Esas itibariyle Çekya'nın büyük bestecisi Bedřich Smetana'nın 'Vatanım' senfoni şiirine girmiş tınılar da 19. asrın ulusalcı havasında son şekliyle Samuel

Cohen'in uyarlama bestesini meydana getirdi ve 1888'de geleceğin İsrail'inin marşları Hatikvah arasına böylece girmişti. O gün bu marş gayriresmi olarak İsrail milli marşı haline dönüştü.

Nüfus Hareketi Başladıktan Sonra

1947 Kasımı'ndan beri BM, İsrail'in taksim planını görüşüyordu. BM'nin kurduğu özel komitenin çalışmaları bir paylaşım planını getirdi. Buna göre Filistin'in yüzde 56.47'si Yahudi devletine, yüzde 43.53'ü de Arab devletine bırakılıyor, Kudüs uluslararası bir idare altında kalıyordu. 29 Kasım 1947'de BM Genel Kurulu'nda oylanan ve onaylanan (33 lehte, 13 aleyhte, 10 çekimser) planı Filistinliler reddetti ve bu plan hiç uygulanmadı.

O tarihte nüfus çoğunluğu Arab olan ülkeye bir yandan da Avrupa ve Asya'dan göç ulaşıyordu. Gemiler, Kıbrıs'tan kalkan takalar, ülkeye kaçak olarak yolcularını boşaltıyordu veya bazen İngiliz sahil muhafazası tarafından geri çevriliyordu. Bir keresinde kamplardaki öksüzlerin getirildiği gemi alınmadığı için dünya yerinden oynadı.

Taksim anlaşması için nüfus hareketi başlamıştı. İrgun ve Stern örgütlerinin özellikle terörist kanadının faaliyeti de böylece arttı. Bir nevi etnik temizliğe giriştiler. En acı örnek Kudüs'e yakın bölgedeki Deir Yasin köyünde cereyan etti. Burada genellikle çocuklar ve kadınlardan oluşan 250 kişi katledildi. Katliamı Haganah dâhil Yahudi örgütleri üstlenmediler ve kınadılar.

Cevap Ürdün lejyonundan geldi. Kendi kontrollerindeki bir Yahudi yerleşim merkezinde 130 kadar Yahudi öldürüldü. Lejyon, katliamı civardaki köylülere bırakmıştı. İlginç gelişmeler, çatışmalar, katliama varan olayların hepsi de karşılıklı propaganda konusu oluyordu. BM'nin isabetsiz çizgilere dayanan paylaşım kararı silah zoruyla başlayan bir coğrafi düzenlemeyi getiriyordu.

Savaşlarla Değişen Coğrafya

Bağımsızlık kararı üzerine bu paylaşıma direnen Arablar savaşa başladılar ve yılın sonunu beklemediler. Ne var ki Arab dünyasının henüz İngiltere'nin ve Fransa'nın kontrolünden çıkamadığı anlaşılıyordu. Ordular düzensizdi, devlet hayatı oturmamıştı. Lübnan, Suriye, Ürdün ve Mısır acı bir tecrübe yaşadılar. Bu savaşın sonunda yapılacak mütarekede en az toprak kaybeden Ürdün olacaktı, fakat Arab dünyası yerleşen bir İsrail'i sözle kabul etmese de sınırların oturmaya başladığı açıktır.

Savaşlar tarihi bununla kalmadı. 1967 yılı 5 Haziran'ında Mısır lideri Cemal Abdülnasır'ın ateşlemesiyle başlayan 'Altı Gün Savaşı'nın sonunda 10 Haziran'da İsrail galip olarak eski Kudüs'e girdi ve bugünkü filli durum ortaya çıktı. 1967 savaşının nedenleri ve işleyiş biçimi halen tartışılıyor. Filistinlilerin 1950'lerin sonunda başlayan fikri değişimleri, değişim stratejileri ve örgütlenmeleri yeni umutlar yaratıyor gibiydi. 1948 savaşından beri Nasır'ın milliyetçiliği kitleleri etkiliyordu. Bu gelişmelere rağmen Arab dünyasında 1948'den daha farklı bir direniş ve askeri örgütlenme olmadığı anlaşıldı ve İsrail girdiği yerlerden çıkmadı. Bunanla beraber 1967'de savaş kabinesinde dahi girilen her yerin elde tutulmaması ve bazı yerlerin hemen Filistinlilere geri verilmesini savunanlar vardı. Anlaşılan Moşe Dayan ve sonradan Ariel Şaron'un görüşü ağır gelmişti.

Buna rağmen İsrail'in de kuruluşu ve çizdiği sınırlar hiçbir kaynağın kullanımı için müsait değildi. Kaldı ki 1967'de girdiği Sina Çölü'nden ve buradaki petrol yataklarından dahi Enver Sedat ve Menahem Begin arasındaki Camp David görüşmeleriyle (17 Eylül 1978) vazgeçmek zorunda kalacaktır. Zira 'Altı Gün Savaşı'ndan altı yıl sonra yaşanan Yom Kippur Savaşı (6 Ekim-26 Ekim 1973) Mısır lehine bir devir yaratmıştı.

İsrail'i Tanıyan Devletler

Tel Aviv'deki manidar törende bağımsız İsrail'in ilanından tam 11 dakika sonra Başkan Truman basın sekretaryası yoluyla İsrail'i tanıdıklarını açıkladı. Buna yetkisi vardı. Yetkisinin o tarihte Yahudi devletinin bağımsızlığına karşı kanaatin ağırlıkta olduğu Dışişleri'nin (State Department) Orta Doğu Dairesi'nden gelecek müdahalelerle yavaşlatılıp saptırılacağından çekiniyordu deniyor.

Aslında ABD'nin müstakbel İsrail'e bakışı bugünkü gibiydi. İlginç olan Sovyet Rusya'nın tutumuydu. O tarihlerde Stalin'in Yahudi düşmanlığı son derecede artmıştı. Sovyet Rusya Yahudilerinin boşalıp İsrail'e dolacağını umut ediyordu.

Türkiye Ne Yaptı?

İsrail göçmen istemeyen Batılılar için de bir umut ülkesi olmuştu. Günün şartları içinde, hele bizim gibi harbin sonunda çalkantılı bir dünyanın ortasına düşen ve ABD ile Batılı müttefiklerine gittikçe yanaşan bir ülkenin İsrail'i onlarla birlikte tanımama şansı da yoktu. Nitekim Türkiye, hem Birleşmiş Milletler'deki oylamada hem de İsrail'i tanıma kervanında en başta gelenlerdendi.

Uzun müddet Türkiye Arab ülkelerinin yerli yersiz tenkidine hedef oldu. Geçen zaman ve değişen politikalar bu durumda bir düzelme meydana getirmiştir ama Arab dünyasının durumunun düzeldiğini söylemek mümkün değil. En mühim gerçeklerden biri de hem ABD'nin hem İsrail'in Orta Doğu'da Arab olmayan kuvvet unsurları aramasıdır. İran'ın bu dengede yeri yok. Türkiye değişik bir politika güdüyor. Orta Doğu'ya Suriye üzerinden Rusya yerleşiyor ve Kürtler var. 70 yıllık bir sürede dünya dengesinin ne kadar değiştiği, hatta İkinci Dünya Savaşı'nın bile değiştirdiğinden daha fazla sarsıntı geçiren ve geçirmekte olan bir Orta Doğu'nun ortaya çıktığı açık. Arab ülkeleri Mısır'la başladı; bugün ise Suudiler, Mağrib'te Fas, Körfez ülkeleri birbiri ardından İsrail'i tanıdılar. Türkiye'de ise Siyonist İsrail'e karşı politikanın ayarlanışı dünyadaki Ermeni lobisinin Türkiye'ye karşı durumunu güçlendirdi. Zira Yahudi lobisi Türkiye'yi desteklemekten vazgeçti ve suskunluğu tercih etti.

ÇOK BİLİNMEYENLİ BİR DENKLEM

LÜBNAN

İşin içine kültürel duvarlar girdiğinde kavgaya bahane bulmak kolay. Lübnanlılar da bulmuş. Bir otoyolu bile inatlaşarak inşa ediyorlar. Bu güzel ülke nasıl çözecek bu etnik-dini kompartımanlaşma ve çatışma problemini?

1967'de Lübnan'ı ilk defa gördüm; bahardı ve bayramdı, Hıristiyan ve Müslüman gerilimi hissediliyordu. Ülkedeki Sünni Müslümanların lideri Lübnan Müftisi, Kahire'yi ziyaret etmiş ve dönmüştü; Müslüman mahallesinde her yerde Müfti ile Nasır'ın resimleri asılıydı ama hayat sakindi. Müslüman mahallesindeki yoksulluk doğrusu 1960'ların Türkiye'si ile mukayese edildiğinde şikâyet edilecek gibi görülmüyordu ama Marunîlerin ve Ortodoksların zenginliği ve eğitimli yaşamı kendini en cafcaflı şekliyle teşhir ediyordu. Bir ülkede servet farkı kendini tüketim patlamasıyla gösterirse durum iç açıcı değildir. Nitekim bizim ziyaretimizin tekrarlandığı sonraki yıllarda açıkça gözlendi ki, ülkedeki Filistinli mülteciler uyumsuzluğu isyana çevirdiler.

Yol Yapmak Bile Mesele

Lübnan'ın adaletsizliğe kayan demokrasisi, kendisini mezhepler çatışması halinde ortaya koydu. Ülkede yabancı bir unsur olan Filistinliler iç harbin başlamasını hızlandırdılar. Görünüşte herkes Arab'tı ama Arabların arasında sırf mezhep ve din farkı değil, asıl geçim farkı vardı. Yeterince üretemeyen geniş bir kitle ile -ki bunların hepsi Müslümanlardı- o kıt üretimi örgütleyip pazarlamayı ve aşırı kâr elde edip cebini doldurmayı iş edinen kitle arasındaki kavga bitmez gibi görünüyordu. Bu bazılarının anladığı basit bir sınıf kavgası değildi, işin içine kültürel duvarlar girmişti. Lübnan'ın Hıristiyanları "Biz Arab değiliz, Fenikeliyiz" derler; haklıdırlar. Öbürkülerin de ne kadar Arab olduğu sorgulanabilir. Sorun Arab medeniyetini ortaklaştıracak bir bilinç olmamasından kaynaklanıyordu zaten. Oysaki Lübnan'ın Hıristiyan Arab aydınları kadar Arab medeniyetini ve İslam uygarlığını ustalıkla yorumlayanlar az bulunur. Ama kavgacı bahane aramasın; bulur!

Korkunç savaş durdu; ama külleri sıcak gibi görünüyor. Lübnan'ı kendi kaynaklarıyla inşa etmeye kalkan Harirî, suikastla ortadan kaldırıldı, taraftarları halen adalet arıyor. Adalet biraz ötedeki Şii mahallesinde; "Canileri yakalayın da görelim" diyor Lübnan Başbakanı. Lübnan ordusunun 42 bin kişi olduğu malum; Şii militanlarınsa en az 40 bin kişi olduğu söyleniyor.

Beyrut ve Sayda (Sidon) arasında seyahat ediyoruz, ev sahibim Yunus Emre Enstitüsü'nün müdürü Cengiz Eroğlu, Kerkük Türkleri'nden, eğitimi itibarıyla Arab dünyasını kolay izleyebiliyor. "Lübnan'da altyapı yatırımı yapmak çok zor; mali imkânsızlıktan değil, başka sebeplerden; mesela bu iki şehrin arasındaki otoyolun büyük kısmı Şiilerin mıntıkasından geçeceği için 'Lübnan ordusunun tankları bu otoyoldan bizi kolayca biçmeyi mi tasarlıyor' sedalarıyla inşaat durduruldu ve ancak hattın büyük kısmının yeraltından geçirilmesi koşuluyla devam edilebildi." Yetmemiş, yeraltından geçen otoyolun tepesine de Şii militanların savunma kuleleri ve tel örgüler çekilmiş. Dünya güzeli Akdeniz kıyılarını sahil otoyollarından değil yer altından geçiyorsunuz, düz yolda yapılan gülünç tünelleri aşarak.

Türkiye'ye Sempati Büyük

Ulaştığımız Sayda, dünyanın en nefis geleneksel şehirlerinden. Cuma günü tatil, çünkü Müslümanlar yaşıyor; ama Cebel'de ve Beyrut'ta tatil yok. Kuzeyde Trablusşam'a (Tripolis) çıkarsanız yine tatil var. Trablusşam sükûnet içinde ama Lübnan'a ve Lübnanlılığa yabancılaşma ecnebilerin bile gözüne çarpacak kadar güçlü ve ağırlığı hissediliyor.

Türkiye'ye büyük sempati var ve tabii Beyrut yönetimine zıt davranışın bir tezahürü de Türkiye'deki hükûmeti desteklemek. Sayda'da Sultan Abdülhamid dönemi galiba eskisinden daha fazla canlandırılarak yaşıyor. O dönemden kalan binaların restorasyonu kadar, II. Abdülhamid'in ismi de bir nevi restorasyon geçiriyor. Sokaktaki insanda bile bu hava hâkim. Cengiz Bey bana TİKA'nın restore ettiği Mevlevihane'yi gösterdiler. Trablusşam Mevlevihanesi hem sanat tarihimiz hem de tarikatların tarihi bakımından çok önemli. TİKA Koordinatörü ile dergâhın konumu üzerine konuşuyoruz; tabii ortada 17 ve 18. yüzyıllara göre büyük bir talihsizlik var; şehir iskân ve inşaat patlamasına maruz kalmış. Dergâhın sırtını dayadığı yüksek tepede, tepenin boyu yetmiyormuş gibi, tepenin yüksekliği kadar bir bina daha yükseliyor.

Ayrılmak İstiyorlar

Trablusşam-Beyrut arasında Hıristiyanların yoğun yaşadığı bir mıntıka var. Kıyıdaki Cunye limanı bu bölgenin başkenti; zaten Osmanlı devrinde de Lübnan'ın asıl limanı Beyrut'tan evvel burasıydı. Şehir pahalı butiklerin ve restoranların dünyası. Dünyanın en şık kadınları, her milletin mankenleri burada. Dağlık mıntıkayı sevmeyen Sünniler ve Şiilerin aksine, Lübnan'ın Hıristiyan halkı Lübnan dağlarının serinliğini ve diriltici iksirini çok erkenden keşfetmiştir. Bütün Arab Orta

Doğusu'nda karlı dağ sadece Lübnan'da vardır ve ülkenin adındaki Beyaz (Leban) da bundan ileri gelir. Tabii Leban Fenikece ve İbrancada kullanılır. Arabça kelime bizim "ak ve kır" yerine kullandığımız kaynak kelime beyzadır.

Bir sır değil; Lübnan'ın Hıristiyan halkı, Cunye merkez olmak üzere ayrılmak istiyor. Nüfusları 1 milyonun çok üstünde. Lübnan'da nüfus sayımlarının çok üstün tekniklerle yapıldığına hiç şüphe yok lâkin bunlar resmiyet kazanan, aleni sayımlar değil. Lübnan'ın etnik kompartımanları ortak bir alerjiyle aleni ve resmi bir nüfus sayımına ne teşebbüs ediyor ne de yapan olsa kabul ederler. Dağlardan akan suları elektrik enerjisine çevirmek bile mezhepler arasında çekişme konusu oluyor ve sular kendiliğinden akıyor, ahali de iç geçirerek bakıyor.

Dürziler de Yanlarında

Hıristiyanların Cebel'de yalnız olduğunu da zannetmeyelim, yanlarında Dürziler var. Cenaze törenlerine varıncaya kadar bence Orta Doğu'nun en zarif ritüellerine sahip bir halk. Mizahları kuvvetli, kadınları sosyal alanda aktif, zarif ve kendilerine özgüvenleri tam. Zaten Dürziler görünüşte Sünni fıkhını uyguluyor ama uygulamadıkları ve şiddetle reddettikleri tek yanı, bu fıkıh içindeki çok evlilik.. Cemaatin dinî reisleri (ukkal) içinde kadın üyeler de var. Anlayacağınız, Yüksek Mahkeme'ye kadın üye seçiminden evvel Dürziler bu sorunu çözümlemiş. Sayıları birkaç yüz bin deniliyor ve Hıristiyanlarla araları hiçbir zaman iyi değildi; halen de değil. Ama şimdi bu içinden çıkılmaz, çok bilinmeyenli bir denklem; kim çözecek? Ancak insanlar topluca bir araya gelip çözebilir. Galiba gönülsüz nikahla Cunye Limanından Cebel'e çıkan federatif yeni bir Lübnan'ı, o coğrafyayı, yani Lübnan dağlarını seven iki halk kurucak Dürziler ve Marunilerdir.

ARAB DÜNYASINDA BASKICI LİDERLER VE OĞULLARI

Bu bölümde Türk siyasetine hakim olan nepotizm-akraba, hemşehricilik ve parazit ilişkileri ve kayırmacılığı ele almalıyız. Nepotizm Türkiye yakın tarihinin ortaya çıkardığı bir hastalıktır. Osmanlı monarşisinde soya önem vermek ve yetki sadece padişah ailesi için sözkonusuydu. Vüzera hanedanları Fatih devrinde bitti (Çandarlılar gibi). 17. yüzyılda karışıklık zamanında zorunlu olarak ortaya çıkan Köprülü hanedanı da tükendi. Diğer girişimleri ise devlet ve saltanat yok etti; fethedilen ülkelerde de Hıristiyan veya Müslüman olsun yerel hanedanlar eritilmiştir. Cengiz soyundan gelen Türk devletlerinin idari yapısı ve verasetine en aykırı duranı budur. Tek istisna Kırım Hanlığı idi ve bir süre için Erdel Beyliği'ydi. Mısır Hidiv hanedanlığı 19. yüzyılda iç ve dış zaruretlerden dolayı ortaya çıktı ve yasallaştı. Devlet hakimiyetine ve hakimiyete iştirak eden aile ve akraba ilişkilerinin kuşkusuz olamaz. Ne var ki seçimin ciddi olduğu "sandık demokrasisi"(!) bu tip ilişkiler ortaya çıktı. Üstelik kan bağı ilişkileri dışında mahallicilik faka asıl tarikat ve cemaat hayatının dinamizminde; siyasal görüş birliği burada rol oynuyor. Her halükârda Arab aleminde cumhuriyetçi yapılanmanın ortaya çıkardığı babadan oğula hakimiyet sistemi Türkiye'ye de, komşu İran'a da çok uzaktır.

Arab dünyasında cumhuriyetçileri sükût-u hayale uğratan bir yapılanma vardır. Bir zamanların Lübnan'ı etnik gruplara dayalı, demokrasisini oldukça düzgün yürüten, müreffeh bir ülkeydi. Derken ardından kıyamet koptu, halen de eskiyi arayan bir yapı var. Geriye nispeten sükûnete sahip Arab dünyasının monarşi ile yönetilen devletler kalabalığı kaldı.

Buralarda alışılmış Batı demokrasi sistemi işlemez; siyasi partiler ya bulunmaz ya da tamamen göstermeliktir. Sivil toplum kuruluşları ise monarşinin seçkinlerinin kontrolündedir. Lâkin hukuk devleti esaslarının oturmadığı monarşi toplumlarında inkâr edilemeyecek bir yapılanma söz konusudur: Kanun.

Burada kanun, dinî kural ve âdetlerin getirdiği mekanizmalar halinde işliyor. Suudi Arabistan'da birinin evine polis girmesi çok zor ve istisnai kararlara dayanabilir. Kabileler ve etnik gruplar arasındaki dengenin gözetildiği Ürdün'de bazı koruma mekanizmalarının ihlali söz konusu değil. Körfez şeyhliklerinde dahi dikkat edilen kural ve gelenekler var. Maalesef halk idaresi denen Arab devletlerinde liderlerin üzerinde hukuki ve mali hiçbir endişe yok. Güvenlik güçlerinin fert hayatına ve hürriyetlerine, daha doğrusu temel var olma haklarına saygı göstermeleri söz konusu değil.

En olumsuz örnek Saddam'ın oğullarıydı. Kaddafi'nin oğlu Mutassım petrol idaresinden kendi adına 1,2 milyar dolar istemişti. Babası itiraz etmediyse muhtemelen de almıştır. Zaten petrol gelirlerini lider idare ediyordu. Büyük oğlu Seyfülislam da zamanında sınırsız para harcıyormuş ve kendisinin bir nutkundan da anlaşıldığı üzere iç harbi yönetmeye de hazırmış. Doğu Libya'ya sevk edilen Afrika'dan getirilme lejyonerleri ise diğer oğul Hamis idare ediyordu.

Aile üyelerinin hâkimiyeti, monarşilerdeki prens ve prenseslere benzemiyor. Çünkü oralarda hükümdar çocuklarının devlet adamları ve halkla olan münasebeti, bununla ilgili protokol konumları belli. Halk cumhuriyetlerinde ise devleti yöneten bakan ve memurlar çok kere çocukların baskısına da uğruyor. Asıl hazin olan durum ise birtakım çıkar gruplarının prens ve damatları ticari ilişkilerin içine kanunsuz olarak çekmeye çalışmaları...

Mısır diktatörü Hüsnü Mübarek'in oğlu Cemal ilk anda ülkesini terk etti; anlaşılan pek ısınmadığı pozisyondan dolayı ailesinin ve kendi başının derde girmesini hiç istemiyordu. Sokaktaki insanın onun için kanaati ise şu şekildeydi; "Babasının oğlu olmaktan başka önemli bir kusuru olduğu söylenemez."

Turgenyev'in babaları ve oğulları arasında beşeriyetin çelişkilerinden doğan bir çatışma var. Arab liderlerinin oğulları ise genelde yeteneksiz, mutsuz ve kendileri için yaşıyor. Suriye devlet başkanı Hafız Esad'ın büyük oğlu babasının halefi olarak yetiştirildi, yetkilerine tecavüz eden istihbarat şefi amcası Rıfat ile sık sık çatışmaya düştüğü söyleniyordu. Babanın beklenmeyen ölümü ile Suriye'nin bugünkü devlet başkanı iktidara geldi. BAAS Partisi'nin iki grubu arasındaki sürtüşme ise devam ediyordu. İyi niyetli Beşar Esad'ın durumu bu yüzden pek zordu ve neticede kendine çizilen yola teslim oldu.

Arab monarşilerinde aşiret var; aşiretin içinde de "hay"lar yani oymaklar var. Hükümdarın bunlara karşı hesap verme durumu var. Hükümdarın mutlak hâkimiyetini sınırlayan unsurlardan birisi, hükümdar ailesinin genç üyeleri veliaht ve prensler için de söz konusu. Hiçbiri tahtın karşısında şımartılmış çocuk rolü oynayamaz. Bu bazı konularda kendilerine bir sınırlama getiriyor; ama kamu kurumları ve hizmetleri gibi bir düzen orada da gelişmemiş.

Maalesef Arab dünyasında cumhuriyetçi diktatörler istenen mekanizmayı geliştirebilmiş değil. Reform için zaman gerekiyor. İşadamları ve sanayici gibi ensesi kalın bir zümre -buna isterseniz burjuvazi de diyebilirsiniz- mevcut değil. Böyle bir zümre çağdaş dünyada, sermayenin devletle olan ilişkilerinde herkesin satrancı kurallara göre oynamasını düzenler.

Ama ortada ağırlığı olan bir sınıf yoksa herkes kendi gemisini kurtarır.

Yolsuzluğu götürenler bilhassa devrimin ilk yıllarında lidere sokulamazlar. Ama kısa zaman sonra yaşı büyüyen, aklı pek o kadar gelişemeyen liderin oğulları avlanır ve onların aracılığıyla rüşvet ve yolsuzluk olayları büyümeye başlar.

Toplumsal değişme ve hukuk düzeni kolay kurulamıyor fakat bu kurulamayacak demek de değil. Dünyanın her köşesinde birbirinden farklı toplumlar var, aralarında eşitlik ve paralellik olacağını düşünmek beyhudedir. Ama Orta Doğu toplumlarının uzun geçmişlerine, şimdi küçümsediğimiz aşiret toplumlarının kendi içindeki geleneklerine ve bir asırdır filizlenen modern aydın takımına güvenerek bazı gelişmelerin mümkün olacağını pekâlâ söyleyebiliriz. Toplumlarda idareci grup dışında kurumlaşmış baskı grupları ya da zümreleri varsa nepotist (yeğenci) ve aileci bir saltanat yerleşemez. Bir zamanlar İtalyan devletlerini kasıp kavuran babadan oğula idari miras ve türedi hanedan hakimiyetini Machiavelli; Cesare Borgia'nın (Papa VI. Aleksandr'ın oğlu) şahsında İtalya için birlik ve sağlıklı diye kutsamıştı. Oysa bu nizam devam edemedi ve İtalya da yabancıların işgal ve hakimiyetini kolaylaştırdı. Türkiye tarihinde bu tip eğilim ve devir görülmez; şartlar değişiktir.

Lâkin tarikat, partizanlık ve hemşehricilik bürokratik görevlerin ve ihalelerin dağıtımında önemli bir rol oynuyor. Oysa partiler Türk siyasi hayatında köksüz ve dağılan kurumlar olarak ciddi bir ihvan (kardeşlik) ve genossenschaft (yoldaşlık) için uygun ortamlar değildir. Çoğu zaman tarikatlarda da eski dönemlerin yapılanması göze çarpmaz. Nepotizm (nipote İltayanca yeğen kelimesinden gelir) tutarlı bir biçimde değil birtakım gruplaşma ve türedi kuruluşların üyeliği şeklinde gelişir.

YENİ OSMANLICILIK SÖYLENTİSİ VE TÜRKİYE'NİN GELECEĞİ

Yeni Osmanlıcılık, bir müddettir Türkiye dış siyaset değerlendirmelerinde, daha çok orta şekerli vatandaşın ruhunu okşayan bir kavram olarak geziniyor. Azınlıkta kalan ve tarihi radikal bir biçimde "laik ve cumhuriyetçi" olarak niteleyenler bu gibi eğilimlerden pek hazzetmezdi. Şimdi ise etnik milliyetçiler de bu gibi kavramlardan rahatsız olduklarını söylüyorlar. Ama şurası bir gerçek, yeni-Osmanlıcılık sözü bu çevrelerde dahi bir endişe ve heyecandan çok, laklakiyat konusudur. Türkiye halkı bugünkü yaşam standartları itibarıyla mazideki imparatorluk hülyasının peşinde koşabilecek bir kitle değildir. Kaldı ki bu gibi hülyaların karşısında engel teşkil edenler, bazılarının zannettiği gibi alışılmış klasik sol ve laik çevrelere girenler değildir; çünkü muhafazakâr çevreler imparatorluk hülyası kuranların gereksinim duyacağı kurumları herkesten daha süratle yıpratmaktadırlar. Üstelik Türkiye coğrafyası şu anda tarihte en çok tartışıldığı bir döneme girmiştir. Tartışmayı yapan grupların, kavramları ne kadar bilinçle ve hatta samimiyetle ele aldıkları malum değildir. Fakat yeni-Osmanlıcılık kavramı Batı Avrupa'nın basın çevrelerinde sık sık ele alınmaktadır. Hiç şüphesiz ki büyüyen Türkiye'nin büyümeyen yönleri ve sıkıntıları, dışarıdan bakanlara içindekiler kadar açık değildir. Bugünün Türkiye'sini değerlendiren yabancı uzmanlar 19. asır uzmanları gibi değildir.

İçlerinde Alman *Karl Krüger* yoktur, Avusturyalı askerî ateşe *Pomiankowski* yoktur, Avusturya-Macaristan'ın Selanik ve İzmir'deki Başkonsolosu *August von Kral* yoktur. Sonraların büyük tarihçisi *Arnold Toynbee* ve hatta zamanımızın Britanyalı gazeteci ve tarihçisi *David Barchard,* müteveffa *Jan Pier Tec* gibileri de bulunmaz. Maalesef beynelmilel medya bazı yerli arkadaşlardan aldığı bilgilere dayanarak aslında saptırılmış ve yanlış yazılar yazar, yorumlar yapar.

Sert Etnik Yapılanmalar

Yeni Osmanlıcılık safdil bir milliyetçiliğin değil, tahakküm kurmak isteyen dar bir muhalefetin kullandığı mızmız bir ifadedir. Osmanlı İmparatorluğu'nun eski topraklarının böyle bir gelişimi kaldırması mümkün değildir. Bir kere "maşrık" dediğimiz Doğu Akdeniz'deki Arab âlemi ve İsrail'in konumu, çatışmaların buzdolabına girip dondurulacağı bir yapıda değildir. Gelecekte Arab âlemi ve İsrail arasında ancak yorgunluktan ileri gelen bir uzlaşma dönemi söz konusu olabilir. Balkanlar ise İkinci Dünya Savaşı'ndan sonra, Soğuk Savaş döneminde buzdolabına konmuştur. Kutuplaşan dünyanın yarattığı sözde dinginlik bugün çözülmüştür. Gerçi Arab Orta Doğu'sunun ve İsrail'in aksine nüfusu ihtiyarlayan, iktisadi bakımdan üretim ve tüketim eğrileri düşüş gösteren bu dünyanın aynı şiddette kronik bir çatışma ortamına girmesi beklenemez. Ama sözde dirilecek Osmanlı dâhil hiçbir kuvvet Balkanları bir iktisadi, siyasi ve askerî çatı altında monolit bir güçlünün nüfuz alanına çeviremez. Yunanistan'ın içine düştüğü iktisadi kriz geçici değildir. Hele temelden çözümlenebilir gibi hiç değildir ve durumun bir göstergesi olmalıdır. Arab Orta Doğu'su birincisinden çok farklı bir yapıdadır. Nüfus gençtir ama öbürü ile karşılaştırılamayacak derecede eğitimsizdir. Etnik yapılanmalar çok serttir. Bu ülkelerin aydın sınıfları Balkanlardakinden daha renklidir ama kurumsal etkileri çok zayıftır. Yanı başlarındaki İsrail ile mukayese edilemeyecek derecede nitelikli çalışan gruplar, açık toplum kurumlaşması, hukuki yapılanma farkı içerisindedirler. Üstelik İsrail üretir, Arab Orta Doğu'su üretemeyen bir dünyadır; sorunlar da bundan ileri gelir.

Türkiye olaylı bir dünyada yaşıyor. Güney sınırlarımızda hatırlanacak bir tarihte Saddam rejimi Kürtleri katletti, binlercesi Türkiye'ye sığındı. İranlı göçmenlerin 1980'lerin başından beri buraya sığınması gerekiyor. Şimdi ise bir vakit iyi ilişkiler kurmak için gayret ettiğimiz ve hatta müşterek iktisadi projeler üretmeye başladığımız Suriye halkı bir felaket yaşıyor ve bütün bu gelişmeler şimdilik bir göçmen dalgası getiriyor. Gelecekte bir zaaf anında nasıl müdahalelerin geleceği de bilinemez. Üreten, yapısı değişen ve demokratik açılımları bazı iddiaların aksine sadece son sekiz yılla sınırlı olmayan Türkiye'nin hem siyasi konumu hem de yerküreye açılan iktisadi yatırımlarının yeryüzünde bazı noktalarda "neo-Osmanlıcılık" olarak abartılması anlaşılabilir bir durumdur. Ama galiba böyle bir geleceği program olarak benimseyen grupların dahi mevcudiyetinden söz edilemez. Türkiye'nin kendini eriten bazı sorunları var. Bu sorunları, imparatorluğumuzu dağıtan 19. asır ulusalcı akımlarıyla da kaba bir şekilde mukayese edemeyiz.

OSMANLI'DAN GÜNÜMÜZE SEÇKİNLER
ELİTLER

"Beyaz Türk" tabirini matbuatta Ufuk Güldemir, Serdar Turgut, Sedat Ergin, Ertuğrul Özkök gibi dostlar yaygınlaştırdı. Deyimi Amerikan "beyaz ve siyahi" ayrımına dayandırdıkları açıktır. Zeynep Göğüş işaret ediyordu, haklıdır; İslamiyet öncesi Türk kavimlerinde "akbudun-karabudun" ayrımı geçerliydi. Hatta akbudun, karabudunu bazen besliyordu. Mesela şölenlerde kesinlikle yemek artıklarını karabuduna dağıtırlardı.

Bugünün Beyaz Türkleri kolej tahsili gören, tercihen varlıklı, beynelmilel ölçüde iyi giyindiğine şüphe olmayan, tatil yaşam biçimini hemen her yerde ve her zaman da sürdüren tipler olarak algılanıyor. Bir İtalyan genç meslektaşımız arasının bozulduğu Türk erkek arkadaşından "Beyaz Türk" diye şikâyet etmişti. Medyadaki tartışmalara bakarsak, kavram bu genç hanımın kullandığından daha anlamlıca oturmuş gibi görünmüyor.

Türk tarihinde hiç şüphesiz ki ulus beyleri ve ulus mirzaları olmuştur. Bunların unvanları vardır ve statüleri irsidir. Osmanlı İmparatorluğu'nun Türk dünyasında yarattığı radikal değişiklik -ki bütün Şark ve İslam dünyasını da kapsar- bu gibi kan aristokrasisini ve irsiyeti ortadan kaldırmak, daha doğrusu zayıflatmak olmuştur.

Ama bu biçimlenme mesela Mısır Memlûklarında olduğu gibi çok aşırı değildir. Mısır'da yönetimi elinde tutanlar dahi, adı üzerinde "memlûk" yani "satın alınmış kul veya kiralanmış asker" demekti. Çerkes kabilelerden, uzak Orta Asya'dan, Volga boyundan getirilirlerdi. Zamanla bu beyler de hanedanlaşmıştır ama Mısırlı topluma yabancı kaldıkları da bir gerçektir.

Osmanlı İmparatorluğu'nda yönetici Osmanlı hanedanı kesinlikle soyludur. Ancak bilhassa 16. asırdan itibaren bu soyluluğa evlilik yoluyla kadınları sokarak başka hanedanlara güç kazandırmaktan çekinmişlerdir. Devlet; devşirmeden çıkartılan, iyi eğitim görmüş, liyakatli bir sınıfa terk edilmiştir. Kuşkusuz ki bu sınıfın sahip olduğu meziyetler yanında önemli kusurları da vardır. Bir aristokrasinin var olamayışı bugün bize çok demokratik bir gelenek gibi görünse de, toplumdaki kurumlaşmalar ve gelenekselleşme açısından mahzurludur.

Osmanlı seçkinleri kimlerden oluşur? Kaleler fetheden kudretli vezirin çocukları zamanla halkın içinde kaybolup gidebilirler. Hatta bu gibi bir paşayla evlenen padişah kızlarının (yani prenseslerin) torunları bile aynı akıbete uğrayabilir. Benzer gelenek Osmanlı'dan Kırım Hanlığı'na da geçmiştir ve Mısır hidivleri tarafından da benimsenmiştir. Ancak arada 20. yüzyılın tarihi gelişmeleri ve Osmanlı trajik örneği şeçkinleri malî bakımdan tedbirli davranmayı telkin etti. Aynı durum İran'ın taht çevreleri için de geçerlidir. Devlet imkânlarıyla bir güvence yaratmışlardır.

Osmanlı'nın dışında hanedan teşekkülü pek mümkün değildir ve doğrusu pek de istenmez. 19. asırda bile bir yerin muteberanı demek, belirgin miktarda emlak vergisi ödeyen ve II. Abdülhamid devrindeki bir uygulama ile ahlaklı ve ölçülü davranışı mahalli memurlarca tasdik edilip ona göre tasnif edilen adamlar demektir. Bu toplumun seçkinleri kesinlikle devlet kapısında talim ve tedris görüp yükselenlerdir. Bir ticaret ve sanayi burjuvazisi yaratma faaliyeti, herkesin bildiği gibi bizim tarihimizde ancak İttihatçıların "millî iktisat politikası" deyimi ile ifade edilmiştir.

Bugünün Türkiye seçkinleri doğrusu hızlı bir değişimle ortaya çıkmıştır; bunda devlet desteğinin payı kadar insanların atılım ve teşebbüs kabiliyetinin de payı vardır. Bununla birlikte bir yerde beyaz Fransız'dan, beyaz Türk'ten, beyaz İtalyan'dan bahsederken başka tiplemelere de dikkat etmek gerekir; Türkiye seçkinlerinin tüketim alışkanlığı henüz kültürel birikime ve kültürel yaratıcılığa dayanmıyor. Bu konudaki pırıltılar pek azdır. Çoğu kere toplumun ulusal birikimini temsil edebilecek kişilerle karşılaşmıyorsunuz. Hatta iktisadi ve sınai kalkınması Türkiye'nin çok gerisinde olan İran gibi ülkelerde bu anlamda daha seçkin bir zümre vardır. Bundan başka üç dört nesil devam edecek zenginlikler ve yaşayış biçimi henüz tam teşekkül etmiş değildir. Tırmanıcı gruplar; alüvyonu götüren bir nehir gibi sık sık devreye girmekte ve muhtevasız bir yaşam tarzı sunmaktadır.

Orta sınıfların sorunu üst sınıfları da içeriyor. Dahası var, Anglo-Sakson üst sınıf gençliğinin atılım ve uyum yeteneği bizim üst sınıf gençliğinde daha azdır. Bulundukları coğrafyayı ve ülkenin şartlarını kavramak ve uyum sağlamak konusunda beceriksizdirler. Yeniköy'de yetişen bir gencin İstanbul'daki herhangi bir varoşta simit bile alamayacağını söyleyenler pek haksız sayılmaz. Dünyaya açılım ve uyumları sınırlı sayıdadır. Bizim Beyaz Türklerin henüz "gri" olduğunu bunun için ifade ettik. Ciddi örgütlenme ve eğitim, "beyaz" denenlere de herkes kadar gereklidir.

Türkiye idaresi ve demokrasisinin ana sorunu oturmamış ırsî soyluluk ve kalıplaşmış seçkin zümre değildir. Doğrudan akraba (nepotizm), hemşehricilik (local patriotism) ve asıl tarikat ile kabile üyeliği ve aidiyetidir. Eğitimde rekabet şartlarını uyacak seçkin eğitim görüşlerinin olmadığı, akrabalık ilişkilerinin baskın olduğu bir toplum modeli söz konusudur.

Çoğunlukla kapitalist sermaye ve sınıflardan söz edilir. Ama son asır Türkiye'sinde ve imkânların birkaç defa el değiştirdiği bir ülkede böyle devamlı bir sınıf hakimiyetinden söz edilemiyor. Üretimi kontrol eden grupları (aile şirketi dahil) Avrupa'daki gibi bu hakimiyetin ırsî bir yapıya çevrilebilme kabiliyeti yoktur. Aile içi eğitim ve yeni sınıfı üretecek (reproduction), devam ettirecek eğitim kurumları gelişip yayılamıyor. Eğitim pahalıdır, her gelir grubu ve coğrafi çevre için çok yetersizdir.

Açıktır ki yeni Türkiye'de sağlıklı büyüme için büyük engel budur. Hiçbir zümre kendisini yeniden üretecek bir mekanizmayı aile, cemiyet içi tavır ve etiket ile eğitim kurumu olarak yapılandırmamıştır. Mazideki gibi köylüden seçkin devletli yaratacak Enderun Mektebi yoktur, iyi aile kızlarını yetiştirecek eski Rusya'daki Smolny Institute gibi kurumlar olmadı veya devam edemedi. Bunun yanıbaşında protokol, adab-ı muaşeret diye eğlencelik bir konu olarak devam diyor. Kırsal olarak zengin çiftçi aileler hızla eridi ve eriyor. Üç nesil sanayiciliği devam ettiren aile pek sayılıdır. Oturmuş bir aydın (bilgili, irfan ve etiket sahibi anlamında) zümresi dahi zayıflamış görülüyor.

Elit yaratmak için bazı kurumlar ve mekanizmalar gelişemiyor, bu asırda bu imkânlar sınırlıdır. Ne var ki gerçek anlamda seçkin grupları olmayan bir toplum da çok kısır kalıyor. Dünyada sırf endüstriyel kapitalist toplumlar veya Britanya Krallığı gibi yerlerde değil, sosyalist ülkelerde de bir seçkin grup, nomenklatura vardı. İster istemez toplumları bu gruplar sürüklüyor.

İNDEKS

S-Ş

T

Y

Z

İlber Ortaylı Seyahatnamesi

İLBER ORTAYLI

İlber Ortaylı yalnız tarihçiliğimizin büyük bir ismi değil aynı zamanda küçük bir bavul ve rehber kitaplarıyla Orta Asya'dan Avrupa'ya, Kafkaslar'dan Ortadoğu'ya 50 yıldır gezen "seyyah". Çok gezen mi daha iyi bilir, yoksa çok okuyan mı? Peki ya bir yandan okurken diğer yandan da gezme imkânı bulanlar? İlber Ortaylı'ya eşlik etmek isterseniz bu kitap tam size göre...

Kâzım Karabekir

İstiklal Harbimizde Enver Paşa ve İttihat ve Terakki Erkanı

KÂZIM KARABEKİR

YAYINA HAZIRLAYAN: ERHAN ÇİFCİ

Enver Paşa'yı merkez alan bir anlatım üslubu benimseyen Karabekir, bununla beraber, aynı dönemde yurt içinde yaşananları da kilit isimler üzerinden okuyuculara aktarıyor. Kitap, Karabekir'in Anadolu'ya geçme imkânı bulamayan Enver Paşa'nın ölümüne kadar yaşadıkları hakkındaki tespitleriyle son buluyor.

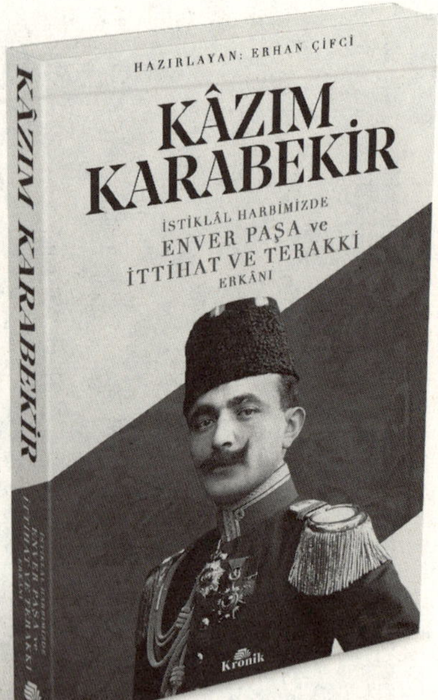

Kâzım Karabekir

İttihat ve Terakki Cemiyeti

KÂZIM KARABEKİR

YAYINA HAZIRLAYAN: ERHAN ÇİFCİ

Türk askerî ve siyasi tarihinin unutulmaz şahsiyetlerinden biri olan Kâzım Karabekir'e dair serimiz, yine kendisinin kaleme aldığı kaynak bir eserle devam ediyor. 66 yıllık ömrü boyunca kritik dönemlerde en hassas olayların içerisinde yer alan Kâzım Karabekir, Osmanlı İmparatorluğu'nun son yıllarına damga vuran İttihat ve Terakki Cemiyeti'nin tarihine ışık tutuyor.

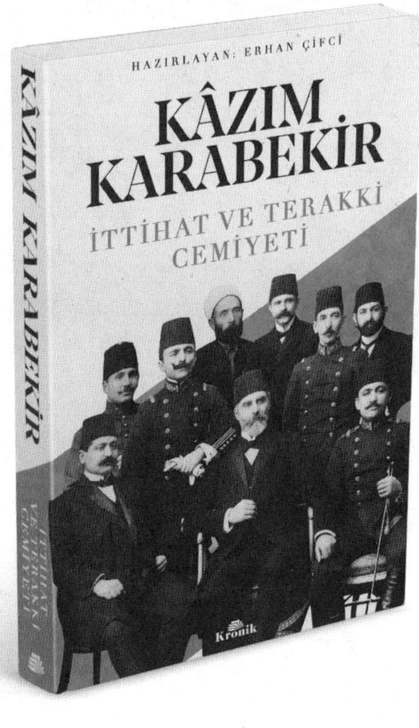